불로소득
자본주의

소수가 아닌 다수를 위해 자본주의가 작동하도록 만드는 것은 가능할까? 깊은 통찰력을 보여주는 이 책에서 가이 스탠딩은 현대 자본주의의 중심 문제(거대한 부가 정치과정을 부패시키고 부자를 위한 법과 규제를 낳는 정치권력에게 이전되는 경향)에 초점을 맞추는 동시에 오늘날 유용하고도 중요한 해법들을 제시한다.

— 로버트 라이시Robert Reich, 클린턴 대통령 시절 노동부장관(1993~1997년)

이 책은 2008년 금융붕괴 이후 무너진 댐이 복원되고 있고 모든 것이 꾸준히 정상으로 되돌아오고 있다고 믿는 모든 사람의 그런 안이한 생각을 떨쳐버리게 할 것이 틀림없다. 불로소득 자본주의의 부패에 대한 가이 스탠딩의 예리한 비판과 신흥 프레카리아트 계급의 잠재성에 대한 그의 설명은 많은 정치인과 지배 엘리트들에게 경각심을 불러일으킬 것이다. 새로운 좌절에 직면한 세력들이 끊임없이 변화를 요구하며 부상하고 있다. 전통적인 정치 형태들은 이러한 문제들을 이해하고 대응하고자 발버둥치고 있다. 이 고무적인 책은 오늘날 우리 사회가 직면한 현안과 기존 정당들의 각성을 요구하는 창조적인 정치와 정책 대응 방안들에 대한 통찰력 있는 전망을 제공한다.

— 존 맥도넬John McDonnell, 영국 그림자내각 재무부장관

이제 바야흐로 기본소득의 시대가 무르익었다. 가이 스탠딩은 우리가 기본소득을 이해하기 이전에 그 길을 개척해온 인물이다. 그는 기본소득의 개념뿐 아니라 급격한 자동화, 실질임금이 결코 충분치 않을 불안정한 노동력의 등장 같은 향후 닥칠 여러 문제에 대해 오래전부터 천착해왔다. 일과 휴식이 불분명해지고 노동과 소득이 분리되는 시대로 바뀌면서, 가이 스탠딩의 분석은 없어서는 안 될 중요한 성과다.

— 폴 메이슨Paul Mason, 채널4뉴스 전 경제편집장

THE CORRUPTION OF CAPITALISM

부패한 자본은 어떻게 민주주의를 파괴하는가

불로소득
자본주의

가이 스탠딩 지음 | 김병순 옮김

여문책

지은이 | 가이 스탠딩 Guy Standing

1977년 케임브리지 대학에서 경제학 박사학위를 받았다. 영국 런던 대학 소아즈SOAS(동양아프리
카학)칼리지 국제개발학과 교수를 역임했고, 현재 교수연구원으로 있으며, 기본소득지구네트워크
BIEN의 설립자이자 공동대표를 맡고 있다. 그 밖에도 영국의 베스 대학, 오스트레일리아의 모내시
대학에서도 학생들을 가르쳤고, 1999년부터 2006년 3월까지 국제노동기구ILO에서 사회경제보장
프로그램 책임자로 일했다. 노동경제학, 노동시장정책, 실업, 노동시장 유연성, 구조정책 조정, 사
회적 보호 관련 분야에서 폭넓게 많은 글을 써왔다. 최근에는 프레카리아트 계급의 부상에 주목하
며 무조건적인 기본소득 정책과 숙의 민주주의에 대해 관심을 기울이고 있다.

주요 저서로는『일과 삶의 새로운 패러다임 기본소득』,『프레카리아트 헌장』,『프레카리아트, 새로
운 위험 계급』,『지구화 이후의 일』 등이 있다.

차례

약어 해설

CETA	포괄적 경제무역협정	OECD	경제협력개발기구
ECB	유럽중앙은행		(34개 주요 산업국)
EU	유럽연합	ONS	영국 통계청
GDP	국민총생산	PAC	영국 의회 공공회계위원회
G20	19개 주요 산업국과 유럽연합	PFI	영국 민간투자개발사업
ILO	국제노동기구	QE	양적 완화
IMF	국제통화기금	TPP	환태평양경제동반자협정
ISDS	투자자-국가 분쟁 해결	TTIP	범대서양무역투자동반자협정
MGI	맥킨지글로벌연구소	WIPO	세계지식재산권기구
MPS	몽펠르랭회	WTO	세계무역기구
NHS	영국 국민건강보험		

일러두기

- 이 책은 가이 스탠딩Guy Standing의 *The Corruption of Capitalism*(Biteback Publishing, 2017)을 우리말로 옮긴 것이다.
- 독자의 이해를 돕기 위해 인명, 단체명, 정기간행물 등 익숙하지 않은 것은 처음 나올 때 1회만 원어를 병기했다. 주요 개념이나 한글만으로는 뜻을 짐작하기 어려운 용어의 경우에도 한자나 원어를 병기했다.
- 번호로 된 미주는 저자 주이며, 본문 [ ] 안의 설명은 모두 옮긴이가 단 것이다.

이 책이 발간되고 나서 두 가지 획기적인 사건이 이 책의 주제들을 훨씬 더 중요하게 만들었다. 하나는 영국의 브렉시트Brexit[영국의 유럽연합 탈퇴를 의미하는 용어로 영국은 2016년 6월 국민투표로 브렉시트를 선택했으나 2019년 1월 유럽연합과의 합의안이 의회에서 부결되고 3월 12일 수정합의안마저 부결되면서 이제는 무조건 탈퇴하든지, 브렉시트를 연기하든지, 아니면 취소하든지 갈림길에 섰다] 국민투표 결과고, 다른 하나는 도널드 트럼프가 미국 대통령에 취임한 일이다.

두 사건은 모두 이 책에서 설명한 것처럼 오늘날 글로벌 대호황 시대에 일부 소수 집단에게 점점 더 많은 소득이 집중되는 불로소득 자본주의 체제와 그것이 야기한 불안정·불평등·긴축경제에 반대하는 포퓰리즘 성향의 투표가 복잡하게 뒤얽힌 결과였다. 불로소득을 추구하는 욕망이 억제되지 않고, 기본적으로 경제안정을 바라는 모든 이의 간절한 요구가 받아들여지고 충족되지 않는 한, 그러한 반란은 앞으로도 계속 일어날 것이고, 정치는 점점 더 추악해질 것이다.

불로소득 자본주의rentier capitalism의 일부 주역들이 브렉시트와 트럼프 대통령 당선 사태를 보고 큰 충격에 빠져 그들 스스로 촉발시킨 사태를 뒤엎으려고 애썼지만, 트럼프와 브렉시트가 탄생시킨 영국 수상 테레사 메이Theresa May의 보수당 정부가 그것을 더욱 강화하고 확대하는 데 앞장설 것임은 이미 명약관화하다.

'미국 정가의 적폐청산'을 공약으로 내걸고 골드만삭스와 밀접한 관련이 있는 두 명의 대선 경쟁 상대를 맹렬하게 공격했던 트럼프는 대통령이 되자마자 전·현직 골드만삭스 임원들을 재무부장관과 백악관 국가경제회의 의장을 포함해서 미국의 경제정책을 총괄하는 최고 직책들에 임명했다. 그는 자연생태계의 안전장치들을 희생시켜 미국 기업들이 더 많은 불로소득을 올리고 외양상 경제성장을 부양하여 '미국인의 일자리'를 늘릴 수 있도록 더 많은 기회를 제공할 규제 완화 조치들을 전개하기 시작했다. 그리고 그가 주로 외국인과 다른 나라들을 겨냥해서 쏟아내는 트위터 문자들은 포퓰리즘의 특징인 불화와 증오에 불을 붙이고 있다. 우리 모두가 걱정하지 않을 수 없다.

한편, 대서양 건너편에서는 이 책에서 설명된 추세가 영국이 유럽연합에서 탈퇴하기로 결정한 국민투표로 더욱 두드러지게 나타날 것이다. 만성적 불평등과 만연한 경제불안에 대한 대중의 분노를 고려할 때, 정부가 중요한 헌법적 쟁점을 국민투표에 부치는 짓은 극도로 어리석은 선택이 아닐 수 없었다.

유권자들은 외국인 혐오와 인간의 유전적 감성을 자극하는 명백한 거짓말의 반복으로 윤색된 편협한 민족주의를 주장하는 유럽연합 탈퇴파와 수백만 명의 영국인이 생활수준의 심각한 하락을 경험한 지난 8년 동안의 긴축경제의 지속을 의미하는 유럽연합 잔류파 사이에서 선택의 기로에 섰다. 하지만 꽤 많은 영국인은 대개 투표장에 가지 않고 집에 있거나 그 어느 쪽에도 표를 던지지 않은 채 소영국주의자들의 승리를 방관했다.

브렉시트로 발생하는 경제적 충격을 완화하고 자본유출을 막기 위해 영국 정부가 국내의 외국 기업들, 아마도 남아 있는 몇 안 되는 영국의 대형 다국적 기업들에 더 많은 보조금을 쏟아붓고 그들을 잔류시키기 위해 매수전략을 쓸 것이라는 예상은 누구나 할 수 있다. 하지만 이 책이 보여주는 것처럼, 그러한 보조금이 그것을 지지하는 사람들의 주장을 현실화하는 데 기여하리라는 증거는 그 어디에도 없다. 오히려 그런 보조금은 사회적 편익과 서비스, 국민건강보험 지출을 삭감하는 이유로 늘 들먹이는 공공예산 적자를 더욱 늘릴 뿐이다.

앞으로 무슨 일이 일어날지 알 수 있는 좋은 예가 있다. 일본 자동차 제조업체 도요타는 더비셔의 자동차공장 현대화 계획에 투입될 자금 총 2억 4,000만 파운드 가운데 2,100만 파운드 이상을 영국 정부로부터 보조금으로 지원받기로 했다. 이보다 앞서 자동차회사 닛산과 비밀계약을 맺은 영국 정부는 유럽연합으로 수출하는 자동차에 대해 관세를 면제하도록 압력을 넣기로 약속했다. 닛산은 브렉시트 조건이 확정되면 곧바로 자기네 입장을 다시 밝히겠다고 말했다.

이런 상황들을 볼 때, 영국 정부가 일본 기업들에 훨씬 더 많은 자금을 지원할 것이라는 사실은 쉽게 예상할 수 있다. 2017년 영국에서 운영 중인 일본 기업이 1,000여 곳이었고, 인도 기업도 800곳 정도 있었다. 과거에 그들 대부분은 영국을 유럽으로 진출하기 위한 관문으로 생각했지만,

지금은 영국을 떠나려 하고 있을 것이다.

그렇다면 영국 정부는 부유한 다국적 기업들에 거액의 보조금을 안겨주고 도대체 무엇을 보장받는 걸까? 무상으로 수백만 파운드를 받고 싶어 안달이 난 그들 기업 임원들에게 공장 '현대화'의 목적이 무엇인지 명확하게 답변하도록 강요하지도 않으면서, 영국 정부는 어떻게 그들이 일자리를 늘릴지 줄일지 미리 알 수 있단 말인가? 정부는 그 기업과 계약할 때, 보조금 지급에 따른 적정한 세금을 내도록 명시했는가?

범위를 더 넓혀서 브렉시트, 트럼프 대통령 당선, 그리고 유럽 안팎의 포퓰리즘에 대한 불만은 장차 투쟁의 중심이 민주주의 대 권위주의의 싸움이 될 것임을 보여준다. 그런 상황에 결정적 역할을 한 주요 불로소득자, 부호, 지배 계급들은 지독하게 권위적인 집단들과 거래하면서 계속해서 극도로 불평등한 소득과 부를 고수할 것이다. 그들은 7장에서 설명된 것처럼, 민주주의를 끊임없이 좀먹을 것이다.

이 책이 완성된 뒤 나온 두 가지 이야기는 민주주의의 위기가 얼마나 깊은지를 상징적으로 보여준다. 첫 번째로 브렉시트 국민투표와 트럼프 대통령 취임식이 끝나고 난 뒤, 두 운동에서 모두 대중의 감정과 여론을 조작하기 위해 정교한 데이터마이닝data mining[대용량의 데이터를 활용해서 그 안에 숨겨진 상관관계를 찾아내 미래의 실행 가능한 정보를 추출함으로써 의사결정에 활용하는 과정] 기술을 이용했음이 밝혀졌다.

사람들을 헷갈리게 만드는 이름을 가진 회사인 케임브리지 애널리티카Cambridge Analytica는 데이터마이닝 분야의 선두주자로 미국의 억만장자 로버트 머서Robert Mercer가 배후에 있었다. 머서는 트럼프를 지지하는 최대의 후원자인 것 말고도 브렉시트를 지지하기 위해 영국의 모기업 에스씨엘그룹SCL Group을 통해서 거액을 기부했다. 그 모기업은 공식적으로 자신의 실체를 드러내려 하지 않지만, 표면적으로는 '선거 관리 전략'과 '메시지와 정보 운영'이라고 부르는 분야의 전문기업으로 알려져 있다.

이런 교묘한 데이터 조작은 트럼프의 대선과 브렉시트 운동 과정에 끼어들어 수많은 거짓말을 널리 유포시키고, 소셜미디어를 통해 다양한 '가짜 뉴스들'을 양산했다. 2016년 올해의 단어로 '탈脫진실post-truth'[왜곡된 진실]이 선정된 것은 다 그럴 만한 이유가 있었던 것이다. 푸틴과 그의 정권 내부자들이 트럼프 대통령 당선과 브렉시트 운동에 어느 정도까지 연루되었는지는 이 글을 쓰고 있는 시점에서는 속단하기 어려운 문제다. 하지만 그들이 이 두 가지 사안에 전혀 개입하지 않았다고 믿는 것 또한 너무 순진한 생각일 것이다.

두 번째 이야기는 정계를 대표하는 공인의 '회전문 현상revolving doors'을 통해 자본주의의 부패가 얼마나 심각한지를 보여준다. 6년 동안 시행한 긴축정책이 실패로 돌아간 뒤, 브렉시트를 반대하는 편에 섰던 영국의 재무부장관 조지 오스본George Osborne은 2016년 여름에 해임되었다. 그 후 여섯 달이 지난 2017년 1월, 그는 자기 선거구민들의 이익을 챙기고 앞으로 제정될 법안을 면밀히 살피는 아마도 돈 많이 버는 정규직인 하원의원 신분을 계속 유지하면서 블랙록BlackRock의 고문이 되었다. 블랙록은 '일반 개인과 금융전문가, 금융기관들이 금융 선물거래를 통해 자본을 더욱 축적하도록 자문하는 세계 최대의 자산관리기업'이다. 그는 거기에 과거 자신의 비서실장까지 끌어들였다.

오스본은 재무부장관에서 해임되고 나서 아홉 달 동안 스무 번의 연설로 100만 파운드 가까이 벌었고(미국의 주요 금융기관인 JP모건에서 연설하고 가장 많은 돈을 받았다), 블랙록에는 일주일에 단 하루만 근무하고 65만 파운드의 연봉을 받기로 했다. 오스본은 또한 미국 맥케인연구소 McCain Institute에서 키신저 연구비를 받았는데, '소송비용' 명목으로 12만 파운드 넘는 돈이 그에게 지급되었다. 그러고 나서 2017년 3월 하원의원직을 그대로 유지한 채, 런던 주요 일간지 『이브닝 스탠더드 Evening Standard』의 편집인 자리를 수락했다. 같은 해 6월에 테레사 메이가 갑자기 총선을 실시하기로 결정한 뒤 마지못해 그는 대중의 압력을 받아들여 하원의원직에서 물러났다.

비록 오스본의 돈벌이 활동이 대중 사이에 공개된 일이었고 명백히 합법적인 활동이었다 할지라도, 지도적 위치에 있는 정치인들의 장래에 예상되는 그러한 막대한 수입은 그들의 정책 입안에 영향을 끼칠 수 있다는 문제를 제기하기에 충분하다. "당신이 공직에 있는 동안 우리의 이익을 보호하고 증진한다면, 나중에 우리가 당신을 돌볼 것이다." 오스본은 공직에서 얻은 내부 지식을 팔아서 돈을 벌고 있었다. 그가 재무부장관이 아니었다면, 그런 좋은 조건의 약속을 받아낼 수 있었을까? 그렇지 않다고 말할 사람은 아무도 없다.

다양한 연고, 관계망, 특정한 개인의 이익을 위한 선별적 보조금과 공유지 매각 같은 것은 불로소득 자본주의에 내재되어 있다. 전 세계적 차원에서 이런 요소들은 매우 심화되고 있다. 2장에서 집중 조명한 모든 종류의 지식재산권은 지금까지 계속해서 늘어나 2015년 현재 전 세계 특허청에 출원된 특허 수가 290만 건에 이르렀다. 그 가운데 중국만 100만 건이 넘었다. 2016년은 어쩌면 특허 출원 수가 300만 건이 넘는 첫해로 기록될지도 모른다[2016년 세계 특허출원 수 312만 5,100건 가운데 중국이 133만 8,503건 출원으로 42.8퍼센트를 차지했으며, 2017년 세계 특허출원 수 316만 8,900건 가운데 중국이 138만 1,594건 출원으로 43.6퍼센트를 차지했다]. 1995년에 100만 건도 안 되는 특허가 출원된 것과 비교하면 급격한 변화가 아닐 수 없다.

세계지식재산권기구World Intellectual Property Organization(WIPO)의 사무총장은 2015년 수치를 '고무적'이고 '견실한 진전'이라고 묘사했다. 그러나 실제로는 다국적 기업과 부호들의 불로소득만 늘어났을 뿐이다. 지식의 상업적 독점화가 왜 근본적으로 '고무적'이고 '견실'하거나 '진전'으로 평가되어야 하는가? 그것은 기껏해야 일방적인 견해였다. 그 많은 특허가 어느 누구도 그 아이디어를 활용하지 못하도록 만들기 위해 출원된다는 점을 생각할 때, 특히 그렇다.

공유지의 약탈 또한 빠른 속도로 늘어났다. 미국에서 공화당이 상원에서 다수당을 차지한 뒤 첫 번째로 취한 조치 가운데 하나는 연방정부 소유의 토지를 매각할 때 정부에 이익을 남겨야 한다는 조항을 삭제하는 결의안을 통과시키는 것이었다. 이 결의안은 미국 토지관리국이 관리하던 국유지 6억 4,000만 에이커를 서부 지역의 10개 관련 주정부에 넘겨줄 수 있는 합법적 기반을 마련했다. 그래야 주정부들이 휴식을 위해 그 지역에 들어가는 일반 대중의 출입을 강제로 통제하고 귀중한 야생동물의 서식지들을 없애면서 대규모 토지를 에너지와 부동산 개발업체에 매각 또는 임대할 수 있는 권한을 가질 수 있기 때문이었다. 아니나 다를까, 그 결의안에 이어서 유타 주 하원의원 제이슨 샤페츠Jason Chaffetz가 그 10개 주정부에 있는 330만 에이커, 즉 코네티컷 주 규모 면적의 땅을 매각하는 법안을 발의했다. 비록 그 법안은 환경운동단체와 사냥협회, 야외활동 산업체들의 단합된 거센 반대에 부딪혀 신속하게 철회되었지만, 미국 공유지에 가해지는 위협은 여전히 남아 있다.

공유지에 대한 또 다른 공격 사례가 있다. 2017년 1월 폴란드에서는 지주가 자기 땅에서 벌목하려고 할 때도 허가를 받고 보상금을 지불한 뒤, 다시 그 자리에 나무를 심고 당국에 고지까지 해야 하는 의무를 없애 버린 환경법의 개정에 따라 민간 소유지에서 벌목이 급증했다. 2017년 첫 석 달 동안 폴란드 전역의 대도시와 읍면 소재지, 시외 지역 일부에서 대규모 벌목이 진행되었다.

비록 그 법은 상업적 개발을 위해 새로 땅을 개간하는 것은 금지하지만, 현재로서는 기업체가 일반 개인에게 아주 값싸게 땅을 팔아 그 개인이 벌목을 한 뒤 그 회사에 땅을 되파는 꼼수를 막을 수 있는 방법은 없다. 2016년 유럽에 마지막으로 남아 있는 원시림 가운데 일부인 비아워비에자Białowieża 숲 벌목을 많은 논란 끝에 승인한 폴란드 환경부장관은 미래 세대를 포함해서 모든 사람의 이익을 위해 관리되어야 할 귀중한 천연자원의 보존보다 경제성장과 민간 목재산업의 이익을 더 중요하게 생각했다.

여기서 인용된 사례들은 이 책이 발간되고 나서 몇 달 동안 알려진 가장 어처구니없는 일들 가운데 일부일 뿐이다. 그 사례들은 불로소득 자본주의를 실제로 해체시키기 위해서는 필연적으로 불로소득자를 안락사시켜야 한다는 케인스의 통찰력 있는 예견이 옳다는 사실에 점점 더 힘을 실어준다. 우리는 실제로 그렇게 할 수 있다. 하지만 날이 갈수록 그렇게 하기가 점점 더 힘들어지고 있는 것 또한 사실이다.

　　　　＊　＊　＊

책이 나오고 난 뒤에 일어난 사건들을 감안해서 원문을 수정하는 일
을 가급적 하지 않으려고 했지만, 두 가지 예외사항이 있다. 도널드 트
럼프에 대한 언급은 그가 지금 미국 대통령이라는 사실에 유념한다. 그
리고 2장에서 살펴본 환태평양경제동반자협정Trans-Pacific Partnership
Agreement(TPP)에 대한 논의는 오바마 행정부가 타결시킨 협상에서 철
수하기로 한 트럼프의 결정을 반영하기 위해 수정하지 않을 수 없었다.

가이 스탠딩

2017년 5월

이 책은 개인이나 기업의 부패보다 더 심각한 문제를 다룬다. 그것은 자본주의의 이상으로 여겨졌던 자유시장의 유례없는 부패, 즉 경제가 어떻게 유산자(불로소득자)들에게 점점 이익을 안겨주는 반면에, 노동을 통해 얻는 소득은 점점 나락으로 떨어뜨리는지에 대한 이야기다.

어떤 이들은 아주 오랫동안 남을 속일 줄 아는 사람들이 늘 부자로 잘 살기 때문에 자본주의가 근본적으로 부패하다고 말한다. 심지어 자본주의를 철저하게 신봉하는 많은 사람도 그 사실을 마지못해 인정한다. 언론에서는 날마다 경제 범죄에 대한 소식을 전한다. 부패를 저질렀지만 정당한 대가를 치르지 않은 유명한 사기꾼들도 많이 있다. 러시아 기업가들 사이에 떠도는 속담에 이런 말이 있다. "처음에 어떻게 부자가 되었는지 절대 묻지 마라."

그러나 그것은 이 책에서 말하고자 하는 바가 아니다. 이 책의 목적은 자본주의 지지자들이 주장하는 것이 어떻게 본디 목적과 전혀 다른 체제 구축으로 뒤바뀌었는지를 보여주는 것이다. 자본주의 지지자들은 '자유시장'에 대한 굳건한 믿음을 주장하면서 수많은 경제정책이 자유시장을 점점 확대하고 있다고 믿기를 바란다. 하지만 그것은 사실이 아니다. 오늘날 우리는 시장이 생긴 이래로 가장 자유롭지 않은 시장체제 아래 있다. 자본주의의 지도자들이 예상하던 것과 정반대라고 주장할 정도로 시장의 부패는 매우 심각하다.

특허를 받으면 그와 관련된 경쟁이 전면 금지되고 20년 동안 특허로 발생하는 수입을 독점할 수 있는 권리가 보장되는 마당에, 어떻게 정치인들은 텔레비전 카메라 앞에 나와 버젓이 우리가 자유시장체제 아래 있다고 말할 수 있을까? 저작권법을 통해 저작권자가 사망한 후 70년 동안 저작권 수입이 보장되는데 그들은 어떻게 그것을 자유시장이라고 우길 수 있을까? 그들은 특정 개인이나 기업에만 보조금을 지급하고, 우리 모두의 소유인 공유지를 특정 개인이나 기업에 헐값으로 매각하면서, 그리고 다른 사람들의 노동으로부터 돈을 버는 우버Uber[스마트폰 앱으로 차량과 승객을 연결해주는 서비스]나 태스크래빗TaskRabbit[간단한 심부름을 대신해주는 단기 아르바이트] 같은 서비스가 마치 자유롭게 경쟁하는 노동중개업인 척하지만 사실은 독점사업인 상황에서 어떻게 자유시장이 존재한다고 주장할 수 있을까?

하지만 각국 정부는 이런 자유시장을 부정하는 현상들을 막으려고 하기는커녕, 오히려 그것들을 허용하고 부추기는 법률을 만들고 있다. 이 책에서 말하고자 하는 바가 바로 이것이다.

어떤 이의 악몽

2015년 모나코공국에서 열린 『파이낸셜타임스』 주관 고가사치품업계 정상회의Business of Luxury Summit에서 연설을 맡은 그는 세계적인 갑부였다. 유산으로 물려받은 담배회사를 기반으로 해서 카르티에, 클로에, 바쉐론 콘스탄틴 같은 최고급 브랜드 상품으로 늘린 개인 재산이 5조 5,000억 달러가 넘는 남아프리카공화국 출신 요한 루퍼트Johann Rupert는 지금까지 악몽을 자주 꿨다고 밝혔다. 그는 불평등이 시기와 증오, 사회적 분쟁을 야기하는 것을 알기 때문에 편히 잠을 잘 수 없었다고 말했다. 그는 반란이 일어날까봐 몹시 두려워했다. 그는 청중석에 앉아 있는 부자들을 향해 이렇게 연설을 마무리했다. "그건 불공평합니다. 그것 때문에 우리가 밤에 잠도 못 자고 있습니다."

요한의 고통을 느끼는 사람이 한 명 더 있다.

모나코의 대서양 반대편에 있는 시애틀의 벤처자본가이자 같은 부호인 닉 하나우어Nick Hanauer는 담배회사가 아니라 깃털 침구를 만드는 가문의 사업을 이어받아 재벌이 된 사람으로 성난 군중이 자신을 비롯한 '극소수의 부자들'에게 쇠스랑을 들이댈까 걱정하고 있었다. 그는 꿈에서 프랑스 혁명 때 귀족들을 단두대로 보낸 상퀼로트sans-culotte[프랑스 혁명 당시 혁명 추진의 원동력 역할을 한 급진적 시민 대중]들을 두려워했다. 그는 그런 위협을 피하기 위해 최저임금 인상을 지지했다. 그것은 바람직한 조치지만 불평등과 체제 불안정을 낳는 제반구조를 위태롭게 하기 때문에 좀처럼 성사되기 어려운 일이었다. 그러나 적어도 그는 그런 상황에서 반란이 일어나는 것은 당연하다고 인정했다.

반란의 형태는 다양하게 나타난다. 때때로 그것은 좌절감에서 나온다. 거기서 잃을 것은 아무것도 없다. 또 때때로 그것은 마지막 희망마저 꺼져가는 순간, 다시 말해 역사의 흐름이 패배자들을 집어삼키려고 할 때, 또는 그냥 묵묵히 서 있는 것밖에는 달리 저항의 방법이 없을 때 나온다. 1984년 영국에서 일어난 광부들의 파업이 바로 그런 경우였다. 그것은 역경을 공동체 의식으로 바꾼 육체노동의 방식이 사라지는 것에 대한 저항이었다. 마찬가지로 19세기 초의 러다이트 운동가들은 베를 짜는 사람들이 여러 세대에 걸쳐 그들의 공동체에 매우 중요한 의미를 부여하는 수단으로서 구축해놓은 생활양식이 붕괴되는 모습에 저항했다.

그러나 때때로 반란은 매우 전략적일 때도 있다. 반란에 가담하는 사람들이나 반란 지도자들이 목적의식을 갖도록 해서 반란에 응집력과 지속 가능한 힘을 실어주려고 한다. 이런 반란들은 변화를 가속화하고 새로운 방향으로 몰아가고자 하는 사람들이 주도한다.

불의에 대한 분노는 더 나은 세상을 이룰 수 있다는 믿음과 합쳐진다. 역사를 통해 그런 시기에는 집단적 에너지가 민중의 공분에서 나온다. 민중은 그들이 기대했던 권리를 빼앗기고 버려진 사이에 부정한 방법으로 사회의 과실을 차지하는 사람들을 향해 분개하고 압박감을 느낀다. 그런 상황에서 반란은 결코 정상적이지 않은 사회구조로부터 이득을 얻는 소수 집단을 향한다.

이 책이 다루는 주제는 지금까지 무언가 반란이 일어날 가능성이 점점 커지고 있는 제반 조건들이 조성되어왔다는 사실이다. 결론적으로 그 반란이 어떤 모습으로 나타날지, 그리고 그것을 이끄는 사람이 누가 될지를 진지하게 고민하게 될 것이다. 그러기 전에 당면한 문제의 본질과 범위를 먼저 이해해야 한다.

1장은 세계적 맥락에서 1945년 이후 합리적으로 잘 작동했던 여러 제도와 사회정책들이 어떻게 쇠퇴하고 해체되었는지 그 과정을 되돌아본다. 그 시기는 전혀 황금시대가 아니었다. 단순히 여러 가지 측면에서 그 전보다 더 나았을 뿐이었다.

2장은 대부분의 사회에서 불로소득자들(부동산과 같은 보유 재산에서 발생하는 소득으로 생활하는 사람들)이 대다수 민중의 희생을 대가로 잘살고 있는 글로벌 시장체계를 발전시키기 위해 세심하게 만들어진 제도적 구성을 면밀하게 살핀다. 제네바·워싱턴 DC·런던 같은 곳의 국제적 관료들이 자본주의 체제를 그렇게 자유롭지 않게 만들고, 부호와 지배 계급들이 얻는 이득을 어마어마하게 부풀린 규칙들을 고안해냈다.

3장은 세상에 드러나지 않기를 바라는 당대의 비밀 한 가지를 다룬다. 그것은 부호와 지배 계급, 그들 소유의 기업과 같은 불로소득자들에게 다양한 방식으로 흘러들어가는, 은밀하게 구축된 보조금 체계다. 그들의 지배 아래 있는 사람들은 적정 세율보다 더 높은 세금을 내고, 정당하게 받아야 할 수당보다 더 적은 돈을 받고, 질적으로 더 낮은 공공서비스를 받음으로써 불로소득자들이 누리는 혜택에 대한 대가를 대신 지불한다. 불로소득자들은 그들이 부당하게 축적한 부의 많은 부분을 다양한 조세피난처로 이동시켰다. 2016년 봄에 누설된 파나마 페이퍼Panama Papers[국제탐사보도언론인협회가 입수한 파나마 최대 법률회사 모색 폰세카가 보유한 20만 개가 넘는 역외회사의 금융과 고객 정보가 담긴 1,150만 건의 비밀문서]는 그러한 사실을 매우 포괄적으로 보여주었다. 최소한 72명의 전·현직 국가나 정부 수반(왕자, 족장, 대통령, 총리)들과 함께 전 세계 부호 다수의 추잡한 비밀이 폭로되었다. 그런 조세피난처들은 우연히도 여러 해 동안 아무 일도 일어나지 않았고 어떤 사업이 지속되는 경우도 없었다. 그곳들은 부자들에게 보조금을 주는, 그들이 직접 벌지도 않고 받을 자격도 없는 지원금을 주는 수단이었고 지금도 마찬가지다.

4장은 글로벌 경제의 상반되는 측면을 보여주는 수많은 부채 형태의 확산에 대해 면밀히 검토한다. 한때 그러한 부채는 어쩌면 경제가 더 윤택해지고 사람들이 더 부유해지면 당연히 사라지리라고 기대했던 것이었을지 모른다. 빚 때문에 겁에 질려 잠 못 이루는 채무자들에게 그것이 어떤 위안이 될지는 모르지만, 현실은 자본주의 체제가 수많은 사람을 곤경에 빠뜨리는, 체제가 만들어낸 빚에 의존할 정도로 심각한 부패 상황이라는 것이다. 다시 말하지만, 그것은 결코 부수적이거나 일시적인 현상이 아니다.

5장은 또 다른 충격적인 현실, 즉 수천 년 동안 키워온 공공영역과 역사적 공유지들이 민영화되고 상업화되는 방식을 돌아본다. 이것은 우리 모두를 위협하는 생태계의 위기를 가속화하고, 귀중한 공동체의 삶의 요소들을 불로소득자들에게 넘겨주고 있다. 더 늦기 전에 막아야 한다.

6장은 이전에 낸 책들에서 다루었던 주제로 되돌아간다. 취업자든 실직자든 직업적 정체성 없이 경제적으로 벼랑 끝에 내몰리고 권리도 빼앗긴 채 불안정하고 위태로운 노동을 통해 생계를 이어가는 '프레카리아트 precariat'의 증가 문제를 다시 살펴본다. 이 책에서는 노동과 직업이 어떻게 실리콘 혁명과 새로운 노동관계의 성장으로 바뀌고 있는지에 관해 초점을 맞춘다. 정치인과 노동조합은 현재 일어나고 있는 일들에 대해 거의 손을 대지 못하고 있는 실정이다.

7장은 자유시장 체계의 부패가 어떻게 민주주의의 부패 또는 약화와 함께 진행되는지를 검토한다. 늘 우리 뒤에서 맴도는 질문은 아주 단호하다. 오늘날 우리는 정말 민주주의 아래 살고 있는가?

끝으로 8장은 모두에게 가장 중대한 문제를 제기한다. 불로소득 자본주의가 보여주는 부패는 정상적인 민주적 수단으로 극복될 수 있을까? 우리는 앞으로도 계속해서 민주주의 규칙에 따라 행동해야 하나?

요컨대 이 책은 불로소득 자본주의의 출현과 그 안에 근본적으로 내재된 부패에 대해 살펴본다. 이 책에 나오는 많은 사례가 영국 것이지만, 전체적인 맥락은 불로소득자들이 활개 치고 시민권보다 재산권을 우위에 두는 세계적 구조다.

이 책을 쓴 시기에 이와 같은 주제들에 관한 논의에 귀 기울여준 모든 사람에게 다시 한번 감사의 말씀을 드린다. 그들은 그 주제들을 더욱 분명하게 하는 데 도움을 주었다. 또한 원고를 처음부터 끝까지 인내심을 가지고 읽어주고 다양한 방법으로 도와준 프랜시스, 초벌 원고를 흠잡을 데 없이 완벽하게 편집하고 제작 의뢰한 캐롤라인 윈터스질, 그리고 최종 편집 작업을 함께한 빅토리아 고든과 올리비아 비티에게도 감사드린다. 또 많은 질문과 제언을 마다하지 않으며 도움을 둔 수많은 학계 동료, 학생, 활동가들에게도 고마운 마음을 전한다. 여기서 특별히 누구라고 언급하지는 않았지만 훌륭하고 유익한 결실을 맺을 수 있었던 것은 모두 그들 덕분이다. 이 책에 잘못 기술된 내용이 있다면 모두 내 탓이다.

유럽연합 잔류냐 탈퇴냐를 결정하는 영국의 국민투표는 이 책이 인쇄되고 있는 중에 실시되었다. 유럽연합을 탈퇴하는 브렉시트에 52퍼센트가 지지한 충격적인 결과는 이 책의 기본 주제를 더욱 확실하게 입증한다. 그것은 글로벌 대호황 시대에 일부 소수 집단에 더 많은 소득을 안겨준 불로소득 자본주의 체제가 야기한 불안정·불평등·긴축경제에 반대하는 포퓰리즘 성향의 투표였다. 앞으로 그것과 비슷한 종류의 다른 반란들이 이어질 것이다. 불로소득을 추구하는 욕망을 억제할 수 없고, 기본적인 경제안정에 대한 모든 이의 간절한 요구가 받아들여지고 충족되지 않는다면, 정치는 점점 더 추악해질 것이다.

가이 스탠딩

2016년 6월

THE CORRUPTION OF CAPITALISM

1

우리 시대의 기원

오늘날 전 세계적으로 심각한 불평등 상황이 점점 고조되고 있다는 연구 보고가 거의 날마다 새롭게 쏟아져 나온다. 그 상황은 충격적이라고 표현되기 일쑤다. 각종 신문 논설과 종교지도자, 자선단체 같은 곳에서는 모두 뭔가 중대한 조치가 취해져야 한다고 주장한다. 게다가 각국 정부는 예전과 마찬가지로 한가롭게 성장이나 일자리 개수를 주장하거나, 전임자를 탓하고 통계수치에 대해 반박하거나 새로 발견한 것을 그냥 무시하면서 '얼버무리기'를 계속한다. 그러다 저항이 분출되면, 기득권 세력들은 피해자나 시위자들을 게으르고 무책임하고 무능한 사람들이라고 일축하면서 한바탕 격렬한 비난을 토해낸다.

불평등이 끼치는 해악의 증거가 예전보다 훨씬 더 많이 나타나면서, 우리는 오히려 그런 충격적 상황에 무뎌질 위험에 처해 있다. 버니 샌더스Bernie Sanders가 불평등 문제에 초점을 맞춤으로써 미국 민주당 대선 후보 예비선거에서 대중의 지지를 얻기 시작하자, 힐러리 클린턴Hillary Clinton은 그를 '한 가지 문제에만 매달리는one-issue'[가장 중요하게 생각하는 문제나 정책 하나만 집중 공략하는 선거 행태] 후보라고 평가절하했다. 게다가 기득권층에 있는 정치인들은 불평등 문제에 대해 아무것도 하지 않고 오히려 그 문제의 중심에 있는 금융기관들과 보조를 맞추었다. 샌더스가 유권자들에게 그 문제를 거듭 상기시킬 때, 클린턴은 골드만삭스로부터 단순한 강연의 대가로 수십만 달러의 돈을 받았다.

20세기 소득분배체계는 돌이킬 수 없을 정도로 완전히 붕괴되었다. 어쩌면 이런 문제를 가장 충격적으로 보여주는 사례로 옥스팜은 2010년에 전 세계에서 손꼽히는 부자 388명이 소유한 부가 전 세계 밑바닥 절반 인구가 소유한 부와 맞먹었는데, 2015년에는 그만한 부를 단지 62명이 독차지하고 있다고 추산했다. 전 세계 1퍼센트에 속하는 최고 부자들이 전 세계 나머지 사람들의 부를 모두 합친 것보다 더 많은 부를 소유한 셈이다.[1] 물론 이 통계가 대강 급조된 추산일 수 있지만, 그 엄청난 추세나 규모에 대해 진지하게 문제를 제기하는 사람은 현재 아무도 없다.

실제로 불평등 문제는 소득과 부에 대한 전통적인 통계수치들이 암시하는 것보다 훨씬 더 심각하다. 그런 통계들은 화폐소득과 부에 대한 화폐적 평가를 기반으로 한다. 그러나 화폐소득은 이른바 '사회적 소득 social income'(생활에 필요한 자원을 얻기 위한 현금과 현물 소득)이라고 할 수 있는 것의 일부에 불과할 뿐이다. 사회적 소득은 임금 이외에 유급휴일, 병가, 출산수당, 육아수당, 기업의 연금분담금, 교통비 보조 같은 기업 복지혜택과 특전을 포함한다. 거기에는 또한 가족과 이웃, 친구들의 비공식적인 지원과 공공서비스와 공유지 이용 권한과 같은 공동체로서 받는 혜택도 들어간다. 역사적으로 공유지는 다른 자원이 없는 사람들에게 매우 중요한 소득 원천이었다(4장 참조). 그러한 공유지의 침탈은 불평등을 더욱 악화시켰다.

전통적인 소득 통계는 또한 동일한 화폐소득이라도 예측할 수 없으며 불확실한 경우보다는 예측할 수 있고 확실한 경우에 수령인에게 더 큰 가치가 있다는 사실을 보여주지 못한다. 예컨대 국가보조금을 모두에게 무조건 지급하는 것은 자산평가나 행동평가 또는 관료의 재량을 통해 동일한 액수의 국가보조금을 제공하는 것보다 더 가치가 있다. 소득 보장은 그 자체로 가치가 있기 때문이다.

사회적 소득의 불평등이 전통적인 소득 불평등보다 훨씬 더 크게 증가했다는 것이 이 책의 기저를 이루는 주제다. 그렇게 된 근본적인 이유는 다양한 형태의 불로소득 확대로 '불로소득자가 증가'했기 때문이다.

불로소득이라는 유령

밖에서 문을 두드리는 소리가 들린다. 전부터 계속 들어왔던 소리다. 그 남자는 지대를 받으러 왔다. 지금 돈을 달라고 한다. (……) 벽난로 선반 위에 있는 돈통은 비어 있다.

지주와 토지관리인은 소작인·농노·소농으로부터 지대를 뜯어낸 중세 영주들과 함께 대중의 혐오를 서로 앞서거니 뒤서거니 받으면서 수백 년 동안 경멸과 공포의 대상이었다. 그들은 언제나 사회 하층민들의 고혈을 빨아먹는 기생충이었다. 그들 가운데 '고된 노동'을 통해 현재의 상황에 오른 사람은 거의 없었다.

지주의 영향력은 현대 사회에서 부의 확대와 법률이 그들의 탐욕을 제한하면서 점점 약해졌다는 것이 세간의 평가다. 그러나 오늘날 전 세계의 극소수 사람과 기업들은 주택과 토지뿐 아니라 자연에서 일군 것이든 인공적으로 생산한 것이든 다양한 종류의 자산을 통해 번 불로소득으로 막대한 부와 권력을 축적하고 있다. 현재 모든 종류의 '불로소득자'들은 역사상 비할 데 없는 지배력을 행사할 수 있는 위치에 있으며, 신자유주의 국가는 그들의 탐욕을 충족시키기 위해 혈안이 되어 있을 뿐이다.

불로소득자들은 소유권을 통해, 다시 말해 희소한 자산 또는 인공적으로 희소하게 만든 자산을 소유하거나 통제함으로써 소득을 창출한다. 가장 낯익은 것으로 토지, 건물, 광물 채취, 금융투자로 생기는 불로소득이 있지만, 그 밖의 다른 종류의 불로소득도 많이 생겨났다. 예컨대 돈을 빌려주고 이자수익을 올리거나 특허권·저작권·상표권 같은 '지식재산권'을 소유함으로써 얻는 소득, 투자를 통해 얻는 자본소득, '정상적인 수준을 넘어서는' 기업 이익(특정 기업이 가격을 마음대로 올리고 거래조건을 정할 수 있을 정도로 시장에서 지배적 위치에 있을 때), 정부보조금을 받아 올리는 소득, 그리고 제3자의 거래에서 파생된 금융소득과 중개소득 같은 것들이 그런 불로소득에 속한다.

고전경제학자들은 불로소득을 비생산적이고 부당한 것이라고 비웃으며 불로소득자들을 경멸했다. 20세기 중반 가장 유력한 경제학자 존 메이너드 케인스John Maynard Keynes는 불로소득자를 단순히 자본을 소유하는 것으로 그것의 '희소가치'를 이용해 소득을 취하는 '아무 역할도 하지 않는 투자자the functionless investor'라고 일축했다. 그는 획기적인 저서 『고용, 이자, 화폐에 관한 일반이론The General Theory of Employment, Interest and Money』에서 자본주의의 확산에 대해 이렇게 결론지었다.

그것은 불로소득자의 안락사euthanasia of the rentier, 결론적으로 자본의 희소가치를 이용하는 자본가의 누적된 억압적 힘의 안락사를 의미한다. (······) 토지는 희소성이라는 본질적 이유가 있을지 모르지만, 자본은 근본적으로 희소성이 있을 수 없다. (……) 따라서 나는 자본주의에서 불로소득자는 자본주의가 완성되면 곧 사라질 과도기적 존재라고 본다.[2]

하지만 지난 80년 동안 불로소득자는 결코 사라지지 않았다. 오히려 불로소득자는 자본주의의 새로운 소득분배체계의 주된 수혜자가 되었다. 그러나 그 용어는 토니 앳킨슨Tony Atkinson의 권위 있는 책『불평등 Inequality』의 찾아보기에 나오지 않지만, 많은 학자가 인용하는 토마 피케티Thomas Piketty의『21세기 자본Capital in the Twenty-First Century』에서는 불로소득 자본주의가 사라졌다고 주장한다.[3]

케인스는 1980년대부터 구축된 신자유주의 체제하에서 어떻게 개인과 기업들이 자산의 '인공적 희소성'을 만들어내어 그것으로부터 불로소득을 창출하는지 예견하지 못함으로써 잘못된 결론에 이르렀다. 그는 또한 오늘날 자산 소유자들이 '경쟁력'이라는 이름으로 어떻게 정부보조금이라는 불로소득을 받아낼 수 있게 되었는지도 예견하지 못했다.

이후로 불로소득자는 노동이 아니라 자산의 소유로 소득을 얻는 사람을 일컫게 되었다. 또 불로소득 기업이란 제품과 서비스의 생산이 아니라 불로소득, 주로 금융자산이나 지식재산권으로 수입의 대부분을 얻는 기업을 말한다. 불로소득 국가는 불로소득자의 이익을 위해 일하는 정부기관과 경찰이 있다. 불로소득 경제rentier economy는 소득의 상당 부분을 지대(임차료) 형태로 받는다.[4] 교과서에서는 대개 중동과 아프리카처럼 자원이 풍부한 나라들을 예로 들지만, 더 폭넓게 국내 자원과 해외 자원을 모두 합해서 보면, 미국과 영국 같은 여러 산업국도 불로소득이 국가소득의 큰 부분을 차지한다.

이 책은 케인스가 묘사한 '불로소득자의 안락사'가 불평등 문제를 완화하기 위한 전략의 일부가 되어야 한다고 주장한다. 그것은 투쟁의 형태로 나타날 것이다. 그 첫 번째 단계는 표적을 정하는 것이다. 그리고 약간의 사회사는 우리가 어떻게 현재의 난국에 도달했는지를 이해하는 데 도움을 줄 것이다.

사회민주주의의 치명적 포옹

19세기부터 1970년대까지의 기간에 우리는 칼 폴라니Karl Polanyi가 1944년에 펴낸 자신의 유명한 책에서 '거대한 전환Great Transformation'이라고 불렀던 것(국가 시장경제의 구축)을 보았다.[5] 그는 두 가지 두드러진 국면을 밝혔다. 첫 번째 국면은 자유시장 경제를 추구한 금융자본이 지배한 시기였다. 많은 정부는 금융자본을 지원하기 위해 그동안 일정 부분 사회적 안전과 공동체 의식을 제공했던 기존의 농촌 규제와 재분배, 사회적 보호체계를 해체했다. 칼 폴라니는 이것을 '[사회로부터 경제의] 분리dis-embedded' 국면이라고 불렀다. 경제정책이 기존의 사회구조와 제도의 파괴를 요구했기 때문이다.

공유지를 사유지로 바꾸는 인클로저 운동의 확산은 토지 없는 사람들을 더 많이 양산하고 그들을 임금노동에 의존하게 만들면서 실질임금의 하락에 기여했다. 그에 따른 빈곤화는 1795년 버크셔의 농촌 마을 스핀햄랜드에 처음 도입된 이른바 스핀햄랜드 제도Speenhamland system라는 새로운 형태의 규제 성격이 강한 사회보장제를 낳았다. 그 지역은 최저생계비보다 낮은 임금을 받는 노동자들에게 빵 가격과 자녀수를 고려한 정부보조금을 지급해서 보충했는데, 그 보조금을 받는 사람들은 더 많은 임금을 주는 곳을 찾아 타 지역으로 이동하지 않는다는 조건을 지켜야 했다. 그 제도는 점점 쇠락하는 생활수준에 대한 불만을 겨우 무마할 정도의 최저생계를 유지하는 수준에서 농촌의 임금을 유지시켰다. 그것은 21세기에도 세금공제라는 형태로 그대로 남게 되었다.

이후 30년 동안 스핀햄랜드 제도는 영국 전역에서 실시되었다. 농촌인구의 이동은 억제되었고 농장주들은 값싼 노동력을 얻을 수 있었다. 그 때문에 농촌 사람들은 매우 큰 어려움에 처했다. 1834년 개정구빈법 Poor Law Amendment Act은 임금보조제의 시대를 끝내고 자유로운 국내 노동시장을 확립했다. 가난에 피폐해진 사람들은 제분소와 광산, 공장으로 몰려갔다. 도시 지역에 밀집된 대다수 극빈자는 결국 악명 높은 구빈원에 의탁해야 하는 신세가 되고 말았다. 그것은 21세기에도 여전히 존재하는 근로복지제도였다.

각국 정부들이 국내에서 '자유방임주의'(폴라니는 이것을 자유시장을 지칭하는 용어로 쓴다) 정책을 추구하는 동안, 제국주의는 식민지 국가들의 금융가들에게 식민지에서 갈취한 불로소득의 흐름을 제공했다. 이러한 결합은 영국과 유럽 대륙, 그리고 미국에서 새롭게 떠오르던 프롤레타리아 계급의 불평등과 경제적 불안을 심화시켰다.

마크 트웨인이 19세기 마지막 30년 동안의 상황을 묘사하기 위해 대호황 시대Gilded Age라는 용어를 썼지만, 대개 그 용어는 20세기 초반을 가리킨다. 그 시기는 아찔할 정도로 악덕 자본가와 금융업자들이 막대한 부를 축적한 때였다. 그러나 점점 커지는 경제적·사회적 불안은 곧바로

1930년대 대공황으로 가는 길을 열었고, 2차 세계대전이 끝나고 나서야 비로소 종식되었다.

심지어 전쟁이 끝나기 전에도 자유시장의 시대로 되돌아가는 일은 결코 없으리라는 것이 명확했다. 폴라니는 그 추세가 '재착근re-embedded' 국면에서 새로운 형태의 규제와 사회적 보호, 재분배와 함께 자유시장 자본주의로 역전될 것임을 예견했다. 그 결과는 듣기에 따라서 오해의 소지가 있는 이른바 '복지 자본주의의 황금시대'라고 하는 것이었다.

1945년과 1970년대 중반 사이에 불로소득 문제는 물밑으로 가라앉았다. 단기적인 오르내림은 있었지만, 자본으로 가는 소득(이익)과 노동으로 가는 소득(임금과 수당)의 비율은 어느 정도 안정을 이루었다.[6] 각국 정부는 여러 가지 방식으로 금융업자 같은 다양한 자산 소유자들에게 돌아갈 여지가 있는 불로소득을 제한했다. 철도와 공공사업처럼 자연스럽게 독점으로 인식되는 산업체들을 국유화하고, 투기를 막고 생산활동을 위한 대출을 장려하기 위해 금융시장을 규제하는 조치를 취했다.

그 시기의 미국을 이해하기 위한 열쇠는 1950년 전미자동차노조와 제너럴모터스가 5년간 맺은 이른바 디트로이트 협약Treaty of Detroit이었다. 노동자들은 파업 행위를 포기하는 대가로 생산성 증가에 따른 수익의 분배를 약속받았다. 주로 퇴직연금 적립과 의료보험 같은 누적되는 비급여성 복리후생과 재정지원 혜택의 형태로 받기로 했다. 이 합의는 미국 산업 전반으로 퍼져나갔고, 더 나아가 다른 산업국들도 이 제도를 모방했다.

그것은 사회민주주의의 정점이었다. 그러나 거대한 전환을 뒷받침한 그 모델은 모든 형태의 '일'이 아닌 '노동'을 가장 중요한 축으로 만들었다. 사회주의자·공산주의자·사회민주주의자들은 모두 '노동조합주의 laborism'를 지지했다. 정규직 노동자들은 실질임금 상승과 점점 늘어나는 '당사자 분담' 비급여성 복리후생, 그리고 그들 자신과 가족의 사회보장에 대한 재정지원 혜택의 수혜를 입었다. 하지만 이 모델에 맞지 않는 사람들은 그냥 방치되었다. 후자가 자산평가를 통해 사회안전망의 지원을 받는 작은 소수 집단으로 남아 있는 한, 그 제도는 아주 잘 작동했다. 하지만 그 소수 집단이 점점 커지면서, 그 버러지 같던 인간들이 변하기 시작했다.

노동조합주의의 가장 중요한 부분은 노동권, 좀더 정확히 말해 재정지원 혜택의 수급권이 반드시 노동하는 사람들(대부분 남성)과 그들의 배우자와 자식들에게 제공되어야 한다는 것이었다. 이전에 노동자들의 안전을 보장하는 조치가 거의 없었다는 점을 고려할 때, 이것은 진일보한 단계였다. 그러나 그것은 태생적으로 성차별적이고 계층적이었다. 정규직 노동자들을 육아와 지역사회 관련 일처럼 노동시장 밖의 무보수 노동을 하는 비정규직 노동자들보다 우위에 두고 차별적 특혜를 베풀었다.

노동조합주의는 노동자들이 일을 많이 하면 할수록 더 많은 특혜를 받아야 하고, 일을 적게 하면 할수록 그만큼 특혜는 줄어들어야 한다는 견해를 널리 확산시켰다. 궁극의 물신숭배는 구소련 헌법에 새겨진 일하지 않는 자는 먹지도 말라는 레닌의 지상명령이었다. 노동조합주의는 또한 복지국가의 역기능으로 이어졌다. 정규직 종업원들에게 노동을 기반으로 하는 안전을 보장하기 위해 급여에서 퇴직연금, 유급휴일, 출산휴가, 병가 같은 비급여성 복리후생으로 중심이 옮겨갔다.

이것은 안정된 정규직 고용과 불안정한 일자리나 임시직을 택할 수밖에 없는 사람들, 임노동보다 무보수 노동이 더 많은 사람들 사이의 구조적 불평등 형태를 강화했다. 그리고 화폐로 받는 급여보다 비급여성 복리후생이 전체 보수 가운데 더 많은 부분을 차지하게 되면서 노동에 대한 동기는 시들해졌다. 노동을 더 많이 하든 안 하든 소득에는 별 차이가 없었다. 복지국가에서 사회보장을 위한 개인분담금과 소득세율의 증가는 이런 현상을 두드러지게 했다.

　노동조합주의는 1980년대에 노동시장이 더욱 유연해지고 이리저리 직장을 옮기거나 실직하는 사람들이 점점 더 많아지면서 낡은 모델이 되었다. 노동을 기반으로 하는 복지를 지키기 위해 사회민주주의 정부들은 자산평가를 통해 빈민 자격이 되는 사람들에게 복리후생을 베푸는 쪽으로 방향을 전환했다. 그것의 주된 목표는 유복한 사람들이 사회적으로 버림받은 사람들을 교차 보조하는 사회연대 성격의 사회적 보호체계를 지키는 것이 아니라 '빈곤을 근절'하는 것이 되었다. 자산평가로의 전환은 치명적이었다. 과거에 사회민주주의자들이 이해했던 것처럼, 가난한 사람들만을 위한 복리후생은 필연적으로 보잘것없는 복리후생일 수밖에 없으며, 사회의 나머지 구성원들의 지지를 잃을 우려가 있다.

　전 세계의 노동당과 사회민주주의 정당들은 미래를 향해 나아가기보다는 그때그때 상황에 따라 '미온적으로 반응'하거나 역행하는 행태를 보이기도 하고, 심지어 불평등을 조장하기도 했다. 역설적이게도 실업자들에게 점점 빈약해져가는 복리후생을 제공하는 대가로 실제로 있지도 않거나 부적합한 일자리에 지원하게 하거나, 하찮고 장래성이 없는 일을 하도록 부추기거나, 거짓말로 교육과정에 참여한 것처럼 꾸미도록 요구하는 근로복지제도를 실시하는 쪽으로 정책을 밀어붙인 측은 주로 사회민주주의 정당들이었다.

구좌파 정당들은 '장차 중산층이 되려는 사람'들의 호감을 사려고 애쓰면서 연대성과 평등의 개념을 포기했다. 그들은 결국 자유주의 정당, 포퓰리즘적 우익 정당들과 표심을 잡기 위해 경쟁하면서 보수화되었다. 따라서 그들은 나라마다 볼썽사나운 장면을 반복해서 연출했다.

마침내 거대한 전환은 붕괴되었다. 그 주된 이유는 그것이 의존했던 봉쇄경제체제가 종말을 맞았기 때문이다. 일본과 신흥 공업국인 한국 같은 나라들의 경제적 부상은 국제수지의 위기를 반복하는 산업국들, 특히 영국에서 제조원가를 낮추는 경쟁으로 이어졌다.

1973년 석유수출국기구OPEC가 주도한 유가의 3배 상승은 '완전한' 고용을 유지하기 위해 총수요를 자극하는 것에 기대는 케인스 학설에 내재된 인플레이션 압박을 가중시켰다. 1981년 프랑수아 미테랑François Mitterrand 대통령의 프랑스 경제 활성화 시도가 실패로 끝난 것에서 볼 수 있듯이, 개방경제체제에서는 케인스 학설이 어느 한 나라에서만 작동할 수 없었다.

그것은 그러한 접근방식이 수명을 다했음을 의미했다. 높은 한계세율을 통한 약간의 재분배, 노동을 기반으로 하는 사회보장, 그리고 마지막으로 의지하는 고용주로서 정부를 중심으로 하는 사회민주주의 모델은 자연스럽게 생을 마감했다.

1930년대와 비교하면 1945년 이후의 자본은 확실히 노동에 양보했다. 1970년대의 공포는 자본과 노동 양쪽을 모두 바꾸었다. 이후 자본의 이해관계는 더욱더 강력해졌다. 그것은 장차 세상을 휩쓸 경제 이데올로기가 되어 더욱 대담해졌다.

신자유주의 이해하기

1980년경 우리는 글로벌 전환Global Transformation이 시작되는 모습(글로벌 시장체계의 구축)을 보았다. 거대한 전환과 마찬가지로 최초 국면은 '분리' 단계라고 말할 수 있다. 새로운 경제체제가 옛날 방식의 규제와 사회적 보호, 재분배를 쓸모없거나 비효율적인 것으로 만들었기 때문이다.

정치적으로 모든 전환은 이전 시대의 확실성을 부인하는 것에서 시작되었다. 이번에는 이전에 좌우를 불문하고 정부의 목표였던 노동을 기반으로 하는 안전보장에 공격이 가해졌다. 이제 그것은 성장을 가로막는 걸림돌로 보였다. 다시 한번 금융자본이 정책의 변화를 주도했다. 그것에 대한 이론적 정당성은 시카고 대학의 법학·경제학 교수들의 모임인 이른바 '시카고학파'를 통해 뒷받침되었다. 그 학파의 주요 인물들은 연이어 노벨상을 수상했다. 1947년에 프리드리히 하이에크Friedrich Hayek를 비롯해서 같은 생각을 가진 서른여덟 명의 지식인이 만든 몽펠르랭회Mont Pelerin Society에서 정교하게 다듬어진 그들의 의제는 오늘날 신자유주의라고 부르는 것으로 발전했다.

이것은 시장의 자유화를 의미했다. 다시 말해 가능한 모든 것의 상업화와 민영화, 그리고 민중을 '시장의 힘'으로부터 보호했던 사회적 연대를 위한 모든 제도의 완전한 해체를 뜻했다. 각종 규제는 그것이 경제성장을 촉진할 때만 정당화될 수 있었다. 그렇지 않다면 폐기되어야 했다.

노동시장에 대해서는 엄격한 규제가 필요한 반면, 금융시장에 대해서는 규제를 완화하라는 것이 그들이 내놓은 의제였다. 금융시장은 그대로 놔두면 효율적인 기업은 보상하고 비효율적인 기업은 응징해서 저절로 문을 닫게 만든다는 것이 그들의 주장이었다. 따라서 금융업자들은 기업합병과 소유권 이전을 통해 기업들이 더욱 효율적으로 성장할 수 있도록 도울 수 있는 존재였다. 이런 추론은 또한 국영기업의 민영화 요구를 강력하게 뒷받침했는데, 국영기업을 반대하는 우익 정당뿐 아니라 사회민주주의 정당도 곧바로 이 의제를 매우 적극적으로 수용했다(프랑스 사회당 리오넬 조스팽Lionel Jospin 정부와 영국의 신노동당 토니 블레어Tony Blair 정부를 보라).

금융규제 완화의 효과가 신자유주의 이론에서 예상한 것과는 전혀 다르다는 사실은 금방 밝혀졌다. 저축을 통해 축적된 자금은 그들이 주장하는 대로 생산적 투자로 흘러가지 않았다. 대신에 금융업자들은 돈놀이를 통해 창출되는 이자와 수수료, 자본이득을 차지하기 위해 미친 듯이 투기적 활동에 빠져들었다. 그 결과, 투자자들은 '떼를 지어' 여기저기 일제히 몰려다니면서 불안정한 거품경제를 만들어냈다. 금융계 거물들은 국가 수반들과 어울리며 정부의 고위직을 차지하고 있다가 퇴임 후 투기를 통해 전보다 더 많은 돈을 벌었는데, 1987년에 톰 울프Tom Wolfe가 이러한 월스트리트 세태를 풍자하면서 쓴 소설 『허영의 모닥불The Bonfire of the Vanities』[국내에는 톰 행크스 주연의 〈허영의 불꽃〉이라는 영화로 소개됨]에 나오는 유명한 문구처럼, 그들은 마침내 '우주의 주인masters of the universe'이 되었다.

금융시장이 성장하면서 세계 경제는 거꾸로 1980년대 라틴아메리카의 부채위기를 비롯해서 2007~2008년 전 세계적인 금융붕괴와 그에 따른 글로벌 경기후퇴에 이르기까지 글로벌 금융위기가 매우 빈번하고 폭넓게 발생했다. 하지만 글로벌 금융위기를 막기 위해 이루어진 조치는 거의 없었다. 심지어 1997~1998년 아시아 금융위기와 그와 관련해서 노벨상을 수상한 신자유주의 경제학자 두 명이 이사로 있던 미국 헤지펀드 롱텀캐피탈매니지먼트Long-Term Capital Management가 망했을 때도 마찬가지였다. 금융자본의 막강한 힘에 맞설 정치권의 의지는 전무했다.

신자유주의가 주장하는 핵심 논리에는 한 가지 모순이 있다. 신자유주의를 지지하는 사람들은 '규제 없는' 자유로운 시장에 대한 믿음을 천명하지만, 집단적 영향력을 발휘하는 단체들이 사회적 연대를 위해 움직이는 것을 막기 위해서는 규제가 필요하다고 주장한다. 그들이 노동조합, 단체교섭, 전문가협회, 직업협회를 통제하고 싶어하는 것은 바로 이런 이유 때문이다. 자유시장과 소유 자산 사이의 이해관계가 충돌할 때, 그들은 후자를 선호한다. 신자유주의는 불로소득 자본주의를 뒷받침하는 편리한 근거다.

거대한 수렴

중국의 역할을 평가하지 않고 글로벌 전환을 이해하는 것은 불가능하다. 14억의 인구를 가진 중국은 지난 30년 동안 급격한 경제성장을 이루면서 명실상부한 세계의 산업 실습장이 되었다. 1980년대 중국의 임금 수준은 OECD 국가 노동자의 5분의 1 정도에 불과했다. 중국인의 임금은 노동력이 부족하다는 소문 속에서 상승하기 시작했지만, OECD 수준에 도달하려면 아직도 멀었다.

그런데 2008년 세계 금융붕괴 이후에 세계 경제를 뒷받침한 것은 과거처럼 미국이 아니라 중국이었다. 2008년에서 2015년 사이에 미국의 국민총생산GDP은 10퍼센트 증가한 반면, 중국은 66퍼센트나 증가했다.[7] 평균적인 임금 수준은 여전히 매우 낮지만, 오늘날 달러 갑부는 중국 (2015년 현재 596명)이 미국(537명)보다 더 많다.

중국을 비롯한 아시아 경제의 부상은 OECD 국가들에서 임금과 노동조건의 하락을 강요하는 압박으로 작용해왔다. 신흥 경제국들은 현대기술과 생산조직을 도입하고 거기에 적응함으로써 임금이 지속적으로 상승하는 와중에도 생산성 향상과 노동비용 절감을 이루었다. 게다가 자동화는 그 상황을 가속화하고 있다. 그중에서 애플의 아이폰을 조립 생산하는 거대한 전자제조업체 폭스콘은 중국(과 여타 지역)에 100만 명이 넘는 종업원을 고용하고 있다. 그러나 대만인 폭스콘 사주는 2020년에 총생산의 30퍼센트를 자동화할 계획이다. 이미 한 폭스콘 공장은 종업원 한 명 없이 24시간 쉬지 않고 자동화 기계를 돌리고 있다.

노령화와 출산율 하락은 글로벌한 노동력 부족 현상을 초래할 것이고, 따라서 전 세계적으로 임금이 인상될 것이라고 내다보는 사람들도 있다.[8] 하지만 그런 일은 일어나지 않을 것이다. 자동화를 통해 필요한 노동력 수요를 확충할 것이기 때문이다. 그러나 자동화가 아니더라도 그런 단순한 인구 추계는 노동자의 은퇴 연령이 높아지는 현상을 간과하고 있다. 중국은 은퇴 연령이 매우 낮다(여성은 50~55세, 남성은 60세). 반면에 미국은 현재 은퇴 연령이 66세인데, 조만간 67세로 올릴 예정이다. 중국은 2017년부터 단계적으로 은퇴 연령을 높일 계획이다. 그럴 경우 세계 노동인력은 수백만 명이 늘어나는 효과가 발생할 것이다. 또 한편, 인도에서는 수천만 명이 쇠락하는 농촌 경제와 도시의 비공식 경제 부문에서 글로벌 임노동시장으로 이동할 것이다. 따라서 앞으로 수년 동안 부자 나라의 임금 인상을 부추길 글로벌 노동력 부족 현상은 일어날 가능성이 거의 없다.

중국의 급격한 산업화는 특히 금융시장 붕괴 이후로 산업국들에서 제조업 고용의 급락을 동반했다. 2008년과 2015년 사이에 미국은 600만 개가 넘는 일자리를 잃었다. 그러나 오늘날 중국 생산량의 절반 이상이 금융서비스를 포함한 서비스 부문에서 나온다. 중국을 비롯해 말레이시아와 싱가포르 같은 동남아시아 국가들은 부자 나라들에 돈을 투자해서 기업체 같은 여러 자산을 사들이는 불로소득 경제체제가 되었다. 그들 나라는 노동비용을 낮게 유지함으로써 대규모 자금을 축적했다. 그 결과, 국내 소비는 침체되었다. 소수의 부호와 신흥 지배 계급에 집중된 이 '저축과잉'은 세계 도처에 있는 다양한 자산, 특히 부동산에 투자할 비축 자금이 되었다.

중국은 특별한 불로소득 경제체제가 되었다. 중국의 국영기업은 국가 보조금과 저임금의 도움을 받아 수출 주도 산업화의 선봉 역할을 했다. 그 결과, 중국은 무역수지 흑자와 함께 대규모 자본 유입 덕분에 엄청난 외환보유고를 기록할 수 있었다. 2014년 외환보유고가 거의 4조 달러까지 치솟았는데, 2001년에 비해 20배쯤 늘어난 규모였다. 그 뒤로 하락하기는 했지만, 지금까지 세계 최대 규모를 유지하고 있다. 중국은 그 가운데 막대한 금액을 달러로 표시된 미국 국채에 투자함으로써, 명실상부하게 미국 채권을 대규모로 보유한 주요국이 되었다.

또 다른 '신흥' 경제국들도 막대한 외환보유고를 기록했다. 2000년 세계 외환보유고 총액은 2조 달러 미만이었고, 그중 신흥 시장이 차지하는 규모는 3분의 1을 살짝 넘었다. 하지만 2015년에 총 외환보유고는 11조 5,000억 달러를 넘어섰고, 그 가운데 신흥 시장이 차지하는 규모는 3분의 2로 늘어났다.[9]

2007년 중국은 전 세계 금융자산과 '전략적 자원'에 투자한 국부펀드 sovereign wealth fund 중국투자유한책임공사China Investment Corp.를 설립하기 위해 외환보유고에서 2,000억 달러를 출자했다. 또 중국 기업들은 사재기를 계속 이어나갔다. 중국의 해외 직접투자는 2000년에 사실상 전혀 없었는데 연간 1,000억 달러를 넘어서면서 중국을 세계 3대 해외 직접투자국 가운데 하나로 만들었다. 중국은 외국 기업과 기술, 부동산을 사들이면서 모든 대륙의 에너지와 광물 자원에 대한 통제권을 얻었다. 또한 중국은 노동력 수출국이 되었다. 단기 프로젝트에서 일할 수십만 명의 중국 노동자를 전 세계로 파견해 현지 국가의 노동 기준을 무너뜨리고 임금을 하향화하는 데 기여했다.[10]

2000년과 2014년 사이에 중국 기업들은 유럽연합에 1,000건이 넘는 직접투자에 460억 유로를 썼다. 이 투자 규모는 영국의 4배에 달한다.[11] 2015년 유럽연합에 대한 중국 기업의 투자는 200억 유로를 기록했는데, 그 가운데 70퍼센트가 국영기업에서 나왔다.[12] 중국의 국영기업들이 유럽연합과 유럽 정부들의 국가보조금 지원을 받아 유럽의 자산들을 사들일 수 있는 조건을 만든 것이 다름 아닌 자유시장과 민영화의 우월성을 주장하는 신자유주의였다는 사실은 역설이 아닐 수 없다. 그리스·폴란드·이탈리아·포르투갈은 항구를 비롯한 자국의 여러 기간시설에 대한 통제권을 중국 기업에 넘겨주었다. 2015년에 중국 국영기업들이 북해의 석유에 대한 큰 지분을 차지한 뒤, 영국 정부는 민감한 핵에너지 부문에 있는 또 다른 중국 국영기업에 국가보조금을 쏟아부었다.

대체로 부채가 많은 중국 국영기업들은 미국 이동전화회사 모토롤라, 이탈리아 타이어제조사 피렐리, 스웨덴 자동차제조사 볼보, 프랑스 리조트 운영회사 클럽메드 같은 유럽과 미국의 유명 기업들을 인수하기 위해 국영은행에서 할인조건으로 자금을 조달했다.

중국에서 불법적으로 유출된 자본 또한 엄청났다. 2015년 한 달 동안 주로 마카오와 지하은행을 통해 중국에서 빠져나간 돈이 1,500억 달러가 넘었다.[13] 중국을 비롯한 신흥 시장으로 유입된 자본은 상당한 민간 대출을 발생시켰다. 시티그룹의 매트 킹Matt King에 따르면, 신흥 경제국들은 2010년과 2015년 사이에 전 세계 '민간 신용창출private money creation'의 3분의 2를 차지했다. 이들 신흥 경제국에 흘러들어간 8조 달러는 해마다 5조 달러의 신용(대출)을 발생시켰다.[14] 그 가운데 많은 금액이 국내와 해외에 부동산 거품을 부채질하는 쪽으로 유입되었다.

미국 연방준비제도이사회FRB의 전 의장 벤 버냉키Ben Bernanke와 국제통화기금IMF 경제학자들은 느슨한 통화정책, 금융혁신, 신흥 시장에서의 저축과잉이 서로 뒤섞인 것은 영국과 미국 같은 나라들에서 일어난 주택 가격 거품 때문이라고 주장한다.[15] 이것은 부의 불평등이 증가하고 지주제도가 다시 부활하는 데 기여했다. 그러나 이번에는 그 불로소득자들 가운데 많은 사람이 세상의 다른 편에 있다.

실리콘 혁명―네드 러드에게 바치는 사과

> 그리 머지않은 장래에(25년 안에) 우리는 기계가 조직 내 인간의 모든 기능을 대체하는 기술력을 가지게 될 것이다.
>
> ― 허버트 사이먼Herbert Simon, 1960년[16]

노벨경제학상을 받는 것은 수상자의 이론이 항상 옳아서가 아니다! 사이먼은 취업자 수가 유례없이 많았던 1978년에 노벨상을 받았다. 오늘날도 여전히 취업률은 더 높다. 그러나 인터넷 기반의 기술혁명은 기계가 지배하는 세상을 바라보는 해묵은 논쟁을 다시 불러일으켰다. 폴 메이슨Paul Mason의 탈자본주의처럼 자유로운 정보유통과 정보공유의 시대를 꿈꾸는 이상주의자들도 있고,[17] 로봇(이나 오히려 로봇의 소유자)이 세상을 지배하고 프롤레타리아 계급이 철저한 감시와 의료요법, 두뇌통제에 종속되는 '파놉티콘panopticon'[원형 교도소 형태의 전방위 감시체제] 국가와 대량실업이 결합되리라고 보는 명백한 반이상주의자들도 있다. 비관론자들은 '일 없는 세계world without work'를 그린다.[18] 모든 기술혁명에는 기계가 '기술혁신에 따른 실업technological unemployment'을 야기할 것이라는 두려움이 있다. 이번에는 그런 비관론자들이 다수인 것처럼 보인다.

다행히도 우리는 여전히 집단행동이 민주적 통제를 확고히 할 수 있는 초기 단계에 있다. 앞으로 그런 일이 일어날지 모르지만, 아직까지 기술이 대량실업을 야기하지는 않았다. 오늘날 예상되는 실업 수준은 수십년 전보다 높지만, 그것은 인구증가와 세계화의 맥락을 감안해서 판단해야 하며, 그럴 경우 현재 전 세계 노동력 공급은 3배 이상 늘었다. 오늘날 일자리는 역사상 유례없이 많다.

한 가지 문제는 많은 분석가가 '붕괴'(호의적 용어로)를 총체적인 일자리 파괴, 로봇과 자동화의 노동력 단순 대체로 해석한다는 사실이다. 이러한 해석은 '노동에 대한 그릇된 인식'(어떤 일에 들어가는 특정한 노동량이 있다는 가정), 즉 기계가 더 낮은 비용으로 더 많은 일을 할 수 있다면, 노동자(특히 '숙련도가 낮은' 사람들)는 대체될 수 있다는 생각에 의존한다. 그러나 어떤 일을 할 때, 거기에 들어가는 고정된 노동과 작업량은 없다.

머잖아 많은 논객이 1809년 자영방직업자들이 방직기를 파괴하기 시작한 러다이트 폭동을 인용하게 된다. '러다이트Luddite'[신기술 반대자]라는 경멸적 말은 진보에 대한 반대를 상징하게 되었다. 이것은 러드 대장, 장군, 심지어 왕이라고 알려진 가공의 인물 네드 러드Ned Ludd와 그의 이름으로 행동한 사람들에게 부당한 말이다. 그들의 시위가 실업을 초래하는 기계에 대한 불만에서 나왔다고 하더라도, 사실은 여러 세대에 걸쳐 성장한 연대성과 기량의 생활양식과 생산구조가 붕괴되는 것에 대한 우려가 더 주된 이유였다. 러다이트 운동은 노동자들을 아무런 견습기간도 없이 매우 낮은 임금을 받는 직공으로 공장에 몰아넣는 것에 반대하는 시위였다. 흔히 말하는 것처럼 기계 그 자체를 반대하거나 기술발전을 거부하는 운동이 아니었다. 그것은 노동자들이 독립성을 잃은 것과 관련이 있었다.

무엇보다도 그 운동은 '노동labor'에 의한 '일work'의 파괴[자율적이고 창의적인 인간노동work이 기계화된 반복적 동작으로서의 기계노동labor으로 바뀌는 것]에 반대하는 시위였다. 토머스 칼라일Thomas Carlyle은 1829년 『기계 시대A *Mechanical Age*』라는 글에서 그 사실을 인정했다. 그는 방직공들이 '육체뿐 아니라 정신과 마음까지 기계처럼' 되는 것에 반대한다고 말했다. 그들은 심지어 마그나카르타Magna Carta [1215년 존 왕의 잇따른 실정과 과도한 조세를 견디지 못한 귀족들이 시민들의 지지를 얻어 그들의 요구사항을 담아 왕의 서명을 받아낸 자유헌장에서 발전한 인권헌장. 왕도 법을 지켜야 함을 스스로 인정한 역사적 사건으로 17세기 권리청원과 권리장전의 근거가 됨]를 인용하는 글로 시작되고 똑같은 가공인물인 로빈후드의 서명이 담긴 공개편지를 여러 차례 보낸 그 시대의 '원초적 반역자'였다. 그것이 상징하고자 하는 바는 분명했다.

오늘날의 기술은 확실히 붕괴 효과가 있다. 사람들이 많이 인용하는 한 연구 결과는 미국의 직업 가운데 거의 절반 가까이가 기술변화에 위협받고 있다고 추산했다.[19] 영국중앙은행의 수석 경제전문가는 자동화가 전체 영국 직장의 절반을 위기에 빠뜨릴 수 있다고 경고했는데, 그것은 영국에서 현재 대량실업이 진행 중임을 암시했다.[20] 그러나 그런 연구들은 대량실업을 암시하는 것이 아니다. 다시 말해 실업이 아니라 임금을 조정할 수 있다. 또 좋든 나쁘든 직업의 성격이 달라질 수 있다. 어떤 일자리는 뭔가 특별한 것으로 바뀔 수 있고, 어떤 일자리는 다른 일자리로 대체될 수도 있다. 어떤 기술과 조직의 변화는 더 많은 작업과 노동력을 유발할 수도 있다.[21] 직업적 붕괴의 드러나지 않은 효과 가운데 하나는 앞으로 보게 되겠지만 불로소득이 직업과 기술력에서 기술장치를 소유한 사람들에게로 옮겨간다는 것이다.

한때 유명했던 '콘드라티예프 장기 파동Kondratieff long wave' 이론은 60여 년마다 획기적인 발명에 따른 기술혁명으로 생산구조가 바뀐다고 말한다. 13세기는 물레방아, 15세기는 인쇄기, 18세기는 증기엔진, 19세기 말은 철강산업과 전기, 20세기 초는 자동차와 포드주의의 대량생산이 그것이었다. 콘드라티예프 이론 자체에 대한 지지는 거의 없지만, 상대적으로 안정된 시기 중간중간에 갑작스러운 돌파구의 기간이 있었던 것은 틀림없다. 세계화 시대는 아무튼 인터넷과 그것이 정보통신기술에서 이룬 성과와 관련된 거대한 혁명과 동시에 일어났다.[22]

이와 관련해서는 두 가지 강조할 사항이 있다. 첫째, 신기술은 상품과 서비스를 국내외에 외부 위탁할 수 있는 여건을 마련하고 마음대로 장소를 바꿀 수 있게 했다. 부품과 작업공정의 교역이 완성된 제품과 서비스의 교역에 비해 상대적으로 성장했다. 자본과 기술의 이동성도 높아졌다. 잠재적 이동성은 훨씬 더 높아졌다. 기업들은 틀에 박힌 조직을 해체하고 분리하고 이익을 내기 위해 비용과 가격 변동에 따라 각 기능들을 회사 내외에 위탁했다. 이러한 유동성은 기업 자체를 가변성이 큰 존재, 즉 끊임없이 바뀌는 소유주와 관리자의 명령에 따라 합병과 인수, 경영권 취득, 구조조정이 수시로 일어나는 조직으로 만들었다. 요컨대 기업도 상품이 된 것이다.

둘째, 신기술은 불평등 확산에 기여하고 있다. 노동의 분할과 직무구조를 흔들거나 바꿀 수 있는 신기술의 영향력은 봉쇄경제체제에서보다 자본이 노동자들에게 훨씬 더 막강한 지배력을 행사할 수 있게 한다. 노동자들 또는 그들을 대변하는 정부가 임금이나 복리후생을 높이는 조치를 취하려고 하면, 기업들은 생산과 고용을 친기업적인 다른 곳으로 옮길 수 있다. 위협할 필요도 없다. 그냥 시스템의 일부일 뿐이다.

요컨대 기술이 반드시 일자리를 파괴하지는 않지만, 점점 더 증대하고 집중되는 이익과 점점 더 하락하고 탄력적이며 불확실해지는 임금 사이에서 불로소득을 창출하는 쐐기 역할을 하면서 기존의 소득분배체계를 파괴하는 데 기여하는 것은 틀림없는 사실이다. 따라서 두려워해야 할 것은 기술혁신에 따른 실업이 아니라 기술발전이 야기하는 불평등이다.

2차 대호황 시대

오늘날 우리는 2차 대호황 시대에 살고 있다. 1차 대호황 시대와는 중대한 차이가 하나 있다. 1929년 뉴욕 증권시장의 대폭락으로 끝난 1차 대호황 시대에는 불평등이 급격하게 상승했지만, 평균임금도 함께 증가했다. 반면에 2차 대호황 시대에는 마찬가지로 불평등이 증가하고 있지만, 평균적으로 실질임금은 정체되거나 하락했다. 한편, 국가보조금에 의지하는 사람들은 점점 뒤처지고, 많은 사람이 집 없이 거리를 떠돌며 극빈과 불충분한 민간의 자선에 의지하는 삶으로 내몰렸다.

1980년대 이후로 노동소득의 몫은 전 세계적으로 크게 줄어들었다. 한 연구 결과에 따르면, 경제적으로 중요한 대부분의 나라에서, 즉 조사 대상이었던 59개국 가운데 42개국이 그런 상황으로 밝혀졌다.[23] 미국에서 노동소득의 몫은 1970년에 53퍼센트에서 2012년에 43.5퍼센트로 떨어졌다. 가장 극적인 노동소득의 변화는 중국에서 20퍼센트 넘게 떨어진 것이며, 거대 산업국으로 떠오르는 한국 또한 급격하게 하락했다.

한편, 맥킨지글로벌연구소McKinsey Global Institute(MGI)에 따르면, 1980년과 2013년 사이에 기업 이익은 실질적으로(인플레이션을 감안해서)

3배 이상 늘어, 글로벌 GDP의 7.6퍼센트에서 10퍼센트 정도까지 상승했다. 산업국의 다국적 기업들은 법인세의 대폭 감면(일부 국가의 경우 50퍼센트 감면), 낮은 차입비용, 값싼 노동력과 원재료 확보를 통해 글로벌 이익의 3분의 2 이상을 가져갔다.[24] 국민소득의 몫으로서 미국 기업의 세후 이익은 1929년 이후로 가장 높은 수준으로 올랐다.

그러나 글로벌 기업 환경은 매우 빠르게 바뀌고 있다. 이른바 '아이디어 집약적인' 기업(의약·미디어·금융·정보기술)은 오늘날 서구 기업들이 올린 전체 이익의 31퍼센트를 차지하는데, 1999년에 17퍼센트였던 것에 비하면 급격하게 성장했다. 그들 기업은 1990년대 이후 강화된 지식재산권 체제 아래서 특허권·상표권·저작권 같은 '무형자산'의 소유로부터 소득을 올리는 글로벌 불로소득 기업체다(2장 참조).[25] 전 세계 기업들이 올리는 전체 이익 중 산업국이 차지하는 비율은 계속해서 줄어들 것으로 예상된다. 신흥 시장경제국에 속한 다국적 기업들은 이미 『포춘』지가 선정한 세계 500대 기업의 4분의 1을 차지하고 있다. 맥킨지는 이들 기업이 2025년에 세계 500대 기업의 절반을 차지할 것이라고 예상한다.

부자 나라에서 기업의 이익이 증대한 것에 반해, 실질임금은 정체 상태를 못 벗어났다. 경제성장은 이제 임금 상승을 이끌 믿을 만한 방법이 아니다. 예컨대 1973년과 2007년 사이 국민소득이 증대되었던 기간에 미국의 평균 실질임금은 4.4퍼센트 떨어졌다. 반면에 1947년과 1973년 사이의 거대한 전환 시기에 실질임금은 75퍼센트 증가했다.

경제 강국 독일에서도 상황은 마찬가지로 매우 심각하다. 실질임금이 다른 어떤 주요 경제국들보다 크게 떨어졌다. 1960년대 서독의 경제기적은 1950년대 다른 유럽 국가들에 진 부채 탕감 덕분에 가능했다. 서독은 이어서 저렴한 이주노동력, 주로 터키에서 온 노동력의 혜택을 많이 받았다. 1990년 동독과의 재결합은 훨씬 더 값싼 노동력을 공급했다. 또한 1999년 유로화를 통화로 쓰는 유로존이 확립되면서, 강력한 독일 마르크화는 다른 회원국들보다 상대적으로 평가절하됨으로써 수출할 때 비용 우위로 독일에 유리한 결과를 안겨주었다.

게다가 1998년 독일 노동조합은 고용주·정부와 임금을 억제하는 '양해협상'을 체결했다. 그 뒤 2004년에 게르하르트 슈뢰더 사민당 정부는 4단계 하르츠Hartz IV 복지개혁을 단행해 실업수당을 삭감하고 많은 사람에게 저임금 '미니잡mini-job'[비정규 시급 일자리]을 강요하는 여건을 조성했다. 이것은 더 큰 임금 하락을 압박했다. 특히 저임금 노동자에 대한 압박 강화로 불평등 상황은 더욱 고조되었다. 실질임금은 1990년대 초부터 정체 또는 감소했다. 1990년에서 2015년 사이에 1인당 국민소득이 거의 30퍼센트 증가했는데도 평균임금은 더 낮아졌다.

영국에서도 임금은 수년 동안 정체 상태를 유지했다. 2015년에 정규직 노동자의 임금이 약간 높아졌지만, 평균주급은 경기침체 이전보다 9퍼센트 낮은 수준을 유지했다. 같은 해에 저임금 소득자는 전년도에 최저임금 상승으로 가장 큰 혜택을 받은 것처럼 보였지만, 그것은 통계적 환상에 불과했다. 그 데이터에는 오늘날 '고용'의 15퍼센트를 차지하는 이른바 자영업의 증가 부분이 빠져 있었다. '독립' 하청업자에게 외부 위탁된 일자리의 대부분은 저임금이어서 평균임금을 계산하기 위한 표본은 고소득 취업자들로 이동했다. 게다가 고소득 노동자들에게 지급된 상여금이 평균임금을 끌어올렸다. 따라서 이 부분을 고려해서 평균임금을 계산했다면, 틀림없이 평균임금은 정체 상태를 유지했을 테고 실질임금은 하락했을 것이다. 영국의 불평등 증가 상황과 관련해서 이 부분은 거의 알려져 있지 않다.

영국에서 불평등이 확대되는 이유는 임금 하락 말고도 임금 격차의 증가와 눈에 잘 드러나지 않는 퇴직연금, 유급휴일, 병가나 의료보험 같은 비급여 복리후생을 받는 사람들의 비율이 줄어드는 데 있었다. 따라서 노동자들이 보상으로 받는 대가는 '사회적 소득' 측면에서 볼 때, 단순한 임금 하락에 따른 영향보다 훨씬 더 많이 떨어졌다.

상황이 이렇게 전개되면서 '취업 빈곤in-work poverty'은 급격하게 증가했다. 영국, 미국, 스페인과 폴란드를 포함해서 일부 OECD 국가들의 빈곤가구는 가족구성원 가운데 적어도 한 사람은 직업이 있는 경우가 대부분이다. '일자리가 빈곤을 벗어나기 위한 최선의 방법이다'라는 구호는 새빨간 거짓말이다.

불로소득자의 증가

그사이에 불로소득자들은 세계화 시대의 승자가 되었다. 불로소득을 금융자산을 통해 번 소득으로 한정해서 여러 불규칙한 데이터를 신중하게 살핀 한 연구에 따르면, 1960년대와 1990년대 사이에 전 세계 산업국에서 전체 소득 가운데 금융수익이 차지하는 비중이 크게 증가했다. 그러나 연구 대상인 29개국 대부분에서 불로소득자의 몫은 훨씬 더 크게 증가했다. 어떤 경우는 금융수익의 몫으로 모든 성장을 설명했다. 대다수 국가에서 비금융적 수익의 비중도 증가했지만, 그다지 크지는 않았다.[26]

금융자산으로 얻은 자본이득capital gain을 빼고 불로소득자 몫이 가장 크게 증가한 나라를 순서대로 나열하면 프랑스, 영국, 한국, 미국, 독일, 오스트레일리아, 벨기에 순이다. 2000년 금융자산으로 얻은 불로소득은 벨기에와 프랑스, 네덜란드, 미국에서 20퍼센트가 넘었고, 영국과 이탈리아가 그 뒤를 빠짝 좇았다.

금융자산의 자본이득을 포함시킬 경우, 불로소득자가 차지하는 몫은 훨씬 더 컸다. 여기서 미국은 단연 두드러진다. 1980년과 2000년 사이에 미국의 불로소득자 몫은 7배 이상 증가했다.[27] 그때까지 협의로 정의된 불로소득은 국민소득의 3분의 1 이상을 차지했는데, 글로벌 전환이 시작되기 전에 약 5분의 1 수준이었던 것에 비하면 크게 상승했다. 비금융 부문의 이익이 소득에서 차지하는 몫은 실제로 하락했다.

그 사이에 산업공동화 현상은 수그러들지 않았다. 20세기 초 농업이 미국 국민소득의 3퍼센트 미만으로 축소되는 동안에 제조업은 매우 가파르게 하향 곡선을 그리기 시작했다. 1950년 제조업은 GDP의 28퍼센트를 차지했다. 그러나 2008년 경제붕괴 때는 11퍼센트까지 하락했다. 금융서비스(은행, 부동산, 보험, 광고와 마케팅)가 국민소득에서 차지하는 비중이 처음으로 제조업보다 높아진 1985년은 매우 상징적인 해였다. 금융 부문의 수익(이자, 임차료, 배당수익)은 계속해서 비금융활동을 통해 얻은 수익보다 상대적으로 컸고, 현재는 모든 국내 수익의 40퍼센트 정도를 차지한다.

소득의 40퍼센트를 불로소득이 차지할 때가 바로 불로소득 경제가 되는 분기점이라는 주장이 있다.[28] 이자와 배당수익을 불로소득으로 계산한다면, 미국은 이미 그 분기점에 도달한 상태다. 해외에서의 금융수익

몫은 훨씬 더 빠르게 증가했는데, 1950년 이후로 4배 늘었다. 비금융 부문의 국내 수익은 3분의 1 정도 하락했다. 현재 미국은 불로소득, 특히 해외로부터의 불로소득에 크게 의존하고 있는데, 제국주의적 불로소득 경제라고 불러도 과언이 아닐 정도다. 금융의 성장은 미국의 부호 구성에도 반영된다. 『포브스』지에 따르면, 1982년에 미국에서 가장 돈 많은 부자 400명 가운데 8퍼센트만이 금융으로 돈을 벌었다. 그런데 2007년에는 그 비율이 27퍼센트로 증가했다.

금융자산으로 번 소득만을 면밀히 조사한 또 다른 연구는 전체 소득 중 불로소득 비율의 증가가 노동자의 협상력 하락, 즉 노조가입률 하락과 일치한다는 사실을 발견했다. 그것은 또한 이자율 자유화와 자본이동 비용의 감소, 해외 금융투자수익의 증가 같은 신자유주의의 모든 특징과 상관관계가 있었다.[29] 불로소득 비율은 또한 우파 정부가 들어설수록 증가했다.

은행을 비롯한 금융회사들이 그 선두에 있었다. 그러나 비금융권의 많은 기업도 금융 투자와 거래를 통해 더 많은 이익을 거두기 위해 이른바 금융화 전략으로 방향을 선회했다.[30] 제너럴일렉트릭 같은 잘 알려진 기업들이 자체 금융 부문을 보유하며 불로소득 기업이 되었다.

1980년부터 세계 금융위기가 발생하기 직전인 2007년까지 자기자본, 개인 및 기업과 정부 부채, 예금을 포함해서 글로벌 금융자산은 전 세계 GDP의 4배였다.[31] 더 나아가 글로벌 전환의 '분리 국면'에 보여준 것처럼, 금융기관들은 가난한 주택구입자, 신용카드 보유자, 대학생 같은 저소득층을 대상으로 무차별적인 신용대출을 제공하면서 채무자 수와 그들의 부채액을 최대로 늘리기 위해 할 수 있는 모든 일을 했다. 이러한 대출들은 하나로 묶여 일종의 자산과 같은 '투자상품'이 되었고, 부채 상환은 마치 소득을 창출하는 것처럼 여겨졌다. 금융회사들은 그 자산을 사서 그것을 담보로 돈을 빌려 더 많은 수익을 올렸다. 그것은 결국 금융붕괴를 촉진시키는 단초를 마련했다.

오늘날 금융회사들도 똑같은 방법을 활용하고 있다. 그것은 마침내 거품이 터질 때까지 불로소득을 발생시키기 위한 수단을 창출하는 교묘한 속임수인 폰지방식Ponzi scheme[투기투자로 잃은 손실을 아무것도 모르고 새로 들어온 투자자에게 뒤집어씌우는 다단계 투자방식]으로서 1980년대 이후로 그와 비슷한 투기 거품이 매우 자주 터졌다.[32] 적어도 그러한 불로소득 경제는 극심한 기복을 보이며 큰 혼란과 고통을 야기한다.

위대한 개츠비 곡선

주류 경제학의 아버지 애덤 스미스Adam Smith는 인간은 "자신이 지배할 수 있는 노동량에 따라 부자가 되거나 가난한 사람이 되어야 한다"고 주장했다. 그것에 근거해 보자면, 오늘날의 부호들은 역사상 가장 큰 부자다. 그들이 돈이 더 많아서일 뿐 아니라 그들의 돈이 그들에게 유례없는 권력을 주기 때문이다. 1차 대호황 시대에 세계 최고 부자였던 존 D. 록펠러는 자신의 재산으로 벌어들인 소득으로 미국 노동자 11만 6,000명을 고용할 수 있었다. 2004년 세계 최고 부자 빌 게이츠Bill Gates와 쌍벽을 이룬 카를로스 슬림Carlos Slim은 그의 재산이 아니라 1년 소득만으로 멕시코 노동자 44만 명을 고용할 수 있었다.[33] 하지만 2014년에 그는

200만 명의 멕시코 노동자들을 고용할 수 있었다.[34]

불평등 고조는 대개 세계화와 기술변화에 따른 자본에 대한 노동의 협상력 약화 때문이다. 그러나 그것은 또한 국세정책의 변화를 반영한다. 정부는 계속해서 낮은 세율이 기업활동과 저축, 투자를 촉진하고 해외 투자자를 유치할 수 있다고 주장하면서 대개 자본에서 비롯되는 고소득에 대한 한계세율을 축소해왔다. 어떻게 합리화를 하든, 한계세율의 축소는 거꾸로 상위 1퍼센트(와 0.1퍼센트) 부자의 소득 비율의 증가와 상관관계가 있다. 한계세율을 가장 많이 줄인 영국과 미국에서 상위 1퍼센트의 소득 비율이 가장 크게 증가했다.[35]

그것은 거기서 멈추지 않는다. 한 세대 내의 극단적 불평등은 다음 세대의 사회적 신분 변동의 가능성을 줄이면서 불평등을 증폭시킨다. 이런 현상을 F. 스콧 피츠제럴드의 소설을 따라 이른바 '위대한 개츠비 곡선Great Gatsby Curve'이라고 부른다.[36] 가난한 가정과 지역사회 출신 사람들의 신분 상승이 매우 어려웠던 1920년대 개츠비 시대보다 지금 상황이 더 안 좋다. 신분 상승이 가능한 직업이 전보다 더 줄어들어 '출세할' 기회를 갖기가 더 힘들어졌다는 것이 한 가지 이유다. 또 다른 이유는 부호와 지배 계급으로 흘러들어가는 소득 가운데 노동시장 밖에서 생겨나는 불로소득이 점점 더 많아지고 있다는 사실이다. 이에 대한 처방책으로 주류 경제학자들은 더 많은 교육이 필요하다고 주장해왔다. 교육이 바람직한 이유는 여러 가지 있지만, 그렇게 한다고 해도 현재의 불평등한 소득분배체계를 바꾸지는 못할 것이다.

프레카리아트의 등장

세계화, 신자유주의 정책, 제도 변화와 기술혁명은 서로 결합되어 이전의 계급구조를 허물고 그 위에 새로운 글로벌 계급구조를 창출했다.[37] 그 새로운 계급구조는 맨 상층에 극소수의 부호 계급(아마도 0.001퍼센트), 그 아래 엘리트 계급, 이어서 '샐러리아트salariat'(상대적으로 안정된 봉급생활자 계급), '프로피시언proﬁcian'(프리랜서 전문가 계급), 핵심 노동 계급인 프롤레타리아, 프레카리아트, 그리고 맨 하층에 '룸펜 프레카리아트 lumpen-precariat' 순으로 구성되어 있다. 부호, 엘리트, 샐러리아트, 프로피시언은 소득이 매우 높을 뿐 아니라, 소득의 대부분(또는 점점 더 많은 부분)을 노동이 아닌 자본과 불로소득에서 얻는다. 그것은 그들의 계급소득이 얼마인지를 정하는 차원의 문제가 아니라, 그들이 어떻게 소득을 얻고 어떤 형태로 소득을 취하느냐의 문제다.

그들 아래에 있는 세 집단에게 불로소득은 전혀 없다. 실제로 그 세 집단은 갈수록 상층 계급에게 어떤 형태로든 지대를 점점 더 많이 지불한다. 그중에는 우선 그 수가 점점 줄어들고 있는 프롤레타리아 계급이 있다. 그들은 주로 노동으로 먹고살며 대개 안정된 정규직 일자리를 갖고 있다. 그들은 그런 일자리가 요구하는 기술을 습득하기 위한 학교교육을 이수했다. 그들은 직장에 비급여 복리후생을 확대시키고, 노동자들에게 국가보조금을 제공한 20세기 사회민주주의의 덕을 보았다.

소득 순에서 프롤레타리아 바로 아래 계급인 프레카리아트는 서로 직업적 정체성이나 기업 연관성이 전혀 없는 불안정한 노동과 살림살이의 삶을 받아들일 수밖에 없는 수백만 명의 사람들이다. 그들을 고용하는 사람들은 수시로 바뀌거나 바뀔 예정이다. 프레카리아트 계급에 속하는 많은 사람이 어쩔 수 없이 받아들여야 하는 일자리에 비하면 그들이 보유한 자질과 능력은 지나치게 높다. 그들은 또한 임금노동, 즉 취업을 위해 돈 안 되는 매우 많은 '일'(직장 물색과 지원, 직업교육과 재교육, 취업 행렬과 이력서 작성, 인적 관계망 구성이나 마냥 기다림 등)을 한다. 그들은 또 주로 대개 부적절하고 불안정하고 종잡을 수 없는 화폐임금에 의존한다.[38] 그들은 국가보조금에 대한 권리를 주장하지 못하고 시민권을 비롯해 문화적·사회적·경제적·정치적 권리를 보장받지 못하기 때문에 살아남기 위해서는 탄원을 호소할 수밖에 없다.

프레카리아트는 오늘날 전 세계에 걸쳐 증가하고 있다. 6장에서 논의될 우버, 태스크래빗, 아마존 미케니컬 터크Amazon Mechanical Turk[컴퓨터로 수행할 수 없는 작업을 인터넷상에 올려 거기에 참여하는 사람들에게 약간의 보상을 제공하고 수행하는 온라인 다중참여 인력시장] 같은 서비스들이 그러한 현상을 가속화하고 있다. 그것은 기존의 계급의식에 대한 혼란을 초래했다. 예컨대 오늘날 미국인들 가운데 자신의 계층이 더 낮아졌다고 생각하는 사람들이 전보다 더 많아졌다. 2000년 갤럽 조사에 따르면, 미국인 가운데 자신을 중산층이라고 믿는 사람이 63퍼센트, 하층민이라고 믿는 사람이 33퍼센트였다. 그러나 2015년에는 중산층 51퍼센트, 하층민 48퍼센트로 나타났다. 다른 나라에서도 비슷한 추세가 보고되었다.

몇 년 동안 프레카리아트는 내부적으로 분리되어 있었기 때문에 자기들끼리 서로 공감대를 형성하지 못했다. 그러나 프레카리아트에 속하거나 거기에 가까운 사람들 가운데 점점 더 많은 사람이 자신들이 처한 상황이 개인적 부족함 때문이 아니라 구조적 문제 때문에 만들어진 것이고, 자신들이 그러한 상황을 획기적으로 변화시킬 수 있는 능력과 활력을 지니고 있다는 사실을 깨닫기 시작하면서 그런 현상은 급속하게 바뀌고 있다.

새로운 사회적 계급구조에서 프레카리아트 아래에는 '룸펜 프레카리아트'가 있는데, 이들은 대개 노숙자거나 극빈층으로 자선에 기대어 생활하고, 약물중독과 우울증 같은 사회적 질병을 앓는 사회의 버림받은 최하층 계급이다. 그들은 사회학자들이 행위주체성agency이라고 부를 수 있는 것, 즉 전략적으로 집단행동을 취할 수 있는 능력이 없기 때문에 하나의 계급을 구성하지 못한다. 그러나 그들은 국가에 위협요소가 될 수 있다. 그들의 수는 갈수록 점점 더 늘어나고 있다. 그들은 사회의 수치를 드러내는 증표다.

다섯 마리 뱀 이야기

20세기 소득분배체계의 와해는 2차 세계대전 이후 30년 동안 시장경제를 뒷받침했던 기본적인 관계들이 무너지면서 초래되었다.

우선, 생산성 증가는 앞서 언급된 디트로이트 협약에 담긴 것처럼 평균임금의 증가를 수반했다. 생산성과 평균임금 곡선은 평행선을 이루며 상승했다. 그러나 1980년대 이후로 생산성 증가는 임금 상승으로 이어지지 않았다. 예컨대 미국의 실질임금은 생산성이 꾸준히 증가했는데도 지난 30년 동안 정체 상태를 유지했다.[39] 생산성과 임금 곡선을 시간의 추이를 따라 추적해보면, '뱀의 턱'이 벌어진 모습이다. 아래턱(임금)은 축처진 반면에 위턱(생산성)은 위로 올라간 모양을 보여준다. 쩍 벌어진 턱은 독일, 오스트레일리아, 네덜란드, 폴란드 같은 고도로 산업화된 국가들의 특징이다. 생산성 증가와 임금 상승 사이의 연결고리에 균열이 생긴 것이다.

둘째, 고용 증가는 임금 상승을 동반했다. 그러나 이제는 고용이 증가해도 평균임금은 정체 상태거나 거꾸로 하락하기까지 한다. 대개 오늘날의 일자리는 과거의 일자리에 비해 임금이 낮은 수준이기 때문이다. 1990년대 이후로 미국에서 순고용이 증가한 분야는 모두 소매업과 인적 용역 같은 비교역 부문으로 임금이 상대적으로 낮고 계속 하락하는 업종이었다.[40] 독일에서도 1995년과 2014년 사이에 상당한 경제성장과 실업률 하락을 기록했는데도 실질임금은 그사이에 전반적으로 떨어졌다.[41]

영국 또한 금융시장 붕괴 이전과 그 이후 경제회복기에 모두 명백히 고용이 증가했지만 임금은 마찬가지로 정체 상태를 유지했다. 2015년 영국중앙은행 부총재 벤 브로드벤트Ben Broadbent는 경기회복이 특히 1990년대 경기호전 때와 비교하면 저임금 일자리에 편중해서 일어난다고 지적했다. 새로운 일자리가 주로 평균 이하의 자질과 숙련도를 지닌 저임금 업종 사람들에게 돌아갔고, 따라서 평균임금의 상승도 기대하기 어려웠다.[42]

이것은 세 번째 상황 변화와 관련이 있다. 이전에는 고용이 증가하면 그에 따른 세수 증가가 뒤따랐다. 그러나 이제는 고용이 증가하면 세수가 떨어지기도 한다. 오늘날 그 현상이 특히 두드러진 곳은 영국이다. 새로 생기는 일자리가 저임금인 경우가 점점 더 많아지고 정부가 바뀔 때마다 소득세 기준을 올렸기 때문에, 취업자 수가 증가해도 세수는 더 늘어나지 않는다. 따라서 2014년 영국에서 고용 증가는 소득세 수입의 하락을 동반했다. 『이코노미스트』는 이러한 '취업률 증가, 세수 감소' 형태의 경기회복 현상을 '쥐어짠 상태the squeezed state'라고 불렀다.[43] 비록 나중에 성장세가 더욱 강해져서 세수가 늘어나기는 했지만, 고용과 세수의 비례관계는 옛날처럼 확고하지 않다는 것이 명확해졌다.

넷째, 과거에 비해 기업 이익의 증가는 평균임금의 상승을 견인하지 못한다. 이것은 부분적으로 기업의 이익 증가가 고용을 많이 하지 않은 기업들에 집중해서 이루어졌기 때문이다. 미국에서 고용 증가는 주로 기술 수준이 낮은 부문에서 일어났기 때문에 기업 이익과 고용, 임금의 연관성이 약했다.

다섯째, 많은 유럽 국가에서 평균 실질임금은 정체된 반면, 단위당 노동비용은 계속해서 증가했다. 예컨대 영국의 생산 단위당 노동비용은 2000년보다 2015년이 훨씬 더 높았다. 독일의 경우는 5퍼센트 이상 더 높았다.

이익과 불평등 증가는 아마 금융자본이 통제력을 잃기 시작하던 20세기 초의 상황과 비슷할 수 있다. 물론 앞서 말한 것처럼, 현재 상황은 한 가지 중요한 측면에서 그때와 다르다. 특히 미국의 경우, 당시 기업 이익과 불평등이 상승했을 때 실질임금도 증가했다.[44] 하지만 지금은 불평등이 고조되고 있는데도 실질임금은 정체 상태거나 하락하고 있다. 이것은 자유시장이 예견했던 상황이 아니다. 그리고 그 상황에서 자유시장은 오랫동안 지속 가능할 수도 없다.

노동소득 지분의 하락과 자본 지분의 증가는 전체 이야기의 일부분에 불과하다. 미국에서 적어도 그것은 불평등이 증가한 원인 가운데 5분의

1을 차지할 뿐이었다.[45] 더 중요한 문제는 기업 내에서 임금 격차가 점점 커지고, 기업 간에 수입의 편차가 점점 확대되면서 노동 부분 내부에서의 소득 분산이 점점 넓어지고 있다는 사실이었다. 기업 간 수입의 편차 확대는 진정한 경쟁이 사라진 시장에서 높은 가격을 매길 수 있는 (따라서 불로소득을 챙길 수 있는) 몇몇 소수 기업의 미국 경제에 대한 지배력 증대 현상을 반영하고 있다.[46]

그 결과, 자본 부분에서도 이익의 분산 폭이 점점 넓어지면서 소수의 기업이 상당한 불로소득을 선취할 수 있었다.[47] 그들 기업은 핵심 계급에 속하는 직원들(엘리트, 샐러리아트, 프로피시언)에게 더 후한 봉급을 주고, 따라서 노동 부분 안에서 불평등은 더욱 확대된다. 이것은 이른바 '숙련된 기술'에 따른 지불 대가의 차이 문제가 아니다. 시장을 지배하는 회사에 근무하는 특권을 누리는 노동자들은 다른 회사에 근무하는 비슷한 수준의 기술을 가진 노동자들보다 상대적으로 소득수준이 더 높았다. 그들은 소수의 지배기업이 올린 불로소득을 더 높은 봉급과 상여금, 주식, 복리후생의 형태로 나눠 가질 수 있기 때문이었다.[48]

필립스 곡선이 실패인 이유

한편, 노동자들은 이제 더는 실질임금 상승에 기댈 수 없다. 1958년 A. W. 필립스Phillips가 한 논문을 발표한 이래로, 대다수 경제학자는 실업률 상승과 임금·물가 상승률이 서로 상충관계에 있음을 인정했다. 그 결과, 정부는 '자연'실업률natural rate of unemployment[정부의 안정화 정책에 상관없이 정상적인 노동시장 아래서 사실상 완전고용을 이룬 상태에서도 지속되는 실업률로, 자발적 실업이나 사양산업으로 일자리를 잃은 실업을 의미한다)이나 물가안정실업률non-accelerating inflation rate of unemployment(NAIRU), 즉 인플레이션을 억제한 상황에서의 실업률을 유지하고자 했다. 각국의 중앙은행은 이른바 필립스 곡선을 화폐정책 운영에 반영했다. 각국 정부 또한 유연성이 클수록 실업률과 물가상승률이 서로 조화롭게 균형을 이룬다는 사실을 바탕으로 노동시장의 유연성을 증대시키는 정책을 정당화하는 근거로 필립스 곡선을 활용했다.

그러나 최근 몇 년 사이에 실업률 하락은 임금 상승에 그다지 큰 압박을 가하지 못했다. 경기침체 때 기업이 임금 유연성 증대를 위해 일자리를 줄이기보다 임금을 깎는 데 주력하기 때문인데, 일부 정치인들은 그것이 더 좋은 정책이라고 생각한다.[49] 그러나 줄어든 임금은 당장 생활의 어려움을 야기할 뿐 아니라 이후 경제가 좋아지더라도 다시 회복되지 않았다. 영국에서는 짐작하건대 몇 년 동안 견실한 경제성장이 지속된 뒤, 2015년에 산출된 중위 실질소득median real earnings은 2008년보다 여전히 9퍼센트 더 낮은 상태를 유지했다.

일반적으로 필립스 곡선이 이제 현실에서 작동하지 않는 이유에 대해서는 노동조합이 임금을 더 올리는 협상을 위해 인력을 줄이고 중립화하는 전략을 구사했기 때문이라고 설명한다. 그러나 단순히 국내뿐 아니라 세계적인 노동력 잉여 현상에 따른 임금 하락 압력 또한 중요한 요인이라는 것은 틀림없는 사실이다. 이러한 노동력 풀은 지금까지 불로소득 경제를 만들어온 기업 분할과 기술혁명 덕분에 전보다 훨씬 더 접근하기 쉬워졌다. 나중에 나오지만, 새로운 디지털 플랫폼은 또한 과거에 (소수의) 정규직 노동자들이 했던 작업을 시간급 임시직을 동원해서 수행할 수 있게 함으로써 기업이 효과적으로 노동력을 공급받을 수 있는 기반을 확대시켰다. 따라서 필립스 곡선을 뒷받침하는 토대는 세계화된 유연한 노동력 수급과정 때문에 무너져 내렸다.

'긴축정책'이라는 새빨간 거짓말

"긴축에 매달리는 것은 (……) 정신 나간 짓이다."

— 마틴 울프Matin Wolf, 『파이낸셜타임스』[50]

글로벌 전환의 초기 몇 년 동안, 각국 정부는 파우스트가 악마와 맺었던 계약방식Faustian Bargain[물질적 이익을 위해 영혼을 파는 행위를 지칭한다]으로 자국 국민들과 거래했다.[51] 세계화하는 경제에서 시장 자유화는 세계 노동시장에 노동력을 20억 명 추가로 공급함으로써 노동력 공급량을 3배로 늘렸다. 따라서 이러한 노동 공급량 증가에 따른 압박으로 노동력을 팔아먹고 사는 산업국 노동자들의 생활수준은 하락하지 않을 수 없었다. 정부는 그 보상책으로 가계부채 상승을 기반으로 한 소비 진작과 노동자 소득 지원을 위한 세금공제 같은 국가보조금을 제공하는 정책을 폈다. 이것은 국가 부채를 늘리는 결과로 이어졌다. 2008년 그러한 파우스트 거래가 예견된 종말을 맞이하자 정부와 금융계, 중앙과 지역, 글로벌 은행들은 모두 한목소리로 '긴축'이라는 말로 응답했다.

긴축전략은 정부의 사회적 지출을 줄이려는 정치적 목적을 감추기 위해 연막을 피우려는 거짓말에 기반을 두고 있다. 첫 번째 거짓말은 일반 인들이 '분수에 넘친 생활'을 해서 경제위기가 발생했으므로 개인들이 '수지를 맞추기' 위해 지출을 줄여야 한다는 것이었다. 실제로 경제위기를 촉발시킨 원인은 월스트리트에서 시작된 금융계의 파산이었다. 그것은 저소득집단의 희생을 대가로 소득 증가분을 챙길 수 있었던 금융업자들의 무모함과 범죄 때문에 발생했다. 긴축전략은 그런 불공평한 상황을 심화시켰다. 부유한 불로소득자들은 더욱 부유해진 반면에 그 밖의 다른 사람들은 소득이 정체되거나 하락했다.

두 번째 거짓말은 국가 부채 감축이 고용과 소득 증가와 함께 경제를 부양시킬 것이라는 주장이다. 실제로는 심지어 IMF도 경고한 것처럼 경제 상황 악화를 더욱 부추기는 결과를 초래했다. 영국에서 대체로 간헐적이나마 완만한 경기회복에 불을 지핀 것은 오히려 민간 대출이었다. 2014년 영국 통계청ONS 자료에 따르면, 중위 가계소득median household incomes은 2008년 수준보다 여전히 낮았다. 긴축정책의 불평등한 취지를 보여주는 또 다른 증거로, 최상층 가구의 5분의 1이 그들 소득의 35퍼센트를 직·간접세로 내고 있는 반면에 최하층 가구의 5분의 1은 38퍼센트를 내고 있었다.

세 번째 거짓말은 국가 부채를 줄이기 위해서는 공공지출을 줄일 수밖에 없다는 주장이다. 마거릿 대처Margaret Thatcher는 일반 가정의 예산을 예로 들어 설명했지만, 그러한 유추는 정부나 기업에 적용할 수 없는 것이다. 적자는 소득을 초과하는 지출 때문에 발생한다. 하지만 정부는 세금을 올림으로써 소득을 늘릴 수 있다. 정부는 오히려 세금을 경감함으로써, 특히 자본가와 고소득 수입자의 세금을 깎아줌으로써 잠재적인 국가 수입을 교묘하게 축소시켰다. 정부 재정 적자를 국가보조금과 사회복지사업에 지나치게 많이 지출한 탓으로 돌리는 것은 기만적 행위다. 더 나아가 예컨대 공공기반시설에 돈을 쓰는 것은 미래를 위해 투자하는 것이라 할 수 있다.

정부는 반드시 국가 재정을 운영할 때 수지균형을 맞출 필요가 없다. 설사 그렇게 하고 싶다고 해도 정부는 공공서비스 지출을 줄일 수도 있고 국가보조금 지급을 축소하거나 세금을 올리는 방법을 선택할 수도 있다. 2008년 이후, 영국 정부는 재정 지출 축소를 통해 적자폭을 대폭 좁히기로 했다. 영국 정부는 또한 주로 부자들을 대상으로 세금을 감면하고 국가보조금 지급을 늘리는 조치를 취했다. 그것은 정부가 다른 부분에서 재정 지출을 줄일 요소들을 더 많이 찾고 있다는 것을 의미했다. 주요 유권자들을 위한 정치적 뇌물인 연금으로 생활하는 사람들을 보호하는 책무는 청년 세대에게 그 비용의 상당 부분을 부당하게 전가함을 의미했다. 영국 통계청 자료에 따르면, 연금생활자의 가계소득은 2007년과 2014년 사이에 실질적으로 7.3퍼센트 증가한 반면, 직장에 다니는 사람들의 가계소득은 5.5퍼센트 하락했다.

긴축이라는 화려한 수사는 국가 경제를 회복하기 위해서는 소득이 줄어들 수밖에 없고, 해외의 금융투자를 유치하기 위해서는 자본에 대한 세금을 감면해야 한다는 사실을 국민들에게 설득하기 위한 사기극에 불과하다. 그 결과, 부자들은 가난한 사람들의 희생을 대가로 점점 더 부자가 되었다.

영국병

경제학자들이 네덜란드병Dutch Disease이라고 부르는 경제 현상이 있다. 네덜란드가 거대한 가스 광상을 발견한 뒤 국내 환율 상승 때문에 결국 제조업 수출은 경쟁력을 잃고 고용 창출에 실패한 경험을 일컫는 현상이다. 오늘날 어느 나라보다 영국 자체에서 가장 많이 회자되는 영국병British Disease은 그 변종이라 할 수 있다. 영국병은 영국의 금융 중심가 시티오브런던City of London의 시장규제가 철폐된 1986년 금융 빅뱅 Big Bang[증권매매 수수료 자유화, 증권 딜러와 브로커 겸업 허용, 주식투자 보호 강화, 증권거래소 회원 가입 제한 철폐 등 마거릿 대처의 전면적인 자본시장 개방정책] 으로 거슬러 올라가 영국 경제가 총체적으로 금융자본의 지배 아래 들어가면서 생겨났다. 그 결과, 영국의 통화 강세가 지속되면서 제조업의 수출 경쟁력이 하락하고 산업 공동화 현상이 가속화되었다. 그것은 또한 불평등을 더욱 고조시켰다.[52]

캐나다도 2008년 이후 영국과 비슷한 상황을 겪었다. 캐나다는 대체로 은행 파산과 같은 금융위기의 격변을 모면했기 때문에 금융 부문에 자본이 계속해서 유입되었다. 이것은 캐나다 달러의 가치를 밀어 올렸고, 그 때문에 제조업 부문의 생산능력은 20퍼센트 하락했다. 미국 또한 영국병으로 고통을 받았다. 금융은 미국의 산업기반을 허물어뜨리며 미국 경제(와 정책 결정)를 지배한다. 미국은 현재 심각한 무역 적자 상태이며 금융시장 붕괴 이후 7년 동안 산업 일자리를 600만 개 이상 잃었지만, 기업 이익과 소득은 금융활동으로 반등했다.

영국은 현재 불황이 심화된 상태다. 영국 통계청 자료에 따르면 2010년 이후 경제회복은 전적으로 금융과 보험, 부동산 같은 불로소득 활동 덕분이었다. 제조업 생산과 고용은 계속해서 하락세다. 2015년 금융서비스업계에 종사하는 사람이 100만 명이 넘었다. 이는 전체 취업자 가운데 스물다섯 명당 한 명꼴이었다. 또한 금융서비스와 관련된 직종(회계와 법률서비스)에 종사하는 사람도 100만 명 가까이 되었다. 영국의 금융 부문은 GDP의 10퍼센트 정도를 차지하는데, 어떤 다른 부자 나라보다도 높은 수준으로, 오늘날 영국은 명실상부한 세계 최대의 금융서비스 수출국이다.

시티오브런던은 갈수록 생산 부문보다 투기나 불로소득을 올리는 활동에 자본을 쏟아부었다. 2014년과 2015년에 비금융기업에 빌려준 순은행대출은 무려 140억 파운드나 줄었다. 하지만 영국 은행들이 중국을 비롯한 신흥 시장경제국에 빌려준 돈은 엄청났다. 영국중앙은행 자료에 따르면, 2006년과 2015년 사이에 8,000억 파운드에 이르는데, 이는 영국 은행들이 보유한 자본금의 3.5배에 해당하는 금액이었다.[53] 영국은 중국의 악성 채무에 시달릴 위험이 점점 커지는 상황에 처해 있는데도 이자수입 같은 불로소득을 올리기 위해 모험을 감행했다.

영국중앙은행의 수석 경제전문가 앤드류 홀데인Andrew Haldane은 2015년 10월에 이렇게 말했다. "요컨대 금융은 경제에 기여하기보다 자가 발전하는 쪽으로 나아갔다."[54] 그는 존 케이John Kay와 윌 휴턴Will Hutton 같은 이들과 함께[55] '유동성에 대한 맹목적 숭배'를 '장기적 목표를 중시하는 기풍'을 몰아내는 행위라고 거세게 비난했다. 이는 과거를 지나치게 낭만적으로 묘사한 것이다. 그러나 그것은 확실히 지금의 지배적인 태도다. 영국중앙은행의 수석 경제전문가가 은행들이 불로소득을 뽑아내기 위해 전보다 훨씬 더 정교한 도구들을 쓰고 있다고 결론을 내릴 정도라면, 왜 정부가 그것에 대해 아무런 조치도 취하지 않았는지 묻는 것은 당연하다. 그 대답은 어쩌면 정부가 다음 선거를 생각해 지나치게 단기적 성과에만 급급하면서 금융기관에 크게 목매고 있기 때문일지 모른다.

1945년 이후 각국 정부의 최고 관심사는 통화의 힘을 결정한 무역수지 적자였다. 1960년대와 1970년대 당시 GDP의 2퍼센트 정도였던 영국의 무역수지 적자 감축 실패는 파운드화의 강세를 야기했고, 결국 노동당 출신 재무부장관의 사임으로 이어졌다. 2010년 이후 영국은 경상수지 적자가 늘어나면서 2015년 국민소득의 7퍼센트에까지 이르렀다. 이는 1830년 이래로 산업국들 가운데 가장 높은 비율이자 평화 시기에 나타난 가장 큰 적자 규모였다. 1,200억 파운드가 넘는 적자액은 절대치로 봤을 때 미국 다음으로 세계에서 가장 큰 적자였다.[56] 그러나 정부를 비판하는 소리는 거의 들리지 않았다.

무역수지가 적자인데도 환율은 강세를 이어가며 더 많은 해외 투자를 유치했는데, 대개가 부동산을 구매하고 캐드베리Cadbury와 롤스로이스Rolls-Royce 같은 영국을 대표하는 산업 유산들을 손에 넣기 위한 것이었다. 캐드베리가 미국의 크래프트Kraft에 넘어간 것은 영국이 해외 자본의 통제를 받을 위험에 직면했음을 암시했다. 크래프트는 캐드베리를 안전하게 인수하기 위해 일자리 보장을 약속했지만, 거래가 성사되자마자 결국 공장 폐쇄를 추진했다. 외국인 기업주는 늘 자신들의 기반이 되는 주주들에게 우선권을 줄 것이다. 캐피타 에셋 서비스Capita Asset Services에 따르면, 외국 기업들에 대한 영국의 해외 투자가 전반적으로 성공적이지 못했던 반면, 영국에 대한 해외 자본의 투자는 2015년 배당금이

2010년보다 30퍼센트 더 높아졌을 정도로 매우 성공적이었다.

2010년 영국의 재무부장관은 제조업 수출을 진작시켜 경제를 재조정하기 위해 '제조업체 부양책march of the makers'을 약속했다. 그럼에도 2011년과 2015년 사이의 수출물량은 과대평가된 환율의 영향을 받아 10퍼센트가량 하락했다. 영국의 마지막 광산이 문을 닫았고 마지막 남은 제철소들도 폐쇄위기에 처했다.

2015년 영국 국민소득에 제조업이 기여한 몫은 9퍼센트에 불과했다. 독일(거의 21퍼센트), 이탈리아(15퍼센트), 미국(12퍼센트), 프랑스(10퍼센트 이상) 같은 나라들에 비하면 한참 낮았다. 당시까지 남아 있던 제조업체들 가운데 직원이 500명 이상인 기업의 3분의 2는 외국인 소유업체였다. 영국은 산업경제국이기를 포기했다.

영국은 점점 대개 국내외에 있는 금융자산과 같은 보유자산을 통해 먹고사는 불로소득 경제체제로 기울고 있다. 투자자와 저축자들이 미래에 대해 안심하는 한, 정부가 재정 적자를 감수할 수 있는 것처럼, 영국은 외국인들이 영국의 자산에 그들의 돈을 쏟아부음으로써 영국에 기꺼이 자금을 댈 의향이 있는 한, 경상수지 적자를 감내할 수 있다. 그러나 그것은 미래의 정부들을 끊임없이 괴롭힐 경제 종속 문제를 낳는다.

결론

1945년 이후 부유한 산업국에서 사회민주주의와 결합되어 구축된 노동을 기반으로 하는 경제사회체제는 1970년대와 1980년대에 내부에서 붕괴하기 시작했다. 그것은 과거의 기준으로 보면 진보적인 것이었지만 경제적으로 매력적이지 못했고, 글로벌 경제가 모습을 갖춰가기 시작하자 내부에 감춰져 있던 모순들이 실체를 드러냈다.

그 뒤를 이어 나타난 신자유주의는 부와 소득의 불평등을 가속화하고 급속하게 성장하는 프레카리아트에게 만성적 불안을 안겨주었다. 무엇보다 심각한 문제는 그것이 보유 재산 덕분에 불로소득을 점점 늘릴 수 있는 집중된 금융자본에 연결된 부호와 재벌기업들을 만들어냈다는 사실이다. 그러는 사이에 임금은 정체 상태를 유지하고 있다. 중국과 인도 같은 주요 신흥 산업경제국들이 오늘날 세계 인력 공급의 중심지가 되면서, 그러한 임금 정체 현상은 앞으로도 계속 이어질 것이다. 미국의 경제학자 로버트 고든Robert Gordon은 미국의 생산성 증가 속도가 둔화되었다고 지적하면서, 노동력에 의존하는 사람들의 장래 생활수준에 대해 암울한 전망을 추가로 내놓았다.[57] 그는 유럽과 일본에서도 똑같은 현상이 벌어질 것이며 이후로도 당분간 그 상태를 유지할 것이라고 말한다.

소득과 일자리를 연계시킨 기존의 소득분배체계는 해체되었다. 새로운 소득분배체계가 출현할 때가 되었다. 하지만 그전에 우리는 먼저 오늘날 불로소득자들이 왜 그리고 어떻게 소득과 부의 대부분을 독차지하고 있는지를 이해할 필요가 있다.

2

$

불로소득 자본주의의 형성

1980년대 신자유주의가 모습을 드러냈을 때, '경쟁력'이라는 개념은 거의 강박관념이 되었다. 한 나라가 발전하거나 성장하려면 다른 나라보다 경쟁력이 커야 한다. 경쟁력이 있다는 말은 대체로 '경쟁국'보다 생산비용은 더 낮은 반면에 수익성은 더 높으며 잠재적인 투자자들에게 더 낮은 세금을 부과한다는 것을 의미했다.

이것은 고전적인 정치경제학의 논리와 맞지 않았다. 종래의 정치경제학은 '비교우위comparative advantage'론이 뒷받침하는 무역에 초점을 맞추었다. 그것은 나라마다 다른 나라에 비해 생산효율성이 더 높은 상품과 서비스가 있는데 각국은 그런 상품과 서비스를 전문화해야 한다는 이론이다. 하지만 갑자기 그것은 모든 나라가 어떤 상품과 서비스든 다른 나라보다 우위에 있어야 한다고 주장하는 것처럼 보였다.

경제적으로 주된 경쟁은 해외 투자를 끌어들이고 빠져나가지 않도록 보호하고 수출을 진작하고 수입을 제한하는 방법을 찾는 것이 되었다. 이것은 특히 자본에 대한 직접세를 감면하고 투자자들에게 국가보조금을 제공하는 것에 대한 정치적 정당성을 부여했다. 그러나 기업과 금융업자들은 각국 정부와 초국가적 금융기관들이 자신들의 이익을 대변하는 기반시설을 구축하도록 설득하기 위해 자신들의 새로운 권력을 활용했다.

그들은 신자유주의 경제학계의 지원을 받아 각국의 엘리트집단이 자신들의 불로소득을 극대화할 수 있게 하는 글로벌 기구와 규제 체계를 만들었다. 그것은 흔히 말하는 '자유시장'이 결코 아니다.

브레턴우즈에서 정실 자본주의로

1944년 44개 동맹국들은 삼각 글로벌 기관 체제를 완성하기 위해 미국 뉴햄프셔 브레턴우즈에서 만났다. 세계은행은 자본주의를 재건하고, IMF는 경제안정을 유지하고, 관세와 무역에 관한 일반협정(나중에 세계무역기구WTO로 전환)은 무역을 개방하는 역할을 맡았다.

워싱턴 DC에 근거지를 둔 세계은행과 IMF는 서유럽 국가들의 경제 회복에 기여한 뒤 개발도상국으로 눈을 돌렸다. 관례에 따라 세계은행의 수장은 최대 지분을 가진 미국 정부가 지명한 미국인이 맡았다. 1970년대 세계은행은 베트남전쟁을 배후에서 조종하고 막 돌아온 로버트 맥나마라Robert McNamara의 지휘 아래 미국의 이익을 확대시키는 중심축 역할을 했다.

세계은행과 전통적으로 유럽인이 이끌어온 IMF는 점점 이념적 색채를 강화하면서 개발도상국들에 자본주의를 육성하는 데 앞장서는 기관이 되었다. IMF가 강요한 라틴아메리카, 아프리카, 아시아 정부들에 대한 '구조조정 프로그램'은 그들 국가가 수출 주도 산업화를 추구하고, 복지 지출을 삭감하고, 민영화 조치를 밀어붙이고, 정부 지출을 줄이고, 공무원 봉급을 낮추고, 공무원 수를 줄이고, 무엇보다도 사유재산권을 확고히 보장할 것을 강력하게 요구했다.

이런 판에 박힌 전략이 가져온 비참한 결과에 대한 언급은 이미 여러 곳에서 나왔다. 대민 행정 업무는 약화시키고 오히려 핵심 경제 부문의 민영화에 자금을 지원함으로써 부패와 생태 파괴의 가능성은 크게 증가했다. 그것은 연줄이 든든한 개인이나 기업이 주요 경제 부문을 장악하고, 기회주의적 인적 네트워크 구성과 파벌주의를 통해 부호가 될 수 있는 '정실 자본주의crony capitalism'를 낳는 여건을 마련했다. 카를로스 슬림은 민영화한 멕시코 통신 부문을 차지함으로써 세계에서 가장 부유한 사람이 되었다. 그 밖의 다른 나라에서도 정치적 술수와 냉혹한 상업적 감각을 결합해 억만장자가 된 사람들이 많이 등장했다.

1980년대와 1990년대 산업국에서 신자유주의적 구조조정정책은 '공급 측면의 경제학supply-side economics' 형태를 띠었다. OECD와 신생 유럽공동체EC(나중에 EU로 바뀜) 기구들은 민영화와 노동시장 유연화, 공공지출 삭감을 밀어붙이기 위해 세계은행과 IMF에 가입했다. 이는 불평등 확대와 실업 증가로 이어졌다. 그 단체들은 서서히 개입의 강도를 높여갔는데, 2008년 금융위기 때는 유럽중앙은행과 힘을 합해 스페인이나 포르투갈, 아일랜드, 그리스를 포함해 경기침체에 빠진 유럽연합 회원국들을 대상으로 개혁을 명령할 수 있을 만큼 영향력이 커졌다.

그러는 사이에 워싱턴의 기관들은 1990년대에 급조된 유럽부흥개발은행EBRD의 지원을 받은 구소련과 동유럽의 수많은 '과도기' 국가들에 자본주의식 개발을 보급하는 새로운 산파 역할을 했다. 그들은 이 나라들에 완곡하게 '충격요법'이라고 부르는 구조조정정책을 적용했다. 그 결과, 그 과도기 국가들의 사회체제와 경제체제에 재앙을 불러일으켰다. 한마디로 이는 그들 국가에 정책을 조언한 국제금융기관과 경제학자들의 책임이 크다.

무엇보다 심각한 문제는 개혁의 순서였다. 해당 국가의 경제구조와 문화에 대해 아는 바 없는 오만한 서구의 경제학자들이 만들어낸 충격요법의 요지는 아주 단순했다. 첫째는 시장이 확고히 자리를 잡고 자유화되어야 한다는 것이다. 상품과 서비스가 부족하기 때문에 물가가 오를 것이고, 따라서 공공지출을 대폭 줄이고 옛날 국가 구조를 해체해야 했다. 다음으로 민영화를 밀어붙여야 했다. 그렇지 않으면 사회주의적 개혁이 더 거센 반격을 가할지도 모르기 때문이었다. 사유재산권은 강력하게 확립될 예정이었다. 새로운 사회적 보호체계를 갖춘 국가로 재건되는 것은 바로 이런 개혁과정을 거친 뒤에만 가능했다.

그 결과는 누구나 예견할 수 있었고, 결국 그렇게 되리라 예상할 수 있는 것이었다. 단기적으로 극심한 인플레이션이 발생했다. 일부 국가는 1년에 몇천 퍼센트까지 물가가 급등했다. 우크라이나의 경우는 1993년에 1만 퍼센트가 넘었다. 실질임금과 생활수준은 급락했고 마침내 기아 상태로 이어지면서 질병과 사망률이 상승했다. 1991년과 1994년 사이에 러시아의 남성 평균수명은 64세에서 58세로 떨어졌고 요절하는 사람이 200만 명을 넘어섰다.

민영화가 급속하게 추진되면서 고위 정치인과 공무원들의 한 달 봉급은 10달러 이하 수준이어서, 상업제국의 건설을 꾀하는 사람들에게 그들은 뇌물과 부패의 손쉬운 먹잇감이 되었다. 러시아 민영화 프로그램에 기여한 것으로 여겨지는 하버드대 경제학자들은 나중에 그들에게 수백만 달러를 벌게 해준 내부자 거래의 범죄에 연루된 것으로 밝혀졌다.[1]

마피아 단원들이 쓰는 수법이 구소련과 동유럽의 많은 국가에 만연했다. 기업제국을 거느리며 갑자기 독보적인 권력과 정치적 영향력을 보유하게 된 백만장자들의 사악한 과두금권정치는 바로 이러한 수렁에서 생겨났다. 그들은 곧 영국과 같은 다른 나라들의 환영과 환대를 받았고, 글로벌 엘리트에 통합되어 자신들의 이익 추구에 전력을 다하는 정당들에 자금을 지원할 수 있게 되었다.

구조조정 아래 있는 개발도상국들에서처럼, 불평등과 과두정치는 자유시장의 결과로 생겨난 것이 아니라 이념적 의제를 효율적으로 활용하는 제도적 개입의 예견된 결과였다. 그것들은 정실 자본주의의 한 부패한 형태를 만들어냈다.

『이코노미스트』지는 정부와 은밀한 관계를 통해 불로소득을 추구할 여지가 충분히 있다고 여겨지는 카지노·석유·건설 부문 백만장자들의 부를 근거로 정실 자본주의의 색인을 만들었다.[2] 그 잡지에 따르면, 경제적 불로소득 추구는 신흥 시장경제국에서 더욱 심각한데, 2016년 22개 조사대상국 가운데 선두에 있는 러시아를 포함한 신흥 시장경제국이 '정실 자본주의로 축적된 부'의 3분의 2를 차지했다. 14위인 영국은 산업국 가운데 가장 높은 순위에 올랐는데, 그 뒤를 이어 미국이 16위에 올랐다. 그러나 그 색인은 기술산업이나 금융산업의 많은 부분이 정치적 로비활동에 상당히 의존하는데도, 그것들을 불로소득을 추구하는 부문에 포함시키지 않는다.

2014년에 『이코노미스트』지는 정실 자본주의가 정점에 이르렀다고 주장했지만, 2016년에도 여전히 우려할 이유가 있음을 인정했다. 정실 자본주의에 속하는 부문을 좁게 한정한 가운데서도 산업국은 백만장자의 5분의 1 가까이, 개발도상국은 절반이 정실 자본주의를 통해 부를 축적했다. 헤지펀드 같은 금융업자들까지 거기에 포함시키면, 미국 백만장자 전체 재산 가운데 정실 자본주의를 통해 축적한 부의 규모는 14퍼센트에서 28퍼센트로 2배 가까이 늘어난다. 실리콘밸리의 청년 백만장자까지 포함하면, 그 규모는 훨씬 더 커진다.『이코노미스트』지가 인정한 것처럼, "기술산업이 정실 자본주의 부문으로 분류된다면, 서방 세계에서 불로소득을 추구하는 부는 더 늘어나고 꾸준히 상승할 것이다."

게다가『이코노미스트』지의 제한된 정의는 근본적으로 정실 자본주의를 축소해서 말한다. 그 잡지가 소개한 불로소득 추구 사례들은 '카르텔을 형성'하고 '경쟁 기업과 고객을 희생시켜 득을 보는 제도를 만들기 위해 로비'하는 것이었다. 따라서 그것은 오늘날 정실 자본주의가 지배력을 확장하고 있는 가장 음험한 방식을 빼먹었다. 불로소득자의 편에서는 정치인과 정당에 자금을 지원하는 부호와 엘리트집단의 정치조작이 바로 그것이다(7장 참조).

정실 자본주의의 또 다른 특징은 기업을 사고팔아 막대한 불로소득을 챙기는 방식의 확산이다. 개인이든 집단이든 기업을 인수해서 그 기업을 담보로 대출을 받고 자신들은 회사로부터 막대한 상여금을 챙긴 뒤 파산신청을 한다. 그러면 이익은 사유화되고 손실은 사회화된다. 기업들은 주가를 올릴 심산으로 주식을 환매한다. 그러면 최고경영진은 자신이 보유한 주식을 팔거나 스톡옵션을 행사해 막대한 이득을 챙길 수 있다. 또한 경영진은 대출로 발생한 단기 이익을 통해 배당금을 챙기기도 한다. 이런 행태는 생산을 신장시키는 데 전혀 도움을 주지 않는다. 그저 불로소득을 올리기 위한 장치일 뿐이다.

구조조정 프로그램을 통한 민영화는 공적 자산을 사적 이익으로 전환시키는 한 방식으로, 특정 개인이나 기업에 막대한 불로소득을 제공했다. 그 가운데 가장 악명 높은 사례 중 하나가 동독 붕괴 뒤 서독 정부가 만든 신탁기금 관리기관인 독일신탁청Treuhand이었다. 독일신탁청은 동독의 국유자산을 헐값에 매각해 수천 개의 일자리를 희생시키면서 소수의 서독 기업들의 배를 불려주었다.

2015년 독일 정부는 앞장서서 그리스에 자기네와 비슷한 조치를 취하게 했다. 그래서 그리스 정부는 국가 부채를 해결하기 위해 500억 유로(350억 파운드)나 나가는 엄선된 공적 자산을 매각해야 했다. 이것이 그리스 정부의 자발적 선택에 따른 것이 아니라 강압 아래서 이루어진 '급매 처리'였던 것에서 알 수 있듯이, 기업이나 부호들이 헐값에 재산을 늘리고 불로소득을 올릴 수 있는 여지가 충분히 있었다.

따라서 어떤 면에서 금융기관과 거기서 일하는 경제학자들은 불로소득을 추구하는 사람들에게 혜택을 주고 추악한 금권정치의 바탕이 된 불평등 패턴이 자라나는 세계 경제체제를 만든 주역이다. 오늘날 세계 경제체제는 자율적 시장의 힘이 아니라 정치적으로 움직이는 기관들이 만들어낸 결과다.

불로소득 자본주의의 글로벌 구조

거대한 전환은 국내 정치인과 금융업자들을 책임져야 하는 국내 관료들이 일구어냈다. 그러나 그 첫 번째 국면이 1930년대에 붕괴된 뒤 은행가에 대한 불신이 극에 달한 나머지 1945년 이후 시대의 경제문제를 관리할 기관을 만들기로 했을 때, 프랭클린 루스벨트 대통령 같은 사람들은 1944년 브레턴우즈 협상에 모든 은행가(고분고분하게 말을 잘 듣는 사람으로 여겨진 한 사람만 빼고)를 배제했다. 은행가와 금융업자가 다시 지배력을 얻게 된 것은 1970년대에 글로벌 전환이 시작된 직후였다. 그들은 주로 워싱턴 DC와 제네바에 근거지를 둔 국제 관료들이 구축한 새로운 글로벌 경제를 만드는 과정에서 점점 중요한 역할을 맡았다.

제네바는 세계화 통치의 중심지였다. 끊임없이 바뀌는 제네바의 물리적 구조는 세계 자본주의의 변화하는 특성을 상징적으로 보여주었다. 1969년 사회민주주의 시대가 정점에 이르렀을 때, 국제노동기구ILO는 호수 옆에 있는 고전양식을 대표하는 건물에 입주했고, 그해에 노벨평화상을 받았다.

그 뒤에 곧바로 ILO는 당시 메인프레임 컴퓨터에 쓰이는 대형 IBM 천공카드를 연상시키는 새로운 본부로 이주했다. 그 오래된 건물은 나중에 WTO가 된 GATT(관세와 무역에 관한 일반협정), 즉 세계 무역 문제를 다루는 국제기구가 인수했다. GATT는 일련의 무역자유화 '협상들'을 조정해서 마침내 광범위한 우루과이라운드 협상과 1995년 WTO의 탄생을 이루어낸 세계화의 산파였다. 그 뒤 몇 년 동안 WTO는 세계화를 일구는 제네바의 국제기구들 가운데 가장 역동적인 활동을 펼쳤다.

그러나 WTO는 금방 기력이 쇠해 2001년에 개시된 이른바 도하라운드를 완결하지 못하고 통치기구로서 역량을 보여주지 못했다. WTO는 스스로 거대한 관료체제를 구축하지 못했다. 오늘날 WTO는 개혁의 중심 역할을 하지 못한다. 반면에 1970년대와 1980년대에 대체로 효과가 없어 보였던 세계지식재산권기구WIPO가 세계 자본주의의 핵심 기관이 되었다. WIPO의 새로운 회담장은 유엔 복합건물의 중앙에 눈에 띄게 돌출되어 있다.

1995년 WTO와 WIPO 직원 수는 각각 500명이 약간 넘는 수준으로 거의 동일했다. 하지만 지금은 WIPO 직원 수는 1,200명 정도로 WTO의 2배에 이른다. 유엔 자체 직원을 제외하고 제네바에 이렇게 많은 직원을 둔 국제기구는 한 군데도 없다.

동시에 제네바는 글로벌 전환의 초기 국면에 강제 이주와 난민의 급증 현상을 반영하듯, 유엔난민기구UNHCR와 국제이주기구IOM를 포함해서 인도주의 단체들이 엄청나게 늘어났다. 전 세계적으로 유엔난민기구 직원 수는 1995년 이후로 2배 가까이 증가해 9,300명에 이르렀고, 국제이주기구는 현재 직원 수가 8,400명으로 1995년과 비교하면 거의 8배 증가했다. 제네바 공항의 가장자리에 있는 전 세계 부호들의 전용기 격납 공간은 점점 늘어나는 망명신청자들의 비좁은 임시숙소 옆에 인접해 있다.

제네바의 대서양 건너편 워싱턴 DC에 있는 브레턴우즈 기구들은 그동안 그들의 신자유주의 사업을 추진하기 위해 상당한 자원을 투입했다. 2015년 세계은행이 직접 고용한 직원 수는 9,000명이 넘었다. 1995년과 비교하면 50퍼센트 증가한 규모다. 세계은행과 IMF는 세계 경제를 자유화하기 위해 개발도상국에는 구조조정 전략, 옛 공산주의 국가에는 충격요법, 그리고 OECD 국가에는 공급 측면의 경제정책을 통해 막대한 자금과 기술지원을 쏟아부었다. 그러나 그들이 마침내 건설한 것은 결코 자유시장 경제가 아니었다.

특허의 힘

"특허를 부여하는 것은 '탐욕을 더욱 부추기고', 사기꾼을 들뜨게 만들고, 사람들이 일반 국민에게 세금을 부과할 수 있게 할지 모르는 책략을 꾸미는 일에 열중하도록 자극하고, 투자자들 사이에 논쟁과 다툼을 야기하고, 끊임없는 소송을 남발하게 만든다. (……) 그런 결과를 낳는 법의 원칙은 공정할 수 없다."

— 『이코노미스트』, 1851년

2011년 구글은 무선전화제조업체인 모토롤라 모빌리티를 125억 달러라는 두둑한 돈을 주고 인수한 뒤 3년이 지나 29억 달러에 팔았다. 겉으로 볼 때, 그것은 실패한 거래처럼 보인다. 그러나 실제로 구글은 승자였다. 구글이 모토롤라를 인수한 까닭은 무선전화기 사업 때문이 아니라 그것과 함께 넘어온 2만 건이 넘는 무선전화 관련 특허 때문이었다. 이 특허들에서 받는 저작권 사용료와 특허료는 상당히 짭짤한 소득원이지만, 그보다 더 중요한 것은 구글이 모토롤라에서 인수한 특허권 덕분에 안드로이드 스마트폰 운영체계에 대한 삼성의 도전을 물리치고 자체 설계한 넥서스 스마트폰의 매출을 올리며 무선광고 수입을 더욱 신장시킬 수 있었다는 사실이다.

특히 1995년 이후로 지식재산권은 (제품 이미지 부여에 결정적인) 상표권, 저작권, 의장권, 지리적 표시, 영업 비밀, 그리고 무엇보다 특허권으로 창출된 시장 지배력을 통해 불로소득의 가장 중요한 원천이 되었다. 지식과 기술 집약산업은 WIPO의 자료에 따르면 오늘날 전 세계 산출량의

30퍼센트 이상을 차지하는데, 지식재산권으로 올리는 불로소득은 상품이나 서비스 생산으로 올리는 수입만큼이나 많거나 그 이상이다. 이것은 전 세계적으로 각국 정부들이 지식에 대한 독점권을 민간기업에 넘겨주기로 정치적 결정을 내렸음을 보여준다. 다시 말해 이는 일반 국민이 지식에 접근하는 것을 제한할 수 있는 권한을 민간기업에 줌으로써, 그 기업이 지식 또는 그러한 지식이 구현된 상품이나 서비스 가격을 마음대로 올릴 수 있게 한다는 것을 의미한다.

정부는 지식에 대한 일반 국민들의 접근과 관련해서 공적 이익뿐 아니라 지식재산권 소유자의 사적 이익도 균형을 맞춰야 한다고 입에 발린 말을 하지만, 실제로 공적 이익은 사유재산의 이익보다 하위에 있었다. 미국이 앞장서서 그렇게 했다. 지식재산권의 부여에 이의를 제기하는 것(또는 지식재산의 존재 자체를 반대하는 것)은 그 대가가 매우 비싸다. 대체로 분쟁을 해결하기 위해 법적 소송을 벌여야 할 경우, 특히 돈이 많이 든다.

정부는 개인이나 기업이 혁신활동에 투자하는 것을 지원하기 위해 새로운 것을 발명한 민간 '소유자'에게 특허를 통해 일시적으로 독점권을 부여하는 방식을 택했다. 포상하거나 공동의 협력관계를 맺는 것처럼 발명자에게 혁신의 대가로 불로소득이 아닌 다른 보상책이나 격려 수단을 제공하는 것은 주변으로 밀려났다.

불로소득 자본주의의 다른 특징들처럼, 특허제도는 군주제 시기부터 시작되었다. 14세기부터 영국 군주를 포함해서 유럽의 왕들은 공식적으로 새로운 기술과 기능 개발을 촉진하기 위해 특허 신청자에게 특허증을 발부함으로써 일시적인 독점권을 부여했다.

그러나 그 제도는 수입 증대 수단으로 광범위하게 남용되었다. 특허는 대개 기초 생필품을 포함해서 모든 것에 대한 특권을 구매하고자 하는 사람은 누구나 받을 수 있었다. 근대 특허법은 1624년 제임스 1세 시대의 영국 의회가 왕과 그의 후계자들이 그런 식으로 돈을 뜯어내는 것을 막기 위해 제정한 독점법Statute of Monopolies에 뿌리를 두고 있다. 그때부터 독점을 허용하는 것은 발명품에 한정했다. 이후 "과학과 유용한 기술의 발전을 촉진"하기 위한 특허는 1789년 미국 헌법에 의해 합법화되었다. 그러고 나서 1883년에 특허와 상표 보호와 관련된 최초의 국제협정이 체결되었는데, 산업재산권 보호를 위한 파리조약Paris Convention for the Protection of Industrial Property이 그것이다.

특허의 역사가 오래되었지만 유례없이 특허 수가 급등한 것은 세계화 시대에 이르러서였다. 2011년 200만 건이 넘는 특허 신청이 전 세계 특허청에 제출되었다. 1995년 신청 건수의 2배가 넘는 숫자였다. 이어서 2013년에는 260만 건, 2014년에는 270만 건 이상의 특허 신청이 이루어졌는데, 중국이 두 자릿수 성장을 기록하면서 성장률에 기름을 부었다. 오늘날 중국은 특허 신청에서 수위를 달리며 전 세계 신청 건수의 3분의 1 이상을 차지하고 있다.

이런 특허 신청 건수의 급증은 특허와 같은 지식재산권에 대한 국제적 보호를 강화하는 새로운 세계 구조를 동반했다. 1986년 우루과이라운드 무역협상이 시작되었을 때, 미국은 지식재산권을 주요 의제로 채택할 것을 강력하게 요구했다. 그 결과, WTO의 대표적 유산인 무역관련지식재산권Trade-Related Aspects of Intellectual Property Rights(TRIPS)협정이 탄생했다. 이 협정은 1995년부터 발효되었는데, 거기에는 WTO의 모든 회원국이 지켜야 하는 지식재산권에 관한 최소한의 기준이 담겨 있었다.

이것은 서명 당사국들에만 적용되는 WIPO의 협약들과는 대조적이다(비록 1995년 이후로 그렇게 한 나라들이 더 많았지만). TRIPS 이전에는 많은 나라에 특허법이 아예 없거나 특허 소유자들이 특허를 빌려주는 대가로 받는 수입은 몇 년으로 한정되었다. 하지만 지금은 거의 모든 나라의 특허 소유자들은 20년 동안 특허료를 받을 수 있는 독점권을 법으로 인정받고 있다.

전 세계적으로 약 1,020만 건의 특허가 2014년에 발효 중이었다. 한 조사 결과에 따르면, 2009년에 전 세계에 발효 중인 총 670만 건의 특허 가치를 합한 금액은 100조 달러가 넘었다.[3] 그 금액이 특허의 '축적'에 따라 늘어났다고 가정한다면, 오늘날 전 세계에 축적된 특허의 가치는 150조 달러를 넘을 것으로 추정된다. 이는 전 세계 GDP의 20퍼센트에 해당하는 금액이다.

발명이 개인이나 집단, 기업에 돈을 벌어주는 재산이 될 수 있다는 생각에 반대하는 의견 역시 오랜 역사를 가지고 있다. 1813년 토머스 제퍼슨Thomas Jefferson은 아이디어는 본디 공공재라고 말했다. 아이디어나 지식을 다른 사람에게 전달하는 것은 창작자에게서 그것을 빼앗는 것이 아니기 때문이라고 했다. "따라서 발명은 당연히 재산권 행사의 대상이 될 수 없다."[4] 게다가 그는 '발명의 독점권'을 부여하지 않은 나라들도 그런 권리를 부여한 영국만큼이나 혁신적이라고 지적하면서, 특허가 '사회에 이득보다는 혼란'을 야기했다고 주장했다.

1851년 7월, 『이코노미스트』지는 이렇게 의견을 밝혔다. "일부 사람들은 발명을 중단시키거나 다른 사람이 발명한 것의 성과를 무단으로 도용하기 위해 포괄적인 특허를 출원한다."[5] 그 기사는 철도, 뮬 방적기를 포함해서 산업혁명에 생기를 불어넣은 많은 발명이 특허의 보호 없이 부상했음을 지적했다. 따라서 발명이 상업적 이익의 영역으로 변질되어서는 안 되고 사회의 '과학적 공유지'에 속해야 한다는 주장이 오래전부터 있었다. 그런데 왜 우리는 역사상 가장 크고 빠른 특허의 확산을 목격하게 되었을까?

자본주의 사회는 아이디어를 공유하는 경향이 컸던 전통사회와 달리 두 가지 요구사항을 제도화했다. 첫째는 투자자들이 자금을 대고 위험을 감수하고 벌인 일에 대해서는 반드시 그에 합당한 보상이 따라야 한다는 것이고, 둘째는 투자자들에게 경제적 장려책을 제공함으로써 특허가 혁신을 촉진하고 뒷받침한다는 것이다. 게다가 특허받은 발명 내용을 상세히 공개함으로써 대중은 점점 더 많은 지식을 쌓을 수 있다.

두 가지 요구사항에 대해 이의를 제기할 수도 있다. 대부분은 아니지만, 많은 발명이 여러 사람, 심지어 여러 세대에 걸친 과거의 독창성을 기반으로 나왔기 때문이다. 패러데이Faraday의 전동기 발명은 전자석(스터전Sturgeon)과 건전지(볼타Volta)의 발명으로 이어졌다. 더 나아가 투자나 비용, 위험이 전혀 따르지 않는 발명도 많이 있으며, 심지어 우연한 발명도 있을 수 있다.

달에 사람을 보내겠다는 존 F. 케네디 대통령의 약속은 메모리폼, 개량된 레이디얼(방사형) 바퀴, 냉동건조식품, 인공 귀를 포함해 로켓을 우주공간에서 분리하는 스핀오프spin-offs 항공기술의 발명으로 이어졌다. 실리콘밸리의 초창기 신생 벤처기업들은 (정부 자금이 투입되어 개발된 기술로, 무상으로 이용할 수 있었던 인터넷 자체의 발명을 포함해서) 대학 연구와 방위산업을 위한 정부 지출의 큰 혜택을 입었다. 터치스크린 화면, GPS, 스마트폰 음성제어 기술의 발명으로 이어진 연구는 모두 정부의 지원을 받았다.[6] 실제로 정부는 그런 신기술 발명에 따르는 위험 부담을 사회화했지 보상을 사회화한 것은 아니다. 상업적으로 성공한 발명에서 발생하는 모든 수입이 왜 특허권을 소유한 단 한 사람이나 기업에 가야 한단 말인가?

더 나아가 각국 특허청, 특히 미국특허청USPTO은 아무래도 특허를 받을 만한 기준에 부합하지 않는 '발명'에 대해서는 자유롭게 무상 배포했다. 특허 자격이 있는 발명은 완전히 새로운 것이어야 하며 빤하지 않은 '발명 단계'를 거치고 현실에 적용할 수 있어야 한다. 그러나 USPTO는 자연현상, 특히 유방암 유전자 같은 의학 분야의 발견에 특허를 부여했다. 비록 이 특허는 나중에 무효화되었지만, 미국의학협회American Medical Association는 3만 개의 인간 유전자 가운데 5분의 1이 미국 특허를 받은 상태라고 추산한다.

USPTO는 또한 아마존의 원클릭 온라인 구매 시스템 같은 이른바 '영업방식business method'과 모서리가 둥근 직사각형 태블릿 PC와 관련된 애플의 특허처럼 기존 기술을 이용한 사소한 변화에 대해서도 특허를 부여했다. USPTO는 심지어 상처를 치료하는 데 강황을 쓰는 것에도 특허를 부여했는데, 훗날 그 치료법이 인도에서 수천 년 동안 전해 내려온 전통의술이라고 인도 정부가 법정에서 증언한 뒤 특허가 번복되었다.

특허가 혁신을 촉진한다는 주장에 이의를 제기할 수도 있다. 예컨대 특허 출원이 혁신의 정도를 평가하는 신뢰할 만한 지표가 아니기 때문이다. 기업들이 특허를 받으려는 이유에 대한 카네기연구소의 조사에 따르면, 실제로 특허 자체의 경제적 가치 때문에 특허를 출원하는 경우는 전체의 10퍼센트에 불과했다. 나머지는 독점권을 확보하거나 소송 가능성을 미연에 방지하기 위해서, 다시 말해 특허료라는 불로소득을 올리기 위해서였다.[7] 또 다른 연구들은 특허를 받은 것의 40~90퍼센트가 실제로 활용되지도 않고 임차되지도 않는다는 사실을 발견했다. 한편 2015년 OECD가 분석한 유럽특허청 자료에 따르면, 특허를 받은 혁신의 기술적·경제적 평균가치는 점점 하락했는데, 이는 아마 방어 목적의 특허 출원이 점점 늘어난 현상이 반영된 것일지도 모른다.[8]

혁신을 사유화하는 것은 발명자가 다른 사람의 발명을 기반으로 새로운 발명을 하는 것을 어렵게 하고, 서로 아이디어를 교환하는 것을 억누름으로써 실제로 과학적 발전을 지연시킬 수 있다. 와트Watt가 증기기관의 발명을 보호하기 위해 특허를 냄으로써 그의 특허권이 만료될 때까지 그 기술은 더 발전하지 못했다.[9] 세자르 밀슈타인César Milstein이 자신의 발명품인 단일클론성 항체monoclonal antibody 생성법에 대한 특허를 신청했다면, 암 치료는 상당 부분 발전이 지연되었을 것이다.[10] 팀 버너스리Tim Berners-Lee와 유럽입자물리연구소CERN(팀의 직장이었다)가 1989년 그가 발명한 월드와이드웹을 특허 출원하지 않기로 한 결정은 이후 정보통신기술이 폭발적으로 발전할 수 있는 길을 닦았다. 그 발명의 사용을 제한했다면, 이는 결코 일어날 수 없는 일이었다.

특허 집약적인 산업의 성장이 특허를 비롯한 지식재산권이 거의 인정되지 않는 부문의 성장을 능가했지만, 특허권이 더 많은 혁신을 낳는지에 대해서는 의견이 일치하지 않는다. 한 연구에 따르면, 특허는 혁신에 대한 보상도 제대로 하지 못하고 혁신을 전파하는 데도 영향력이 별로 없었다.[11] 생산성 증가와 특허 사이의 상관관계를 전혀 발견할 수 없다는 또 다른 연구들도 있었다. 또 출원된 많은 특허가 가능한 한 중요한 정보

들을 은폐시켜 정보를 공유하고 전달하지 못하게 막는다고 한다.[12]

한편, 특허 소유자의 독점적 가격 결정권은 혁신적인 제품과 기술을 모든 나라의 가난한 사람들이 사용할 수 없게 했다. 그 현상은 보건과 환경 부문에서 특히 두드러졌다. 그리고 특허 제도는 연구와 개발 방향을 왜곡시켜 공익을 극대화하거나 가난한 사람들에게 혜택을 주는 영역이 아닌, 높은 불로소득을 약속하는 영역으로 편향되게 자원이 유입되도록 만든다.

특허 낚시꾼

미국에서 특허로 얻은 독점 특허료는 '특허 괴물patent troll'이라는 수익성 높은 산업을 낳았다. 특허 괴물은 스스로 생산하는 것은 아무것도 없지만 특허 침해 용의자를 찾아내 특허 사용료를 물어내게 하거나 법정 소송을 벌이기 위한 목적만으로 아직 본격적으로 개발되지 않았거나 저평가된 특허를 사들이는 기업을 일컫는다. 많은 기업은 특허 괴물의 협박을 받으면, 오랜 시간 돈이 많이 드는 소송을 피하기 위해 특허 사용료를 지불하기 마련이다. 그럼에도 2014년 미국에서 진행된 특허 소송은 5,000건이 넘었다. 그 가운데 다수가 특허 괴물이 거대 기술기업을 대상으로 제기한 소송이었다. 애플은 2014년에 이전 3년 동안 100건 가까운 특허 소송을 당했다고 주장했다.

그렇게 특허를 낚아채는 행위는 사실 애플이나 구글 같은 유력한 다국적 기업들이 신생 벤처업체들이나 개인에게서 엄청나게 많은 특허를 사들여 경쟁업체가 시장에 진입하는 것을 막고 자신들의 독점적 지위를 굳히기 위한 시도에 박차를 가하게 만들었다. 의약과 정보통신 기술 같은 분야에는 또한 어떤 기술의 특정 부분에 관한 핵심 특허를 보유한 경쟁 기업과의 '특허 덤불patent thicket'[어떤 기술과 관련해서 여러 특허가 서로 중첩되어 있는 현상]의 문제가 있다. 애플과 삼성 간의 '스마트폰 특허 전쟁'을 보라. 그것은 다양한 조합과 다양한 나라에서 주요 스마트폰 제조업체들이 수십억 달러에 이르는 손해배상 청구와 함께 서로 소송을 벌이는 상황을 연출했다.

특허 덤불과 특허 괴물은 IT 부문에서 혁신의 걸림돌이 되었다. 기업들이 누군가의 특허를 쓰지 않고는 움직일 수 없고 여러 특허 소유자에게 특허 사용료를 지불해야 하기 때문이다. 예컨대 휴대폰에 들어가는 기술 관련 특허는 3,000건이 넘을 정도로 많다. 마찬가지로 제약 부문에서도 에이즈 환자 치료를 위한 혼합 신약 개발은 재료가 되는 기존 약제가 모두 다른 회사에 특허가 있기 때문에 그동안 어려움이 많았다.

앞서 지적한 것처럼, 기업들이 특허를 사들이는 이유는 그것을 활용하기보다는 스스로를 방어하기 위해서다. 전혀 급진주의의 온상이라고 볼 수 없는 세인트루이스 연방준비이사회의 한 보고서는 이렇게 결론지었다. "엄청나게 많은 특허가 전혀 쓸모없을 뿐 아니라 혁신을 대변하지도 않는다. 그것들은 군비 경쟁의 일부다. 성공한 거대 기업은 모두 경쟁업체와 특허 괴물이 제기할지도 모르는 소송을 막기 위해 수많은 특허를 필요로 한다."[13]

기업들은 다른 업체의 특허를 빨아들여 없애는 것 말고도, 특허를 확장하거나 특허 사용료를 늘리는 묘책을 생각해냈다. 제약업계에서 흔히 쓰는 방식은 '후속follow-on' 특허나 '에버그리닝ever-greening' 전략(약제 방식을 약간 바꿔서 새로운 발명인 양 주장하는 것)이다. 특허가 만료된 제품에 대한 수요를 계속 유지시키는 기발한 마케팅 전략으로 무명의 생산자와 '역지불pay-for-delay' 합의를 보는 방식도 있다. 그렇게 하면 더 값싼 약제를 개발한 무명기업이 시장에 진입하는 것을 막아 기존에 특허권을 보유한 기업은 특허기간이 지나도 계속해서 특허료 수입을 올릴 수 있다.[14]

미국이나 유럽연합 회원국 같은 나라들은 특허 기간이 지나도 제약회사에 '데이터 독점권data exclusiviy'과 '시장 독점권market exclusivity'을 부여해서 불로소득을 연장할 수 있는 또 다른 방법을 제공했다. '생물의약품biologic'으로 알려진 생명공학 약품에 대해 미국은 12년(화학적으로 추출된 약품에 대해서는 5년), 유럽연합은 10년, 일본은 8년, 오스트레일리아·뉴질랜드·싱가포르·칠레 같은 나라들은 5년 동안 '데이터 독점권'을 제공한다는 것은 일반 제조업체들이 그런 독점권을 가진 기업의 연구와 임상시험 데이터를 쓰지 못한다는 것을 의미하기 때문에 그들은 스스로 데이터를 생산하고 기존 약품에 상응하는 신약에 대한 규제 허가를 얻어야 한다. '시장 독점권'은 신생업체들이 경쟁 의약품을 시장에 내놓는 것을 막는다.

신약 개발에 많은 연구자금을 투입한 기업에 독점권을 주지 않으면, 다른 기업들이 무임승차로 신약을 복제할 것이기 때문에 대기업들이 혁신적 연구에 공을 들이지 않으리라는 것이 독점권 제공의 정당성을 주장하는 측의 입장이다.[15] 그러나 신약을 개발하는 데 최대 25억 달러의 비용이 든다는 업계의 주장은 수상쩍다. 그것은 그런 연구에 자금을 투입하려면 신약 가격을 고가로 책정해야 한다고 주장하는 것과 마찬가지이

기 때문이다.[16] 미국의 제약업계는 정작 연구보다는 마케팅과 광고에 더 많은 돈을 투입한다.[17]

어쨌든 그런 연구는 대개가 공공기관과 정부의 보조금 지원을 받아 진행되기 때문에 미국의 거대 제약회사들은 사실상 무임승객이라고 말할 수 있을 것이다. 한 연구의 추산에 따르면, 민간 제약업계는 그들이 받는 국가보조금과 세금우대조치를 감안할 때, 미국의 생체의학 연구비의 3분의 1에 해당하는 비용만 지불하고 특허로 발생하는 수입의 가장 큰 몫을 거두어간다.[18]

또 다른 연구는 만약 특허 보호가 없다면 미국 연방정부가 메디케어 Medicare와 메디케이드Medicaid 처방약과 관련해서 1년에 1,400억 달러를 절감할 수 있다는 결론을 내렸다. 그럴 경우, 제약업계가 수행 중인 모든 연구개발에 상응하는 공공생체의학 연구기금을 충분히 마련하고 정부(와 보건 부문) 예산을 크게 줄일 수 있을 것이다.[19]

잘 알려진 한 예로, 위험성이 커서 수년에 걸쳐 공적 자금을 투입해 대학연구소에서 개발된 C형 간염 약제는 생산비용이 70~140달러인 데 비해 특허권자인 길리어드Gilead는 치료 목적으로 그 약을 8만 4,000달러에 팔고 있다. 비록 임상시험을 하는 데 5억 달러 정도가 들어갔다고 하지만, 그 가격이면 몇 주 동안의 판매만으로 금방 그 비용을 회수하고도 남았다. 길리어드는 2014년에 C형 간염약인 소발디Sovaldi로 103억 달러를 벌었는데, 그 매출액의 상당 부분이 노인과 극빈층 대상 국가 보조 의료보험인 메디케어와 메디케이드에서 발생한 것이었다. 미국 상원의 한 보고서는 2014년 C형 간염 환자 40명당 한 명이 소발디를 복용했는데 메디케이드에서 그 약을 구입하는 데 지출한 돈이 10억 달러가 넘었다고 지적했다.

이것은 특허 독점권자들이 벌이는 가격 부풀리기 행태의 한 예에 불과하다. 2012년 미국 식품의약국Food and Drug Administration이 승인한 암 치료제 12종 가운데 11종은 한 환자당 1년에 10만 달러의 비용을 물렸다.[20] 그런 불로소득은 자유시장과 전혀 관련이 없다.

떠오르는 특허 거인: 중국

세계화의 경제적 거인으로서 중국의 부상은 값싼 노동력과 수입 기술을 기반으로 한 산업성장을 반영했다. 그러나 2011년 중국은 이미 특허 출원이 가장 많은 나라로 미국을 추월했고, 2014년 중국 특허청은 미국과 일본 특허청을 합한 것보다 더 많은 100만 건 가까운 특허 신청을 받았다. 2014년 전 세계적으로 시행 중인 특허 1,020만 건 가운데 미국이 전체의 25퍼센트를 차지하면서 여전히 선두에 있고, 그 뒤를 이어 일본이 19퍼센트를 차지했다. 하지만 중국도 12퍼센트로 그 뒤를 바짝 따라잡고 있었다.

중국 특허의 대부분은 중국 특허청에만 출원 신청되고, 주로 발명보다는 실용신안(사소한 변경)과 의장권 신청이 많다. 그러나 해외에 신청된 중국의 특허 출원 건수 또한 크게 증가해왔으며, 그것은 세계 시장에서 그들의 상업적 가치가 점점 커지고 있음을 의미한다. 2015년 중국은 발명자가 단 한 번의 특허 출원으로 여러 나라에 특허 신청을 할 수 있게 한 WIPO의 특허협력조약Patent Cooperation Treaty 아래 특허 신청 건수에서 미국과 일본 다음으로 3위에 올랐다. 중국 통신회사 화웨이 기술 Huawei Technologies과 중싱통신ZTE은 특허 출원을 가장 많이 신청한 기업 순에서 각각 1위와 3위를 차지했다. 미국의 퀄컴Qualcomm은 2위였다.

세계에서 가장 큰 전자기기 하청제조업체로 만족하지 않는 폭스콘 Foxconn 또한 유력한 특허업체다. 2012년 현재 폭스콘은 전자부품과 컴퓨터, 오디오-비디오 기술 같은 분야에서 1만 2,000건이 넘는 특허 출원을 신청했고, 나노기술 분야에서도 매우 적극적이었다.

19세기 해외에서 무단으로 전용한 기술을 기반으로 세워진 미국은 그와 똑같은 짓을 하고 있는 중국을 대상으로 계속해서 비난을 퍼붓고 있다. 미국 정부의 한 연구는 중국이 지식재산권 도용을 통해 모조품을 생산하고 "운영 절차를 베낌"으로써 미국 기업에 1년에 3,000억 달러의 손해를 입히고 있다고 주장했다.[21] 화이자Pfizer의 비아그라 특허가 바로 그와 관련된 잘 알려진 사례다. 화이자는 중국에서 자사의 비아그라 특허권을 지키기 위해 10년 동안 법정 소송을 벌여야 했다. 그사이에 중국 제약회사들은 싸구려 비아그라 모조품을 만들어 시장을 점령했다. 비아그라 특허기간이 2014년에 끝났을 때, 비아그라를 대체할 일반 약품의 생산 준비는 끝난 상태였다.

이것은 지금도 계속 진행 중인 긴장관계의 한 예에 불과하다. 중국인들은 토착화된 혁신을 "수입 기술이 동화되어 공동 혁신과 재혁신을 통해 본래의 혁신을 발전시키는 것"이라고 정의한다. 그들의 목표는 외국 기술을 중국 기술, 즉 "중국을 위해 중국이 만든" 기술로 바꾸는 것이다. 그러나 미국의 다국적 기업들은 중국이 기술의 토착화라고 보는 것을

"세계가 이전에 결코 본 적이 없는 규모의 기술 도용을 위한 청사진"이라고 간주한다.[22]

하지만 중국 기업들은 스스로 점점 혁신적으로 변화하고 있다.[23] 중국은 알칼로이드/식물추출물과 (주로 전통의료와 연관된) 제약 분야가 가장 특허가 많은 부문이지만, 디지털 컴퓨팅과 프로세싱, 통신 부문에서도 미국이나 일본과 어깨를 나란히 하고 있다.[24] 또한 2005년부터 중국은 3D 프린터 기술과 로봇 공학 분야에서 전 세계 특허의 4분의 1 이상을 차지했는데, 이는 세계 어떤 나라보다도 많은 수준이다.[25]

나노기술에서도 중국의 특허 출원은 전 세계에 신청된 특허의 거의 15퍼센트를 차지해 미국과 일본 다음으로 3위다. 그 가운데 많은 것이 중국 대학과 공공연구기관들에서 출원한 것이다. 중국도 미국처럼 특허를 낼 수 있는 발명과 혁신기술의 연구개발에 막대한 국가보조금을 제공하지만, 특허로 발생하는 수입은 민간기업의 손에 떨어진다.

* * *

요컨대 특허는 주로 혁신적 기술에 대한 보상이나 지원이 아닌 다른 목적 때문에 널리 확산되었다. 특허를 내는 것은 대부분 혁신을 자극하기보다는 억제하는 역할을 하는 독점권을 얻거나 보호하기 위해서다. 세계적으로 가장 위대한 발명들 가운데 많은 것이 대개 특허 보호의 장려책 없이 나왔다. 그러나 자유시장의 촉진을 주장하는 정부들은 오히려 '자유시장' 경쟁을 막는 특허를 통해 독점적 불로소득의 증대를 지원하고 묵인해왔다. 이러한 불로소득의 엔진은 이제 통제 불능 상태다.

저작권: 비싼 지식

문학과 예술 저작물에 관한 독점권을 말하는 저작권 또한 세계화 시대에 TRIPS와 WIPO의 1996년 인터넷 저작권 조약 같은 국제협정과 국내법을 통해 널리 확산되었다. 오늘날 대부분의 국가는 저작물에서 나오는 수입에 대한 권리를 저작자 사후 최소 50년 동안 보장한다. 이 규칙은 1886년 문예저작물 보호를 위한 베른협약Berne Convention for the Protection of Literary and Artistic Works에 이어 TRIPS에서 확립되었다. 미국과 유럽연합 회원국 같은 나라들은 이 기간을 70년으로 연장해 저작물과 아무 연관이 없는 저작자의 상속인 같은 다른 저작권 소유자들이 심지어 여러 세대에 걸쳐 거기서 발생하는 불로소득을 차지할 수 있게 했다.

음악, 그림, 조각, 사진, 영상, 영화, 텔레비전 프로그램, 컴퓨터 프로그램, 데이터베이스에 대한 저작권 규칙들 또한 강화되었다. 녹음 자료의 저작권은 공개한 날로부터 유럽연합의 경우 70년, 미국의 경우 95년까지 보장되는데, 이는 미국 영화사가 제작한 영화에 대한 저작권 보호기간과 동일하다.

2014년 해외에 지불한 모든 종류의 지식재산권에 대한 인세와 저작권 사용료(국내 사용료 수익 제외)는 WTO 추산 3,000억 달러에 이르렀는데, 2000년 대비 3배가 넘고 1990년 대비 10배가 넘는 금액이었다. 이 수치는 2013년에 190억 달러에 달하는 영화나 음악, 영상, 텔레비전 프로그램과 같은 시청각서비스의 교역액은 포함하지 않고 있다.

미국은 전체 국제 저작권 사용료의 40퍼센트를 차지했고 유럽연합(유럽연합 회원국 간 교역을 포함해서)이 그 뒤를 바짝 따랐다. 2013년 미국이 벌어들인 지식재산권 수출액 1,290억 달러 가운데 450억 달러는 특허 사용료, 430억 달러는 소프트웨어, 170억 달러는 영화, 텔레비전 프로그램, 음악과 도서, 60억 달러는 실황공연과 가맹점 수수료 같은 것들이었다.

미국의 주요 저작권 집약 산업인 영화·출판·소프트웨어 세 분야의 선두기업들은 건설·운송·광산업의 기업들보다 훨씬 더 높은 수익을 올렸다. 그들의 이익률은 갈수록 급속하게 증가해왔다.[26] 2011년 30개국에 대한 WIPO의 한 연구는 저작권 산업이 GDP의 5.4퍼센트와 국내 고용의 6퍼센트의 평균을 차지했다고 밝혔다.

역사적으로 저작권(복제 권한)은 지배자들이 인쇄해서 배포할 수 있는 것과 없는 것을 통제하기 위한 검열도구로 이용되었다. 저작권은 특허와 마찬가지로 공인된 저작물을 인쇄하고 출판할 수 있도록 허락하는 대가로 군주가 돈을 모으는 수단이 되었다. 오늘날 저작권법의 시조는 저작자에게 14년 동안 저작물에 관한 권리를 준 1710년의 앤여왕법Statute of Anne이었다.

1790년 미국의 저작권 조례Copyright Act 또한 저작자에게 14년 동안 저작권을 주었는데, 그 기간이 끝나면 14년 동안 한 번 더 갱신할 수 있는 기회를 주었다. 그러나 19세기 말부터 시작된 현재의 글로벌 체계는 문학 작품에 대한 보호를 크게 강화했을 뿐 아니라 모든 종류의 창작물로 그 권한을 확대했다. 창작 시점에 자동적으로 저작권을 소유하는(저작권을 신청하거나 등록할 필요가 없는) 원저작자는 저작권 수입에 대한 권한을 유지하고 그것을 출판사에 위임하거나 팔 수 있다. 1985년 마이클 잭슨은 비틀스 노래 목록을 4,750만 달러를 주고 샀는데, 나중에 그것에 대한 저작권료로 해마다 수백만 달러의 수입을 올렸다. 한 비평가가 말한 것처럼, "지금은 무엇이든 저작권이 있다. 아무리 사소한 것이라도 만들어 소유한다면, 누군가 그것을 복제할 때 소송을 제기할 수 있다."[27]

토머스 제퍼슨은 저작권이 지식에 세금을 부과하는 것이라고 비판하며 반대했다. 그러나 불로소득 자본주의 시대인 오늘날 전보다 훨씬 더 엄격해진 저작권 규칙은 교재와 과학 논문을 포함해서 책과 글에 대한 접근을 제한한다. 엘스비어Elsevier, 스프링거Springer, 테일러앤프랜시스Taylor & Francis, 와일리Wiley 같은 거대 미디어기업들이 저작물에 대한 일반인들의 이용 권한을 통제했다. 그들 기업은 (대부분 공짜로) 저작물을 생산한 대학의 도서관에 엄청난 구독료를 부과함으로써 결국 실제 생산자에게 저작물을 되파는 셈인데, 실로 "불로소득을 좇는 악명 높은 헛짓거리"라고 불러도 무방한 행태다.[28]

세계 최대의 학술저널 출판사인 엘스비어와 테일러앤프랜시스, 스프링거는 이익률이 약 35퍼센트로 페이스북(27퍼센트)보다 더 높다.[29] 학술지, 특히 국가에서 자금을 댄 연구 결과에 대한 자유로운 접근을 촉진하기 위한 정부와 사회운동단체의 조치는 역설적이게도 저작자들(과 그들이 몸담고 있는 기관들)이 자기네 연구 저작물을 일반 대중에게 무상으로 제공하려면 최대 2,150달러를 엘스비어와 같은 출판사에 지불하게 함으로써 오히려 출판사의 학술지 수입을 신장시켰다.

저작권 규칙은 또한 창작자들이 새로운 작품에서 이미지나 음악, 문자를 가져다 쓸 수 있는 능력을 제한한다. 한 가지 어처구니없는 사례로, 마틴 루터 킹에 대한 영화 〈셀마Selma〉는 1963년 민권운동 워싱턴 대행진에서 한 유명한 연설 "나는 꿈이 있습니다"를 포함해서 그의 실제 연설문을 영화 장면에 쓸 수 없었다. 소송이 빈번하기로 유명한 그의 연설문은 스티븐 스필버그가 제작할 예정인 킹의 전기영화를 위해 또 다른 영화사에 이미 판권 계약을 했기 때문이었다. "나는 꿈이 있습니다"는 2039년까지 그 영화사의 허락 없이는 아무도 쓸 수 없다. 마찬가지로 워너 채펠 뮤직Warner Chappell Music은 세상에서 가장 많이 불리는 노래로 생각되는 〈생일 축하합니다Happy Birthday〉를 영화나 방송에서 쓸 경우 그것에 대한 사용료를 저작권이 만료되는 2015년까지 수십 년 동안 받아낼 수 있었다.

한편 저작권을 제한하거나 예외를 인정하는 정도는 나라마다 크게 다르다. 미국과 영국의 경우, '공정 사용fair use' 조항은 교육 목적이나 개인이 전용할 때 저작권이 있는 저작물의 사용을 허용한다. 그러나 저작료 수입을 올리는 거대 미디어기업들의 이익이 일반 대중의 지식과 문화를 누릴 권한보다 우위에 있는 것은 어느 나라든 동일하다.

2009년 『파이낸셜타임스』는 음반 저작권에서 발생하는 수입의 대부분을 음반 제작자와 몇몇 슈퍼스타가 독점한다고 지적하면서 음반 저작권 보호기간 연장에 반대했다. 기사 내용은 이랬다. "저작권 보호 연장은 주로 유력한 기업들이 잘 써먹는 전략일 뿐이다. 그들은 정부에 저작권 보호를 요청하는 로비활동을 통해 탐욕스럽게 더 많은 이윤을 움켜쥐려고 한다."[30] 지금까지 그들의 전략은 대체로 성공했다. 인터넷 다운로드와 스트리밍 기술은 전통적인 음반산업 모델을 허물어뜨렸다. 그 결과, 거대 인터넷 기업인 아마존·애플·구글은 자체 음악 전송서비스를 통해 전보다 훨씬 더 많은 저작료 수입을 올릴 수 있었다.

브랜딩 노다지

이것이 다가 아니다. 지식재산권을 보호하기 위해 가장 널리 활용되는 형태는 상표, 즉 나이키·코카콜라·애플처럼 제품의 이미지를 명확하게 보여주는 제품명이나 회사 로고다. 브랜딩은 세계화 시대에 번창했다. 상표 출원 건수는 1995년 이후로 3배가 늘었는데, 중국의 급증에 힘입어 2014년에 거의 750만 건에 이르렀다. 등록된 상표는 일반적으로 10년 동안 보호받지만, 그 상표가 살아 있는 한 무한정 연장될 수 있다.

고객의 충성도와 신뢰를 고취시키는 브랜드는 기업에 더 강력한 시장 지배력을 주고 자사 제품의 제조원가에 약간의 이익을 얹는 것 이상으로 높은 가격을 부과할 수 있게 함으로써 기업은 더 많은 불로소득을 올릴 수 있다. WIPO가 지적하는 것처럼, "강력한 브랜드는 시장 진입을 막는 높은 장벽을 만들 수 있다. 신생 경쟁업체는 기존의 고객들이 자기네 제품을 쓰도록 유도하기 위한 높은 광고비용을 감당하지 못할 수 있기 때문이다."[31]

WIPO에 따르면, 1987년과 2011년 사이에 미국의 브랜드에 대한 투자는 모든 무형자산에 대한 투자의 22퍼센트를 차지해 연구개발과 디자인에 대한 투자 규모를 뛰어넘었다. 2011년 전 세계 기업들이 브랜드에 투자한 금액은 4,660억 달러였는데(마케팅에 대한 사내 투자를 제외하고), 미국 기업들이 그 선두에 있었다.

2015년 100대 글로벌 브랜드의 가치는 총 33조 달러였다.[32] 브랜드 가치는 한 기업의 시가총액에서 높은 비율을 차지할 수 있다. 인터브랜드Interbrand의 연구에 따르면, 평균적으로 시가총액의 3분의 1을 차지한다고 하지만, 그것보다 훨씬 더 높다는 주장도 있다.³³ 코카콜라 브랜드는 자사 시가총액의 절반을 차지하기도 한다.『포브스』지에 따르면, 세계에서 가장 높은 가치의 기업인 애플 또한 브랜드 가치가 세계 최고로서 2015년 현재 1,450억 달러로 그 기업의 시장가치의 5분의 1에 해당하는데, 애플이 보유한 특허 전체는 지금도 여전히 높은 가치를 자랑한다. 2015년『포브스』브랜드 순위에서 2위를 차지한 마이크로소프트의 브랜드는 690억 달러의 가치가 나갔다.

글로벌 라이센서스Global Licensors의 150대 브랜드 순위에 따르면, 2014년 전 세계 브랜드 제품의 소매 매출액은 급격히 늘어나 2,600억 달러 정도였다. 세계 최대 브랜드업체인 디즈니는 장난감에서 조식 시리얼에 이르기까지 각종 제품에 자사의 주제음악이나 캐릭터를 쓸 수 있게 하고 받은 사용료로 450억 달러를 벌었다. 1928년에 탄생한 미키 마우스는 2024년까지 저작권이 유효하다. 호텔에서 패스트푸드 체인, 미용실에 이르기까지 브랜드 서비스의 가맹점 사업 또한 꾸준히 성장해왔다.

그 밖에 산업디자인, 와인과 각종 식품의 원산지 표시, 식물 신품종 육성자 권리의 보호 같은 다양한 지식재산권 또한 세계화 시대에 점점 범위를 넓혀왔다. 그것들은 모두 자유시장이라면 형성되었을 시장 가격을 뛰어넘는 불로소득을 창출한다.

무역과 투자 협정

이런 지식재산권 보호 수단은 정부 간 협상이 늘어나는 가운데 더욱 강화되고 있다. 글로벌 시장체계가 형성되면서 무역과 투자에 관한 양자와 다자 협정이 3,200건이 넘을 정도로 크게 급증했다. 그 대부분이 국내의 법적 권한이나 책임에 전혀 구애받지 않았다.[34] 비록 많은 협상이 '자유무역'을 지지하는 것처럼 묘사되었지만, 그중에 개방된 시장체계의 모습을 갖춘 것은 하나도 없다.

1986년에 발효된 우루과이라운드 무역협상은 관세 인하뿐 아니라 제품 위생과 안전 규칙, 서비스 자유화, 지식재산권 보호 같은 비관세 장벽까지 무역협상의 범위를 넓혔다. 이러한 합의들은 WTO의 창설과 함께 1995년에 발효되었다. 그 이후로 맺어진 포괄적인 다자간 협정은 없었지만(2001년에 개시된 도하라운드는 이후 별 진척이 없었다), 그 기간 동안 평균적으로 1년에 10건 이상의 역내 협상이 있었다.[35] 그러나 무역협상은 철저하게 상업적 이익에 종속된 뭔가 모호한 법적 체계의 일부인 쌍무투자협정bilateral investment treaties(BITs)보다 훨씬 더 적다. 쌍무투자협정을 수백 개 넘게 맺은 나라들도 있다.

2015년 말, 미국은 20건의 쌍무자유무역협정과 50건에 가까운 쌍무투자협정 그리고 개별 국가나 여러 국가와 65건의 또 다른 투자협정을 맺었고, 인도와 중국과도 쌍무투자협정을 맺기를 바라고 있었다. 유럽연합과는 범대서양무역투자동반자협정Transatlantic Trade and Investment Partnership(TTIP)과 관련해서 협상 중이었고, 전 세계 산출량의 40퍼센트와 세계 무역의 3분의 1을 차지하는 캐나다와 아시아, 라틴아메리카 국가들과 맺는 광범위하고 논란이 많았던 거대한 환태평양경제동반자협정Trans-Pacific Partnership(TPP)은 오랜 협상 끝에 협정 체결이 마무리되었다.

TPP 철회는 도널드 트럼프가 미국 대통령이 되어 처음으로 취한 조치 가운데 하나였다. 그러나 TPP는 미래의 무역협상 본보기로서 여전히 중요하다. TPP는 상품 무역에 대한 관세 및 비관세 장벽을 제거하기 위해 그 기준을 높게 설정해 은행업과 보험을 포함한 서비스 시장을 개방하고, 지식재산권 보호를 강화하고, 국영기업에 대한 국가보조금 지급을 제한했다. 협정을 맺은 국가의 정부들이 환경과 노동 기준을 지키도록 했지만, 예상대로 그것의 집행 조항은 강제력이 매우 약했다.

한 투자금융전문가가 지적한 것처럼, "그것을 무역협상이라고 부르는 것은 잘못이다. 그것은 근본적으로 국가 기반의 규제를 약화시키는 동시에 지식재산권 보호를 강화하는 것을 목적으로 하는 협정이다."[36]

미국과 관련된 협정은 늘 그렇듯 미국의 이익을 가장 우선시하며, 대개 미국 기업들의 소망을 반영했다. 의회의 지배 아래 있는 미국 기업들은 무역협상에서 유리한 위치에 있다. 그들은 정부의 최고위 관리들의 자문위원으로서 직통 전화로 통화하고 무대 뒤에서 유력한 로비스트 역할을 수행한다. 정보공개법Freedom of Information Act 청구를 통해 TPP 협상가들과 업계 대표들 사이에 오고간 비밀 이메일 수백 통의 공개로 밝혀진 사실처럼, 이것은 공식적인 관계가 아니다. 협상에 참여한 고위 관리들은 다른 사람들에게 협상 내용에 대한 정보 제공을 거부한 반면, 제안된 협정의 상세 내용들을 기업들과 은밀하게 논의했다. 기업의 로비스트들 가운데 상당수가 전직 무역관리들이라는 사실은 이제 비밀도 아니다.

미국은 TPP를 그런 협상에 참여하지 않은 중국에 대한 경쟁력을 높이는 수단으로 보았다. 중국의 경제력에 대응하는 균형추로서 미국이 주도하는 경제 영역을 창출하고자 했다. 또한 TPP는 중국의 주요 무역 상대국들을 미국의 이익에 부합하는 규제 규정과 기준에 구속시킴으로써, 중국이 TPP에 가입하든 말든 그런 규정과 기준을 준수하도록 압력을 가하고자 했다. 그 협정은 이미 국가보조금 혜택을 크게 받는 미국 농민들에게 농산품 관세까지 낮춰주었지만, 방점은 미국 기업들이 비교 우위에 있는 정보통신기술, 할리우드 영화와 텔레비전 프로그램, 의약품 같은 지식재산권 집약적 상품무역에 찍혀 있었다.

미국 상무부 경제분석국 자료에 따르면, 미국 서비스 수출의 4분의 1이 이미 전기통신·정보기술·지식재산권 사용료에서 나온다.[37] 그러나 이것은 특허·저작권·상표와 의장권 소유자가 얻는 불로소득의 일부에 불과하다. 예컨대 최신 아이폰은 일본과 한국산 부품으로 중국에서 조립되지만, 애플은 그것이 어디서 팔리든 소매가의 60퍼센트를 독차지하고 총 수익률을 40퍼센트까지 올리는 것으로 알려져 있다. 그뿐 아니라 온라인으로 앱을 팔아서 벌어들이는 불로소득도 있다. 미국이 자국의 지식재산권의 강력한 보호를 위해 전 세계를 대상으로 끈질기게 압박을 가해왔다는 사실은 이제 누구나 아는 일이다.

TPP의 내용 가운데 특히 논란이 많은 것은 의약품의 특허 보호를 강화한 부분이었다. 모든 협정 참여국이 미국처럼 '생물의약품'에 대한 데이터 독점권과 시장 독점권을 12년 동안 보장하도록 강제하는 내용이다. 이 시도는 결국 완벽하게 성공을 거두지 못했지만, 최종적으로 모든 협정 당사국이 8년 동안 독점권을 부여하거나 독점권을 5년 부여하는 대신에 보호기간을 추가로 연장할 수 있는 규제 조치를 취하는 것으로 합의를 보았다. 이것은 더 값싼 복제약품의 등장을 원천 봉쇄함으로써 미국 제약회사의 불로소득을 높이는 입장을 대변했다. 그 결과, 인도나 중국 같은 나라의 복제 약품 생산자들의 해외 시장 진출이 위축되면서 전 세계의 환자와 보건서비스가 큰 피해를 입었다.

TPP 협상이 진행되는 동안, 뉴질랜드 의사와 치과의사를 대변하는 뉴질랜드의사협회New Zealand's Association of Salaried Medical Specialists 는 자국의 의약품 구매를 관리하는 파맥Pharmac이 이전에 의약품을 정가보다 3분의 2 할인된 가격으로 구매함으로써 국고를 수십억 달러 절약했다고 지적했다. 이어서 "그러나 이번 협상은 해외 거대 제약회사의 독점력을 강화할 것이다. 이것은 자유무역이 아니다. 오히려 이 때문에 대기업의 힘이 공공보건서비스에도 영향을 끼치는 결과를 초래하게 될 것이다"라고 주장했다.[38]

미국은 저작권과 관련해서도 자기 마음대로 했다. TPP 협정에 참여한 국가들은 TRIPS와 베른협약에서 정한 저작권 보호기간 50년을 70년으로 연장하는 데 동의했다. 할리우드를 철저히 보호하는 입장에서 미국의 협상가들은 저작권 관련 규정을 더욱 엄격하게 적용해 불법 복제와 같은 저작권 침해 행위를 더 강력하게 처벌하는 것에 합의를 이끌어냈다. 이 두 가지 조치는 공짜로 얻을 수 있는 정보 영역을 축소하고 거대 미디어 기업에 더 많은 불로소득을 안겨줄 것이었다.

TPP는 외국 금융기관들이 국내 시장에 진입하는 것을 더욱 쉽게 만들어 그들의 수입을 증대시킬 수 있는 기회를 높일 것으로 기대되었다. 따라서 각국 정부는 해외의 응찰자들에게 국내 공공조달 시장의 문을 열어야 했고, 외국 기업들에 매우 강력한 경쟁자가 될 수 있는 국영 기업체들에 대한 국가보조금 지급을 제한하지 않으면 안 되었다. 일부 국가들은 외국 기업들이 공공서비스와 공익사업에 진출하는 데 동의하는 동시에, 여러 분야에서 기존의 민영화 계획을 계속해서 추진해나갔다. 이 무역 협정은 다국적 자본, 특히 미국 자본을 비호하는 선언문이었다.

더 나아가 TPP는 외국 기업들이 수익 손실 때문에 정부를 상대로 소송을 제기할 수 있고, 따라서 그들이 국내의 환경, 공중보건, 노동, 작업장 안전 관련 규제들을 무시할 수 있게 하는 논란 많은 국제분쟁 합의 절차에 동의했다(다음 단락 참조). TPP의 투자자-국가 분쟁 해결Investor-State Dispute Settlement(ISDS) 조항은 미국 기업들이 자기네 장래 수익을 위협할지도 모를 TPP 회원국들의 정책 변화를 막는 보호막을 제공해 그들의 불로소득을 더욱 증대할 수 있게 했다. TPP가 오스트레일리아의 동의를 얻어내기 위해 담배회사들에 대한 ISDS 적용을 제외하는 별도 취급 항목을 삽입한 사실은 다국적 기업들이 그동안 민주 정부들이 내린 정책 결정을 훼손시키기 위해 ISDS를 어떻게 활용해왔는지를 보여주는 한 예에 불과했다. 오스트레일리아는 말보로 같은 유명 담배를 생산하는 거대 담배회사 필립모리스가 제기한 투자자-국가 소송에 대해 공중보건을 이유로 논란 많은 담배 규격화 무광고 포장법cigarette plain packaging law[담뱃갑 크기를 규격화하고 포장에 브랜드 표시와 판촉 광고를 하지 못하게 하는 법]을 고수해왔다. 필립모리스는 우루과이에 대해서도 비슷한 소송을 진행 중이다.

트럼프 대통령이 철회한 또 다른 협정인 TTIP 또한 야심차기는 마찬가지였다. 미국의 유럽연합 대사는 그 협정이 "나토에 버금가는 경제력을 제공"할 것이며 제도적으로 결코 작지 않은 영향력을 끼칠 것이라고 말했다. 미국의 제약회사들은 TPP에서처럼 강력한 데이터와 시장 독점권 보장을 요구했다. 미국과 유럽은 전 세계 의약품 판매의 80퍼센트를 차지하고 있다. 게다가 미국 협상가들은 ISDS 절차가 협정서에 명시되기를 바랐다. 미국의 해외 직접투자의 50~60퍼센트까지 ISDS를 확대한다는 내용으로 기존의 협약들에는 15~20퍼센트가 적용 대상이었다. 이 수치는 TPP를 통해 미국 투자의 80퍼센트 이상까지 올라갈 예정이었고 유럽연합과 중국 간 투자협정, 미국과 중국 간 투자협정에도 영향을 미쳤다.

2015년 ISDS에 대한 사회운동가들의 격렬한 반대와 유럽의회 같은 기관들의 압력에 직면한 유럽연합 집행위원회European Commission는 장래 무역협상에서 적용될 상소권을 다루는 지명 판사들로 구성된 특별법원을 설치하자고 제안했다. 이른바 투자사법제도Investment Court System는 또한 소송을 제기할 수 있는 사례를 억제하고 정부의 규제 권한을 명백히 밝히는 구실도 할 것이다. 그렇다 해도 정부의 규제가 다국적 기업의 이익에 영향을 끼친다면, 다국적 기업은 여전히 정부를 상대로 소송을 제기할 수 있다. 이 때문에 유럽 국가들이 특별히 우려하는 점은 다국적 기업이 ISDS를 이용해서 유럽의 새로운 환경보호규제를 무력화시킬 수 있다는 것이다. 지구의 벗Friends of the Earth 유럽 지부의 주장에 따르면, 최근 20년 동안 자유무역협정 아래서 유럽연합 국가들을 상대로 이미 제기된 ISDS 소송 가운데 60퍼센트가 환경 관련 소송이다.

TTIP는 또한 영국에 어떤 정부가 집권하더라도 현재 영국 국민의 강력한 지지를 받고 있는, 이미 일부 민영화된 국민건강보험을 되돌리거나 철도망을 다시 국유화하는 일을 막을 수 있었다. 폴란드와 슬로바키아는 자국의 보건의료체계를 옛날로 복원시키려고 했다가 민간 보건과 보험

사업자들로부터 소송을 당했다. 게다가 미국은 TPP 같은 협정을 통해 국영기업에 대한 엄격한 규제를 강력하게 밀어붙였다. 이것은 국가 주권에 대한 명백한 침해 행위였다.

TPP와 TTIP의 경제적 영향에 대해서는 논란이 분분했다. 협상에 참여한 사람들은 성장의 혜택을 볼 거라고 주장한 반면, 독립적인 연구 결과에 따르면, 일자리가 사라져 노동자들의 소득이 줄고 불평등은 더욱 커질 것이라고 예측했다.[39] 실제로 이 협정들은 불로소득 자본주의를 강화하기 위한 연막이었다. 『이코노미스트』가 인정한 것처럼, "무역협상은 상대적으로 관세와 관련이 거의 없다. 그것은 오히려 자본 흐름과 경쟁 정책을 지배하는 규칙과 같은 규제 문제를 더 깊숙이 다루는 것에 초점을 맞춘다."[40]

다자간서비스협정Trade in Service Agreement(TISA)에 관한 협상은 금융·통신·보건의료·운송 같은 서비스 무역의 자유화를 위한 다가올 또 다른 논란 많은 협상들을 대변한다. 미국과 유럽연합이 주도하는 비밀 협상들에는 전 세계 서비스 생산의 70퍼센트를 차지하는 주로 산업국인 50개 나라가 참여하고 있다. 유럽연합 집행위원회가 보건이나 교육, 사회적 서비스와 같은 공적 자금이 투입된 서비스를 외국 기업들에 개방하지 않을 거라고 선언했지만, 미국의 협상가들은 외국 기업이 모든 종류의 서비스 시장에 진입하는 것을 더욱 쉽게 만들고 정부가 공익을 위해 외국 기업을 규제할 수 있는 힘을 제한하는 친기업적 주요 의제를 밀어붙이고 있다.

지금까지 이루어진 자유무역과 투자 협정들은 국가의 주권을 제한하고 기업의 주권을 확대했다. 에브게니 모로조프Evgeny Morozov가 지적한 것처럼, 무역협정은 "다른 어떤 정치적 행위자도 없는 세상을 그린다. 그 세상에는 기업만 있을 뿐이다."[41] TTIP를 지지하는 어떤 이가 주장한 "그것은 노동 기준에 대한 것이 아니다"라는 말은 자유무역이 암시하는 더 폭넓은 의미를 무시했다.[42] 트럼프 대통령이 재협상을 맹세한 멕시코, 캐나다와의 북미자유무역협정North American Free Trade Agreement(NAFTA) 같은 무역협상은 미국 기업이 임금이 낮은 자유무역 지역 내 다른 국가로 작업장을 옮기고 미국에 면세품을 거꾸로 수출할 수 있게 했다. 그러한 협정에 따라 기업은 생산과 고용을 효율적으로 재배치할 수 있기 때문에 노동자의 임금은 낮아지고 단체협상력이 약화되면서 노동 기준은 심각하게 악화될 수밖에 없다. 무역과 투자 협정은 노동자들에게 일자리나 고임금의 혜택을 가져다주지 않는다. 그 혜택을 가장 많이 누리는 사람은 바로 불로소득을 제공하는 자산의 소유자들이다.

글로벌 자본은 왜 분쟁을 좋아하는가

모든 경제활동은 리스크, 즉 수입보다 비용이 더 많아질 위험을 수반하기 마련이다. 특허권을 주장하는 가장 중요한 이유는 그것이 그런 위험을 감수한 것에 대한 보상이기 때문이다. 그러나 그러한 글로벌 규칙들은 다국적 기업들이 감수할 위험을 최소화하는 쪽으로 조용히 바뀌었다. 3,000개가 넘는 무역과 투자 협정에 편입된 ISDS 과정은 다국적 기업들이 그들의 이익을 위협하는 것으로 보이는 정책 변경이나 조치에 대해 해당 정부를 상대로 소송을 제기할 수 있게 한다. 리스크 완화는 이 특정 집단의 순수입을 높인다. 이것은 일종의 불로소득에 해당한다.

이 정책은 1950년대 말 독일에서 시작되었는데, 한 기업집단이 개발도상국에 투자한 그들의 자금을 보호하기 위한 중재제도를 제안했다. 그 집단을 이끌었던 도이치뱅크의 은행장은 그 제도를 민간 투자자들을 위한 '국제 마그나카르타'라고 명명했다. 세계은행은 그 계획의 직접적인 대상이 된 21개 개발도상국들의 반대를 무릅쓰고 1964년 국제투자분쟁해결센터International Centre for the Settlement of Investment Disputes(ICSID)를 설립하며 그 아이디어를 채택했다.

훗날 미국 행정부는 개발도상국들의 투자 욕구를 활용하는 동시에 그들 국가에 외국 기업들을 보호할 적절한 법적 제도가 없다고 주장하면서 그들과의 무역협정에 ISDS를 포함시켰다. ISDS는 1994년 북미자유무역협정에 편입되었고 전 세계로 퍼져나갔다. 최근에 ISDS를 편입한 무역과 투자 협정으로는 2014년에 협상이 타결되어 비준을 기다리고 있는 유럽연합과 캐나다 사이의 포괄적 경제무역협정Comprehensive Economic and Trade Agreement(CETA)이 있다. 1959년과 2002년 사이에 100건 미만이었던 소송 건수는 2015년 말에 거의 700건 가까이로 늘었고 그 소송과 관련된 정부도 100군데가 넘었다.[43] 이러한 소송은 다국적 기업들과 그들의 변호사들에게 풍부한 수입원이었다.

초기 사례가 주로 법인 재산의 몰수나 노골적인 계약 위반과 같은 엄청난 협정 위반과 관련이 있었다면, 오늘날 많은 경우는 보건이나 환경을 보호하는 정책을 포함해서 공공정책을 직접적으로 침해한 사례들이다. ISDS 중재위원들은 외국 투자자들에게 악영향을 끼치는 어떤 규제 조치도 방어하기 위해 그 제도의 적용 범위를 계속해서 확대해나갔다.

한 기업의 현금 흐름에 영향을 끼칠 수 있는 모든 것을 포괄하기 위해 '공정하고 공평한 처리'와 '간접 몰수' 같은 개념의 의미가 확장되었다. 그리고 투자자의 정의도 경제적 이해관계에 있는 모든 사람이나 기관으로 넓어졌다.

2015년 현재 아부다비 국부펀드를 비롯해서 독일 지자체 당국들, 미국 종합증권사 슈왑홀딩스Schwab Holdings 같은 투자자들은 스페인 정부를 상대로 2014년 65억 유로 상당의 재생에너지 국가보조금 지급 중단을 요구하는 20건의 ISDS 소송을 제기했다.[44] 중재위원들은 또한 이른바 '포럼쇼핑forum shopping'[법원쇼핑이라고도 함]도 허용했다. 그것은 오로지 자신에게 유리한 관련 조약을 적용받기 위해 특별재판부를 구성하는 것을 말한다. 필립모리스가 오스트레일리아를 상대로 담배 규격화 무광고 포장법에 대한 소송을 제기하기 위해 지역본부를 홍콩으로 이전한 것도 바로 그런 이유 때문이었다.

ISDS 제도는 가장 기본적인 사법 정의의 원칙을 따르지 않는다. 소송 당사자들의 주장을 청취하는 중재재판소는 런던과 파리, 홍콩, 헤이그 같은 여러 곳에 있지만 주로 재판을 담당하는 곳은 워싱턴 DC에 있는 세계은행 산하 ICSID이다. 선고를 내릴 세 명의 중재위원들이 임명되는데, 대개 고액 연봉의 기업변호사들이다. 한 명은 다국적 기업에서 선발되고 또 한 명은 관련 국가에서 임명되는데, 중재위원장은 반드시 그 두 명의 동의를 받아야 한다. ICSID 소송에서 그 두 사람이 중재위원장 임명에 의견 일치를 보지 못한다면, 미국인인 세계은행 총재가 위원장을 임명한다. 하지만 심판이 내려진 뒤 그것을 취소해달라고 요청하는 마지막 보루인 심판무효위원회Annulment Committee의 위원 세 명도 세계은행 총재가 임명한다. 따라서 재판이 조작될 우려가 충분히 있는 구조다. ICSID의 판결로 큰 타격을 입은 에콰도르 정부의 한 각료가 지적한 것처럼, "미국은 피고로 한 번도 패소한 적이 없었다."[45]

중재위원들은 선례를 따르도록 강요받지 않으며, 다수결 투표로 판결을 내린다. 한 표는 자동적으로 기업에 우호적이기 때문에, 다국적 기업은 나머지 두 명의 기업변호사 가운데 한 명만 설득시키면 된다. 한 소송에서 중재위원으로 활동하는 변호사들이 또 다른 소송에서 기업의 자문 역할을 함으로써 이해관계가 상충할 수 있다는 사실 때문에 그런 설득과정은 훨씬 쉬워지기 마련이다. 그러나 중재재판소의 평결은 최종적이고 법적 구속력이 있다. 상소과정이 전혀 없다. 정부가 판결받은 보상금을 지불하지 않으면, 전 세계 대부분 지역에서 해당 정부의 재산이 압류당할 수 있다.

알프레드 모리스 데 자야스Alfred-Maurice de Zayas 유엔 인권전문가는 ISDS 소송에서 다국적 기업이 승소하는 이유를 이렇게 요약했다.

왜냐고요? 중재위원들이 기업변호사이기 때문입니다. 그들은 오늘은 기업을 위해서, 내일은 변론자로, 모레는 로비스트로, 그다음 날은 중재자로 일합니다. 이러한 상황에서는 이해관계가 서로 충돌하고 독립성이 없기 마련입니다.[46]

그는 2015년 9월 유엔 인권위원회에 보고한 무역과 투자 협정에 관한 보고서에서 이렇게 주장했다.

그 분쟁해결 장치는 민영화된 '사법'제도로 변형되었습니다. (……) 거기서 세 명의 중재위원들은 관련 국가의 법률과 최고재판소의 판결을 무시하는 것이 허용됩니다. 상소할 기회도 없습니다. 이것은 법에 의한 통치의 근본을 흔드는 심각한 문제로 여겨집니다.

ISDS는 자본에 유리하고 정부에 불리한 사법적 방조를 야기했다. 2015년에 판결 내려진 소송의 절반 이상이 투자자에게 보상하거나 비밀 합의로 결론 났다. 국가가 승소한 것은 37퍼센트에 불과했다. 그러나 국가가 승소한다고 해도 '패소한 자가 소송비용을 물어내는' 규칙이 없기 때문에 국가도 자기 몫의 비용을 지불해야 한다. ISDS 재판 소송에 맞서기 위한 변호사 비용은 평균 800만 달러가 넘었다. 변호사 비용이 3,000만 달러에 달하는 경우도 있다. 심지어 거액의 보상금을 요구하는 소송 위협은 아무리 공익을 위한 것이라 할지라도 국가가 규제 변화를 시도할 때 머뭇거리게 만든다.

ISDS 소송은 10억 달러가 넘는 경우가 많다. 실제로 지급되는 보상 금액은 대개 그보다 훨씬 더 낮지만, 옥시덴틀 석유Occidental Petroleum는 석유채굴 계약의 합법적 종료 문제로 에콰도르 정부를 상대로 그 나라 GDP의 2퍼센트에 해당하는 18억 달러의 보상 판결을 받아냈다. 2014년 중재위원들은 석유회사 유코스Yukos를 강제로 국유화한 러시아를 상대로 무려 500억 달러의 보상 판결을 내렸다. (2016년 네덜란드 법원은 이러한 보상 판결을 취하하는 소송을 낸 러시아의 손을 들어주었다. 하지만 유코스의 전 소유주들은 상소할 예정이다.) 그러한 보상금 지급 판결은 정부가 기업권력과 맞서는 것을 주춤하게 할 것이다. 과테말라는 한 캐나다 기업이 ISDS에 제소할 수 있다고 경고한 뒤, 논란이 많았던 금광을 계속해서 개방하기로 했다. 뉴질랜드는 필립모리스가 오스트레일리아를 상대로 소송을 제기하자 담배 반대 조치 시행을 유예했다. 그 밖에도 그와 비슷한 사례들이 많이 있다.

미국의 ISDS 지지자들은 모든 무역협정에 이 제도가 적용된다면, "회원국 정부들이 규제를 통한 개입으로 미국 기업들을 약탈하는 것을 막을 수 있다"라고 분명히 말한다.[47] 미국에 기반을 둔 기업들은 이미 단연코 ISDS 제도를 가장 많이 활용해 2015년에 소송을 제기한 것이 130건에 이른다. 이 수치는 그 뒤를 잇는 네덜란드 소재의 기업들이 제기한 소송 건수의 2배에 가깝다. 반면에 외국 기업들이 미국 정부를 상대로 소송을 제기한 경우는 15건에 불과했다.

2014년 11월에 오스트레일리아 브리즈번에서 열린 G20 정상회의에서 영국의 데이비드 캐머런David Cameron은 TTIP에서의 ISDS에 대한 세간의 우려에 대해 이렇게 말했다. "우리는 지금까지 무역협정에 연달아 서명했습니다. 과거에 그게 문제가 된 적은 전혀 없었습니다." 영국 상원의 TTIP 조사에 대해 그 특별고문은 "실제로 ISDS는 영국에 많은 영향을 끼치지 않습니다"라고 말했다.[48] 이 언급은 현실을 극도로 오도하는 말이다.

영국 정부를 상대로 제기된 소송은 2건에 불과하지만, 영국을 기반으로 하는 투자자들은 지금까지 다른 국가를 상대로 50건이 넘는 소송을 제기하면서 세계에서 세 번째로 ISDS 제도를 가장 많이 활용했다. 그것은 영국 기업들이 개발도상국들의 정책 변경을 빌미로 해당 국가에서 거액의 보상금을 받아내는 방식이었다. 예컨대 영국의 유력 투자업체 루랄

렉Ruralec은 볼리비아 정부를 상대로 소송을 제기해 3,000만 달러의 보상금을 받아냈다. 볼리비아 정부가 루랄렉이 간접적으로 지분을 가지고 있던 볼리비아 최대의 에너지 공급업체를 국유화했기 때문이다. ISDS는 투자분쟁에서 중립적인 심판자의 역할을 해야 하지만, 영국 정부는 볼리비아 당국에 맞서서 은밀하게 루랄렉을 위한 로비활동을 펼쳤다.

아르헨티나는 ISDS로부터 가장 많은 압력을 받았다. 아르헨티나는 지난 2001~2002년에 역사상 최악의 금융위기를 겪으면서 경제를 안정화하기 위한 조치들을 발표했다. 그 위기는 IMF와 세계은행이 권고한 자유화 프로그램들을 1991년 아르헨티나 정부가 채택하면서 초래되었다. 이 조치는 인가받은 외국 기업들에 다양한 보장과 혜택을 주는 상당 수준의 민영화를 수반했다. 경제가 붕괴되자 잇단 새 정부들(열흘 동안 다섯 명의 대통령이 있었다)은 긴급조치를 발표했는데, 다시 국제 금융기관들의 권고를 반복해서 수용했다.

이 조치들은 아르헨티나가 1990년대에 서명하도록 권장되었던 수많은 쌍무투자협정을 근거로 외국 기업들이 잇달아 보상을 요구하는 상황을 초래했다. 2001년과 2012년 사이에 아르헨티나 GDP의 13퍼센트에 해당하는 총 800억 달러에 이르는 50건의 소송이 제기되었다.[49] 아르헨티나 정부의 긴급조치가 야기한 27건의 소송 가운데 30퍼센트는 법정 밖에서 해결되었고, 44퍼센트는 기업에 유리하게 유죄선고가 내려졌다. 아르헨티나 정부가 완벽하게 승소한 것은 15퍼센트에 불과했다. 최종적으로 아르헨티나 정부가 외국 기업에 보상금으로 지급한 금액은 변호사 비용을 빼고 9억 달러였다.

정부의 방어 논리 가운데 하나는 그러한 조치가 불가피했다는 것이었다. 그러나 모든 중재위원은 비록 아무도 경제 관련 전문지식이 없었지만 그 논리를 기각했다. 대다수 중재위원은 아르헨티나 정부가 '지나친 공적 자금 지출', '비효율적인 세금 징수', '신속한 대응 지체', '불충분한 수출시장 개발 노력', '정치적 갈등'으로 국가적 금융위기를 초래하는 데 기여했다고 공식적인 결론을 내렸다. 나머지 다른 사람들은 피상적 분석을 기반으로 '경제의 달러화'와 부채 구조조정 같은 외국 기업에 영향을 끼치지 않을 다른 가설적 대안들이 있었다고 기정사실화하면서 정부가 취한 조치가 경제위기를 피하기 위해 '사용할 수 있는 유일한' 수단이 아니었다고 결론지었다.

ISDS가 의도하는 것은 명확했다. 기업들이 좋아하지 않는 정부의 조치로부터 기업들을 보호하는 것이었다. 각종 무역협정에 담긴 ISDS 관련 조항들은 민주적 행동에 반대하는 기업의 힘을 강화시켰다. 그 조항들은 민주사회를 구속하고 국권을 제한하고 지배하고 있다.

전하는 바에 따르면, 스웨덴 핵에너지업체 바텐팔Vattenfall은 독일 정부가 후쿠시마 핵발전소 폭발사고 이후 핵에너지 사업을 단계적으로 중단하겠다는 결정을 내림으로써 막대한 손해가 예상된다는 이유로 47억 유로의 배상 청구 소송을 진행 중이다.[50] 바텐팔은 그보다 앞서 함부르크 인근 화력발전소에 지방 당국이 부과한 환경보호 조치가 지나치게 엄격하다고 주장하며 독일 정부와 벌인 분쟁을 종결했다. 그에 따라 바텐팔은 강물을 더 많이 끌어다 쓸 수 있게 되었고, 물고기를 보호하는 조치는 힘을 잃었다. 국가적 사회정책을 무력화시킨 다른 사례들은 많다. 예컨대 프랑스 수자원에너지업체 베올리아Veolia는 이집트 정부가 최저임금을 올리는 바람에 생산비가 증가해서 손해를 보았다고 소송을 제기했다.

오스트레일리아의 한 광산업체가 엘살바도르에서 금광 채굴 허용을 불허한 엘살바도르 정부를 상대로 제기한 소송에서 정부 측을 대변하는 한 변호사는 "근본적인 문제는 (……) 외국 투자자가 그 나라의 법을 따르는 게 아니라, 해당 정부로 하여금 투자자를 만족시키는 쪽으로 법을 바꾸도록 강제력을 행사할 수 있는가 없는가 하는 점입니다"라고 말했다.[51] 엘살바도르 정부는 그 업체가 금광 채굴에 필요한 땅을 구하지 못하고 (많은 농부가 땅을 팔지 않았다) 필수적인 환경 허가를 받지 못했기 때문이라고 말했다.

ISDS 과정의 한 가지 역설적 특징은 기업들이 소송에서 이길 것을 기정사실화하고 대출을 받기 위한 담보물로서 중재 신청을 악용하고 있다는 사실이다. 그리고 투자기금회사들은 승소했을 때 배상금의 일부를 받는 조건으로 기업의 소송 제기를 위한 자금을 지원하는 것으로 드러났다. 실제로 그들은 배상 청구 신청을 새로운 '자산의 일종'으로 취급한다. 따라서 청구 소송 자체가 불로소득의 한 원천인 것이다. 그것은 생산과 전혀 무관하다.

요컨대 ISDS는 노골적으로 불로소득을 뜯어내는 제도다. 그것은 외국 기업들이 한 나라의 법과 판결보다 우위에 있는 제도에 배타적으로 접근할 수 있는 권한을 준다. 국가의 사법제도에서 해법을 찾아야 하는 국내 기업과 국민들은 그 제도를 이용할 수 없다. 거기에는 상호호혜 원칙도 없다. 정부는 ISDS 소송을 제기할 수 없다. 그 소송 절차는 사법적 원칙을 따르지 않고 국가 주권과 민주적 의사결정을 위태롭게 한다.

불로소득 자본주의의 가장 중요한 세 가지 거짓말

그렇다면 세계화의 제도적 구조에 대한 이런 평가로부터 우리는 어떤 결론을 내릴 수 있는가? 그것은 글로벌 자본주의가 자유시장을 기반으로 한다고 주장한다. 이 주장은 불로소득 자본주의가 말하는 가장 큰 거짓말이다. 지식재산권 규칙의 확산, 글로벌 자본 리스크 보험제도의 개발, 정실 자본주의를 지배하는 부호 계급의 불로소득 추구 능력을 감안할 때, 현재의 상황은 어쩌면 역사상 가장 자유롭지 못한 시장체제인지도 모른다.

그동안 아이디어와 지식, 정보의 상품화가 진행되었다. 폴 메이슨Paul Mason은 정보가 차고 넘치는 현상을 '탈脫자본주의postcapitalism'의 도래를 암시하는 것으로 해석했지만,[52] 현실은 자본주의의 논리와 규칙이 더욱 깊이 관통했다. 그 가운데 새로운 글로벌 제도와 구조는 불로소득의 추구를 합법화하고 강화했다. 탈자본주의라는 말에는 중요한 의미가 담겨 있다. '탈'이라는 접두사로 시작되는 모든 말은 방향의 부재를 암시한다. 하지만 자본주의는 오히려 불로소득자의 수익성 좋은 수입원으로서 아이디어 영역을 채굴했다. 그것은 탈자본주의도 아니고 그 방향으로 가는 디딤돌도 아니다.

이것은 불로소득 자본주의의 두 번째 거짓말로 이끈다. 지식재산권을 지키기 위해 그런 피해 보상을 청구한다. 그것은 위험을 감수하는 사람을 격려하고 그에게 적절한 보상을 제공한다. 그러나 특허를 취득한 많은 발명은 공적 자금을 지원받는 공공기관의 연구를 기반으로 이루어진다. 그 연구의 자금줄인 세금을 통해 특허 제품에 더 비싼 값을 지불하고 그 과정에서 지식의 공유지를 빼앗기는 이는 바로 전 세계의 대중이다.

더 나아가 특허 같은 것을 통해 불로소득으로 엄청난 이익을 올리는 대부분의 혁신은 실제로 많은 개인과 집단의 덕분이라 할 수 있는 일련의 아이디어와 실험의 결과다. 알페로비츠Gar Alperovitz가 말했듯이, 빌 게이츠는 지브롤터의 단단한 암벽 같은 기술진보 과정에 조약돌 하나 얹은 것이라고 볼 수 있다.[53] 그보다 앞서 그 암벽을 쌓은 모든 사람의 노력의 대가를 그가 모두 독차지해야 할 도덕적 정당성은 전혀 없다. 소수의 억만장자를 낳은 수많은 중대한 돌파구에 대해서도 이런 은유를 적용할 수 있을 것이다.

불로소득 자본주의의 세 번째 거짓말은 세계화 시대에 구축된 글로벌 자본주의의 제도적 구조가 '성장에 좋다'는 주장이다. 그것은 실제로 성장을 방해하고 기존에 이룩한 성장도 지속 가능할 수 없게 했다. 그런 불로소득 장치의 성과를 유지하는 데 들어가는 생태적 비용이 계속해서 증가하기 때문이다. ISDS는 이런 측면에서 특히 냉소적 평가를 받지만, 그것은 가장 터무니없는 특징일 뿐이다.

투자협정의 명목이 외국 기업의 투자를 촉진한다는 것이지만 실제로 그런 증거는 아무것도 없다. 대부분의 연구는 투자협정과 투자 흐름 사이에 전혀 상관관계가 없거나 있더라도 아주 미약하다는 것을 보여주었다. 투자 자금이 중국이나 브라질같이 가장 전망이 밝은 시장으로 흘러 들어가는 것은 당연한 일이다. 두 나라 모두 ISDS에 서명하지 않은 것은 물론이다. 외국인 투자 개방과 경제성장 사이에도 상관관계가 별로 없다. 오히려 외국인 투자 개방과 관련 있는 것은 금융 불안정이다.[54]

최근 들어 크게 번창해온 불로소득을 좇는 많은 행태는 어떤 일정한 규칙에 따라 진행되었다기보다는 매우 우발적이다. 1980년 이래로 신자유주의자들의 목표는 가능한 모든 분야를 민영화하는 것이었다. 세계은행과 IMF는 민영화를 가속화하는 임무를 수행했고 많은 나라가 그렇게 하도록 엄청난 압력을 가했다. 전 세계의 불로소득자들은 마땅히 그들에게 감사해야 한다. WTO 또한 민간자본을 촉진하는 규제를 만들어냄으로써 그러한 추세에 힘을 보탰고, OECD 같은 기관들은 민영화에 지적 정당성을 부여하기 위해 애썼다.

요컨대 불로소득 자본주의의 제도적 구성은 부호 계급과 자본이득을 노리는 엘리트 같은 일부 특혜를 받는 집단에게 소득을 빼돌리는 무시무시한 세계 체계를 만들어냈다. 만일 '자유시장'이나 그 규칙을 바꿀 수 있는 강력한 민주제도가 현실에 존재한다면 이런 일은 전혀 일어나지 않았어야 한다.

3

THE CORRUPTION OF CAPITALISM

$

국가보조금이라는
전염병

"가진 사람은 더 받아 넉넉하게 되겠지만, 못 가진 사람은 가진 것마저 빼앗길 것이다."

—『마태복음』13장 12절

불로소득자를 위한 국가보조금은 자유롭지 않은 시장체제의 감추고 싶은 비밀이다. 세계화의 기이한 특징은 전 세계의 정부가 모든 종류의 자산 소유자들에게 점점 더 다양한 국가보조금을 물 쓰듯 지원함으로써 꼭 받아야 할 민간 이해집단들에게 지원되어야 할 공적 자금이 고갈되었다는 사실이다. 토지와 부동산, 채굴권, 지식재산권, 금융자산의 소유자들에게 지급되는 국가보조금은 그야말로 불로소득이다. 그런 국가보조금은 '고된 노동'이나 생산을 통해 얻는 소득이 아니다. 그것은 일부 매우 부적절한 개인과 기업에 불로소득을 제공함으로써 불평등을 심화시킨다.

　모든 종류의 국가보조금은 가장 부유한 나라들과 심지어 많은 개발도상국에서 GDP의 6퍼센트 이상을 차지한다. 국가보조금은 직접 지급하는 형태든, 가격 인하나 원가 절감 형태든, 아니면 세금감면 형태든 표면상으로 특정한 행동을 장려하거나 그것에 대한 보상으로 지급된다. 이것은 국가보조금을 받는 기업 부문이나 형태로 경제활동이 치우치게 만들기 때문에 그것을 받지 못하는 다른 기업 부문이나 형태에 악영향을 줌으로써 '자유시장'이 왜곡됨을 의미한다. '외부효과'(시장 가격에 반영되지 않은 공공의 이익)를 감안해서 그에 따른 보상으로 재생에너지나 토지 보전을 위한 투자 같은 바람직한 행동을 촉진하기 위해 지급되는 국가보조금은 경제적 관점에서 충분히 용납될 수 있다. 그러나 대부분의 국가보조금은 이런 목적을 위한 것이 아니며, 더 나아가 자유시장을 창출하거나 유지하는 것과 전혀 관련이 없다.

국가보조금은 그것을 받을 자격이 없는 사람이나 기업들이 비도덕적인 방식을 써서 그것을 받기 위해 애쓰도록 유도하는 도덕적 해이를 수반한다. 고용보조금 제도는 '사중효과deadweight effect'[정부 개입으로 경제 주체 어디에도 이익이 돌아가지 못하는 결과가 초래되는 현상]로 알려진 도덕적 해이의 한 사례를 보여준다. 산업국 사이에서 널리 만연한 이 고비용 제도는 고용을 늘리는 기업에 국가보조금을 지급한다. 하지만 보조금을 받아 창출된 일자리 열 곳 가운데 아홉 곳이 보조금을 받지 않았더라도 어떤 식으로든 창출되었을 거라는 조사 결과가 나왔다.[1] 정치인들은 보조금을 받아 창출된 일자리가 그런 국가보조금 제도를 통해 마련된다고 주장하며 사람들을 기만하지만, 언론은 그러한 주장을 절대 진리인 것처럼 보도한다.

또 다른 도덕적 해이는 청년이나 장기 미취업자 같은 특별한 형태의 노동자를 고용하는 기업들에 주는 국가보조금과 관련이 있다. 이것은 기업이 보조금을 신청할 수 있는 다른 노동자를 고용하기 위해 기존의 노동자를 해고하는 부정한 방식의 '노동력 바꿔치기'다.[2] 대부분의 국가보조금에서 도덕적 해이가 일어난다.

국가보조금이 정치적으로 유리한 점은 그것의 실체가 다른 것에 비해 눈에 보이지 않는다는 것이다. 국가보조금을 받는 사람 대다수가 자기들이 실제로 얼마나 많이 받는지 모른다. 심지어 그런 보조금이 존재한다는 사실도 모르는 사람들이 많다. 정부는 정권에 우호적인 집단, 즉 나중에 지지표와 후원금으로 자신들이 입은 혜택의 대가를 되돌려줄 사람들에게 그 보조금을 나눠줄 수 있다. 그와 대조적으로 대다수 국민은 세금 부담을 느낀다.

'경쟁력' 탐색과 국가보조금

기업에 주는 국가보조금은 자본에 불로소득을 이전하는 것이다. 국가보조금은 경쟁력이라는 미사여구의 일부가 되었다. 많은 국가가 자본을 유치하고 특허권자와 부동산 재벌과 같은 부호들을 끌어들이기 위해 국가보조금을 활용하고, 수출업자를 지원하기 위해 수출장려금과 신용보증을 통해 경제전쟁을 벌이고 있다. 한 연구에 따르면, 세계에서 가장 가난한 나라들에서 수출하는 물품의 90퍼센트가 산업국의 국가보조금을 받는 상품들과 경쟁해야 했다.[3]

   일부 개발도상국들은 산업국들에서 국가보조금이 점점 늘어나는 것에 대응하려고 노력해왔는데, 반은 성공하고 반은 실패로 돌아갔다. 중국은 국가보조금을 광범위하게 활용한 것이 세계 제조업 분야를 지배하는 데 큰 힘이 되었다. 그러나 베트남은 오늘날 거대 전자업체인 삼성 같은 외국 기업을 적극 우대하는 장려책에 대해 문제를 제기하기 시작했다. 그리고 늘어나는 정부 적자 상황에 대처하기 위한 브라질의 내핍정책은 그동안 브라질 기업들이 경쟁력 확보라는 명목으로 의존해왔던 국가보조금과 세금감면, 국영은행의 보조금 지원 대출을 삭감할 조짐을 보인다.

무역과 투자를 촉진하기 위한 국가보조금은 자유무역의 원칙에 어긋나는 보호무역주의자들이 즐겨 쓰는 수단이다. 그러나 자유시장에 대한 사랑을 지겹도록 반복하는 바로 그 정치인들이 더 많은 국가보조금 지급을 앞장서서 주장해왔다. 국가보조금 의식은 부자 나라들이 세계화 논리를 저지하기 위해 쌓아올린 값비싼 방어벽이다. 그러나 그것은 글로벌 성장을 가로막는 걸림돌이 되었고 불평등과 시장 왜곡을 심화시켰다. 그리고 화석연료 개발을 위한 보조금처럼 많은 국가보조금은 생태계를 파괴하는 주범이기도 하다.

* * *

불로소득자들에게 지급되는 국가보조금은 세금회피(와 탈세)의 기회를 제공하는 선택적 과세율, 다양한 세금우대조치 같은 형태를 띠기도 하고 직접 지급되는 형태를 띠기도 한다. 저임금 노동자를 보충하기 위한 세금공제제도는 자본가에게 보조금을 제공하는 것과 마찬가지의 효과가 있다. 기업의 노동비용이 줄어들기 때문이다.

선택적 과세율

"세상에서 가장 이해하기 힘든 것이 소득세다."

— 앨버트 아인슈타인

대부분의 나라가 세금과 국가보조금을 부자에게 유리한 방식으로 혼합한 역진세regressive tax[과세액이 클수록 세율이 낮아지는 구조의 조세] 제도를 운영하고 있다. 정부는 특정 집단이나 이해관계자들을 위해 상이한 소득원들에 대해서는 서로 다르게 과세한다. 대개 보유한 자산과 재산에서 얻는 소득은 취업으로 얻는 소득보다 세금이 적게 매겨진다. 이것은 불로소득자들에게 일종의 국가보조금이다. 그 밖의 다른 사람들은 세금은 더 많이 내면서 공공지출의 혜택은 더 적게 받는다.

미국, 영국, 일부 유럽 국가들에서 배당소득이나 자본이득은 급여소득보다 세율이 훨씬 더 낮다.[4] 세계에서 가장 부유한 인물 가운데 한 명인 워런 버핏Warren Buffett은 주로 수많은 기업을 소유함으로써 소득을 올리는데, 자신의 비서보다 소득세율이 더 낮다고 특별히 언급한 것으로 유명하다. 2012년 미국 공화당 대선 후보였던 미트 롬니Mitt Romney는 2010년 2,200만 달러의 연소득에 대해 소득세를 14퍼센트만 냈다. 소득의 대부분이 투자소득이었기 때문이다. 조세정의를 위한 시민Citizens for Tax Justice이라는 미국 시민단체는 최근 10년 동안 이런 종류의 자본에 대한 국가보조금을 없앤 규모가 5,330억 달러에 이른다고 추산했다. 미국의 갑부 헤지펀드 관리자들 가운데 네 명은 2015년에 10억 달러에 대한 세금을 냈는데, 그들의 수입은 '성과 보수'로 취급되는 혜택을 받아 자본이득세율이 적용되었다.

부자에게 특권을 주는 또 다른 선택적 과세율이 적용되는 세금은 상속세로, 많은 나라에서 낮은 세율을 적용하거나 아예 세금이 없다. 미국의 상속세는 500만 달러가 넘는 유산에 대해서만 부과된다. 영국 정부는 집이 있는 부자 부부를 위해 상속세 부과 기준을 100만 파운드로 올렸다 (그리고 신탁 등을 통해 세금을 최소화하는 방법들도 많이 있다). 또 오스트레일리아와 뉴질랜드에는 상속세가 전혀 없고, 많은 유럽 국가들은 가족 구성원들에게 최소한의 상속세만 물린다. 상속 재산은 부유한 부모를 만난 덕에 그들의 재산을 물려받는 전형적인 불로소득이다.

대부분의 산업국에서 기업이 이익이 났을 때 징수되는 법인세는 소득세 표준세율보다 훨씬 낮게 책정되었다. 이 덕에 기업들은 소유주와 주주들에게 더 많은 배당금을 지불할 수 있다. IMF에 따르면, 세계적으로 법인세율은 1980년 이래로 반 토막 났다. 영국의 법인세율은 1980년에 52퍼센트에서 2000년과 2007년 사이에 30퍼센트, 신노동당 정부의 마지막 2년 동안 28퍼센트로 대폭 낮아졌다. 연립정부가 들어선 뒤에는 세율이 더 낮아져 2015년에 20퍼센트까지 떨어지면서 영국 재정연구소 Institute for Fiscal Studies의 자료에 따르면, 2010년 영국의 연립정권 수립 이후로 70억~80억 파운드의 정부 세입이 공중으로 날아갔다. 그러나 보수당 정부는 2020년까지 법인세율을 17퍼센트까지 더 낮출 계획이다.

스페인의 법인세는 2016년에 30퍼센트에서 25퍼센트로 낮아졌다. 포르투갈은 2013년 25퍼센트에서 2018년 17퍼센트로 법인세를 인하할 예정이며, 노르웨이는 스웨덴과 덴마크의 법인세 인하 조치에 부응해서 22퍼센트까지 내릴 계획이다. 캐나다·오스트레일리아·일본은 최근 몇 년 동안 모두 법인세율을 낮췄다. 서유럽에서 법인세율이 12.5퍼센트로 가장 낮은 아일랜드는 애플과 페이스북 같은 다국적 기업들이 자국에 유럽 본부를 세우도록 유인했다. 이것은 고용의 지리적 분배 상황에 약간의 영향을 주었지만(아일랜드의 외국 기업에 고용된 노동자는 16만 명에 이른다) 법인세 인하를 통한 '근린궁핍화beggar-my-neighbor'[타국의 희생 위에 자국의 번영과 경제회복을 도모하는 국제 경제정책]의 순수 효과는 기업과 기업주, 주주의 불로소득을 늘리는 것이었다.

일반적으로는 법인세 인하가 투자를 촉진해 고용과 소득, 세입을 늘린다고 주장한다. 그러나 투자는 법인세 인하에 즉각 반응하지 않는 것으로 보인다. 오히려 법인세 인하로 늘어난 기업 이익은 역외로 은밀히 반출되거나 배당금, 스톡옵션, 상여금으로 빠져나가는 반면, 세금 수입은 떨어진다. 영국 정부의 공식 통계에 따르면, 소기업이 낸 법인세는 대기업이 낸 법인세의 거의 60퍼센트에 육박한다. 이것은 2001년 17퍼센트에 머물렀던 것과 비교할 때 대기업이 얼마나 큰 이익을 얻고 있는지를 단적으로 보여준다. 페이스북은 2014년에 영국 지사 직원들에게 특별배당주를 지급하는 주식분할을 통해 일부러 회계손실을 초래함으로써 법인세를 4,327파운드만 냈다.

같은 해인 2014년에 영국 최대 기업 열 곳 가운데 여섯 군데가 300억 파운드가 넘는 총이익을 냈음에도 법인세를 단 한 푼도 안 냈다는 사실이 나중에 밝혀졌다.[5] 2015년 6월 옥스퍼드에서 열린 한 조세 관련 회의에서 연설한 필립 베이커 QC는 이렇게 말했다. "최근 20여 년 동안 정부가 법인세정책을 추진했다고 말할 수 있는 사람은 없다고 생각합니다. 법인세정책의 방향을 정한 것은 바로 대기업들입니다."[6]

각국의 법인세 인하 경쟁tax competition을 억제하기 위해서는 국제적인 공동행동이 필요하다. 그러나 영국과 아일랜드 같은 나라들은 그런 제안을 모두 거듭해서 좌절시켰다. 영국 정부는 아일랜드 정부와 마찬가지로 법인세 인하 경쟁을 국가 경제 전략의 일환으로 생각한다. 세금 특혜는 에이온, 피아트 산업, 스타벅스 같은 다국적 기업들이 영국에 대개 근무 직원이 거의 없는 '본사'를 두도록 동기를 부여했다. 이것은 생산에 전혀 기여하는 바가 없다. 법인세 인하 경쟁은 전반적으로 세입을 줄어들게 할 뿐이다.

2015년 OECD가 공표한 제안들은 국제 조세체계의 가장 큰 맹점을 제거함으로써 '국가 간 소득 이전을 통한 세원 잠식base erosion and profit shifting(BEPS)'을 없애는 것이 목적이었다. 그러나 부자 나라 정부들의 반대로, 그것은 구조적 개혁이 요구되는 권고사항으로 물러서고 말았다. 한 비평가가 지적한 것처럼, 그 프로젝트는 "현행 제도에 많은 공을 들인 조세전문가와 정권을 유지하기 위해 기업을 지원해야 하는 정부에 그렇게 많은 양보를 하지 않았다면, 훨씬 더 큰 진전을 이루었을 것이다."[7]

앞서 2015년 6월, 유럽연합 집행위원회는 기업들이 각국 세무 당국의 차이를 활용하는 꼼수를 막기 위해 기업 이익이 발생하는 곳에 공통적으로 적용되는 규칙인 이른바 '일반 통합법인세 과세기준common solidated corporate tax base'을 도입하는 계획을 발표했다. 계획이 발표된 그 주에 조세정책을 책임진 영국의 재무부장관은 그 제안을 받아들일 수 없다고 유럽의회 회원국들에 통보했다. 회의가 끝난 뒤, 독일 대표는 "영국 재무부장관은 영국이 법인세 인하 경쟁을 고수하고 있음을 명확히 밝혔습니다. 그의 말은 정말 충격이었습니다"라고 말했다.

'영국 거주 외국인'의 지위와 세금

영국 조세체계의 한 특징은 해외에 거주하는 것으로 여겨지는 부자들을 우호적으로 대우한다는 것이다. 영국 태생 시민으로 해외 갑부를 일컫는 이른바 '영국 거주 외국인non-dom'은 특히 해외에서 발생한 소득에 대한 과세 한도를 인정받는 특별한 혜택을 누린다. 그 특권을 누리는 유명 인사로 로더미어Rothermere 자작을 들 수 있는데, 그는 빈민구제 보조금을 받는 사람들을 악의적으로 공격하는 일을 전문으로 하는 우익 타블로이드판 신문인 『데일리메일Daily Mail』을 소유한 영국 태생의 억만장자이자 세습 귀족이다.

대중의 격렬한 항의에 어쩔 수 없이 영국 정부는 상속받은 영국 거주 외국인 지위를 종결하는 소극적 계획을 발표했다. 그러나 영국 재무부 장관이 인정한 것처럼, 대다수 영국 거주 외국인들은 지난 20년 가운데 15년 동안 그런 거주자들에 대한 조세 특혜를 끝냄으로써 별다른 영향을 받지 않을 것이다. 영국 재무부장관은 영국 거주 외국인의 지위가 "해외 출신인 그들이 우리 경제에 기여토록 하는 데 중요한 역할을 한다"고 말했다. 다시 말해 영국 정부는 일부 특권층에게 무상으로 중요한 것을 주고 싶어한다. 영국 거주 외국인 제도는 유럽연합 28개 회원국의 절반에서 운영하는 계급 기반의 이민정책에 속하는데, 그들끼리는 거주권이나 여권을 사고팔 수 있다.[8] 그들 정부는 가난한 이주민들에 대한 진입장벽은 높이면서, 소수 부자들에게는 그들의 돈이 어디서 나오는지에 대해서는 묻지 않은 채 유인책을 내놓고 있다. 그들이 모두 "우리 경제에 기여하고" 있다는 말은 거짓이다.

세금우대조치

투자, 부채 상환, 연금분담금, 건강보험 같은 특정한 형태의 지출과 관련해서 개인과 기업의 세금을 감면하는 것은 국가보조금의 또 다른 형태다. 세금우대조치는 보조금을 직접 지급하는 것만큼이나 큰 영향을 준다. 그러나 그러한 조치는 눈에 잘 띄지 않는데, 대개 공식적으로 지출을 더 늘리는 것이 아니라 과세를 포기하는 형태를 취하기 때문이다. 대부분의 세금우대조치는 역진세 구조이고 특정 기업이나 경제 부문에 우호적인 자세를 취하기 때문에 시장을 왜곡한다. 그러한 조치들은 특수 이익단체나 선거를 의식한다. 생산과는 전혀 무관하다.

개인들을 위한 세금우대조치는 높은 세율의 세금을 내는 사람일수록 유리하기 때문에 역진적이다. 너무 가난해서 세금을 낼 수 없는 사람들에게는 전혀 쓸모가 없다. 영국의 노동력 3,000만 명 가운데 6분의 1의 연소득은 소득세 과세기준점인 1만 1,000파운드[약 1,615만 원] 미만이다. 그들은 세금우대조치로 아무런 이득을 얻지 못한다. 당연히 그 과세기준점을 더 올린다고 해도 그들에게 도움이 되는 것은 전혀 없다. 영국 재정연구소의 추산에 따르면, 2010년과 2015년 사이에 소득세 과세기준점 상승으로 입은 국가 재정 손실은 120억 파운드에 이른다(추가로 계획된 복지 예산 삭감액과 같은 금액). 그 혜택은 대부분 과세기준점보다 높은 소득의 납세자들에게 돌아갔다.

부자들은 대개 세금감면을 더 많이 활용할 수 있다. 많은 나라에서 연금기여금, 육아 및 건강 보험료는 소득 공제를 받는다. 이 모든 것은 고소득자에게 더 유리하다. 따라서 고소득자는 그것들에 더 많이 지출한다.

영국의 고소득자들은 연금에 대한 세금우대조치로 연간 총 350억 파운드의 세금감면을 통해 얻은 이익의 절반을 가져갔다. 미국을 비롯한 유럽의 많은 국가의 납세자들은 주택융자 이자비용에 대해 세액 공제를 받을 수 있다. 그것은 단독주택이나 아파트를 소유한 부자들에게 국가가 보조금을 지급하는 것이나 마찬가지다.

조세보조금의 규모는 실로 엄청나다. IMF의 추산에 따르면, 미국은 세금우대조치와 관련해서 GDP의 7퍼센트 이상, 오스트레일리아와 이탈리아는 8퍼센트 넘게, 영국은 6퍼센트를 지출한다.[9] 미국 정부가 단지 일곱 가지 세금우대조치(건강보험 공제, 주택융자 이자 공제, 퇴직연금 공제, 저임금 노동자 근로소득세 공제, 주/지방세 공제, 자선기부금 공제, 비과세 사회보장연금)만으로 2014년과 2018년 사이에 입을 국고 손실은 3조 달러에 이를 것으로 추산된다.

미국 의회예산처Congressional Budget Office에 따르면, 정부가 취한 세금우대조치로 얻는 이익의 절반 이상이 최상위 소득 가구 5분의 1에게 주어진다. 최하위 소득 가구 5분의 1에게 돌아가는 이익은 10퍼센트도 안 된다. 주택융자 이자 공제액만 연간 700억 달러에 이른다. 그 가운데 4분의 3이 연소득이 10만 달러가 넘는 주택소유자들에게 돌아간다.[10] 최상위 소득 가구 5분의 1이 받는 주택융자 이자 공제는 최하위 소득 가구 5분의 1보다 4배 더 많다.

일부 세금우대조치는 전체적으로 볼 때 파급 효과가 크지 않지만 그 혜택을 입는 소수에게는 엄청난 이익을 준다. 미국은 경주마 소유주나 프로선수단 구단주 같은 부자들에게 세금우대조치를 제공한다. 예컨대 마이크로소프트를 공동 창업한 세계적 갑부 스티브 발머Steve Ballmer는 LA

클립퍼스 프로야구단을 인수할 때 지불한 20억 달러의 절반에 대해 세금을 감면받았다. 영국이 사업체를 파는 개인들에게 양도소득세를 깎아주는 세금우대조치 규모는 1년에 30억 파운드에 이른다. 영국 조세연구소 Tax Research UK의 리처드 머피Richard Murphy에 따르면, 2013/14 회계연도에 18억 파운드의 세금감면 혜택을 받은 사람은 불과 3,000명밖에 안 되었는데, 그들은 저마다 회사 지분을 100만 파운드 이상 매각한 사람들이다.

영국[스코틀랜드와 웨일스 포함]의 토지부동산 소유자들은 1994년 존 메이어 정부가 도입한 특별세우대조치의 혜택을 누렸는데, '스포츠 단지'는 법인세(지방세) 적용을 면제받았다. 2015년 스코틀랜드국민당Scottish National Party(SNP) 정부는 모든 사유지의 절반을 불과 432명이 소유하고 있는 나라에서 토지 소유권을 더욱 확대하기 위한 조치로 이러한 특권을 폐기하겠다는 계획을 발표했다. 스코틀랜드의 방대한 사슴 사냥터를 유산으로 물려받은(지금은 바하마에 있는 가족 신탁을 통해 소유) 데이비드 캐머런David Cameron의 배우자의 의붓아버지 애스터 경Lord Astor은 이러한 계획을 짐바브웨의 독재자 로버트 무가베가 백인 지주들을 강제 추방하려는 것과 비교하는 터무니없는 글을 신문에 기고했다.

그 밖에도 저축에 대한 세금감면도 있다. 1999년에 개시된 영국의 '개인저축 공제'는 지정된 계좌에 연간 예금된 일정액의 이자에 대해 비과세한다. 이 저축용 개인종합자산관리계좌cash ISA는 2016년에 보통예금과 당좌예금의 최초 이자 1,000파운드에 대해 비과세하는 것으로 바꾸었다. 이것은 저축할 수 있는 사람들에게는 꽤 많은 혜택을 주는 보조금이다. 하지만 프레카리아트에게는 저축할 돈은 없고 빚만 있다.

이에 비해 1987년에 개인주식투자촉진계좌Personal Equity Plan(PEP)로 처음 개설된 채권과 주식용 개인종합자산관리계좌stocks and shares ISA는 사람들에게 상대적으로 덜 알려져 있었다. 채권과 주식용 개인종합자산관리계좌는 배당소득과 자본이득에 대해 비과세하는 주식과 채권펀드에 면세 한도액만큼 투자할 수 있다. 이것 또한 고액 납세자에게 유리하게 되어 있는데, 그들 가운데 일부는 이러한 비과세 계좌를 이용해서 세금을 내지 않고 거액을 벌어들일 수 있다. 대처 정부의 장관이었던 존 리John Lee는 1987년부터 그 비과세 계좌들에 15만 파운드를 투자했는데, 2015년에는 투자 규모가 450만 파운드에 이르렀다. 그가 벌어들인 배당소득이나 자본이득에 대해서는 전혀 세금이 부과되지 않은 것은 물론이었다.

기업에 대한 조세 보조는 훨씬 더 후하다. 기업 투자, 연구, 사업비(온갖 잡동사니를 다 사업비로 갖다 붙인다)에 대한 세금우대와 기타 여러 감면 혜택들이 거기에 포함된다. 미국은 그런 종류의 보조금이 수천 종에 달한다. 기업체 전용 비행기들을 위해 납세자들이 매년 부담하는 세금은 30억 달러에 이른다. 미국령 사모아에 있는 참치회사들에 지급되는 조세 보조금도 매년 수백만 달러 가까이 된다. 물론 기업의 세무전문가는 '투자', '연구', '사업비'의 범위를 최대한으로 늘린다.

미국 기업의 경우, 기업 임원들에게 지급되는 '성과급' 상여금도 세금을 공제할 수 있는데, 이는 과세 대상이 되는 이익에 해당한다. 따라서 기업들은 회사 실적이 나쁠 때도 성과급이라는 명목으로 최고경영자에게 평소보다 훨씬 더 후한 스톡옵션을 줄 수 있었다. 그것은 최상류층에게 지급되는 보조금으로서 완벽한 역진세다. 그것을 폐기하면, 10년 동안 세수가 500억 달러 더 늘어날 것이다. 미국회계감사원US Government Accountability Office의 추산에 따르면, 각종 세금우대조치로 기업들은 공식적으로 35퍼센트의 법인세율이 실제로 13퍼센트까지 떨어짐으로써 연간 2,000억 달러를 절약한다.

기업에 대한 세금우대조치는 다국적 기업들을 미국에 정착시켜 계속 머물게 하거나 규모를 확장하도록 유인하는 보호주의의 또 다른 형태다. 이것은 시장 메커니즘을 비껴가는 불로소득이다. 유럽연합 집행위원회 경쟁 담당 집행위원(과 2011년부터 2013년까지 이탈리아 총리)을 역임한 마리오 몬티Mario Monti가 지적한 것처럼, 그러한 세금우대조치는 기업 거래와 투자를 왜곡시키는 국고 보조로 위장되는데, 기업의 대차대조표에 그 실체가 드러나지 않기 때문에 일반인들은 그것을 알 수 없다.

한 연구에 따르면, 미국의 주정부와 지방정부는 기업에 주는 장려금과 보조금으로 1년에 800억 달러를 지출하는데, 이는 전체 예산의 7퍼센트에 해당한다. 이 가운데 많은 부분이 다른 주들을 희생시키고 자기 주에 일자리를 늘리고 투자를 유치하기 위한 '근린궁핍화' 정책 성격의 보조금 지급으로 나간다(제로섬 게임). 제너럴모터스는 수년 동안 미국의 16개 주로부터 17억 달러의 보조금을 챙겼지만, 그곳들의 공장 폐쇄는 중단하지 않았다. 셸·포드·크라이슬러도 저마다 10억 달러 이상을 받았고, 아마존·마이크로소프트·푸르덴셜·보잉도 각각 2억 달러 이상의 보조금을 받았다.[11]

게다가 기업들의 과세 대상 소득에서 채무 변제액을 차감해주는 관행이 널리 시행되고 있다. 영국 정부는 1853년부터 기업들이 대출이나 부채로 지급한 이자에 대해 세금을 감면해주었는데, 오늘날 그것은 전 세계 조세체계의 특징이 되었다.

경제 폭락이 발생하기 전인 2007년에 부채 상환에 따른 세금감면 때문에 발생한 연간 재정 손실액은 유럽연합 국가들의 GDP의 2.4퍼센트(기업 부채 때문에 1.9퍼센트, 담보대출 때문에 0.5퍼센트), 영국의 경우 3.5퍼센트(순수 기업 부채 때문이며, 담보대출에 따른 이자는 세금감면이 아니다)에 달했다. 전체적으로 볼 때, 이것은 국방비 지출로 재정 압박이 큰 나라들보다 재정 손실 규모가 더 컸다. 미국에서 재정 수입 손실은 무려 GDP의 4.9퍼센트에 이르렀는데, 그 대부분이 기업의 부채 상환에 대한 세금감면 때문이었다. 영국과 미국의 경우 금융기관에서 빌린 부채에 대한 세금감면은 전체 세금감면액의 4분의 3을 차지했다. 유럽연합 국가들은 절반 넘게 차지했다.

이러한 국가보조금은 부자들에게 많은 것을 '거저' 주는 것과 다르지 않다. 심지어 2013년 이자율이 0퍼센트에 가까웠을 때, 미국의 연방정부는 기업들의 부채보조금으로 GDP의 2퍼센트 이상을 썼다. 그것은 전국적으로 가난한 사람들을 지원하기 위해 정부가 지출한 금액 이상이었다.

긴축의 시대에 각국 정부들은 공공부채를 축소해야 한다고 주장하면서 사회적 지출과 복지보조금을 대폭 삭감할 필요가 있다고 했다. 하지만 그들은 민간 채무자들에게 각종 세금우대조치의 형태로 보조금을 지급하면서, 그렇게 많은 재정 지출을 삭감하지 않아도 될 세수를 일부러 포기하고 있다.

부채에 대한 세금감면은 국가 세입의 손실 말고도 또 다른 역효과를 낳는다. 대출금 상환에 대한 세금경감은 부동산 매입을 위한 대출비용을 낮추기 때문에 사람들이 더 값비싼 부동산을 매입하기 위해 더 많은 돈을 빌리도록 유도한다. 이것은 자본이득을 통해 불로소득을 발생시키고 주택 임대를 통해 더 많은 불로소득을 올리면서 주택 가격을 상승시킨다. 물론 그것들이 활성화시키는 세금 혜택과 불로소득은 주로 부자들에게 돌아간다.

또한 부채에 대한 세금감면은 기업의 의사결정을 왜곡한다. 주식을 발행하는 것보다 돈을 빌리는 것이 비용이 더 싸게 들기 때문이다. 세금 특혜의 이점을 잘 아는 기업들은 생산적 투자를 위해 돈을 빌리는 것이 아니라, 합병과 인수를 통해 자산을 늘리거나 기존의 융자금을 차환하기 위해 돈을 빌린다. 이것은 금융산업의 배를 불리는 반면, 그 밖의 다른 사람들에게는 별다른 혜택이 없다. 더 나아가 대출을 장려하는 경제는 경기침체기에 대출 상환 압박으로 파산에 이를 가능성이 더욱 커지기 때문에 매우 취약하다. 이에 반해 주식시장을 통한 자기자본 조달은 주주들이 침체기의 손실을 감내하고 경기가 호전될 때까지 이겨낼 수 있음을 의미한다. 따라서 기업들이 파산할 위험은 줄어든다.

또 다른 기업 세금우대조치는 이른바 '특허 박스patent box' 제도라고 불리는 것이다. 이것은 특허 발명으로 발생한 수입에 대해서는 10퍼센트까지 세율을 낮춰주는 제도로 2009년 영국 신노동당이 제안하고 2013년 연립정부가 처음 도입했다. 다른 유럽연합 국가들, 특히 독일의 항의 이후, 영국은 그 제도를 기업의 연구개발과 긴밀하게 연결된 특허로 제한했다. 그러나 외부에서 사들인 특허나 외부 위탁을 통한 연구로 생긴 특허에 대해서도 세율 인하를 주장할 수 있다.

현재 특허 박스 제도를 시행하는 나라는 프랑스·룩셈부르크·스페인·포르투갈·이탈리아와 (세율이 5퍼센트밖에 안 되는) 네덜란드 등이다. '더블 아이리시Double Irish'[법인세율이 낮은 아일랜드의 세법을 이용해 글로벌 기업들이 아일랜드에 두 개의 법인을 세우고 세금을 회피하는 방법]로 알려진 탈세구멍을 막으라는 압력을 받고 있는 아일랜드는 특허 박스 제도를 도입해 6.25퍼센트의 세율을 적용하고 있다.

특허 박스의 표면상 목적은 기업들이 더 많은 연구개발에 나서도록 장려하고 '지식집약적인' 다국적 기업들을 국내로 끌어들이는 것이다. 그러나 실제로 그것은 또 다른 근린궁핍화 보조금에 다름 아니다. 그 혜택을 보는 것은 오로지 기업뿐이다. 그에 따른 재정 손실을 메우기 위한 돈은 노동과 소비에 대해 더 높은 세율을 적용하거나 공공지출을 줄이는 수밖에 없다. 그러나 2장에서 자세히 설명한 것처럼, 특허가 혁신을 자극하고 생산성과 성장을 촉진한다는 증거는 거의 없다. 세금우대조치는 다국적 기업들에 주는 선물일 뿐이다.

세금회피와 탈세

세금회피(합법)와 탈세(불법)의 경계선은 매우 아슬아슬하다. 하지만 그 두 가지가 초래하는 결과는 비슷비슷하다. 그에 따른 정부의 세수 감소와 재정 지출 삭감은 다른 부분에서 보충되어야 한다. 그리고 그 두 가지는 개인이나 기업이 세금을 가능한 한 적게 내려는 재무방식이라는 점에서 비슷하다. 또한 세금회피든 탈세든 우연히 일어나는 것이 아니라, 정부가 적절한 조치를 취하지 않거나 부적절한 조치를 취함으로써 일어난다는 점에서 서로 유사성이 있다.

2010년 제임스 멀리스James Mirrlees가 영국의 조세체계에 대해 연구한 결과에 따르면, '한계세율marginal tax rate'[소득 증가분 중 조세의 증가분으로 지급해야 할 비율]이 40퍼센트가 넘으면 정부의 재정 수입이 큰 타격을 받는다. 그것 때문에 사람들의 노동의욕이 떨어져서가 아니라 정부가 세금회피정책을 적극 실시할 가능성이 커서다. 예컨대 법인세율과 소득세율 사이의 차이가 크면, 고소득자들은 그 차이를 악용하기 위해 설립된 회사를 통해서 수입을 올리고자 한다. 2012년 영국 정부의 고소득 공무원 2,400명은 상시근로자 신분임에도 일반 기업이나 다른 중개기관을 통해 돈을 받고 있음이 밝혀졌다.

소득세와 법인세의 차이가 큰 다른 나라들에서도 이와 비슷한 상황이 발생하고 있다. 최고 소득세율이 49퍼센트이고 법인세율이 30퍼센트(소기업은 28.5퍼센트)인 오스트레일리아의 총리 맬컴 턴불Malcolm Turnbull은 "상당한 자산을 보유한 사람들은 (……) 수입의 대부분을 기업을 통해 벌어들이는 방식으로 세무처리를 할 줄 안다"고 지적했다.

세금우대조치는 부자들이 세금을 회피하기 위해 기발한 책략을 생각해내도록 권장한다. 조세 당국이 세금우대조치를 악용하는 사례를 엄중히 단속하면 회계사와 변호사, 금융전문가들은 합심해서 다른 방법을 찾아내기 위해 혈안이 된다. 『파이낸셜타임스』 2015년 11월호에 수록된 영국 부자들의 세금회피 방식에는 지방의회에 쓰레기 수거차량을 대여하는 기업에 투자하기, 화장터에 출자하기, 확실치 않은 신규업체에 투자하기 같은 것들이 있었다. 세금우대조치를 이용할 목적으로 만들어진 이런 회사들은 그 대가로 엄청난 돈을 요구한다. 이들 회사와 그들의 부자 고객들이 불로소득을 챙기는 동안에 다른 사람들이 그 비용을 대신 치르는 셈이다.

자선 성격의 기부는 부자들이 애용하는 또 다른 세금회피 수단이다. 일부 부자들은 그런 목적으로 자선단체를 설립하기도 한다. 기부금에 대한 세금감면으로 영국 재무부가 1년에 손해를 보는 세수는 35억 파운드에 이른다. 자선 부문의 상거래, 임대료, 투자, 자본이득, 사업금리에서 생긴 수입에 대한 세금공제를 포함한 총 세금경감 규모는 45억 파운드에 달했다.

2013년 영국의 한 자선단체 컵트러스트Cup Trust는 세금회피 전략을 구사하는 선두주자임이 밝혀졌다. 그 단체가 벌어들인 1억 7,600만 파운드의 수입 가운데 자선 목적으로 기부된 돈은 5만 5,000파운드에 불과했다. 컵트러스트는 세금경감이 이루어지지 않았다고 주장하지만, 또 다른 계략은 여전히 진행 중이다. 자선단체들이 수많은 세금우대조치의 혜택을 받고 있는 미국의 경우, 레이디 가가Lady Gaga의 본디스웨이Born This Way 재단은 2012년 260만 달러의 수입을 올렸지만, 기부한 돈은 5,000달러에 불과했다. 미국암기금Cancer Fund of America은 자선활동과 관련해서 전체 기부금 가운데 1퍼센트도 안 되는 돈을 썼다. 그 단체는 10년이 넘도록 설립자의 가족에게 500만 달러를 지급하고, 모금행사에 8,000만 달러를 썼지만, 암 환자를 위해 쓴 돈은 89만 달러밖에 안 되었다.

탈세방식에는 신탁기관을 설립하거나 해외(일부 나라는 국내)의 조세피난처에 재산을 잠시 맡겨두는 것도 있다. 전 세계에 조세피난처는 55곳이 넘게 있는데, 200만 개의 기업과 수천 개의 은행, 기금, 보험사들의 법적 주소지 역할을 한다. 거기에 얼마나 많은 돈이 은닉되어 있는지 정확하게 아는 사람은 아무도 없지만, 일부는 20조 달러가 넘을 것으로 추산한다. 우리가 이야기하고 있는 것은 카리브 해의 섬들이나 파나마에 대해서만이 아니다. 2013년 조세피난처 가운데 한 곳인 미국 델라웨어 주에는 대부분 명의만 있는 유령회사의 본사가 94만 5,000개에 이르렀다. 당시 그곳의 인구가 91만 7,100명이었는데, 기업체 수가 주민 수보다 더 많았다.

기업의 세금회피는 간신히 불법을 피해간다. 유럽연합 집행위원회는 현재 애플과 아일랜드 당국 사이의 '담합' 행위를 조사하고 있다. 애플이 아일랜드에 일자리를 유지하는 대가로 세금을 경감해주기로 공모했다는 의심을 받고 있기 때문이다. 그러한 거래가 불법적인 국가 보조 행위라고 주장하는 집행위원회는 앞서 네덜란드와 스타벅스, 룩셈부르크와 피아트 크라이슬러, 벨기에와 25개 기업 사이에 이루어진 세금조정 방식에 제동을 걸었다. 룩셈부르크가 수백 개의 기업체와 비밀 담합을 했다는 사실이 밝혀지면서, 아마존과 맥도날드에 적용한 세금조정 또한 조사에 들어갔다.

그들이 어떤 불법 행위를 저지르든 간에, 이러한 책략들은 기업들이 엄청난 불로소득을 얻는 수단 중 하나다. 더욱 터무니없는 것은 일부 다국적 기업들이 법인세를 하나도 내지 않는 버뮤다 같은 조세피난처에 사내유보금을 모두 옮기는 구글의 유명한 세금회피 기법인 '더블 아이리시 위드 어 더치 샌드위치Double Irish with a Dutch sandwich'[아일랜드에 법인을 2개, 네덜란드에 1개 설립하고, 버뮤다에 설립한 회사를 통해 수익을 관리하는 수법으로 세금을 한 푼도 안 내는 세금회피법] 방식을 써서 사법 관할권이 서로 다른 지역의 예외적인 조세 규정들을 편법적으로 악용했다는 점이다.

2011년 아일랜드에 등록된 19개 자회사들이 '더블 아이리시' 방식을 써서 세금을 회피한 금액은 330억 파운드에 이르는데, 이는 그해 아일랜드의 경제 산출량의 5분의 1에 해당하는 규모였다.

아마도 가장 큰 규모의 세금회피의 원천은 미국 기업들이 자국의 조세제도를 악용해서 회사 수익을 해외에 맡겨두는 일일 것이다. 대부분의 국가가 자국의 사법 관할권 안에서 발생하는 이익에 대해서만 과세하는 속지세제territorial tax system를 운영하고 있는 반면, 미국은 개인과 기업이 전 세계에서 벌어들인 수입에 대해 모두 과세한다. 그러나 일단 해외에서 번 돈을 국내로 송금했을 경우에만 세금이 매겨진다. 따라서 미국 기업들은 해외에서 번 돈을 미국 이외의 곳(주로 세율이 낮은 곳)에 맡겨둠으로써 세계에서 가장 높은 법인세율 가운데 하나인 35퍼센트까지 부과하는 연방법인세를 회피한다.

『블룸버그』에 따르면, 2014년 미국 기업들은 2조 달러가 넘는 회사 이익을 해외에 보관하고 있었다.[12] 제너럴 일렉트릭을 비롯해 상위 10대 기업이 전체의 3분의 1을 차지했다. 비록 애플은 국내로 송금하지 않은 이익을 해외 보유 자산에 모두 넣지 않지만, 그것을 포함하면 해외에 은닉한 돈은 무려 1,800억 달러에 이르러 이 분야에서 금방 1위에 오른다.

이자율이 거의 0퍼센트에 가까운 미국 기업들은 국내에서 지출할 돈을 해외에서 송금받아 쓰는 것이 아니라 (세금경감 혜택을 받는) 자국의 값싼 대출을 통해 조달했다. 기업들은 이렇게 해서 해외에 비축해둔 수익금으로 금융시장에 투자하고 물질적·지적 자산을 사들이는 데 쓸 수 있었고, 모든 곳의 자산가치 상승을 부채질해서 불로소득자의 배를 불려주었다.

2014년 한 해에 해외에 비축된 현금 총액의 가치가 8퍼센트 상승하는 동안, 기업들은 기록적인 배당금 지급과 주식환매(자사주를 되사는 것), 다른 기업의 인수자금을 조달하기 위해 국내 금융시장의 문을 두드리고 있었다. 최근 몇 년 동안 유럽과 미국의 거대 기업이 거둬들인 이익의 3분의 2는 주식환매와 배당금 지급에 쓰였다.[13]

주로 제약회사들이 많이 쓰는 또 다른 법인세 회피 수단은 '법적 주소지 변경 협상inversion deal'이었다. 간단히 말해 해외에서 발생한 수익에 대한 미국 국내 과세를 피하기 위해 기업 주소지를 바꿀 목적으로 외국 기업을 인수하거나 합병하는 방식이다. 2014년에 발생한 전체 기업 인수 및 합병 가운데 9퍼센트가 이러한 법적 주소지 변경 협상이었다. 이런 방식으로 세금을 회피해서 기업이 얻은 이익은 수십억 달러에 이른다. 이른바 '실적 줄이기earnings stripping'는 이런 식으로 주소지를 바꾼 기업들이 쓰는 수법으로 부채를 미국의 '자회사'에 전가하거나 그 부채를 미국 세법에 따라 공제받기 위해 해외의 '모회사'에서 돈을 빌리는 방식이다.

세계 금융의 중심지이자 법인세율이 낮기로 유명한 런던은 코카콜라를 포함해 많은 기업이 법적으로 거주하는 주소지였다. 아일랜드는 제약업체들이 선호하는 나라다. 2015년 미국에 본사가 있는 화이자는 법적 주소지 변경 협상으로 엘러간Allergan과 1,600억 달러 규모의 합병에 합의하고 글로벌 본사는 뉴욕에 그대로 두되 '주요 임원실'을 아일랜드로 이전하겠다고 발표하면서 큰 비난을 받았다. 수십억 달러의 세금을 회피하기 위해 의도된 화이자의 합병 계획은 오바마 행정부가 법적 주소지 변경 협상을 금지하는 새로운 규칙을 도입한 뒤 이어서 취소되었다.

제약업체들이 주로 사용하는 세금회피 전략은 또 있다. 법인세율이 낮은 국가, 특히 아일랜드로 특허권 사용료를 돌리는 방식이다. 길리어드Gilead는 판매가가 한 알에 1,000달러인 C형 간염약에 대한 특허권을 아일랜드에 있는 자회사로 이전시켜 수억 달러의 세금을 내지 않았다. 리제네론 제약Regeneron Pharmaceuticals은 히트상품인 안약 아일리아Eylea의 해외 판매액에 대한 과세 근거지를 아일랜드에 만들었다.

IMF는 다국적 기업들이 기업 이익을 해외에 이전함으로써 각국이 입는 재정 손실 규모가 한 해에 6,000억 달러에 이른다고 주장했다. OECD는 그 규모가 2,400억 달러에 달한다고 추정했다. IMF보다는 추산 금액이 적지만 여전히 글로벌 법인세 수입의 10퍼센트에 상당하는 규모다. 조세정의네트워크Tax Justice Network의 분석에 따르면, 오늘날 미국 기업들이 해외에 이전하는 수익은 그들이 거두는 전체 수익의 25~30퍼센트를 차지한다. 1990년대에 그 비중은 5~10퍼센트였다. 2012년 한 해에 그들 기업이 해외에 이전한 수익은 총수익의 27퍼센트에 이르는데, 이는 세계 GDP의 1퍼센트에 가깝다. 그 절반 이상이 유효 세율이 0퍼센트에 가까운 나라, 즉 네덜란드와 아일랜드, 버뮤다, 룩셈부르크에 예치되었다.

조세정의를 위한 시민Citizens for Tax Justice의 자료에 따르면, 『포춘』지가 선정한 500대 기업에 오른 미국 대기업의 거의 4분의 3이 조세피난처에 자회사를 두고 있다. 이들 358개 기업들이 조세피난처에 설립한 자회사 수는 '최소한' 7,622개에 이른다.

직접 보조금

국가로부터 직접 보조금을 받는 기업의 수와 그 기업들에 지급되는 보조금의 규모는 상상을 초월한다. 표면상 비용을 줄이고 혁신을 촉진하고 일자리를 늘리기 위해 지급하는 직접 보조금은 자유시장 자본주의의 이념을 완전히 무시하고 역행하는 불로소득의 일종이다.

그 혜택을 가장 크게 받는 영국의 수혜자 가운데 한 명이 2010년부터 2016년 갑자기 퇴임하기까지 노동연금부장관을 역임하면서 복지 지출을 삭감하는 데 전력을 다했던 이언 던컨 스미스Iain Duncan Smith라는 사실은 역설이 아닐 수 없다. 지난 10년 동안 그의 가족은 유럽연합의 공동농업정책Common Agricultural Policy(CAP) 제도 덕분에 100만 파운드가 넘는 지원금을 받았다. 2014년에만 16만 파운드를 받았는데, 그의 아내가 1,500에이커의 농지를 유산으로 상속받았기 때문이다. 그는 그 땅을 얻기 위해 단 하루도 농장 일을 한 적이 없었다. 따라서 그가 보조금을 받을 이유는 전혀 없는데도 그 수혜를 입었다.

유럽연합 집행위원회가 거대 지주에 대한 보조금 한도를 정하려고 하자, 영국 정부는 잉글랜드 지역에 그 상한선을 적용하는 것에 반대했다(스코틀랜드·웨일스·북아일랜드는 그렇게 하기로 결정했다). 반면에 던컨 스미스는 취업해서 받는 봉급보다 복지수당이 더 크면 안 된다고 주장하며 실업수당과 주택수당의 상한선을 정해 지급액을 제한하고 있었다.

해마다 영국에 지급되는 공동농업정책 보조금의 약 90퍼센트에 해당하는 36억 파운드가 상위 10퍼센트의 부자 농민들에게 돌아간다. 그 보조금의 가장 큰 수혜자 가운데는 영국 여왕(아마 세계에서 가장 부유한 여성)

과 웨스트민스터 공작(보유 재산이 85억 파운드)이 있는데, 2014년 한 해에만 두 사람에게 지급된 보조금이 100만 파운드에 이르렀다고 한다.

이것은 단지 유럽에서만 일어나는 헛짓거리가 아니다. 미국에서도 해마다 농업보조금으로 지급되는 200억 달러의 대부분이 부자 농민들에게 돌아간다. 1995년 이래로 50명의 억만장자들이 일반 납세자들이 낸 돈으로 지급되는 농업보조금을 챙겨갔다.[14] 농지를 보유한 대기업과 부자 지주들은 그 땅에 농사도 짓지 않으면서 농업보조금을 받는다.

영국의 보조금 관습은 유럽연합이 만들어질 때 독일과 프랑스 사이에 맺은 합의에 그 뿌리가 있다. 프랑스 농민들을 지원하는 것에 대한 반대급부로 독일 철강노동자와 광부들에게도 보조금을 지급하기로 한 것이다. 이후 터무니없는 보조금 지급을 억제하려는 시도들도 있었지만, 마찬가지로 경제 상황을 왜곡시키는 다른 보조금들이 여전히 빠르게 확산되었다. 그것의 아주 좋은 예가 바로 독일의 할인매장 리들Lidl이다. 세계은행과 유럽개발부흥은행은 그 업체가 동독으로 매장을 확대하는 것을 돕기 위해 9억 달러의 돈을 빌려주었다. 리들의 소유주인 디터 슈바르츠Dieter Schwarz는 재산이 약 160억 달러인 것으로 추정된다. 왜 일반인들이 낸 세금이 그런 부호의 자기 사업 확장을 돕는 데 쓰이는가?

일부 보조금은 이념적 이유 때문에 만들어지기도 한다. 예컨대 폴란드는 2007년과 2013년 사이에 유럽연합에서 1,000억 유로 넘는 보조금을 받았다. 그리고 2014년부터 2020년까지 1,060억 유로를 더 지원받기로 되어 있다. 이것은 1945년 이후 유럽 재건에 투입된 마셜 플랜 지원금 총액을 현재 가치로 환산할 때 그 2배에 해당한다. 폴란드는 1990년대에 신자유주의 의제가 반드시 성공해야 하는 나라로 선정되었다. 이 오래된 국가가 해체되고 새로운 제도들이 정립되면서 기간시설 건설과 농업보조금으로 많은 돈이 흘러넘쳐 들어왔다. 오늘날 폴란드가 상대적으로 좋은 경제 상황을 유지하는 것은 그러한 보조금의 역할이 크다고 볼 수 있다.

미국의 경우, 한 우익 두뇌집단 카토연구소Cato Institute에 따르면, 연방정부가 기업에 제공하는 보조금은 한 해 1,000억 달러에 이른다.[15] 농업보조금, 주택보조금, 연구보조금(방위사업체에 지급하는 수십억 달러를 포함해서), 혁신보조금, 어업장려금, 에너지보조금, '친환경' 자동차 개발을 위해 포드나 닛산 같은 자동차업체에 지원하는 보조금, 철도와 조선소 보조금, '필수서비스'를 위한 항공보조금, 대출담보, 소기업보조금 같은 것들이 그런 보조금에 속한다. 카토연구소의 주장처럼, 기업지원정책은 "더 커다란 국민경제의 기반을 허물고 평균적인 납세자 가구의 부를 일부 기업들에 이전시키고" 부패를 조장하는 정치인과 기업인 사이의 밀착관계를 만들어냄으로써 '정실 자본주의'를 촉진한다.

또 어떤 보조금은 계획된 수혜자의 손에 전달되지 않는다. 미국의 연구개발비 세액공제Research and Development Tax Credit는 중간 규모 기업이 연구개발비를 늘리도록 장려하기 위해 마련된 제도였다. 그러나 그 수혜를 받는 기업의 80퍼센트가 구글·인텔·보잉·애플과 같은 거대 기업들이다.[16] 게다가 1980년에 제정된 베이돌법Bayh-Dole Act은 공적 연구기금을 받은 기관들이 특허를 외부로 유출하고 사기업과 사용권 계약을 맺어 연구 성과를 상업화할 수 있게 했다. 마거릿 대처가 이와 비슷한 제도를 도입하자 다른 나라들도 그 뒤를 따랐다. 이 경우 일반 납세자들은 기업에 한 번도 아니고 두 번이나 돈을 내는 꼴이다. 첫 번째는 세금을 통해 기업의 연구개발에 자금을 대기 때문이고(따라서 기업은 위험부담도 줄이고 비용도 지원받는 일석이조의 효과를 거둔다), 두 번째는 특허를 독점한 기업이 파는 제품을 더 높은 가격을 주고 사야 하기 때문이다.

영국의 경우, 연립정부는 공공 부문의 연구비 지출은 삭감하는 반면, 민간 산업의 연구개발보조금은 인상시켜 기업들이 특허를 받고 그 성과를 전용할 수 있게 지원했다. 정부가 기업에 지원한 이런 보조금은 2011년에 16억 파운드에 이르렀고, 세금경감으로 11억 파운드를 더 보충해주었다. 영국 감사원National Audit Office에 따르면, 세금경감 혜택을 받은 기업의 70퍼센트가 외국 기업을 포함한 대기업이었다. 2013년과 2015년 사이, 네슬레는 에너지 효율이 좋은 초콜릿 제조기를 발명하는 명목으로 48만 7,000파운드를 받았다. 펩시콜라는 감자칩을 만들기 위한 다양한 감자 건조 방식을 개발하는 명목으로 35만 6,000파운드를 받았다.

가장 터무니없는 직접 보조금 가운데 화석연료산업을 지원하는 보조금이 있다. 그것은 화석연료의 소비자 가격을 계속해서 낮게 유지하기 위해 지급되는 보조금이다. 국제에너지기구International Energy Agency에 따르면, 2014년 전 세계에 걸쳐 화석연료산업에 지원된 보조금이 5,500억 달러에 이르는데, 이는 재생에너지산업에 지원된 보조금의 4배에 이르는 금액이다. 국제에너지기구는 화석연료보조금 지급을 중단하면 탄소배출량이 5분의 1 정도 감소할 것이라고 추산했다. 해외개발연구소Overseas Development Institute(ODI)는 세계를 이끄는 20개 경제국인 G20 국가들이 화석연료 탐사를 지원하는 데 쏟아붓는 금액이 한 해에 880억 달러에 이른다고 추정한다.

여기에는 또 다른 엄청난 간접 보조금이 있다. 화석연료를 태워서 발생하는 대기오염, 기후변화, 교통체증을 해결하기 위해 들어가는 비용들이 제품 가격에 온전히 반영되어 있지 않기 때문이다. IMF의 추산에 따르면, 한 해에 지급되는 직간접 보조금이 5조 3,000억 달러에 이르며, 이는 G20 국가의 국민들이 1인당 1,000달러 이상을 부담하는 셈인 것이다. 이런 종류의 보조금을 전 세계 평균 이상으로 지급하는 국가에는 사우디아라비아·러시아·미국·중국·한국·캐나다·오스트레일리아·일본이 있다.

한편, 2015년 영국 정부는 가장 싼 청정발전 형태인 태양열과 해상풍력발전 계획 같은 재생에너지에 대한 보조금을 대폭 감축하는 반면, 화석연료 기업들에 대해서는 보조금을 늘리겠다고 발표했다. 점점 쇠락하고 있는 북해 석유 생산을 부양하기 위해 세금우대조치를 취하겠다는 것이 영국 정부의 주된 방침이었다. 영국 정부는 또한 전력회사인 내셔널 그리드National Grid에 대기전력을 제공하기 위해 환경을 오염시키는 '디젤연료를 쓰는 발전소'에 직접 보조금을 지급하고 세금우대조치를 취하고 있다. 이와 반대로 재생에너지에 대한 보조금 감축은 여러 태양열에너지 기업들의 문을 닫게 하고 저소득 가구의 에너지 비용을 줄이기 위한 지역사회 프로젝트들을 위태롭게 만들었다.

ODI의 추산에 따르면, 영국의 화석연료보조금은 2013년과 2014년에 각각 60억 파운드에 이르렀다. 이는 보조금 감축 이전의 재생에너지에 대한 보조금의 2배에 육박한다. 이것은 화석연료산업의 적극적인 로비활동과 영국의 보수 토리당의 핵심 근거지인 농촌 지역의 해상풍력발전소 건설에 대한 반대 운동의 결과였다. 2013년에 데이비드 캐머런이에너지와 기후변화 관련 개인 고문으로 브리티시 가스British Gas의 전직 로비스트를 임명하고, 화석연료 기업의 직원들이 영국의 에너지 정책 기안을 돕기 위해 에너지와 기후변화부에 파견된 것은 결코 우연한 일이 아닐지도 모른다.[17]

미국 상황도 그에 못지않았다. 2014년 사회운동 연구단체인 오일체인지인터내셔널Oil Change International은 국민 세금이 석유·가스·석탄 탐사와 생산 분야에 보조금으로 나가는 돈이 한 해에 210억 달러에 이른다고 추산했다. 2010년과 2014년 사이에 화석연료산업이 로비활동, 특히 보조금을 받기 위해 쓴 돈이 180억 달러였다.

영국 정부가 기업지원정책으로 지출하는 돈은 해마다 930억 파운드를 초과하는 것으로 추정된다. 그 가운데 직접 보조금과 초기 비용보조금capital grant이 145억 파운드, 세금 혜택이 440억 파운드, 운송보조금(특히 철도회사)이 150억 파운드, 에너지보조금이 38억 파운드, 그리고 공공조달 지원 혜택이 150억 파운드에 이른다.[18] 디즈니는 영국에서 영화를 제작하면서 수백만 달러의 세금공제를 받았다. 사실상 영국에 법인세를 한 푼도 내지 않는 또 다른 기업 아마존은 스코틀랜드와 웨일스로부터 수백만 달러의 지원금을 제공할 테니 자기 나라에 유통센터를 지어달라고 요청받았다.

영국 정부는 자국 기업과 외국 기업들에 대해서는 그렇게 아낌없이 지원하면서 사회적 지출과 복지 혜택은 '재정 손익을 맞추기' 위해 2020년에 200억 파운드 이상 감축해야 한다고 주장했다. 이것은 경제적 관점이 아니라 이념적 관점의 정책이다. 대중매체 또한 위선적이다. 그들은 빈곤 가정이 받는 보잘것없는 혜택에 대한 거짓 주장에만 일부러 지속적으로 초점을 맞출 뿐, 기업들이 받는 엄청난 지원금에 대해서는 침묵을 유지한다. 그 기업들이 그런 보조금을 받을 만한 합리적 근거가 전혀 없고 국가 경제나 사회를 위해 특별히 어떤 일을 한 것도 없는데 말이다.

전반적으로 볼 때, 부자 기업과 개인들이 받는 직접 보조금은 시장을 왜곡시키는 비효율적이고 역진적인 성격의 지원금이다. 그런 보조금이 사라질 때 비로소 경제가 성장하고 생태계의 지속 가능성을 기대할 수 있으며, 무엇보다 불평등이 줄어들 것이다.

세금공제의 어리석음

미국과 영국 등 여러 나라에서 저임금 노동자들을 지원하기 위해 사용되는 세금공제는 앞서 1장에서 설명한 19세기 초 스핀햄랜드 제도와 묘하게 닮았다. 세금공제는 세계화 시대에 사회민주주의의 마지막 투구였다. '제3의 길' 사상은 임금을 결정하는 것은 시장이고 노동조합은 통제되어야 하며 정부는 세금공제를 통해 성과 분배를 교정해야 한다는 것이었다. 그것은 노동자들의 협상력을 약화시키고 대신 그들이 지더라도 정부가 돌볼 것이라고 장담하는 온정주의적 시각이었다.

세금공제는 사실 1970년대 미국의 근로장려세제Earned Income Tax Credit(EITC)를 시작으로 다소곳하게 출발했다. 클린턴 행정부는 1990년대에 그 제도를 확대했다. 오늘날 한 해에 공제되는 세액이 780억 달러에 이르는데, 그것은 세계에서 가장 비싼 복지제도인 푸드스탬프food stamp [저소득층에게 식료품 할인 구매권을 지급하는 미국의 대표적인 식비지원제도]에 필적한다. 영국의 경우도 1999년에 비슷한 제도가 조용히 시작된 뒤, 2003년에 근로세액공제Working Tax Credit(그리고 저소득층 부모를 위한 자녀세액공제Child Tax Credit)가 도입되면서 신노동당의 노동시장과 사회정책 개혁 방안의 중심이 되었다. 다른 나라들도 그와 같은 방향으로 나아갔다.

세금공제는 복리후생비처럼 보이지만, 사실은 정부가 자본가에게 불로소득을 제공하는 일종의 보조금이다. 세금공제는 일반 국민이 낸 세금으로 저임금 노동자들의 임금을 보전해주는 역할을 하기 때문에 고용주들이 저임금구조를 유지(하고 정규직보다 비정규직을 고용)하는 것을 용이하게 해준다. 시티즌 유케이Citizens UK의 조사 결과에 따르면, 테스코Tesco 같은 소매기업들은 그들이 세금을 내는 것보다 자신들이 고용한 저임금 노동자들에 대한 정부의 임금 보전 조치로 더 많은 이익을 보고 있었다.

영국에서는 1999년과 2015년 사이에 근로세액공제와 자녀세액공제로 나가는 비용이 한 해에 300억 파운드까지 급증했다. 취업자들에 대한 주거보조비와 지방세 혜택을 포함해서 저임금 노동자에 대한 임금 보전을 위해 지출되는 정부 비용은 해마다 760억 파운드까지 상승하면서 모든 복지 지출 가운데 3위에 올랐는데, 연금을 빼면 정부가 지출하는 가장 큰 복지 항목이었다.[19] 세금공제에 의존하는 취업자 수는 2003년에 200만 명 이상에서 10년 뒤 330만 명 이상으로 증가했다. 이것은 일반적으로 말하는 자유노동 시장이 아니다.

미국의 경우, 캘리포니아 대학(버클리 캠퍼스)의 연구에 따르면, 납세자들이 맥도날드와 월마트 같은 곳에서 일하는 저임금 노동자들을 지원하기 위해 세액공제와 푸드스탬프 같은 복지비용으로 내는 세금은 한 해에

1,530억 달러에 이른다. 오늘날 모든 미국인의 4분의 1이 세금공제 대상인데, 이는 노동시장이 실패하고 보조금이 얼마나 매력적인지를 잘 보여준다. 그리고 그 연구 결과는 세금공제의 복잡성 때문에 모든 세금공제의 약 4분의 1이 잘못 공제되었다. 그 결과 조세제도의 불평등성이 증가했다.[20]

　세금공제는 더 높은 임금을 받고자 하는 (또는 그들을 위해 자본가와 협상하는 노동조합에 가입하고자 하는) 노동자의 의욕을 약화시킨다. 임금이 오르면 세액공제도 따라서 줄어들기 때문이다. 임금이 세금공제액을 넘는 수준으로 오르지 않는 한, 노동자들이 더 좋아질 것은 없다. 따라서 세금공제는 프레카리아트의 목에 걸린 빈곤의 올가미를 더욱 깊게 조이며 노동의 의욕을 꺾는 요소로 작용한다. 세금공제제도가 있는 또 다른 나라 뉴질랜드의 한 엄마 노동자는 이에 대해 다음과 같이 잘 지적했다. "임금이 높아질수록 근로가족공제Working-for-Families(뉴질랜드의 세금공제제도)는 줄어들고 유치원보조금childcare subsidy도 줄어듭니다. 따라서 나는 어쩔 수 없이 돈을 벌기 위해 다시 일하러 나가야 하고 우리 아이와 함께 보낼 귀중한 시간을 포기해야 해요."[21]

　또 다른 엄마 노동자는 뉴질랜드 돈으로 연봉이 5만 달러인 정규직 간호사로 복귀한다면, 자산과 연동된 복지수당과 세금공제 혜택, 교통비 지원과 유치원보조금을 받지 못하게 되어 살림에 전혀 보탬이 되지 않는다고 주장했다.

　영국 정부는 2015년 총선이 끝난 뒤 방침을 바꾸었다. 재무부장관은 고용주가 25세 이상의 노동자에게 반드시 국가생활임금national living wage(최저임금minimum wage보다 높은)을 지급해야 한다고 대대적으로 공고하면서 동시에 세금공제 혜택을 대폭 삭감한다고 발표했다. 재무부는 전통을 깨뜨리고 그러한 조치에 따른 소득분배 효과에 관한 보고서를 발표하지 않았다. 국가재정연구소Institute of Fiscal Studies는 한 해에 300만 명의 국민이 평균 1,000파운드의 손실을 입게 된다고 추산했다. 재무부장관은 그러면서 소득세율을 더 높이기 위해 소득 하한선을 높여서 고소득자들에게 이익을 안겨주었다.

세금공제 혜택의 삭감 계획은 정부가 지원하기로 약속한 '근면한 가정'에 타격을 가할 것이라는 격렬한 비난에 부딪혀 마침내 없던 일로 되었다. 그러나 기존의 세금공제제도를 대체할 '유니버설 크레딧universal credit'[소득에 따라 복지 혜택을 차등 제공] 제도를 통해 복지 혜택을 줄이려는 계획은 번복되지 않았다. 예산책임연구소Office for Budget Responsibility에 따르면, 이것은 취소된 세금공제 혜택의 삭감 규모만큼 정부의 복지 지출을 줄이는 조치이며, 따라서 그만큼 저소득 가정에 피해를 줄 것이다.

영국 정부는 어쩌면 생활임금이 세금공제 프로그램을 축소시키기를 바랄지도 모른다. 당시에는 전체 취업자의 4분의 1에 해당하는 사람들(약 600만 명)이 생활임금보다 임금이 낮았는데, 그들 가운데 절반이 사회적 돌봄서비스와 소매업, 접객업에 종사하고 있었다. 그러나 그 임금이 시간급이기 때문에 기업이 인건비를 줄이기 위해 노동시간이나 일자리를 축소할 수 있는 충분한 여지가 있다. 전임 노동부장관 앨리스테어 달링Alistair Darling은 세금공제제도가 "최저임금의 혜택을 받지 못하는 많은 사람을 지원한다"고 인정했다.[22]

세금공제는 자본가에게 지급하는 일종의 보조금이며 노동시장을 왜곡하고 임금을 억제한다. 세금공제제도를 통해 더 낮은 임금을 지급함으로써 고용주가 얻는 이득은 전체 이득의 4분의 1에서 3분의 1에 이른다는 연구 결과도 있다.[23] 노동조합은 그 제도를 지지하는 잘못을 저질렀다. 그 제도는 노조의 단체협상을 대체할 정도로 효과적이지 않았고 오히려 저임금 노동자들이 노동조합에 가입하는 것을 꺼리게 만들었다. 세금공제는 또한 생산성 향상에 도움이 되지 않았다. 노동을 과소평가하는 결과를 낳아 고용주들을 효과적으로 압박할 수 없었기 때문이다. 기업들은 또한 세금공제 덕분에 고임금 종업원보다 저임금 노동자들을 더 많이 고용할 수 있다.

의미상으로 세금공제는 공제 대상 노동자들의 소득을 올려서 그들이 가난에서 벗어나도록 돕는다. 하지만 이것은 세금을 공제받는 노동자들뿐 아니라 저임금 노동시장에서 일자리를 얻기 위해 서로 경쟁하는 다른 노동자들의 낮은 임금률 덕분에 가능하다. 따라서 세금공제를 받는 사람들은 실제로 낮은 임금률로 손해 보는 돈이 세금공제로 이익을 얻는 돈보다 더 크다.

세금공제는 또한 거래를 왜곡시킨다. 그것은 노동비용을 줄이는 보조금의 일종이기 때문에 경쟁력에 영향을 끼친다. 논리적으로 생각할 때, 자유무역주의자(와 국제금융기관)는 이런 제도를 규탄해야 마땅하다.

영국에서 벌어진 '브렉시트Brexit' 논쟁의 치명적인 오류 한 가지는 영국이 유럽연합을 탈퇴할 것인지 말 것인지에 대한 2016년 6월 국민투표에 앞서 확실한 회원국 조건을 '재협상'하면서 근로소득에 대한 세제 혜택(세금공제) 문제를 주요 쟁점사항으로 부각시킨 정부의 결정이었다. 그 결과, 유럽연합의 이민자들은 4년 동안 근로소득에 대한 세제 혜택을 받지 못하는 상황이 발생할 수 있었다. 그런 조치가 통과된다면, 다른 유럽 국가들이 영국의 이민자들에 대해 반격을 가한다 하더라도 아무도 놀라지 않을 것이다.

자선단체에 보조금을 지급하는 국가

사회민주주의 국가가 이룬 위대한 성취 가운데 하나는 자선단체를 하찮은 존재로 만든 것이다. 물질적 궁핍과 정신적 외상에 대한 사회의 대처는 공공 부문의 몫으로 넘어갔다. 사람들은 정부가 세파에 시달리는 국민의 삶을 각종 사회적 혜택과 공공서비스로 어루만져주기를 기대했다. 자선단체의 재량에 자신의 고달픈 생활을 기대야 하는 사람들은 점점 줄어들었다. 그들은 이제 구걸을 멈추었다.

신자유주의 의제는 감세와 민영화를 촉진하기 위해 공공지출을 삭감하는 것에 초점을 맞춰왔다. 그러나 이것은 가난한 사람들에게 공공서비스를 제공함으로써 줄여야 할 빈부 격차를 오히려 더욱더 넓히는 결과를 초래했다. 따라서 정부는 그 틈을 메우기 위해 자선단체와 기부기관의 성장을 독려하는 각종 보조금을 지급하는 쪽으로 방향을 선회했다.

이러한 변화는 아직까지 마땅히 받아야 할 비판에까지 이르지 않은 이념적 무모함이 주도하고 있다. 국가가 법에 따라 공공서비스를 제공한다면, 그 서비스는 앞으로 지속될 것이라는 민주적 보장이 성립된다. 하지만 자선단체가 그 서비스를 제공한다면, 그것은 아무 때고 중단될 수 있고 사전고지 없이 철회될 수 있다.

영국의 신자유주의 정권은 내핍경제를 개시하면서 공공지출을 감축하되 그 대신 자선단체에 보조금을 제공하고 그들이 그 공백을 메우기를 기대했다. 이러한 조치는 아동과 노인, 장애인에 대한 지원 감축의 영향을 완화하는 역할을 했다. 그러나 자선단체에 대한 보조금은 각종 복지혜택과 돌봄서비스 지원의 지속적 감축과 함께 증가했다. 내핍 논리를 따르는 정부는 당시에 자선단체들도 그 부담을 함께 나눠서 져야 한다고 주장했다.

전국자원봉사단체협의회National Council for Voluntary Organizations에 따르면, 2010년과 2013년 사이에 자선단체에 대한 정부보조금과 사업 발주는 11퍼센트 하락했다. 아동과 청년 관련 자선단체의 경우는 18퍼센트 감소했다. 그 주된 이유는 자선단체에 대한 지원을 줄일 수밖에 없게 하는 지자체에 대한 재정 압박이었다. 따라서 지자체는 의무사항이 아닌 (법에 명시되지 않은) 지출은 모두 감축해야 했다.

자선단체는 각종 활동을 축소하거나 접어야 했다. 2015년 8월, 지난 19년 동안 장애 아동과 청소년을 돌보는 일을 해온 정부의 우호기관 키드컴퍼니Kids Company가 파산했다. 앞으로 문을 닫고 곤경에 빠진 사람들을 놔둔 채 떠나는 자선단체는 그것이 끝이 아닐 것이다. 영국 감사원에 따르면, 지난 수년 동안 4,600만 파운드의 공적 기금을 받은 그 단체가 파산한 것은 그동안 제대로 된 행정감사도 받지 않은 부실한 재무관리 탓이었다. 그러나 그것보다 더 근본적인 문제는 주요 사회적 기능을 자선단체 같은 책임질 필요가 없는 기관에 맡기지 말아야 한다는 것이다. 그들 단체에 참여하는 인물들이 아무리 '고결'하다 할지라도 문제가 발생했을 때 그들에게 직접적인 책임을 물을 수 없기 때문이다.

은행 '긴급구제': 실패로 가는 불로소득

은행업은 지금까지 전문화된 적이 없었던, 다시 말해 전문자격증이나 직업윤리 강령, 전문협회를 통한 진출입 절차가 없는 몇 안 되는 직업 가운데 하나다. 다시 말해 누구나 은행업자가 될 수 있다는 말이다. 따라서 역사적으로 은행이 비도덕적인 행위, 사기와 부패의 도구 역할을 했다는 것은 전혀 놀랄 일이 아니다.

그러나 세 가지 새로운 특징이 세계화 시대에 나타났다. 첫째, 정부는 중앙은행과 통화정책에 대한 민주적 통제를 포기했다. 1980년 이래로 수십 개의 국가가 중앙은행을 독립시켰다. 실제로 사회민주주의 정부들도 이름만 다를 뿐 실질적으로 중앙은행을 민영화하는 계획을 진지하게 고려할 정도로 신자유주의의 위세는 막강했다. 1997년 고든 브라운Gordon Brown이 재무부장관이 되고 나서 취한 첫 번째 조치 가운데 하나는 뱅크오브잉글랜드가 통화정책을 수립하도록 독립권을 주는 것이었다. 그 놀라운 결정은 보수 야당과 금융 중심지 시티오브런던의 열렬한 환영을 받았다. 그것은 일종의 경제적 유화정책이었다.

그 이후로 뱅크오브잉글랜드의 금융통화위원회Monetary Policy Committee(MPC)는 비록 재무부장관이 위원들을 임명했지만, 느슨한 지침을 기반으로 금리를 자율적으로 결정했다. 이것은 곧바로 특수 이익집단의 침투로 이어졌다. 예컨대 2015년 재무부장관은 벨기에 경제학자이자 금리 예측으로 돈을 버는 한 헤지펀드의 파트너를 MPC 위원으로 임명했다. 뱅크오브잉글랜드의 임명동의를 받은 헤르얀 블리헤Gertjan Vlieghe는 처음에 그 회사에 있는 자기 지분을 유지하되 금융통화위원으로 재직하는 3년 동안 '적극적'으로 지분행사를 하지 않기로 했다. 초당적 재무상임위원회Treasury Select Committee를 포함해서 대중의 항의에 직면한 그는 소속된 헤지펀드와의 유대관계를 유예하기로 했다. 그러나 그가 헤지펀드에 유리하게 행동하리라고 예상하는 것은 전혀 무리가 아니다.

이런 상황에 이른 것은 정부가 통화정책에 대한 통제를 포기할 경우, 통화정책이 정치의 영향력에서 벗어나 정부가 선거에서 이기기 위해 곤경을 극복하는 방법을 과장하거나 일부러 경제호황을 조작하는 일이 사라질 것이라는 근거가 희박한 가정 때문이었다. 실제로 그것은 신자유주의 경제학을 수용한 20세기 사회민주주의의 결정적 실패 요인 가운데 하나였다.

영국의 연립정부가 다음 단계로 한 외국인에게 뱅크오브잉글랜드의 경영을 맡기기로 한 것은 그다지 놀라운 일이 아니었다. 캐나다중앙은행 총재였던 마크 카니Mark Carney를 막대한 공공비용을 써서 뱅크오브잉글랜드 은행장으로 영입했다. 그의 자격 여부를 떠나서 이것은 전례 없는 사건이었다. 미국의 연방준비제도이사회 의장이나 프랑스중앙은행 총재에 외국인을 임명하는 것을 상상할 수 있겠는가?

두 번째 특징은 세계적인 경제붕괴 이후로 각국 정부와 중앙은행이 금융 시스템에 현금을 투입해서 파산한 은행을 긴급구제하고 '양적 완화quantitative easing(QE)' 정책을 통해 성장을 촉진시킬 목적으로 화폐 공급을 증대하는 것에 몰두했다는 점이다. 양적 완화는 나중에 이 장 후반부에서 구체적으로 논의될 것이다. 다만 여기서는 은행은 '너무 커서 파산할 수 없다'는 말이 긴급구제를 정당화하기 위해 자기 잇속만 챙기는 논리임을 상기하는 것만으로 충분하다. 파산한 은행에 막대한 공적 자금을 투입하기 위한 비굴한 변명은 은행이 자신의 무모함 때문에 파산했다고 하더라도 그것이 결국 경제 전체를 물에 빠뜨리는 악영향을 끼치리라는 것이었다. 따라서 정부는 파산한 은행에 공적 자금을 투입해서 구제해야 했고, 그 결과 파산한 은행의 소유주와 관리자들은 다시 한번 엄청난 이득을 챙길 수 있었다.

세 번째 특징은 일부 내부의 비금융 법인기업을 포함해서 은행이 아닌 금융기관의 성장이었다. 악명 높은 윙가Wonga 같은 단기 고리대부업체, 영국의 크라우드큐브Crowdcube 같은 투자형 크라우드펀딩, P2P 온라인 대출 시스템이 그런 새로운 금융기관에 속한다. 투자자들은 출자로 돈을 빌려주고 부채 상환 방식으로 수익을 돌려받는다. 그러한 시스템은 개인에 대한 신용을 평가하고, 전통적인 대부업체들처럼 예금금리와 대출금리 차이를 넓히는 것이 아니라 서비스 수수료를 통해 수익을 올린다.

P2P 대출은 소액 은행거래와 비교할 때 그다지 큰 규모는 아니지만, 2015년 미국의 렌딩클럽Lending Club, 프로스퍼Prosper와 소피SoFi, 런던의 조파Zopa와 레이트세터RateSetter 같은 대규모 P2P 대부업체는 한 해에 100억 달러가 넘는 규모로 돈을 빌려주고 있었다.[24] 영국의 경우, P2P 투자자들은 1년에 1만 5,000파운드까지 비과세 저축예금을 들 수 있다. 이것은 부자들에 대한 또 다른 훌륭한 보조금이자 P2P 대부업체들의 수익을 대변한다.

2007년과 2008년의 경제붕괴는 전 세계의 은행들이 파산한 사건이었다. 그러나 OECD의 모든 정부는 이전의 20년 동안 금융 거품을 점점 더 크게 부풀린 규제 제도와 환경을 여전히 지지했다. OECD 국가 정부들은 신자유주의가 주장하는 자유시장에 대한 논리와 반대로 금융 부문에 대한 긴급구제를 경제붕괴의 대안으로 서둘러 실시했다. 상황이 중대한 국면에 이르렀을 때, 각국 정부가 한 일은 금융자산 보유자들에게 더 많은 자금을 지원한 것이었다.

사실상 그들 정부는 파산한 금융기관과 그곳의 사장들에게 거금을 주었다. 그 이유는 그냥 그들이 파산했기 때문이다. 따지고 보면, 긴급구제는 은행들이 전혀 받을 만한 자격이 없는 순수 보조금에 불과했다. 글로벌 금융위기에 책임을 져야 할 많은 사람이 오히려 긴급구제를 받은 그 금융기관들을 통해 엄청난 봉급과 보너스를 챙겨 갔다. 자유시장의 경이를 열정적으로 노래했던, 바로 그 금융위기의 중심에 있었던 사람들이 상황을 정리할 책임을 맡고 그 과정에서 거꾸로 막대한 부를 챙겼다.

미국은 그 선두에 서서 수십억 달러를 월스트리트에 나누어주었다. 2008년부터 2012년까지 1,000여 개 은행, 보험회사 같은 금융기관들을 긴급구제하기 위해 4조 6,000억 달러가 들었는데, 그 자금을 마련하기 위해 미국 재무부와 연방준비제도이사회 같은 정부기관들이 총 16조 9,000달러를 보증했다. 유럽이 그 뒤를 따랐다. 2012~2013년 유럽중앙은행ECB은 유로존 은행들의 자금위기를 해소하기 위해 1조 유로를 투입했다. 영국 정부가 파산위기에 처한 은행들을 돕기 위해 현금으로 1,330억 파운드, 보증과 배상으로 1조 파운드를 지원하면서 긴급구제는 절정에 이르렀다.

2016년 민주당 대선 후보 지명 선거전에 뛰어들었던 버몬트 주 상원의원 버니 샌더스는 납세자들의 세금으로 긴급구제 자금을 받은 수익성 높은 기업들 가운데 세금을 안 내기 위해 조세피난처에 자회사를 운영하고 심지어 세금환급까지 받은 기업 스무 곳을 열거했다. 뱅크오브아메리카Bank of America는 2010년 발생 수익이 44억 달러였는데, 환급받은 세금은 19억 달러에 이르렀다. 이 은행은 금융위기 기간에 450억 달러의 긴급구제 자금을 받고 무이자 대출로 1조 3,000억 달러를 지원받았다. 동시에 여러 조세피난처에 371개 자회사를 운영 중이었는데, 그중에 204개가 케이맨 제도Cayman Islands(법인세 면세 지역)에 있었다. 그 덕분에 뱅크오브아메리카는 연방소득세를 26억 달러 절감할 수 있었다. 골드만삭스는 현금과 저금리 대출로 8,240억 달러의 긴급구제 자금을 지원받았다. 2008년에 골드만삭스는 23억 달러의 수익을 올렸지만, 연방소득세를 전혀 내지 않았고 오히려 2억 7,800만 달러의 세금환급을 받았다. 해외의 조세피난처를 활용하지 않았다면 연방 세금을 27억 달러 내야 했을 것이다.

영국에서는 신노동당 정권이 로열뱅크오브스코틀랜드Royal Bank of Scotland를 구제한다는 명목으로 450억 파운드의 세금을 투입해서 은행 지분의 79퍼센트를 사들였다. 2015년 로스차일드그룹Rothschild & Co.의 자문을 받은 보수당 정부는 그 지분의 5퍼센트를 시티오브런던의 특정 투자자와 헤지펀드 관리자들에게 팔기 시작했다. 그것으로 일반 국민들이 입은 손해는 11억 파운드에 이르렀다. 정부는 비록 주가가 긴급구제 때 가격보다 훨씬 아래로 떨어질 것으로 예상되지만 2020년 선거 전에 나머지 지분도 모두 매각할 것이라고 발표했다. 이것은 정부가 공익을 위해 운영되기보다는 정부와 친분이 돈독한 금융계 인사들에게 불로소득을 안겨주는 또 다른 명백한 사례다.

영국 정부는 또한 긴급구제 때 매입한 로이즈뱅킹그룹Lloyds Banking Group의 지분 가운데 43퍼센트를 흑자로 전환한 뒤 매각하기 시작했다.

2016년 소매 (소액) 투자자들에게 시장 가격보다 5퍼센트 할인된 가격으로 20억 파운드 규모의 매각 계획을 세운 것을 제외하고, 나머지 지분은 신중하게 엄선된 민간 투자자들에게 매각되었는데, 그 덕분에 공적 기금으로 조성된 긴급구제로 발생한 이득을 그들이 챙길 수 있었다.

2015년 영국 정부는 또한 2007년에 파산한 노던록Nothern Rock이 이전에 발행한 주택담보대출과 은행채를 일괄로 미국의 사모펀드그룹 서베러스Cerberus에 130억 파운드를 받고 매각했다. 서베러스는 곧바로 또 다른 은행에 채권의 4분의 1을 다시 팔았다. 한때 불량채권이었던 비우량주택담보대출은 주로 부동산 가격의 상승에 힘입어 금리가 거의 5퍼센트에 오르며 수익성이 높아졌다. 정부는 신자유주의의 정언명령인 민영화와 감세를 보충할 재원을 마련하기 위해 금융 엘리트들에게 유리한 조건으로 공공자산들을 그렇게 매각했다.

그리스·아일랜드·이탈리아·네덜란드·포르투갈·스페인 같은 나라들도 매우 비슷한 방식의 조치를 취했다. 파산위기에 처한 은행들에 공적 자금을 투입해 자본구성을 재편하거나 국유화한 뒤, 흑자로 전환하자마자 민간 부문에 매각했다. 아일랜드의 은행들은 무려 GDP의 5분의 2에 해당하는 640억 유로의 긴급구제 자금이 필요했다. 포르투갈의 은행들은 2011년에 유럽연합과 IMF의 동의를 받아 긴급구제 자금의 일부로 70억 유로가 넘는 국고 보조를 받았다. 포르투갈 정부는 국내 최대 은행 가운데 하나로 파산한 방코 에스피리토 산토Banco Espírito Santo로부터 '굿뱅크good bank'[우량자산만 운영하는 은행]를 분리해내기 위해 또 다른 긴급구제 금융 49억 유로를 투입했다. 포르투갈 정부는 '굿뱅크'는 매각하되, '배드뱅크bad bank'[부실채권 전담 은행]의 자산은 국유화한다는 계획이었다.

파산한 은행들을 긴급구제하면서 금융자본이 챙긴 불로소득은 수십억 달러에 이르렀다. 은행들은 비록 긴급구제 금융으로 지원받은 돈의 대부분을 상환했다고 주장하지만, 파산에 직면했던 은행들이 망하지 않고 금융 불로소득자들이 개인 소득을 회복할 수 있었던 것은 모두 값싼 구제금융 덕분이었다.

공적 자금을 지원받은 많은 기관이 그 뒤에 비위 행위가 드러나 수십억 달러의 벌금을 냈다는 사실은 역설이 아닐 수 없다. 2015년 중반, 미국 최대 은행 다섯 곳과 유럽 최대 은행 스무 곳이 벌금과 소송비용으로 지불한 돈이 2,600억 달러 이상이며, 외환시장과 금리조작, 자금세탁, 주택담보대출과 지급보증보험 상품의 불완전 판매 같은 범죄 행위로 장차 지불할 돈이 650억 달러나 남아 있었다.

이러한 범죄 행위는 형사 소추와 징역형을 면치 못할 행태였다. 그러나 유럽에서 오직 소수의 사람(미국의 경우 수십 명)만이 감옥에 있고 나머지는 징역형이 아닌 징벌을 받았다. 최고경영자가 기소된 경우는 없었다. 스코틀랜드왕립은행Royal Bank of Scotland의 전임 총재인 프레드 굿윈Fred Goodwin은 기사 작위를 빼앗기지 않았다. 로이드은행이 소유한 HBOS 금융보험사는 벌금형을 받고 금융서비스가 금지되었다. 로이드의 고위 간부들은 보너스 일부를 받지 못했을 뿐, 어떤 형사 처벌도 받지 않았다. 반면에 아이슬란드는 2008년 경제붕괴의 책임을 물어 스물여섯 명의 금융업자들을 감옥으로 보냈다.

금융기관들은 자신들을 보호하는 대가로 값비싼 합의금을 치르는 데 동의했다. 미국의 은행들은 심지어 대부분의 벌금을 세금공제가 가능한 경비로 처리함으로써 150억 달러를 절감할 수 있었다.[25] 뱅크오브아메리카는 법무부와 166억 달러의 벌금을 내는 것으로 합의를 보면서 그중 120억 달러의 세금을 공제받았다. 또한 JP모건체이스는 130억 달러 가운데 70억 달러의 세금을 공제받았다.

양적 완화와 저리 자금

"은행들이 가장 큰 수혜자였다. 그들은 자기자본보다 차입금이 20~30배 더 많았다. 자산운용사와 헤지펀드들 또한 수혜집단이었다. 부동산 소유자들은 지나치게 많은 이익을 챙겼다. 실제로 자산을 보유한 사람들은 모두 전보다 훨씬 더 큰 부자가 되었다. 금융시장에서 일하는 우리는 모두 양적 완화 조치로 큰 덕을 보았다."

— 런던의 헤지펀드 마셜 웨이스Marshall Wace 회장, 폴 마셜Paul Marshall

양적 완화라는 거칠고 세련되지 않은 용어가 인기 있는 어휘가 된 것은 2008년 금융붕괴 이후였다. 그 조치는 기업과 개인들에게 돈을 빌려주는 은행 같은 금융기관들을 위한 자금을 조성하는 것과 관련이 있다. 중앙은행은 이를 위해 국채와 금융 부문의 여러 채권을 매입하고 금융투자사에 저리 자금을 제공한다.

모든 주요 중앙은행(미국 연방준비제도이사회·뱅크오브잉글랜드·유럽중앙은행·일본은행)은 양적 완화와 '저리 자금' 정책을 실시했다. 그들의 목표는 주로 금리를 낮춤으로써 디플레이션(물가 하락)을 피하고 경제활동을 자극하는 것이었다. 이론적으로 이것은 대출비용을 낮출 뿐 아니라 통화 가치를 떨어뜨려 수출을 부양하고 금융을 비롯한 자산가치를 떠받치고 부를 늘려 소비를 촉진하는 연쇄반응을 일으킨다.

이를 위해 미국 정부는 양적 완화에 4조 5,000억 달러, 영국은 3,750억 파운드를 투입했다. 두 나라는 현재 양적 완화를 통해 축적한 자산주를 보유하고 있다. 일본은 2016년까지 6,500억 달러에서 7,000억 달러의 양적 완화 조치를 지속했다. 유럽중앙은행은 처음에 2017년 3월까지 2년 넘게 한 달에 600억 유로씩(2016년 3월 한 달은 800억 유로까지) 총 1조 4,000억 유로를 투입할 계획이었다. 그러나 경제활동은 여전히 부진을 면치 못하고 있으며 디플레이션 위험은 그대로 남아 있는 상태다.

'통화확대정책Ultra-loose monetary policy'은 금융산업이 스스로 자산을 취득할 수 있게 보조금을 대거나 다른 업체들이 그렇게 할 수 있도록 돈을 빌려줌으로써 자산 가격을 끌어올리게 했다.[26] IMF의 추산에 따르면, 2012년에 은행에 저리 자금으로 공급된 보조금이 미국의 경우 700억 달러, 영국과 일본이 1,100억 달러, 유럽연합이 3,000억 달러에 이르렀다. 그 금액을 모두 합하면 스웨덴의 국민총생산보다 더 크고 1,000개 대형 은행의 순익보다 더 많았다.

모든 방향으로 자본이 흐르고 불로소득의 충분한 기회가 있는 개방경제체제에서 화폐 공급은 가장 높은 이윤을 올릴 수 있는 곳을 향하기 마련이다. 따라서 돈은 더 높은 대가나 자본이익을 제공할 가능성이 있는 부동산 같은 자산으로 흘러들어갔다. 이것은 물가상승을 부추기고 불안정한 자산 거품 현상을 야기했다. 지금까지 화폐 발행은 은행가, 그림자금융 같은 금융업체들에 훌륭한 불로소득의 원천이었다.

중앙은행이 채권을 사들이면 채권 가격이 오른다. 채권 이자가 정액일 때 물가가 상승하면 이자율이나 이자수익률은 감소한다. 그때 투자자들은 더 높은 수익을 약속하는 위험자산을 찾기 마련이며, 동시에 그런 위험자산의 가격을 빠르게 끌어올린다. 따라서 양적 완화는 자산가치를 전반적으로 상승시키며 자산효과wealth effect[자산가치가 상승하면서 소비도 증가하는 현상으로 '부의 효과'라고도 한다]를 낳는다. 자산가치가 더 높아지면 사람들은 더 부자가 된 것처럼 느껴서 생산활동에 더 많이 소비하거나 투자하게 될 거라고 생각한다. 그러나 자산가치의 상승은 금융자산과 부동산에 대한 투기성 투자를 더욱 확대시켜 또 다른 경제붕괴를 위한 분위기를 조성했을 뿐이다.

2000년 이후로 산업국 전반에 걸쳐 은행들은 주택담보대출이 기업대출보다 위험이 절반에 불과하다는 국제 은행규칙에 따라 기업 운영보다는 주거용 부동산을 사는 데 더 많은 돈을 빌려주었다. 양적 완화는 주택담보대출 이자율을 낮춤으로써 주택 가격의 '거품'을 부풀리고 집을 사려는 사람들이 더 많은 담보대출을 받도록 조장함으로써 주택 가격을 상승시키는 데 크게 기여했다. 2010년과 2015년 사이에 평균 주택 가격은 영국이 15퍼센트, 노르웨이가 30퍼센트 이상, 독일이 25퍼센트 가까이 상승했다.

이자율이 낮아지면 빚을 내는 사람은 유리하고 저축을 하는 사람은 손해다. 그러나 실제로 대출비용이 낮아지고 자산가치가 높아지면 이득을 보는 사람은 중상위 소득집단이다. 보유자산이 거의 없고 단기 고리 대출을 받는 프레카리아트는 그런 이득을 보지 못한다. 투자이익률이 낮아지면 또한 연금기금과 은퇴저축이 큰 타격을 받는다. 대개 이럴 경우

자산효과로 유발된 소비욕구는 상쇄되기 마련이다. 사람들은 오히려 장래 수입을 담보하기 위해 더 많이 저축하고 이익률이 높은 위험자산에 투자하려고 애썼다.

한편, 양적 완화는 기업의 대출비용을 낮추었다. 이것은 미국의 비금융기업들에서 2007년부터 2012년까지 늘어난 이익의 20퍼센트에 해당했다. 그러나 그 이익 가운데 생산활동에 투자된 것은 거의 없었다. 그 이익은 모두 배당금, 주식환매, 기업인수에 쓰였다.

통화확대정책은 자산 가격을 폭등시킴으로써 빈부, 청년과 노년, 지역 간 불평등을 악화시킨다.[27] 더 나아가 중앙은행들은 채권과 주식 가격을 높게 유지시킴으로써 지배 계급을 더욱 부유하게 만들고 있다. 뱅크오브잉글랜드는 최상위 가구 5퍼센트가 양적 완화로 늘어난 자산의 40퍼센트를 차지하는 반면에, 부자들이 사들이는 것들(최상급 부동산과 그림, 고급 와인, 클래식 자동차)의 가격은 급등했다.

스위스연방은행UBS과 프라이스워터하우스쿠퍼스PwC가 『2015년 억만장자 보고서Billionaires Report』에서 언급한 것처럼, "최근 20년 동안 억만장자의 부 창출은 금융시장과 밀접한 상관관계가 있었다." 부호들은 가치 있는 어떤 것의 생산을 통해서가 아니라 불로소득을 뽑아내는 것에서 부를 얻었다.

양적 완화는 또한 금리를 낮춤으로써 수출을 촉진하기 위해 통화가치를 떨어뜨리려고 했다. 미국, 일본, 영국과 유럽연합은 일시적으로 평가절하를 꾀하는 데 성공했지만, 다른 나라들이 그것을 따라하면서 지속할 수 없었다. 어쨌든 평가절하는 이제 무역에 효과가 없는 것처럼 보인다. 대기업들이 이에 반응해 가격 인하를 하지 않기 때문이다.[28] 그러나 평가절하는 이익을 불린다. 외화 수입이 국내 통화 면에서 더 가치가 있기 때문이다. 따라서 평가절하는 자본가에게 더 많은 불로소득을 제공한다.

중앙은행은 양적 완화 말고도 주식시장을 부양하고 금리를 낮게 유지하는 조치를 취할 거라는 확신을 시장에 보여줌으로써 투자자들이 채권과 주식에 투기하도록 보조금을 제공했다. 이것은 투기의 위험성을 축소시킴으로써 자본가치와 자산 가격을 상승시킨다. 가장 널리 알려진 사례가 바로 '그린스펀 풋Greenspan put'이다. 미국 연방준비제도이사회 의장이었던 앨런 그린스펀은 연방준비이사회가 주식시장의 궤멸을 막기 위해 금리를 인하해야 한다는 것을 사람들에게 주지시켰다. 연속적인 금리 인하는 1990년대를 거쳐 2000년대 초까지 미국 주식시장을 적절하게 떠받쳐주었다. 일부 경제학자들은 2015년 중국이 주식 구매 기금을 위해 자금을 투입한 것처럼, '합리적인' 주가수익비율price-to-earnings ratio(PER)을 뒷받침하기 위해 중앙은행이 공개시장에서 주식을 사야 한다고 주장하기까지 했다.

중앙은행의 시장 개입에 대한 확신은 주식을 소유한 부자들에게 퇴행적인 보조금을 지급하는 것이나 마찬가지다. 거기에는 주식시장을 받쳐주기 위한 거시경제 차원의 타당성은 전혀 없다. 조사에 따르면, 주식시장의 하락이 장기적으로 경제에 끼치는 역효과는 없다. 그것은 부자들에게만 영향을 끼치기 때문이다. 중앙은행의 개입은 또한 투자자들에게 안심하고 위험을 감수해도 된다는 언질을 주는 것이나 마찬가지이기 때문에 도덕적 해이를 낳는다. 따라서 그것은 생산활동이 아닌 돈이 돈을 버는 불로소득에 열중하는 투기 행태를 부추긴다. 이는 독립적인 중앙은행들이 현재의 문제를 뒤로 미룬 퇴행적 정책들 가운데 하나다.

통화정책의 목표는 중앙은행이 민주적 책임성으로부터 더욱 멀어지면서 재조정되었다. 앞서 말한 것처럼, 중앙은행의 독립이 필요한 이유에 대한 최초의 주장은 정부가 고용과 임금을 부양하기 위해 통화정책을 활용하는 경향이 있어 근본적으로 인플레이션[통화팽창, 물가상승을 의미]을 유발할 우려가 있다는 것이었다. 밀턴 프리드먼Milton Friedman과 밀접한 관련이 있는 통화주의monetarism는 통화정책(화폐 공급과 금리 감독)이 고용과 임금에 영향을 주는 미시경제정책에 머물지 말고 인플레이션을 통제하기 위한 시책이어야 한다고 주장한다.

따라서 독립적인 중앙은행은 인플레이션을 제어하는 데 가장 중점을 두어야 할 의무가 있었다. 인플레이션이 낮은 수준을 유지하는, 심지어 마이너스 상태인 불경기 때, 중앙은행은 일자리 창출과 경제성장에 더욱 중점을 두는 경제정책 입안으로 옮겨갔다. 그러나 그들이 무엇보다 중시한 것은 채권과 주식 가격을 유지함으로써 금융업자들의 수입을 안전하게 보장하는 일이었다. 이것은 '시장이 작동하게 만드는 일'이 아니다. 그것은 특권층에게만 유리하게 시장을 조작하는 짓이다. 경제적 측면에서 그것은 정당화하기 어렵다. 윤리적 측면에서는 더군다나 정당화할 수 없다. 중앙은행에 대해 다시 민주적 통제를 가하는 것만이 유일한 해법이다.

오늘날 골드만삭스를 비롯한 대규모 투자은행들은 각국의 중앙은행들과 협력관계에 있다. 수억 달러의 수입을 올리는 골드만삭스의 돈벌이 '서비스'의 하나가 정부의 국채 관련 자문 업무였다. 2001년 골드만삭스는 그리스 정부를 위해 28억 유로의 비밀대출을 주선했다. 그것은 국채의 규모를 작게 보이려고 장부에 기장되지 않는 '통화스와프crosscurrency swap'로 위장하는 방식이었다.[29] 이후 시장의 움직임은 골드만삭스의 대출 구성 방식 때문에 그 부채 규모를 거의 2배로 키웠다. 그리스는 더 많은 대출을 받는 대가로 골드만삭스에 서비스 수수료로 6억 유로를 지불해야 했다. 이것은 월스트리트 기업들이 중개수익을 챙기는 방식 가운데 하나에 불과하다.

월스트리트 기업들의 수뇌부는 또한 민간 부문과 고위 정부관리, 국제 금융기관의 전략적 지위 사이를 옮겨 다니며 돈을 번다. 마리오 드라기 Mario Draghi는 그리스에 비밀 대출을 주선했을 때 골드만삭스의 국제부 문장이었다. 당시 그는 유럽중앙은행 총재로서 그리스 정부에 연금을 삭감하고 공공 부문 고용을 감축하도록 압력을 넣고, 금융 시스템이 망가지지 않게 자금을 대면서 연속적인 긴급구제를 위한 조건으로 공적 자산을 민영화할 것을 강요한 '세 기관'(유럽중앙은행·유럽연합집행위원회·IMF)에서 맡은 바 소임을 다했다. 당시 유럽중앙은행은 민주국가인 그리스의 국내 정책들에 개입해 양적 완화 프로그램에서 그리스 국채 매입을 배제함으로써 고통을 배가시켰다.

2008년부터 그리스가 양적 완화에 기대게 된 것은 금융업자들의 헤게모니가 반영된 결과다. 그들은 지금 봉사하고 있다고 주장하지만, 사실은 '하는 일 없이 공돈'을 챙기고 있다. 이런 이전소득은 생산활동의 결과가 아니다. 그것은 그야말로 불로소득이다.

국가보조금 지원을 받는 부동산임대업

"영국에 부정한 돈이 머물 곳은 없다."

— 데이비드 캐머런, 2015년 7월 28일,

런던의 외국인 부동산 소유주들에 대해 언급하며

영국 국가범죄수사국National Crime Agency에 따르면, 런던 부동산 매수는 해외 범죄자들이 자기네 나라 세무 당국의 눈을 피하기 위해 익명의 해외 기업을 이용해서 수십억 파운드의 자금을 세탁하는 하나의 방법이 되었다.[30] 영국 정부는 정권교체와 상관없이 부유한 이민자들을 끌어들이기 위해 외국인들이 런던을 비롯한 영국 각지의 부동산을 살 수 있게 허용했다. 자금 출처에 대해서는 거의 묻지 않았다. 캐머런 자신은 1억 4,700만 파운드 상당의 런던 부동산을 보유한 전직 카자흐스탄 비밀경찰 총수의 사례를 인용했다. 그는 살해되었다.

일부 상류층이 사는 지역의 주택과 아파트는 대개 외국인 소유이며 대부분의 시간에 비어 있는 실정이다. 영국의 컨설팅기업인 웰스인사이트WealthInsight에 따르면, 런던은 제2의 고향으로 가장 인기 있는 도시다. 뉴욕·로스앤젤레스·모나코가 그 뒤를 잇는다. 런던 중심부의 주택을 사거나 임차하는 사람 중 3분의 1이 외국인이다.

오늘날 다른 구매자들이 런던의 주택 공급 사슬에 진입하면서 주택시장 상공을 떠돌던 인플레이션의 파문이 점점 커지고 있다. 이에 따라 주택 가격과 집세가 점차 상승하면서 대다수 봉급생활자들은 주거비 마련에 큰 고통을 겪을 수밖에 없다. 2010년과 2015년 사이에 런던 주택 가격은 50퍼센트 정도 급등했다. 런던에서 주택 공급 위기가 가장 극심한 사이에 영국의 나머지 지역에서도 주택 가격이 급격하게 치솟았다.

자기 집을 소유한 사람이 더 많았던 이전의 추세는 오늘날 급격하게 역전되었다. 이제는 좁은 집에 지나치게 많은 사람이 살거나 주거공간으로 부적절한 곳에 사는 사람들이 더 많아졌다. 자기 집을 구할 돈이 없어 부모와 함께 사는 청년들도 많다. 또한 집 없이 길거리를 떠도는 사람들도 늘어나고 있는 추세인데, 심지어 자식들과 함께 한 가족이 모두 노숙자인 경우도 있다.

영국을 비롯한 여러 나라에서 저금리와 세금우대조치는 많은 사람이 자기 집을 소유할 수 없을 정도로 부동산 가격을 급등시켰다. 그와 함께 임대료 규제 또한 폐지되거나 약화되면서 갈수록 더 값비싼 고급 민간임대주택 시장을 탄생시켰다. 지주제는 이제 글로벌 불로소득 자본주의의 한 특징이 되었다. 그것은 우연히 또는 자유시장에 의해 부활된 것이 아니다.

오늘날 영국의 주택 공급 위기는 1980년대 대처 수상이 공공임대주택 세입자들에게 파격적인 할인가로 그들의 집을 '구매할 수 있는 권리'를 준 것에 그 뿌리가 있다. 그것은 그동안 정부가 비축해놓은 공공임대주택을 대거 날려버린 보조금 제도였다. 약 200만 명의 세입자들이 그 제도의 혜택을 받았다. 또한 금융자유화 조치는 주택담보대출을 쉽게 받을 수 있게 만들었다. 주택을 소유한 사람의 비율은 2003년에 정점에 이르렀다. 잉글랜드에 있는 주택의 71퍼센트가 개인이 자기 돈을 다 지불하거나 주택담보대출을 받아 소유한 주택이었다. 이후 자기 돈으로 구입한 주택 비율은 계속 늘어난 반면에, 주택담보대출을 받아 구입한 주택 비율은 급락했다.

임대주택 부문에서도 비슷한 현상이 발생했다. 공공임대주택의 비율은 연립정부가 세입자들에게 할인가로 '매입권'을 준 임대주택을 늘리면서 계속해서 감소했다. 민간주택 세입자 가구 수가 2000년에서 2015년 사이에 2배 이상 증가해서 전체 가구의 5분의 1에 해당하는 540만 가구에 이르렀다. 다국적 회계컨설팅 기업인 프라이스워터하우스쿠퍼스에 따르면, 2025년에는 영국 전체 가구의 4분의 1이 민간임대주택일 것이다.[31] 스무 살에서 서른아홉 살까지 이른바 '임대주택 세대Generation Rent' 대다수가 민간임대주택에서 살게 될 것이다.

임대주택사업자의 수 또한 금융붕괴 직전 150만 명에서 200만 명 이상으로 늘어났다. 그들이 보유하고 있는 부동산은 500만 채다. 그중에는 정부의 '매입권' 정책 아래서 팔린 공공임대주택도 포함되어 있는데, 전체 공공임대주택의 3분의 1에 해당하는 규모다. 뱅크오브잉글랜드의 자료에 따르면, 전체 임대주택사업자의 80퍼센트가 한 채만 보유하고 있는 반면에, 나머지 42만 명은 평균 여덟 채를 보유하고 있다. 그중에는 수백 채를 보유한 사람들도 있다.

가뜩이나 일부러 희소성을 키우는 주택시장에서 집을 사거나 세를 내려고 하는 사람들이 적정 가격으로 구할 수 있는 주택 공급의 위축은 임대료 수입과 장래 자본이득을 상승시켰다. 주택담보대부업체 켄트 릴라이언스Kent Reliance에 따르면, 2014~2015년에 임대주택사업자들은 임대료와 자본이득으로 1,120억 파운드[약 164조 7,643억 원]를 벌었다. 집 한 채당 연간 12.5퍼센트의 수익을 올린 셈이다. 영국 주택의 평균 총수익은 2만 4,221파운드[약 3,550만 원]였다. 런던 주택은 5만 9,455파운드

[약 8,720만 원]였다. 임대주택사업자들이 매달 임대료로 챙긴 돈은 40억 파운드[약 5조 8,686억 원]였다.

민간임대주택의 가치는 1조 파운드를 넘었다. 리글스워스 컨설턴시 Wriglesworth Consultancy의 추산에 따르면, 임대주택 소유주들은 1996년 이래로 1,400퍼센트의 수익을 올렸다. 주식이나 채권, 현찰로 얻은 수익을 훨씬 초과했다. 외국 기업들을 포함해서 기관투자자들이 임대주택 시장에 모여들어 1년에 20억 파운드의 거금까지 거머쥔다는 사실은 놀라운 일이 아니다.

이런 수지맞는 장사는 보조금 지급으로 불이 붙었다. 대출기관들은 임대주택사업자들을 소기업처럼 대했다. 임대주택사업자들이 대출을 받을 경우 50퍼센트의 보증금을 요구하고 자가 거주자들보다 이자율을 높게 매겼다. 그러나 1996년 대출기관들은 대출조건을 완화시킨 '임대주택담보대출buy-to-let mortgage'을 출시했다. 대출기관들은 당시 자가 거주자들처럼 주택담보대출 이자에 대한 세금감면을 받았다.

2000년 고든 브라운은 임대주택사업자가 아닌 자가 거주자를 위한 주택담보대출 이자 세금경감 제도를 폐지했다. 그는 그 제도를 '중산층에 대한 특전'이라고 적절하게 표현했다. 이 조치로 임대주택사업자에게 유리한 조건이 만들어졌고 부동산 가격이 상승하는 계기가 마련되었다. 2005년과 2015년 사이에 임대주택담보대출은 2배로 커지면서 전체 담보대출의 15퍼센트까지 늘어났다. 그와 함께 주택을 임대해 소득을 보충하는 '아마추어 임대주택사업자'도 증가했다.

임대주택사업자들은 또한 다른 사업들과 마찬가지로 보험료, 유지수선비, 공공요금, 청소와 원예 비용, 변호사 비용 같은 주택 소유자들이 내야 하는 모든 경비에 대해 폭넓게 세금공제를 주장할 수 있다. 2012/13 회계연도에 임대주택사업자들에 대한 세금우대는 140억 파운드를 기록했다. 주택담보대출 이자 세금경감액만 63억 파운드에 이르렀다.[32] 1997년부터 시행되었지만 사람들에게 잘 알려지지 않은 빈 방에 하숙을 치는 사람들에 대한 세금감면도 있다. 그들은 2016년부터 임대료 비과세로 1년에 최대 7,500파운드까지 공제받을 수 있다.

임대주택사업자들은 또한 저소득 세입자에게 지불되는 주택수당으로 돈을 벌 수 있다. 이것은 불평등을 심화시켰는데, 임대료 상승 속도가 임금이나 수당이 오르는 속도보다 빨랐기 때문이다. 2013/14년도에 정부는 임대료 보조금으로 240억 파운드를 지급했는데, 10년 전보다 2배 오른 금액이었다. 그중 3분의 1 이상이 민간임대주택 소유주에게 갔다. 그러나 민간임대주택에 세 들어 사는 사람들은 최악의 주거공간에 살면서 최고로 높은 주거비를 내고 있다. 그들의 총수입 가운데 평균 40퍼센트를 집세로 지불하고 있다.

시티즌 어드바이스Citizens Advice의 최고경영자 질리언 가이Gillian Guy가 지적한 것처럼, "부정한 임대주택사업자들이 법적 기준을 충족하지 못하는 집을 빌려주고 1년에 버는 돈이 56억 파운드 정도입니다. 그 가운데 13억 파운드가 주택수당 형태로 국가가 지불하는 돈입니다. 세입자들은 매우 눅눅하고 쥐가 들끓고 심지어 폭발 위험까지 있는 집인데도 치솟는 집세를 지불해야 합니다."

그동안 일부 조금 개선된 부분이 있었다. 2015년 정부는 임대주택사업자에 대한 세금우대조치 폐기를 발표했다. 따라서 그들은 이후 임대용 주택을 구입할 때 더 많은 인지세를 내게 되었다. 2017년부터 임대주택

사업자들은 이제 그들의 임대료 수입에서 주택담보대출 이자를 공제받지 못하게 됨으로써 세무 당국에 신고하는 이익을 줄일 수 없게 되었다. 그리고 고액 납세자도 이제 더는 40~45퍼센트의 세금경감 혜택을 받지 못하고 기본요율 20퍼센트만 공제받을 수 있을 뿐이다.

주택담보대출 이자가 그들 수입의 큰 부분을 차지하는 임대주택사업자는 자신들의 이익을 지키기 위해 싸우지 않을 수 없게 되었다. 일부는 임대료를 올리거나 그 규칙을 우회하기 위해 회사를 세우기도 한다. 또 일부는 부동산을 저가로 처분하기도 하지만 많지는 않았다. 여전히 수요가 공급보다 많기 때문이다. 주택담보대출 없이 부동산을 살 수 있는 부자들은 그것의 영향을 전혀 받지 않는다.

이 모든 것은 소 잃고 외양간 고치는 격이다. 영국의 최대 임대주택사업자인 퍼거스 앤 주디스 윌슨Fergus and Judith Wilson은 2015년 12월에 그들의 부동산제국 전체(약 900채)를 한 아랍계 투자 컨소시엄에 2억 5,000만 파운드에 매각할 것이라고 발표했다. 이 주택들은 민간임대 부문에 남아 있을 것이다. 영국 하원의원의 5분의 1, 그리고 보수당 하원의원의 4분의 1이 임대주택사업자인데, 일부는 많은 부동산을 소유하고 있다. 그들은 자가 거주자들은 받지 못하는 국가보조금을 계속해서 받을 것이다. 영국의 하원의원 가운데 가장 부자로 알려진 리처드 베니언 Richard Benyon은 유산으로 물려받은 대저택에 살면서 토지와 부동산 거대기업을 소유하고 있다. 그의 회사는 유럽연합의 공동농업정책이 주는 보조금을 받는 것 말고도 한 군데 지방의회에서만 주택수당으로 1년에 62만 5,000파운드를 받았다.

부동산임대업의 성장과 그에 따른 임대료 수입의 증가는 집을 소유한 부자들을 제외한 모든 사람의 경제력이 움츠러든 맥락에서 이해되어야 한다. 주택 가격은 임금보다 훨씬 더 빠르게 상승했다. 2015년 평균 주택 가격은 평균연봉보다 5배 이상 높았는데, 이는 1980년대의 3배를 훨씬 뛰어넘는 수준이었다.

그러나 정부의 대응은 그 상황을 악화시키는 보조금을 더 많이 지급하는 것이었다. 보조금은 주택 구매 수요를 더 부추겼고, 따라서 주택 가격은 급등했다. 반면에 일반인들이 구입할 수 있는 부동산의 공급은 점점 줄어들고 있다. 주택조합의 '매입권'을 확대하고 지방의회가 보유한 가장 값진 부동산을 팔도록 압박함으로써 그런 상황은 점점 악화되고 있다. 주택보조금은 자금이 풍부한 부자들이 주택 사다리를 타고 오를 수 있도록 도우며 불평등을 심화시킨다.

연립정부가 처음 도입하고 2015년에 확대된 '주택 구입 지원help-to-buy' 제도는 대처가 공공임대주택 '매입권' 제도를 도입한 이래 최대의 내 집 마련 프로그램으로 알려졌다. 2020년까지 운영되는 총 220만 파운드 규모의 그 계획은 무이자 대출, 최대 25만 파운드(런던은 45만 파운드)짜리 신축 자가 주택을 사기 위한 보증금이 적립되는 보조금 통장, 그리고 최대 60만 파운드까지 집을 구입하는 주택담보대출 보증으로 구성되어 있다. 이것은 어떤 소득 상한선 없이 누구든 이용할 수 있어 역진세 효과를 준다. 보조금 없이도 집을 살 수 있는, 스스로 돈을 모으거나 부모나 조부모로부터 물려받은 돈이 있는 사람들도 혜택을 받을 수 있기 때문이다.

영국의 주택 공급에서 주된 문제는 적당한 돈으로 구입할 수 있는 주택이 부족하다는 것이다. 1970년대 주택 공급에 투입된 공적 자금의 5분의 4가 대개 임대를 위한 신축 주택 건설에 투입되었다. 대처 시절의 공공임대주택 매각은 그동안 정부가 비축해놓은 공공지원주택의 재고 물량을 고갈시켰다. 그러나 신노동당 정부는 전임 정권들보다 공공주택을 훨씬 더 적게 지음으로써 그 부족 상황을 더욱 악화시켰다. 2000년 무렵 대부분의 주택 보조금은 공급보다 수요를 지원하는 쪽으로 흘러갔다. 오늘날 주택 임차와 소유를 지원하기 위한 보조금은 주택 건설을 위한 보조금보다 20배 더 많은 실정이다.

더 나아가 주택 건설을 지원하는 보조금은 공공주택이나 적정 가격의 주택보다는 주로 부동산 개발업자를 지원하는 데 쓰이고 있다. 정부는 '적당한 시장 가격의 임대료'로 빌려주는 민간임대주택 건설에 국가보조금을 지급하는 신노동당의 주택정책을 확대시켜 '임대주택 건설build-to-rent', 주로 임대아파트를 짓기 위한 정부지원 대출기금을 마련했다. 하지만 일반인이 적정 가격으로 살 수 있는 주택 비율을 정한 대출기금의 요구조건은 지금까지 계속 약화되었다.

2015년 정부는 시가보다 20퍼센트 싸게 팔 '생애 처음으로 장만하는 집starter home' 20만 채를 짓기 위해 부동산 개발업체에 23억 파운드의 보조금을 지급할 것이라고 발표했다. 하지만 운 좋게 당첨된 부자들, 즉 주택담보대출을 감당할 수 있는 예금이나 소득이 있는 사람들은 이 주택들을 다시 시장 가격으로 팔아버렸다. 정부가 장려하는 시책으로 주택의 일부만 구매하고 나머지는 임차료를 내다가 나중에 주택 전체를 살 수 있는 '공동소유권shared ownership' 제도도 있다. 하지만 이 가운데 저소득집단을 지원하는 제도는 아무것도 없다.

주택자산은 영국을 비롯한 많은 나라에서 불평등 격차를 늘리는 핵심 요소였다. 한 연구 결과에 따르면, 『21세기 자본』에서 피케티가 확인했듯이 자본으로 가는 소득 부분이 점점 늘어나는 것은 주택 소유주들이 챙기는 돈이 늘어난 것에서 원인을 찾을 수 있다.[33] 7개 부자 나라에서 주택으로 얻는 자본소득은 1950년에 전체 자본소득의 3퍼센트에 불과했지만, 오늘날에는 10퍼센트에 이른다. 이 결과는 다소 과장된 측면이 있을 수 있다. 임대 수입이 다른 부문에서도 늘어나고 있었기 때문이다. 하지만 주택 공급에 기초한 불평등이 정부보조금으로 촉발되었다는 것은 명확한 사실이다. 그것은 도덕적으로나 경제적으로 모두 정당성이 결여된 정책이다.

불로소득 자본주의의 네 번째 거짓말

불로소득 자본주의의 네 번째 거짓말은 관리의 효율성과 위험 감수에 대한 대가가 이익에 반영되어 있다는 주장이다. 오히려 이익에서 수입이 차지하는 비율이 점점 늘어나고 있는 것은 앞서 2장에서 검토한 규제 제도의 발전, 즉 역진세 성격의 보조금 증가, 불평등이 총수요의 구조에 끼치는 영향을 반영한 것이다. 그러한 이익의 증가분은 주로 임대 수입을 올리고 있는 사람들, 대개 금융자산이 많은 사람들에게 돌아갔다. 관리의 효율성과 위험을 무릅쓰고 투자한 대가로 늘어난 이익은 전혀 없었다.

세심하게 직조된 보조금의 거미줄은 퇴행적이고 모든 종류의 시장을 왜곡시킨다. 특정한 이익집단들이 다양한 주장을 하고 있지만, 실상 국가보조금이 경제성장과 개발에 활력을 불어넣는다는 증거는 거의 찾아볼 수 없다. 그것에 대한 객관적 평가는 거의 없으며, 보조금의 대부분은 수혜자들의 불로소득으로 돌아갈 뿐이다.

4

THE CORRUPTION OF CAPITALISM
■ ■ ■ ■ ■ ■ ■ ■ ■

부채의 재앙

"돈을 빌리지도 말고 빌려주지도 말아라."

— 폴로니우스Polonius, 『햄릿』

채무자는 오랜 옛날부터 비난과 도덕적 경멸의 대상이 되었다. 독일어와 네덜란드어, 히브리어를 포함해서 일부 언어에서는 부채라는 말의 어원을 따져보면 죄책감과 밀접한 관련이 있다. 그러나 실제로 부채와 신용, 채무자와 채권자라는 개념은 사회적으로 구성된다. 그리고 대개 채무자의 성격을 규정하는 것은 채권자다.

부채와 채무자가 '나쁜' 것이라면 채권자 또한 도덕적 맹비난에서 절대 벗어날 수 없다. 불로소득을 추구하는 대출업자들이 급증하고 부채가 한 시대를 규정하게 된 지금보다 더 그런 때는 없었다.

글로벌 불로소득 자본주의는 부채를 사랑한다. 금융업자와 자산보유자들은 이자와 수수료 수입으로 배를 불릴 수 있기 때문에 돈을 빌려줄 데를 찾느라 안간힘을 쓴다. 그들은 과거의 부채 형태를 극대화할 뿐 아니라 새로운 형태의 부채를 만들어내려고 애쓴다. 그 결과, 공적이건 사적이건 글로벌 부채는 끊임없이 최고치를 경신하며 불평등을 확대해왔다. 심각한 부채로 휘청거리는 신흥 경제국들의 시장에서 새로운 금융위기가 촉발될지도 모를 조짐이 보이기 시작하고 있다.[1]

공공부채(중앙과 지방정부의 부채)와 민간부채(기업과 개별 가계부채)를 나누는 것은 전통적 분류법이다. 2008년 금융붕괴 이후, 엄청난 영향력을 발휘한 한 연구는 GDP의 90퍼센트를 넘는 공공부채가 경제성장을 지연시켰다고 주장했다.[2] 공공지출을 대폭 삭감하는 것을 정당화하기 위해 그 주장을 활용한 각국 정부, 특히 영국은 그것을 통해 정부 부채를 줄일 작정이었다. 그러나 애석하게도 정확히 그 3년 뒤 또 다른 연구는 이전 연구가 틀렸음을 보여주었다.[3] 그리고 인과관계의 방향이 뒤바뀔 수 있었다. 철저히 내핍정책을 따른 유럽 국가들이 발견했듯이, 경제성장의 지연은 세수 감소와 실업수당 같은 복지수당의 증가에 따른 공공부채의 상승으로 이어지는 경향을 보인다.

이후 IMF는 공공부채를 줄이는 것에 집중하는 방식의 타당성에 의문을 제기했다. 공공부채가 경제성장을 지연시켰다는 증거는 없는[4] 반면, 높은 민간부채가 경기침체를 더 가속화하고 경기회복을 지연시키면서 성장을 가로막는 훨씬 더 결정적인 요소인 것처럼 보였다. 그 이유는 민간부채의 증가가 결국 더는 감당할 수 없는 수준에 이르러 채무불이행·압류·파산이 불가피해지고, 민간 지출과 부채 수준을 대폭 감축할 수밖에 없는 상황이 왔기 때문이다. 공공부채의 감축이 민간부채를 심화시킨 결과, 정부는 단기적 이득을 챙길지 모르지만 더 장기적으로는 경제를 취약하게 만들 수 있다. 여러 연구 결과에 따르면, 2008년 금융붕괴를 경기불황으로 전환시킨 것은 다름 아닌 가계부채의 가파른 증가였다.[5] 그것은 근본적으로 금융기관들의 무모함이 촉발시킨 부채위기였다.

가계부채는 세 가지 유형으로 나눌 수 있다. 먼저 '기업가형' 부채 entrepreneurial debt는 수입을 늘리기 위해 돈을 빌리는 것을 말한다. '전략적' 부채strategic debt는 집을 사거나 학비를 대기 위한 것처럼 개인적 투자를 위해 돈을 빌리는 것을 말한다. '부실'부채distress debt는 필수적인 생계를 위해, 또는 금리인상이나 상황 변화로 이전에 유지 가능했던 채무의 증가 때문에 더는 감당할 수 없을 정도로 돈을 빌리는 것을 말한다.

불로소득 자본주의 시대의 주요 화제는 부실부채의 증가와 관련이 있다. 이로 말미암아 불평등이 야기되고 인구 증가 대비 경제불안이 심화되었다. 저소득층은 소득에 비해 매우 높은 부채에 시달리고 최고 수준의 이자율에 직면한다. 금전소득으로 평가된 불평등으로 사회적 소득 불평등을 다 말할 수 없는 것은 바로 이런 이유 때문이다.

특히 프레카리아트는 스스로 감당할 수 없는 채무의 가장자리에 살고 있다. 그들은 단 한 번의 사건이나 질병, 경제적 실수에 휘말리기만 해도 노숙자 신세로 전락하고 구걸이나 알코올·약물 중독과 같은 사회적 질병의 소용돌이 속으로 빨려 들어갈 수 있다. 이탈리아 사회학자 마우리치오 라자라토Maurizio Lazzarato는 '주관적 부채의식indebted subjectivity'(소심한 마음과 사회적 수동성으로 이어지는 무한한 부채감)을 생생하게 묘사했다.[6]

오늘날 이렇게 대규모 채무 사태에 이르게 된 원인 가운데 하나로 역사적으로 독특한 상황을 하나 들 수 있다. 실질임금이 점점 낮아지고 들쑥날쑥 불안한 가운데 사람들은 과거의 생활수준을 유지하려고 애쓰고 있다. 자본주의가 확립된 이래 우리 사회는 세대가 바뀔 때마다 평균 생활수준이 이전보다 더 높아질 거라고 믿었다. 그러나 이제 더는 그런 기대를 할 수 없다.

우리가 인지하는 어떤 욕구란 생활 경험을 통해, 우리의 부모와 또래 세대가 이룬, 즉 해당 세대의 소득과 소비 수준을 정하는 생활수준에 의해 형성되기 마련이다. 사람들은 그렇게 정해진 생활수준을 유지하기 위해 돈을 빌리지만, 그것을 유지하는 것은 점점 더 어려워졌다. 그 이유 중 하나가 그동안 공공서비스와 시설 같은 '사회적 공유지social common'였던 것이 상품으로 전환되었다는 사실이다. 이런 사회적 공유지 가운데 많은 것을 사회적 소득의 일부로서 공짜로 또는 보조금을 통해서가 아니라 돈을 내야 쓸 수 있는 시대가 된 것이다. 5장에서 논의하겠지만, 공유지를 민영화하는 것은 일상적으로 또는 주기적으로 생활 속에서 만나는 욕구들 때문에 생겨난 스스로 감당하기 힘든 채무의 칼날 위에 서 있는 사람들의 취약성(회복 불가능성)을 더욱 가중시킨다.

높은 부채 비율이 점점 늘어나는 현상은 불로소득 자본주의의 무모한 팽창을 보여준다. 맥킨지글로벌연구소에 따르면, 2014년 글로벌 부채 규모는 전 세계 소득의 3배에 육박하는 199조 달러를 기록했다. 2007년보다 40퍼센트 증가한 규모로서 그 기간 동안의 경제성장을 훨씬 능가했다. 가장 많이 늘어난 부문은 정부 부채였지만, 대다수 나라에서 민간 부채도 함께 증가했다. 중국에서는 공공부채와 민간부채가 4배나 늘어 GDP의 거의 3배 가까운 규모까지 커졌다. 2007년부터 2014년까지 전 세계 부채 증가의 3분의 1 이상을 차지했다. 글로벌 부채 거품이 터지는 날, 세계 경제는 2008년 이후처럼 중국이 다시 구하러 올 거라고 기대할 수 없을 것이다.

세계에서 가장 부채가 많은 나라는 일본이었다. 공공과 민간을 합한 총 부채 규모가 GDP의 4배였다. 그러나 이제는 영국이 그 방향으로 나아가고 있다. 정부 지출을 삭감하고 있는데도 공공부채는 50퍼센트포인트, 총 부채는 30퍼센트포인트 증가함으로써 영국은 총 부채 규모가

GDP의 2.5배에 이르는 극도로 부채가 많은 산업국 대열에 끼게 되었다. 2007년 이후 가계와 기업의 부채는 내리막길로 들어섰지만, 2014년부터 그 추세는 다시 상승 기류로 바뀌었다. 2015년 예산책임연구소의 예측에 따르면, 2020년 영국의 가계는 평균적으로 연소득의 180퍼센트를 넘는 부채를 질 것으로 보는데, 이는 과거 불경기 수준보다 훨씬 더 높고 지난 수십 년 동안 만연했던 수준을 훨씬 뛰어넘는 규모다. 1980년대 가계부채 규모는 소득의 100퍼센트 미만이었다.

1981년 미국의 가계부채는 GDP의 절반 미만이었다가 2007년에 비로소 100퍼센트에 이른 반면, 순 가계저축은 0퍼센트로 떨어졌다. 그러다 2014년 가계부채는 GDP의 77퍼센트로 떨어졌지만, 영국처럼 다시 오르기 시작할 것으로 예상되었다. 그 외 다른 나라의 가계부채는 미국보다 훨씬 더 높았다. 덴마크의 경우, GDP의 129퍼센트(놀랍게도 가계소득의 275퍼센트), 네덜란드는 115퍼센트, 오스트레일리아는 113퍼센트였다.

채권업자와 금융기관들은 이 산더미 같은 부채를 통해 부자가 되었다. 앤드류 로스Andrew Ross는 미국을 부채가 지배하는 '부채국가creditocracy'로 묘사했다. 그곳의 우두머리는 월스트리트이며 전체 가구의 4분의 3이 심각한 부채에 시달리고 있다.[7] 2015년 미국의 약 700만 주택 소유주는 집값보다 더 많은 부채 때문에 주택담보대출의 '늪에 빠져 허우적대고' 있었다. 그러나 대다수 대출업체들은 채무자들이 계속해서 돈을 빌리고 갚기를 바란다. 부실부채가 계속해서 늘어난다면, 그에 따른 경제붕괴는 2008년보다 글로벌 경제를 더 심각하게 위협할 수 있을 것이다. 부채 규모는 더 커지고 더욱 글로벌화하고 통제 불가능해질 것이다. 일부 국가는 부채의 일부를 해외로 이동시킬 수 있고, 정부·

기업·가계부채의 몫을 서로 다른 데로 전가할 수도 있다. 그러나 맥킨지 보고서의 주 작성자가 언론에 말한 것처럼, "부채는 고무풍선과 같습니다. 한쪽을 누르면 다른 쪽이 튀어나오기 때문이죠."[8]

오늘날 상황은 1980년대에서 비롯되었다. 금융기관들은 세계화를 통해 산업국의 실질임금 인하를 압박하면서 대출경로를 다변화했다. 각국 정부는 그들의 생존을 위해 파우스트처럼 악마와 거래하는 것도 마다하지 않으며 저리 대출을 적극 펼쳤다. 누구나 쉽게 이용할 수 있는 저비용 대출은 현대판 스핀햄랜드 제도[1795년 영국 버크셔 주에서 실시된 최저 생활 수준 보장제도로 가족 수에 따라 저임금 노동자들에게 보조금을 지급했다]인 세금 공제와 함께 소비를 크게 진작시켰다.

과소비 시대가 갑자기 막을 내린 2007년과 2008년 사이에 가계·기업·정부 부채가 국민소득에서 차지하는 비중은 유례없을 정도로 컸다. 긴축정책의 시대가 문제를 더 악화시켰다.

긴축정책: 공공적자를 민간부채로 전환하기

긴축전략은 정부가 지급하는 각종 보조금을 감축하고 공공서비스를 민영화함으로써 국가 부채를 민간의 가계로 이전시키는 것이다. 저소득 가정에 지급되던 각종 수당의 삭감은 많은 사람이 파산하는 것을 피하기 위해 돈을 빌리지 않을 수 없게 했다. 필사적으로 일자리를 찾는 사람들이 늘어나면서 생겨난 치열한 취업경쟁 때문에 이미 저임금인 상태에서 임금을 더 낮추려는 압박은 사람들을 더 깊은 부채의 늪에 빠져들게 만들었다. 동시에 각종 공공서비스가 사라지면서 불가피하게 돈 쓸 곳은 많아지고 생활비는 고정되거나 늘어나고 있다. 사람들은 주거비·버스비·보육비 같은 필수적인 비용 지출을 더 많이 해야 한다.

2008년 초 영국의 부채 관련 자선단체인 머니어드바이스트러스트 Money Advice Trust는 보통 사람들은 일자리를 잃으면 겨우 평균 52일 동안 생존할 수 있을 정도의 돈만 있을 뿐이라고 추산했다. 그중 3분의 1은 단 2주 만에 자금이 고갈될 것이라고 보았다. 따라서 금융붕괴 이후에도 경기회복의 여지는 거의 없었다. 가계로 채무 부담의 이동이 이어진 상황은 또 다른 금융위기가 일어날 가능성을 더욱 높였다.

2008년 리먼 브러더스의 파산 이후 단 며칠 동안 영국 금융감독청 Financial Services Authority의 청장을 맡았던 아데어 터너Adair Turner 또한 2008년 경제붕괴가 금융 부문, 특히 부동산 매입을 위한 가계부채의 심각한 타격 때문에 일어났다고 주장했다.[9] 전통적으로 은행들은 가계로부터 예금을 받고 기업에는 생산 확대를 위해 돈을 빌려주었다. 그러나 요즘은 대부분의 대출이 부동산 구입, 주로 새로운 주택을 짓는 것보다는 기존의 주택을 사기 위한 것이다. 1928년에는 17개 산업국들에서 은행 대출의 30퍼센트만이 부동산 구입을 위한 것이었다. 하지만 2007년에는 그 비율이 60퍼센트 가까이 되었다.[10]

각국의 중앙은행들이 금리를 거의 0퍼센트로 낮추거나 양적 완화 조치에 몰두하면서, 더 많은 돈이 부동산시장으로 흘러들어가고 주택 가격 상승을 초래하고 있다. 따라서 지주는 더 부자가 되고 투기적 부동산 매입을 부추기는 상황이 되었다. 이것은 결국 자산붕괴와 '부채 디플레이션debt-deflation' 불경기를 촉발시키는데, 자산가치의 하락에 직면한 기업과 가계는 점점 부담스러워지는 부채 상환 일정을 맞추기 위해 지출을 줄이지 않을 수 없게 된다.

과거에도 이런 일이 일어난 적이 있다. 20세기 초 산업국의 금융업자들은 미지의 외국에서 거두어들일 엄청난 부에 대한 기대에 이끌려 자금을 제국주의 사업에 투입함으로써 부채 디플레이션의 씨앗을 뿌렸다. 이는 영국 경제학자 존 홉슨John Hobson이 가정에서의 조직적 과소 소비systemic underconsumption라고 묘사한 상황으로 이어졌다. 미국의 경우, 소스타인 베블런Thorstein Veblen 같은 사회평론가들은 금융이 생산을 왜곡시킨다고 보았다. 독일에서는 1910년 초에 루돌프 힐퍼딩Rudolf Hilferding이 비슷한 이유로 금융자본주의를 조심하라고 경고했다.

금융은 1차 세계대전 발발에 기여한 제국주의 경쟁에 기름을 부었다. 유럽은 너덜너덜해진 평화를 되찾자마자 곧바로 부채 디플레이션에 시달렸다. 미국이 전쟁기간에 영국과 프랑스에 공급한 무기비용을 상환할 것을 요구했기 때문이다. 영국과 프랑스가 결국 궁핍해진 패전국을 대상으로 막대한 전쟁배상금을 강력하게 요구하면서 독일은 경제불황의 늪에 빠지고 나치 정권이 부상하는 길을 닦았다.

그사이에 미국과 유럽의 엘리트집단은 대개 불로소득으로 벌어들인 돈으로 풍족한 생활을 계속해서 이어나갔다. 그러다 마침내 1929년 거품이 터지면서 대공황이 발생했다. 경제불황은 전 세계로 퍼져나갔다. 그 비극의 마지막 장면은 세계 경제의 회복을 위해 부채 탕감과 같은 다양한 조치를 강구하기 위해 소집된 1933년 런던경제회의London Economic Conference가 실패로 끝나는 것으로 장식되었다. 모든 경제를 바닥으로 끌어내린 부채를 탕감하는 것에 대한 거부는 대공황을 더 심화시켰고, 마침내 2차 세계대전을 통해 비로소 그 상황이 종식되었다.

금융자본의 지배가 그 조건들을 만들어냈고 각국 정부는 그 비극이 전개되는 것을 막지 못했다. 그들이 오늘날 그때와 비슷한 일을 하는 것은 더욱 비난받을 만하다. 지난날 불로소득을 추구하는 금융이 부채를 이용해서 이득을 취하도록 허용되었을 때 무슨 일이 일어났는지 떠오르게 하는 역사가 버젓이 있기 때문이다.

현재로 장면을 바꿔 오늘날 국제금융을 대변하는 사람들이 그리스 국민에게 고통을 안겨주는 국가 채무 탕감을 거부한 것을 생각해보라. 역설적이게도 그리스는 1930년대 대공황의 반복을 피하기 위해 1953년 런던채무협정London Debt Agreement 아래 독일의 국가 채무를 탕감해주는 데 동의한 나라들 가운데 하나였다. 1947년부터 1953년까지 독일에 대한 총 채무 면제 규모는 당시 독일 GDP의 280퍼센트로 '독일의 기적'을 위한 여건을 조성해주었다. 그리스의 경우는 그때보다 훨씬 더 비용이 적게 들어갈 것으로 예상되었다.

그리스 국채 탕감에 대한 거부는 아일랜드와 포르투갈, 스페인에 대한 비슷한 사례의 뒤를 따른 결과였다. 이 나라들은 모두 실업률, 빈곤율, 노숙자의 수가 치솟으면서 경제가 급락하는 상황을 목격했다. 부채는 모든 경제 부문에서 점점 더 깊이 뿌리내리기 시작했다.

부채 증가는 이후 생산량 감소와 잠재 성장의 지속적 하락과 관련이 있다.[11] '채무 과잉debt overhang'(지나친 부채) 상태가 정부와 기업, 가정의 결정을 지배하게 되기 때문이다. 어떤 식으로든 경제적·사회적 고통 없이 부채를 줄이는 것은 어렵다. 전 세계적으로 채무 과잉 상황에 처한 지금의 현실은 불길한 조짐이 아닐 수 없다. 미국, 중국, 유럽연합 국가들이 모두 지나치게 많은 부채와 힘겨운 씨름을 하고 있다.

지나친 신용 확대에 대한 일반의 반응은 지속적인 성공을 전혀 기대하지 않는다. 은행에 더 많은 준비금을 보유하고 대출기준을 강화할 것을 요구함에 따라 이 장 후반부에서 살펴볼 P2P 방식 대출업체와 같은 규제의 영향을 덜 받는 비금융기관으로 대출의 주도권이 넘어갈 가능성이 점점 더 커지고 있다. 이에 대해 기존의 금융기관들이 취할 유일한 해법은 대출 '수요'를 줄이고 신용거래를 생산적 투자로 돌리고 대출기관들이 리스크를 더 많이 떠안는 것이다.[12]

돈을 빌리는 것이 어떻게 불로소득자들의 이익을 위해 권장되었는지 살펴보기 전에 먼저 두 가지 사실에 주목할 필요가 있다. 은행과 기업들이 유례없이 낮은 비용으로(무이자나 그것에 가까운 이자율로) 대출을 받거나 빚을 질 수 있게 된 반면에, 부실채권을 남발할 수밖에 없는 사람들은 극도로 높은 비용에 직면한다. 불평등은 늘 존재했지만, 이 정도까지 심각한 적은 없었다.

게다가 집단행동의 딜레마가 있다. 만일 일부 국가만이 상대적으로 세금 부담이 적은 지출 감축을 통해 긴축정책을 펼친다면(영국 방식) 그들 나라는 해외에서 불로소득을 좇는 투자를 유치함으로써 어느 정도 성공을 거둘 수 있을지 모른다. 그러나 많은 나라가 그렇게 한다면, 전반적으로 디플레이션이 발생할 가능성이 높아진다. 2015년 긴축경제를 향한 질주는 글로벌 경제를 벼랑으로 몰아가 경제성장의 활기를 떨어뜨리고 취약하게 만들었다. 양적 완화 조치의 반복된 투입은 불경기가 재발하는 것을 피할 수 있을지 모르지만, 부채가 늘어나는 값비싼 대가를 치러야 한다. 그사이에 돈으로 돈을 버는 불로소득자들은 계속해서 번창했다.

2차 대호황 시대가 이어졌고, 부호와 엘리트집단, 일부 봉급생활자들은 사치스러운 생활을 즐겼다.

착취로서의 부채

부채는 다시 철저하게 노동자를 착취하는 장치가 되었다. 산업 자본주의 초기에 고용주들은 대개 회사 매점에서 노동자들이 빚을 지게 함으로써 직장을 떠날 수 없게 만들었다. 빚을 갚지 않고 직장을 그만두는 것은 법의 심판을 받을 위험이 있었다. 그러한 관행은 노동조합의 압력 덕분에 이제 더는 통하지 않았다. 한동안 노동자들은 공제되는 것은 줄고 추가되는 것이 많은 임금을 받았다. 그러나 임금에서 공제되는 것은 점점 많아지는 반면에, 추가되는 것들은 점점 없어지고 있었다. 게다가 각종 노동비용이 노동자들에게 계속해서 전가되었다.

은행을 비롯한 대출기관들은 고객들이 영원히 채무자로 있기를 바란다. 그것은 각종 수수료와 이자 수입이 계속해서 은행으로 흘러들어오는 것을 의미하기 때문이다. 2005년 3월 미국 통화감독관 자문대표가 말한 것처럼, "오늘날 대출기관이 주목하는 것은 결국 상환되기 마련인 소비자 대출이 아니라 끊임없이 계속되는 수익자산으로서의 대출입니다."[13] 오랫동안 금융산업은 사람들이 더 많은 돈을 빌리도록 끌어들이는 데 전력을 다했고, 큰 성공을 거두었다.

영국의 경우, 임금 정체는 만성부채에 시달리는 사람들이 늘어나는 결과를 낳았다. 공식 자료를 수집하기 위해 노동조합회의Trades Union

Congress와 영국 최대 공공노조인 유니슨Unison이 의뢰한 조사에 따르면, 2013년에 250만 가구, 2014년에 320만 가구 이상(여덟 가정 중 한 가정)이 수입의 4분의 1 이상을 당좌차월(단기대출)이나 신용카드, 외상구매 같은 무담보부채를 갚는 데 쓰고 있었다.[14]

저소득층의 3분의 2에 해당하는 약 160만 가구가 소득의 40퍼센트이상을 주택과 무관한 부채 상환에 쓰고 있었다. 채무상담 자선단체인스텝체인지StepChange의 발표에 따르면, 2012년과 2014년 사이에 평균 1만 5,000파운드의 무담보부채 때문에 도움을 원하는 사람들의 수가 56퍼센트 증가했다. (시간급을 기준으로 한) 최저생활임금living wage의도입과 정규직 노동자의 완만한 임금 상승으로는 이러한 지속 불가능한부담을 이겨내지 못할 것이다.

채무 상환의 지연은 더 광범위한 영역에 영향을 끼친다. 2012년 영국의 정파를 초월한 두뇌집단 데모스Demos가 실시한 연구에 따르면, 미국 고용주의 47퍼센트가 고용 전에 취업지원자에 대한 신용조사를 실시했다.[15] 영국에서도 많은 고용주가 똑같은 행태를 보인다. 다른 나라들도 상황이 크게 다르지 않을 것이다.

주택 관련 부채

거의 모든 산업국에서 2008년 금융붕괴 이후 가계부채가 늘어난 주된이유는 주택 관련 부채의 급증 때문이었다. 주택 관련 부채의 급증은 대개 보조금과 확실한 소득 증가 없이는 집을 살 돈이 없는 잠재 유권자들이 집을 살 수 있도록 국가 보조 융자를 해준 정부 정책 때문이었다. 특히 미 행정부는 저소득층을 정밀 겨냥한 무분별한 대출을 장려함으로써 비우량 주택담보대출 거품 붕괴의 여건을 마련했다.

이런 정책들은 부동산 가격을 높임으로써 부채 상황을 악화시켰다. 1970년대 미국의 주택 가격은 연간 가구소득의 2배 정도였다. 2005년 집값은 연소득의 5배였다. 중간소득 주택소유자는 주택담보대출금을 상환하느라 퇴직기금을 다 쓰고 있었다. 따라서 주택소유자는 노후생활에 대한 불안으로 압박감에 시달렸다. 스페인의 경우, 2003년과 2007년 사이에 취약가정 약 100만 가구가 비우량 주택담보대출을 받으면서 가계부채가 국가적인 문제로 부상했다.

영국에서도 점점 더 많은 사람이 자기 재산보다 훨씬 많은 부채를 지게 되면서 이와 비슷한 압박을 받게 되었다. 주택 가격은 1990년대 초 이래로 (인플레이션을 감안해서) 실질적으로 3배 높아졌다. 전국주택금융조합Nationwide Building Society에서 추산한 바에 따르면, 평균소득 대비 주택 가격 비율은 1990년대 초 3배 미만에서 2015년 5배 이상으로(런던의 경우는 5배에서 9배 이상으로) 올랐다. 지역별 통계는 훨씬 더 극적인 결과를 보여준다. 영국 통계청Office of National Statistics 자료에 따르면, 잉글랜드와 웨일스의 주택 가격은 평균적으로 그 지역 소득의 9배에 가까웠다(수요가 많은 지역의 경우는 이보다 훨씬 더 높았다). 관련 자료를 처음으로 수집한 2002년에는 6.4배였다. 주택 가격은 늘어난 성인 인구의 수입을 훨씬 뛰어넘는다.

2015년 생애 처음으로 집을 사는 사람은 평균연봉이 2만 2,000파운드[약 3,230만 원]였던 당시에 주택담보대출을 받으려면 연봉이 최소한

4만 1,000파운드는 되어야 했다. 실제로 집을 사는 사람들의 평균소득은 5만 파운드에 가까웠다. 이들은 상위 30퍼센트에 속하는 사람들이었다. 평균 주거비가 50파운드인 런던에서 집을 사는 사람들은 런던 직장인의 평균연봉이 2만 8,000파운드인 상황에서 소득이 적어도 7만 7,000파운드는 되어야 했다.[16]

이런 상황에서 위험 부담이 큰 주택담보대출이 급증했다는 것은 놀랄 일이 아니다. 2010년과 2015년 사이에 새로운 주택담보대출이 64퍼센트 늘어났고 가계소득은 4.5배 이상 증가했다. 뱅크오브잉글랜드는 금리 인상이나 불황, 개인적 사고가 발생하는 경우 그 같은 상황이 더는 지속될 수 없다고 평가했다. 이것은 곧 터지기를 기다리고 있는 거품 상황인데, 영국만 그런 것이 아니다. OECD는 캐나다·오스트레일리아·뉴질랜드를 주택 가격 조정 시 위험에 처할 나라로 분류하고 있다.

영국 정부는 늘 주택 소유를 늘리겠다고 약속한다. 그러나 2003년 이래로 주택 소유는 점점 줄어든 반면, 민간임대업자로부터 집을 빌리는 임대가구는 증가했다. 이것은 25세에서 34세 사이의 연령층에게 특히 영향을 많이 끼쳤다. 2004년에는 그 연령층의 60퍼센트가 자기 집을 소유했다. 하지만 2015년에는 3분의 1을 약간 넘는 수준에 불과했다. 이러한 민간임대 세대로의 전환 비율은 만일 20대와 30대 연령층이 대개 부모 집에 빌붙어 살거나 따로 살다 다시 부모와 합치고, 일부가 임대주택에서 함께 사는 방식을 취하지 않았다면, 훨씬 더 커졌을 것이다.

공공지원(공공임대, 주택조합)주택의 활용 가능성 또한 위축되면서 일반인들이 살 수 있는 주택의 수도 줄어들었다. 따라서 저소득 가구는 비싼 민간임대주택 시장으로 등 떠밀리고 더 많은 빚을 질 가능성이 높아졌다. 주택조합 세입자들에게 보조금을 지원하는 주택 '매입권' 정책의 확대는 공공지원주택 물량을 더욱 줄임으로써 상황을 악화시켰다. 임대주택 소유주와 부동산 투기꾼의 이익을 위해서는 주택 공급을 민영화하고 상품화하는 것이 무엇보다 중요하다.

세입자들이 시장 가격보다 훨씬 싼 가격으로 집을 마련할 수 있게 한 공공임대주택 매입권 정책은 소수의 배를 불려주었다. 그들 가운데 누구도 그런 횡재를 누릴 만한 역할을 한 사람은 없었다. 런던 코벤트가든 지역의 한 임대아파트는 1990년에 13만 파운드에 팔렸는데, 2015년에 120만 파운드로 올랐다. 비록 일반적인 경우는 아니지만 이 사례는 매입권 정책이 초래한 결과가 무엇인지를 잘 보여준다. 공공자산으로 지은 아파트가 누군가를 부자로 만드는 개인 재산이 되었다.

영국 정부가 국민소득이 최고 수준에 이를 정도로 경제성장을 이룬 것을 자랑했지만, 비좁은 집에 사는 사람들이 45만 가구나 되고 친구 집에서 지내거나 무단 점거하는 '숨겨진 노숙자들'을 포함해서 집 없이 떠도는 사람들은 계속해서 증가하고 있었다.

지난 10년 동안 사람들이 거주하는 방이 50퍼센트 증가했음에도 아직까지 빈 방이 2,500만 개나 남아 있었다.[17] 이 유례없는 시장 실패는 주로 자녀들이 모두 출가한 뒤에도 살던 집에 그대로 살고 있는 노년층 때문이다. 이런 현상은 시가 100만 파운드까지 고가 주택을 자식들에게 비과세로 물려줄 수 있게 한 상속세 개정으로 더욱 촉진되었다. 그러한 세제 변화는 어떤 도덕적·경제적 정당성도 없다.

주택시장이 제대로 기능하지 않는 나라는 영국만이 아니다. 집 없는 사람들의 문제는 유럽의 대부분 국가와 미국, 오스트레일리아 같은 부자

나라들 전반에 걸쳐 점점 커지고 있다. 2015년 미국의 한 조사 결과에 따르면, 길거리나 자동차, 집 없는 사람들을 위한 쉼터, 임시 숙소에서 잠을 자는 사람들의 수가 50만 명을 넘었다. 그중 4분의 1은 아이들이었다. 숨겨진 노숙자의 수, 적어도 그 한 해 동안 집 없이 떠도는 사람들의 수는 그보다 훨씬 더 많을 것으로 생각된다.

이동주택 주차장은 일종의 성장산업이 되었다. 이동주택대학Mobile Home University이 있는 나라는 아마도 미국이 유일할 것이다. 올랜도에 있는 그 대학은 이동주택 주차장을 사서 금융위기 때 노숙자가 된 사람들에게 세를 주어 돈을 버는 방법을 가르친다. 미국 통계국에 따르면, 오늘날 세계에서 가장 부유한 자본주의 국가에서 전체 인구의 6퍼센트인 무려 2,000만 명이 이동주택 주차장에 살고 있다. 일부 부호들은 이렇게 성장하고 있는 사업 부문에서 큰돈을 벌고 있다. 50억 달러 상당의 재산가인 샘 젤Sam Zell은 이쿼티 라이프스타일 프로퍼티스Equity Lifestyle Properties라는 회사가 운영하는 미국 최대의 이동주택 주차장 소유주다. 그가 소유한 이동주택 주차장은 14만 개로 2014년에 거기서 벌어들인 돈은 7억 7,700만 달러였다. 자기 명의의 재산만 670억 달러인 워런 버핏Warren Buffett도 미국 최대의 이동주택 제조업체 한 곳과 이동주택 임대업체 두 곳을 보유하고 있다.

스페인의 경우, 2012년 경제위기가 절정에 달했을 때 날마다 500가구 이상이 자기 집에서 쫓겨났다. 2014년에도 하루에 100가구 이상이 계속해서 강제 퇴거당하고 있었다. 빈 단독주택과 아파트의 수는 급증했고, 주택담보대출을 갚지 못한 많은 사람의 집이 은행에 압류되었다. 2015년 빈 집은 340만 채에 이르렀다.

아일랜드처럼 스페인에서도 강제 퇴거당한 사람들에게는 집이 압류된 뒤에도 불어난 위약금과 이자로 주택담보대출 채무가 그대로 남아 있다. 영국에서는 부동산 투기로 돈을 버는 사람들에게 여전히 우호적이고 주택 보유에 대해 더 많은 지원을 아끼지 않는 반면에, 스페인 일부에서는 새로운 유형의 정치인들이 행동에 나섰다. 2015년에 선출된 주택운동가 출신의 바르셀로나 시장은 빈 집을 소유한 은행들에 벌금을 부과하고 빈 아파트는 일시적으로 공공임대주택으로 전용하는 문제를 조율했다. 스페인의 지자체 100곳 이상이 비슷한 유형의 지자체장을 뽑았다.

잉글랜드의 지방정부들도 장기간 빈 집에 대해 추가로 지방세를 부과할 수 있지만, 대부분이 그런 조치를 취하지 않고 있다. 게다가 추가로 지방세를 징수하더라도 일반 세율의 50퍼센트를 넘길 수 없어 효과가 미미하다.

임대사업자의 부채

영국에서 민간임대 부문은 1999년 이래로 해마다 4퍼센트 넘게 성장해 왔다. 2012년 민간임대는 자가 거주 다음의 가장 일반적인 거주 형태로 공공임대를 추월했다. 2015년에는 전체 가구의 5분의 1 정도가 민간임대였다. 부동산 가격 상승, 저리 대출을 받기 쉬운 환경, 임대주택담보대출 세금경감과 같은 다양한 국가보조금 지원책은 많은 임대주택사업자를 낳았다. 어떤 사람들은 더 많은 수입을 올리기 위해 임대주택사업시장에 뛰어들었다. 그 결과, 오늘날 대다수 임대주택사업자는 개인이다.

2010년 민간 임대사업자 조사Private Landlords Survey에 따르면, 그들 가운데 90퍼센트 이상이 임대주택사업을 비정규직으로 하고 있고, 또 다른 소득활동을 하는 것으로 확인되었다. 2011년 영국에서 기관이 소유한 민간임대주택은 1퍼센트에 불과했다. 이에 비해 미국은 13퍼센트, 독일은 17퍼센트였다.[18]

2014년 전체 신규 주택담보대출 건수의 5분의 4는 임대주택사업자의 대출이었다. 그 수혜자들 가운데는 토니와 셰리 블레어 부부가 있는데, 두 사람은 토니 블레어가 총리에서 물러난 뒤 임대아파트 스무 채 이상과 그들 가족이 거주하는 초고가 부동산을 보유하고 있었다. 2015년 점점 부채 규모와 주택 거품이 커지는 상황을 우려한 영국 정부는 임대용 부동산에 대한 세금을 올리고 보조금을 줄였다. 그 조치를 통해 부동산 임대사업을 시작하거나 확장하려는 사람이 줄어들지는 모르지만, 주택담보대출을 통해 크게 늘어난 기존의 부채 규모는 전혀 줄어들지 않았다. 만일 금리가 오른다면, 대규모 주택담보대출을 받은 임대사업자들은 큰 곤경에 처할 가능성이 크다. 이 새로운 형태의 부채는 다른 부채들과 마찬가지로 매우 위험해 보인다.

약탈적 채권자: 신용카드, 통신판매, 소액단기대출

"나는 마스터카드로 비자카드 빚을 갚는다."

— 자동차 범퍼에 붙이는 광고 스티커

불로소득을 추구하는 자본주의는 사람들이 스스로 감당할 수 있는 능력 이상으로 돈을 쓰도록 늘 유인한다. 이것은 기업들에 노동자들이 현재 생산되고 있는 재화와 서비스를 살 수 있을 정도로 충분한 임금을 지불하도록 권장했던 과거 포드주의 모델(헨리 포드가 자사 종업원을 대상으로 시행한 제도)과 대조된다. 오늘날 임금은 세계 다른 나라의 임금과 '경쟁력'을 이유로 계속해서 낮춰지고 있는 반면에, 국내 소비 진작은 손쉬운 신용거래로 촉진된다.

영국이 대공황에서 벗어난 뒤로 소비자 부채는 급속도로 증가했다. 2015년 말 영국인들의 소비자 신용 부채는 총 1,800억 파운드에 이르렀다. 300만 명이 넘는 사람들이 채무 때문에 힘겹게 살아가고 있었다.[19] 과도한 소비를 조장하는 새로운 제도적 장치들이 개발되었다. 전반적인 긴축경제 기조 속에서 소매업자들은 '블랙 프라이데이Black Friday'라는 형태로 '후불제buy-now-pay-later' 크리스마스 쇼핑 시즌을 만들어냈다. 블랙 프라이데이는 크리스마스를 전후로 세일 광풍을 일으키기 위해 고안해낸 11월 말의 대대적인 할인판매 시즌을 말한다. 따라서 뱅크오브잉글랜드가 개인 부채의 증가를 우려하는 것은 당연한 일이다. 하지만 많은 채무자를 위기에 빠뜨릴 수 있는 금리 인상은 주저했다.

이러한 파우스트 거래의 부활은 경제성장을 부추겼지만, 그것은 지속 가능한 해법이 아니다. 그것은 대처주의 경제가 기반으로 하는 알뜰한 가정주부 모델이 전혀 아니다. 그것은 오히려 경제의 취약성만 강화시키고 또 다른 경제붕괴의 가능성만 높였을 뿐이다.

소액단기대출, 신용카드, 통신판매 부채는 프레카리아트의 골칫거리다. 경제적으로 빈곤한 사람들에게 추가적인 비용 부담을 안기기 때문이다. 요동치는 저임금에 시달리면서 정부보조금에 의존하거나 아무리 적은 돈이고 단기간일지라도 빚이 많은 임시직을 오가는 사람들은 대개 이자율이 낮은 대출을 받기 어렵다. 따라서 고리대금업을 하는 대부업자에게 돈을 빌리기 일쑤다. 이러한 환경은 사회적 소득 격차를 더욱 확대시키는 결과를 초래한다.

가장 지독하게 고혈을 짜내는 임대료 수취rent extraction 방식의 일종이라 할 수 있는 소액단기대출은 2008년 금융붕괴 이후 두각을 나타냈다. 금리가 매우 높은 이 초단기대출은 저임금 생활자금이 다 떨어지는 급여일 전 며칠 동안을 간신히 생활해나갈 수 있게 하는 것이 목적이다. 미국의 소액단기대출 길거리 창구는 맥도날드 가게 수보다 많다. 미국에서 은행 대출을 받을 수 없는 9,000만 명이 돈을 빌리는 가장 중요한 출처가 바로 그런 소액단기대부업체들이다. 은행 거래가 없는 가구가 해마다 그런 단기대출업체에 지불하는 돈은 평균 2,400달러가 넘는다. 미국 14개 주에서는 이것마저 금지되어 있다. 그런데 이들 대부업체 가운데 일부는 가난한 사람들에게 저리 대출을 거부하는 월스트리트 은행들이 직접 운영하거나 배후에 있다.[20]

그래서 결국 영국의 연립정부는 경제적 문맹자들에게 연리 5,000퍼센트에 이르는 이자를 물리고 돈을 빌리는 사람의 동의 없이 그들의 은행계좌에서 자동으로 돈을 인출하는 소액단기대부업체의 약탈적 행위를 제한하는 제도를 도입했다. 그럼에도 (소액단기대부업체의 상징이 된) 윙가는 연리 1,509퍼센트, 퀵퀴드QuickQuid는 1,212퍼센트의 이자를 물릴 수 있었다.

제스트파이낸스ZestFinance와 렌드업LendUp처럼 미국에서 급속하게 명성을 떨치고 있는 신종 온라인 대부업체들은 연리 390퍼센트까지의 이자율로 소액단기대출을 제공한다. 이자를 부과하지 않는 대신 고정수수료를 징수하는 대부업체들도 일부 있다. 이 모든 대부업체의 공통된특징 하나는 대출 여부와 이자율, 대출기간을 결정하기 위해 돈을 빌릴사람의 은행계좌를 비롯한 개인 정보에 접근할 수 있는 권한을 요구한다는 점이다.

부채를 양산하는 플랫폼서비스

이름이 잘못 붙여진 '공유경제sharing economy' 또한 부채를 늘리는 데한몫을 단단히 하고 있다. 우버와 리프트Lyft 같은 모바일앱 기반의 택시서비스는 운전사들이 대출을 받아 자동차를 살 수 있도록 대출업체와 협력한다. 대형 자동차회사들이 그 대열에 합류하고 있다. 2016년 1월 제너럴모터스는 리프트 소속 운전사들에게 자사의 자동차를 임대하는 계약을 리프트와 맺었다고 발표했다. 2015년에는 포드자동차가 런던을 비롯해 미국의 6개 도시에서 고객들이 대출로 자동차를 사서 P2P 렌트카 플랫폼기업을 통해 임대서비스를 할 수 있게 하는 시범서비스를 개시했다.

포드자동차는 사람들이 자동차 임대사업으로 돈을 더 많이 벌 수 있다면, 포드크레딧Ford Credit사를 통해 대출로 자동차를 구입해서 꼬박꼬박 할부금을 낼 가능성이 높아질 거라고 생각했다. 그 계획은 포드자동차뿐 아니라 런던의 이지카클럽easyCar Club이나 미국의 겟어라운드Getaround 같은 플랫폼기업에는 불로소득을 낳는 반면, 택시기사들에게는 부채를 안기는 새로운 서비스를 대표한다. 다른 플랫폼기업들과 마찬가지로(6장 참조), 그 회사들은 임대서비스를 주선하는 대가로 수수료를 받는 중개상 역할을 한다. 이지카클럽의 경우, 기본 수수료는 거래액의 10퍼센트다. 겟어라운드는 임대료와 예약비, 네트워크 접속료로 무려 40퍼센트의 요금을 부과한다.

더 일반적인 경우로, 규제가 약한 P2P 대출 플랫폼회사들은 개인과 기업 대상으로 직접 자금을 대출해 투자자들이 더 많은 돈을 벌 수 있게 함으로써 대부업과 관련해서 은행의 강력한 경쟁자가 되었다. 미국의 렌딩클럽과 프로스퍼Prosper, 영국 업체로 미국에서도 동시에 영업을 하고 있는 펀딩서클Funding Circle이 그런 회사에 속한다. 전직 미 재무부장관 출신인 래리 서머스Larry Summers처럼 정치권과 긴밀하게 연관된 사람들이 최대 P2P 플랫폼기업인 렌딩클럽의 이사회를 이루고 있다. 이 플랫폼기업들은 향후 금융위기와 파산에 취약할 수 있지만, 그 사이에 많은 임대수입을 올리고 있다. 렌딩클럽의 공동창업자이자 최고경영자인 르노 라플랑셰Renaud Laplanche는 『파이낸셜타임스』와 가진 인터뷰에서 이렇게 말했다. "기회는 얼마든지 있어요. 우리가 얼마나 크게 성장할지는 아무도 모릅니다."[21]

실제로 플랫폼기업들이 주도하는 부채 창출 규모는 어느 정도까지 증가할지 아무도 모르는 것 같다. 이러한 시스템의 부채 상환 능력은 오로지 거품이 터질 때만 알 수 있을 것이다. 그러는 사이에 임대수입은 과거보다 훨씬 더 혁신적인 방식으로 쌓이고 있다. 가장 최근에 나타난 현상은 절실하게 대출이 필요한 사람들에게 돈을 빌려줄 업체들을 연결해주고 중개 수수료(영국의 경우 50파운드 이상)를 받는, 다시 말해 대출을 중개하는 웹사이트의 등장이다. 대출중개 사이트들은 은행 거래 세부내역과 같은 다양한 개인 정보를 최대 200개 업체들과 공유하고, 또한 개인들에게도 요금을 부과하려고 한다. 이러한 그들의 행태를 설명하는 말로 임대료 수취라는 용어는 너무 점잖은 말이다.

학자금대출 채무

21세기 들어 가장 놀라운 신종 채무는 제3차 교육tertiary education[대학교육과 직업교육 과정을 총칭]과 관련된 대규모 부채일 것이다. 점점 더 많은 젊은이가 각종 요금과 비용 상승, 정부의 교육보조금 감소에 따른 학자금대출의 증가 때문에 점점 더 많은 빚을 지고 있다.

게다가 10대 대학생들과 그들의 부모는 대부분의 기업이 직원을 채용할 때, 고학력자를 우선으로 하는 '학력주의'를 따르고 오늘날 직업구조에 변화가 생기면서 제3차 교육의 기간을 더 연장해야 하는 압박감에 시달리고 있다. 학위가 없으면 경제적 전망도 더 암울해진다. 그러나 이렇게 많은 10대가 대학으로 몰려드는 상황은 오늘날 대다수 청년이 심각한 부채에 시달리고 있음을 의미한다. 이것은 새로운 불평등구조다. 부모가 잘사는 대학생들은 빚을 지지 않거나 최소화할 수 있지만, 나머지 그렇지 않은 대학생들은 빚을 갚기 위해 안간힘을 쓴다. 불평등을 확대시키는 것은 빚 그 자체만이 아니다. 부채가 경제적 위험 감수에 끼치는 영향 또한 불평등 고조에 기여한다.

영국과 미국을 포함해 많은 나라에서 대학에 가는 것은 국가가 보조금으로 자금을 지원하는 국민기본권으로서의 교육에서, 공공 또는 민간 대출을 받아 성인으로서 노동시장에 투입되기 위한 준비단계로 바뀌었다. 큰 빚을 안고 대학을 졸업하면 이후 오랜 세월을 힘겹게 살아야 한다. 그것은 일종의 착취다. 앞으로 계속해서 자신이 번 수입의 상당 부분을 빚을 갚는 데 써야 함을 의미하기 때문이다. 부채는 일상 속에서 의식적으로든 무의식적으로든 삶을 압박하는 짐이 된다. 그리고 그것은 또 다른 '빈곤의 올가미'를 씌운다. 대개의 경우, 소득이 일정 수준을 넘어서면 부채를 갚아나가야 하기 때문이다.

미국에서 사립대학의 학자금대출은 1996년에 20억 달러에서 2007년에 170억 달러로 늘었다. 2012년 5월 학자금대출 규모는 마침내 1조 달러에 이르렀다. 그것은 미국인 청년 수백만 명의 삶을 규정하는 임대수입의 거대한 원천인 불로소득 자본주의의 특징이 되었다. 2013년 700만명 이상의 대학 졸업자가 학자금대출금을 갚지 못한 심각한 연체 상태에 있었다. 미국만 그런 것이 아니었다. 일본의 경우, 학자금대출 연체 규모는 수십억 달러에 이른다. 지금도 명목상 학비가 무료인 스웨덴의 경우도 대학 졸업자의 85퍼센트 이상이 큰 빚을 지고 있다. 미국보다 연체자 비율이 더 높다. 다른 여러 나라도 이와 비슷한 상황이다.

영국의 학자금대출 규모는 갈수록 크게 증가하고 있다. 2015년 3월 영국 정부가 빌려준 학자금대출은 무려 735억 파운드에 이르렀다. 이는 2010년에 비해 2배 이상 늘어난 규모로, 2012/13년에 학비가 3배로 뛰면서 더욱 증가폭이 늘어났다. 그리고 2015년 빈곤 학생들에게 지원되던 보조금 지급을 중단하는 결정이 내려지면서 그들이 학자금대출을 받지 않을 수 없게 되자 상황은 더욱 나빠졌다. 그 결과, 저소득 가정의 자녀들은 앞으로 대학에 들어가기가 어려워질 것이다. 영국 재정연구소의 추산에 따르면, 최빈곤층에 속하는 40퍼센트의 대학생들은 3년 과정[영국 대학은 학사 3년, 석사 1년, 박사 3년임]이 끝날 때 최대 5만 3,000파운드의 빚을 진 채 졸업할 것이다. 2015년 이전에는 졸업생들의 한 사람당 부채 규모는 4만 500파운드였다.

하지만 더 많은 사람이 학자금대출뿐 아니라 대학 시절 동안 쌓인 다른 부채들을 갚을 수 없을 가능성이 크다. 영국에서 대학을 졸업한 사람들은 소득이 일정 수준(현재 2만 1,000파운드)을 넘으면 바로 부채를 상환하기 시작해야 한다. 그와 동시에 거기에 세금이 매겨진다. 이것은 결국 그들의 목에 빈곤의 올가미를 씌운다. 일정 수준의 소득이 넘어가는 사람은 20퍼센트의 소득세와 12퍼센트의 국민연금분담금, 대출금 상환에 대해 9퍼센트의 세금을 낸다. 다시 말해 한계세율이 41퍼센트다. 대개 한계세율이 40퍼센트를 넘으면 노동의욕을 꺾는다는 주장이 일반적이다.

부채는 늘 이자를 동반한다. 따라서 학자금대출 상환이 연체되면 갚아야 할 부채 규모는 학업이 끝난 뒤에도 상승하기 마련이다. 2013년에 졸업한 사람들 가운데 47퍼센트만이 학자금대출금 상환이 시작된 2015년에 그 빚을 갚기에 충분한 소득을 올리고 있었다.[22] 영국 정부는 자체적으로 학자금대출의 45퍼센트는 돌려받지 못할 거라고 예상했다.[23] 한 민을 수 있는 보고서에 따르면, 현재 대학에 다니는 학생 대다수는 40대와 50대에도 그들의 빚을 다 갚지 못할 것이며, 거의 4분의 3이 30년 뒤 부채가 탕감되기 전에 빚을 청산하지 못할 거라고 결론 내렸다.[24] 영국의 교육 관련 자선단체 서튼 트러스트Sutton Trust의 연구소장 코너 라이언 Conor Ryan은 그 영향을 이렇게 요약했다. "교사 같은 직업을 가진 많은 사람의 경우, 이것은 자녀들이 학교에 다니고 있고 가계대출과 주택담보대출 비용이 극도로 압박을 가하는 시기에 대출 이자를 갚기 위해 어디서든 최대 2,500파운드를 추가로 더 벌어야 함을 의미합니다."[25]

2014년 최근 졸업한 대학생의 59퍼센트가 대학 졸업장이 필요 없는 직장에 취업했다. 따라서 그 일자리는 상대적으로 임금이 낮을 가능성이 컸다. 실제로 그들이 대학교육에 쏟아부은 비용은 그 돈의 '시장가치'와 어울리지 않는다. 2016년에 조사된 영국 대학생의 40퍼센트는 그들이 앞으로 예상하는 부채 수준이 미래 직업에 대한 '합당한' 투자 규모가 아니라고 대답했다. 2012년에는 그런 답변을 한 학생들의 비율이 18퍼센트에 불과했다. 그리고 장기 부채가 그들을 짓누르는 '가장 큰' 압박감이라고 대답한 학생도 40퍼센트에 이르렀다.[26]

대다수는 아닐지라도 많은 대학 졸업자에게 학자금대출로 생긴 부채는 심리적으로나 경제적으로 심각한 영향을 끼치는 큰 골칫덩어리가 될 것이다. 비록 영국에서는 학자금대출이 신용평가 점수에 불리하게 작용하지 않지만, 담보대출업자들은 주택 구입을 위한 대출을 결정할 때 상환능력을 고려할 수밖에 없다. 그리고 너무 빚이 많으면 저축을 위해 돈을 모으는 것도 어려울 가능성이 크다.

오늘날 영국 정부는 학자금대출을 민간 대부업체로 넘기는 미국 방식을 따르고 있다. 2008년에 도입된 관련법은 학자금대출 채권을 민간 투자자들에게 팔 수 있는 소득 창출 자산과 함께 묶어 '증권화'한 '학자금대출 원부student loan book'의 판매를 허용했다. 그것을 산 민간 투자자들은 부채 상환으로 임대수입을 올릴 것이고 그 밖에 정부 세입에도 기여할 것이다. 학자금대출을 민간에 넘기는 것은 미래의 어떤 정부도 상환

조건을 완화하는 것을 어렵게 만들 공산이 크다. 투자자들이 자기네 수입의 흐름을 축소하려는 어떤 시도도 허용하지 않기 위해 적극적으로 로비활동을 벌일 것이기 때문이다.

학자금대출 부채를 증권화해서 판매하는 초기 시도들이 완전히 실패했지만, 정부는 여전히 2020년까지 상당한 규모의 학자금대출 원부를 팔고 싶어한다. 정부가 의뢰한 학자금대출 증권화에 관한 한 보고서에서 과거 대출에 대한 금리 인상이 제안되었지만, 강력한 항의 뒤에 기각되었다. 그 보고서에서 제안한 또 다른 의견은 좋은 대출조건 때문에 입은 투자자의 손실 보상을 보장해주는 '합성 헤지synthetic hedge'였다. 그것은 납세자의 돈으로 임대사업자의 손실을 보전하는 일종의 변형된 보조금이다. 그러나 손실 보상을 약속하는 판매는 학자금대출이 만들어낸 채무를 여전히 정부의 재정 부담으로 남겨두는 것이었다.

그렇다면 정부가 취할 수 있는 최적의 방식은 학자금대출 채권을 '분할 발행'(위험 등급에 따라 가격을 달리해서 팔기 위해 채권을 리스크 범주로 분할)하는 것이다. 이것은 납세자들을 볼모로 해서 투자자들에게 묵시적으로 무조건 보상을 보장한다는 의미였다. 부채를 새로운 형태의 개인 소득 창출 자산으로 바꾸는 것은 시대의 독특한 현상이다.

미국에서 대학을 졸업하는 데 드는 평균비용은 최근 15년 사이에 2배로 증가했다. 공공자금의 지원이 사라졌기 때문이다. 2014년 대학 졸업자의 70퍼센트 정도가 평균 2만 9,000달러의 학자금대출 부채가 있었다. 부도율이 높아지고 대출금 상환이 지연되면서 미 연방정부의 프로그램들은 상환 일정을 늦춰주고 그들이 대출금을 갚을 수 있는 여건을 마련하는 데 공을 들였다. 그러나 대다수의 대학생은 학자금대출 말고도 개인 빚이 또 있다. 이런 부채들은 현재 학자금대출 자산유동화증권 student loan asset-backed securities(SLABS)으로 알려진 투자자산으로 묶이고 있다. 금융기관들은 그 유동화증권을 사서 대출금 상환을 통해 임대소득을 올린다.

그렇기는 하지만, 상환기간의 지체와 부도 가능성의 상승은 학자금대출을 담보로 하는 채권 가격을 떨어뜨렸다. 금융투자자들에게 이 채권은 리스크가 높고 덜 매력적인 자산으로 보였다. 새로운 위기의 징후로 2015년 9월 유에스뱅코프Us Bancorp는 호가가 너무 낮다는 이유로 30억 달러짜리 학자금대출 자산유동화증권의 판매를 포기했다.[27] 대학생들과 돈이 필요한 사람들에게 더 많이 빌려줄 자금을 마련하기 위해 많은 유가증권을 매각할 때, 이런 위기 발생의 조짐은 자칫 학자금대출 채권 가격을 끌어올릴 수 있다. 심지어 증권거래소에서 유통될 채권이 부족해지는 현상을 초래할 수도 있다. 이것은 공공재를 상품으로 전환하는 과정에서 생겨난 것으로, 결코 '자연발생적' 시장이 아니다.

미국의 학자금대출 미불채무의 규모는 깜짝 놀랄 정도로 크다. 그 학자금대출 시장의 흐름을 추적하는 샌프란시스코 기업 메저원Measure-One에 따르면, 2015년 중반 현재 아직 갚지 못한 학자금대출금은 1조 2,700억 달러로 신용카드 빚을 모두 합친 것보다 많았다. 이것을 갚아야 할 의무는 다른 소비활동을 제한하는 미국 경제의 장애물로 작용하고 있다. 영국에서와 마찬가지로 수백만 명의 미국 청년은 독립해서 새로운 가정을 꾸리는 것을 늦추고 있다. 집을 사는 것이 점점 더 어려워지고 있기 때문이다. 게다가 대학 졸업자들은 갚아야 할 빚 때문에 임금은 낮지만 꼭 필요한 직업인 교사나 사회적 노동은 피하고 부채 상환에 유리한 고임금 일자리를 선택하려고 한다.[28] 학자금대출로 생긴 높은 수준의 부채는 또한 위험을 감수하고 기업가 정신을 발휘하는 혁신적인 일을 하지 못하게 만든다.[29]

학자금대출은 금융자본에 일종의 자산이 되었다. 투자수익을 뽑아내는 하나의 수단이 된 것이다. '교육적 공유지'를 사적 필수품으로 바꿈으로써 대학 졸업 후 장차 벌게 될 소득보다 더 많은 빚을 양산하는 대출에 의존할 수밖에 없게 만들었다. 프레카리아트 계급에 합류할 가능성이 큰 사람들은 높은 교육비를 점점 감당하기 어려워지면서 힘겹게 획득한 사회적 권리를 포기하고 있다. 그들은 또한 제3차 교육이 하나의 상품으로 변질되면서 그것이 주는 역사적 교훈도 깨닫지 못한 채 정치적 권리마저 포기하고 있다.

기숙사 관련 부채

영국의 대학생 기숙사 시장은 점점 성장하고 있는 불로소득 경제rentier economy의 틈새시장이다. 이 시장에 대한 민간 투자 규모는 2015년에 60억 파운드를 기록했는데, 2014년에 비해 2배 넘게 늘어났다. 이런 걱정스러운 추세는 대학생들의 부채 상황을 악화시키고 있다. 초라하지만 대학생들이 경제적으로 감당할 수 있었던 수준의 하숙집이 값비싼 임대료를 내야 하는 고급 숙소로 대체되고 있다.

상황이 이렇게 바뀐 이유 가운데 하나는 민간 개발업자들이 사설 운동시설과 오락실을 갖춘 호화로운 기숙사를 짓기 때문이다. 영국 대학에 유학을 오는 부유한 해외 학생들의 수가 점점 늘어나고 있는 것이 이러한 추세를 촉진한 측면도 있다. 기숙사의 고급화는 단순히 해당 대학의 학위나 졸업장에 대한 가치보다는 그 대학이 제공하는 생활양식과 같은 '총체적 경험'을 기반으로 경쟁을 강화하는 대학들이 자신을 세계 시장에 널리 알리는 데 기여하고 있다.

또 한편으로 영리를 극대화하고 비용 압박을 극복하려고 애쓰는 대학들은 이전의 값싼 학교 기숙사를 민간 투자자들에게 매각함으로써 이미 어느 정도 독점화된 시장semi-captive market에서 글로벌 금융이 활동 영역을 넓힐 수 있는 공간을 창출했다. 2013년 기숙사의 80퍼센트 이상을 영리 목적의 회사들이 제공하고 있었다. 따라서 기숙사비는 급등했다. 2013년의 평균 기숙사비는 일주일에 124파운드였는데, 최대한도로 받은 학자금대출의 95퍼센트를 차지해 다른 생활비로 쓸 돈이 없을 지경이었다. 오늘날 상황은 그때보다 확실히 더 나빠졌다. 학생들은 학기 중 일자리를 구해야 했을 뿐 아니라(2013년에 57퍼센트가 돈벌이를 해야 했던 것이 2015년에는 4분의 3으로 늘었다)[30] 부채도 더 늘어났다. 영국의 주거 관련 자선단체 셸터Shelter의 민간 세입자 조사Private Tenant Survey에 따르면, 2014~2015년에 약 40퍼센트의 대학생들이 방세를 내기 위해 돈을 더 많이 빌려야 한다고 답변했다.

기숙사 '산업'은 대학생 거주 공간에 대한 수요가 공급을 훨씬 앞지르는 상황에서 앞으로도 계속해서 높은 수익을 예상하는 글로벌 금융이 선호하는 경제 부문이 되었다. 미국 투자은행 골드만삭스는 베로그룹Vero Group이라는 대학교 기숙사 벤처기업을 설립했다. 그 회사의 목표는 영국 제일의 기숙사 공급업체가 되는 것이다. 현재 기숙사 관련 영국의 최대 업체는 유나이트Unite라는 회사로 전국에 4만 6,000개의 침상을 보유하고 있다. 많은 투자가 해외, 특히 북아메리카, 러시아, 중동 국가들에서 들어오고 있다. 모두 임대수입을 기대하는 투자자들이다. 2015년에 한 부동산 컨설턴트가 『옵서버』지와 가진 인터뷰에서 말한 것처럼, 대학생 기숙사 관련 부동산은 가장 최근의 '필수자산'이었다.[31]

빚을 양산하는 사회정책

현재 영국에서 개인부채와 가계부채는 또한 복지 혜택과 서비스의 개편으로 가속화되고 있다. 영국 정부는 유명 경제학자 베버리지Beveridge의 말을 빌리자면 '소득능력의 차단과 상실'을 보완한다는 명목으로 지체 없이 지급되던 각종 보조금 대신 수많은 확인과 평가를 요구하는 복잡하고 느린 사회적 지원 시스템을 가동했다. 신속한 사회적 지원이 이루어지지 않음으로써 그동안 생활비를 대기 위해 단기대출을 받아야 하는 사람들이 급증했다.

영국 정부는 또한 실업자들이 구직자 수당을 신청하기 전에 최소한 일주일을 기다리게 했다. 전에는 3일만 기다리면 되었다. 그들은 부채의 굴레에 휘말리는 순간(최근에 실업자가 된 사람들은 과거에 일자리를 잃은 사람들보다 더 깊은 빚의 수렁에 빠진다), 거기서 빠져나오기가 극도로 힘들다는 사실을 금방 알게 될 것이다.

영국 보수당 하원의원 콰시 콰텡Kwasi Kwarteng은 취직하지 못해 국민연금분담금을 납입하지 못한 청년 실업자들은 구직수당을 받되 나중에 취직하면 갚아야 한다고 주장했다. 이것은 정부가 지급하는 보조금이 마치 대출기관이 돈을 꿔주는 것처럼 빚으로 전환된다는 것을 말한다. 그것은 개인에게 보장된 사회적 권리를 또 하나 잃는 것인 동시에 금융 업자들이 임대소득을 올릴 수 있는 새로운 방식의 탄생을 의미한다.

자산유동화: 대출업자의 비장의 카드

채권을 소득 창출 자산으로 전환시키는 상업적 방식인 '자산유동화 securitization'는 거대 사업이 되었다. 대표적인 사례가 주택담보대출과 학자금대출이다. 그 내용은 아주 단순하다. 여러 채권을 한데 묶어 향후 거기서 발생할 상당한 소득 흐름을 예상하고 그것을 팔아 많은 임대수입을 올리는 것이다. 자산유동화는 미국에서 일반 서민의 삶을 망치고 불평등과 경제불안을 격화시킨 금융붕괴를 촉발한 비우량주택담보대출 사건의 중심에 있었다. 그 여진은 지금도 계속되고 있다.

영국에서 이것의 극단적인 경우가 노던록Northern Rock은행이었다. 이 은행은 2007년 이전 주택 경기 호황기에 영국과 국제 자본시장에서 부동산 가치의 125퍼센트까지 파격적인 담보대출을 제공했다. 미국의 유사한 대부업체와 마찬가지로, 노던록은 이런 위험한 담보대출 채권을 한데 묶어 소득 창출 자산으로 만들어 투자자들에게 매각하고 그 수익금으로 부채를 청산하는 방식을 썼다.

그러나 2007년에 신용 경색이 도래하자, 유동화담보대출자산에 대한 수요는 고갈되고 노던록은 부채 상환 일정을 맞출 수 없었다. 결국 노던록은 영국에서 150년 만에 처음으로 파산한 은행이 되었다. 2008년 그 은행은 정부로 소유권이 넘어갔다. 수십억 파운드의 엄청난 담보대출이 여전히 살아 있었고 그 가운데 많은 것이 연체 상태였다. 영국 정부는 시장이 회복될 때까지 담보대출 채권을 계속 보유했다. 그러다 2015년에 12만 5,000가구의 담보대출 채권을 하나로 묶어 '대출 원부'를 미국 사모펀드그룹 서버러스Cerberus에 130억 파운드에 매각했다. 이것은 유럽 국가가 매각한 금융자산 가운데 가장 큰 것이라고 영국의 재무부장관이 야단스럽게 표현한 것처럼, 채권상품의 매각으로는 가장 큰 규모였다.[32]

그 거래는 즉각적으로 논쟁을 불러일으켰다. '부실채권 투자'가 전문인 서버러스는 이전의 13억 파운드의 북아일랜드 부동산대출 채권의 매수사건에서 헤어나지 못하고 여전히 곤혹스러운 상태였다. 서버러스는 그 채권을 매입한 개인들에게 보상을 약속했다는 혐의를 받았다.[33] 게다가 영국 정부는 서버러스가 법인세를 훨씬 덜 낼 수 있도록 그 채권을 서버러스 뉴욕 본사가 아니라 네덜란드에 있는 자회사에 팔았다. 서버러스가 유럽에서 거래를 할 때 세금이 낮은 지역을 찾는 데 공을 들인다는 사실은 이미 널리 알려져 있었다. 영국이 그 거래를 통해 받아야 할 세금을 제대로 받아내지 못했지만, 그러한 거래 관행은 이후로도 계속되었다.

서버러스는 미국 공화당과 긴밀한 관계를 맺고 있다. 서버러스 설립자 스티븐 파인버그Stephen Feinberg는 공화당의 주요 기부자이고, 미국 전 부통령 댄 퀘일Dan Quayle과 전 재무부장관 존 스노John Snow가 회사의 공동의장이다. 서버러스는 2013~2015년에만 유럽에서 270억 유로가 넘는 채권을 매수하면서 최대의 금융대출자산 보유사가 되었다. 그 자산의 대부분은 엄청난 이익을 창출할 여지가 충분히 있는 대폭 할인된 가격으로 구매한 것이었다. 여기에다 2015년 당시에 주택담보대출의 95퍼센트가 신규이고 체불되지 않은 위험도가 낮은 자산이었던 노던록 담보대출자산이 더해졌다.

영국 경제에 관한 한, 정부의 단기 재정 적자를 단번에 메울 수 있는 대신에 오랫동안 지속될 재정 수입을 싼값에 팔아치운 셈이었다. 그러나 진행 중이거나 고려 중인 다른 비슷한 할인 매각들처럼, 그것은 머지않아 집안의 은수저마저 다 팔아먹을 것이라는 헤럴드 맥밀런Harold Macmillan의 유명한 말을 상기시켰다. 스스로 앞날을 암담하게 만들고 있는 것이다.

미국에서는 민간과 공공 대출기관들이 주택담보대출 부실채권을 할인가로 헤지펀드나 헤지펀드를 배후에 둔 업체에 매각하고 있다. 그들 업체는 채무자들에게 체불된 금액을 전부 갚으라고 요구하거나 그렇지 못할 경우 채무자 가족을 집에서 쫓아내는 것도 전혀 주저하지 않았다. 악성채권만 전문으로 사서 독자적으로 채무를 징수하러 다니고 막대한 양의 부실 신용카드와 채권을 단돈 몇 센트로 사들이는 수십억 달러 규모의 기업들도 있다. 그 분야의 대표주자 앙코르캐피탈Encore Capital과 포트폴리오 리커버리 어소시에이츠Portfolio Recovery Associates는 저마다 매년 미국의 채무자들로부터 10억 달러의 빚을 회수한다. 대략 그 금액의 절반은 변호사도 댈 수 없는 가난한 채무자들을 대상으로 수십만 건의 소송을 통해 받아낸다. 채무자 대다수는 식료품비나 공공요금 같은 필수적인 생활비도 내지 못하는 상황이라 빚 독촉에 맞설 아무 수단도 없는 경우가 허다하다.[34]

앞서 언급한 학자금대출 자산유동화증권SLABS은 다른 채권자산보다 훨씬 더 투기적 성격이 강하다. 1992년에 눈에 띄지 않게 시작한 SLABS는 규모가 폭발적으로 커지면서 벤처캐피탈 지원을 받은 여러 기업이 대형 금융회사가 되었다. 2015년 현재 그런 금융사 중 가장 큰 회사는 소피SoFi(사회적 금융Social Finance)였다. 그해 2,200개 대학에서 1만 3,500명의 재학생들이 기존의 학자금대출을 갚기 위해 또다시 10억 달러가 넘는 돈을 빌렸다. 이와 비슷한 주택담보대출과 개인 대출들의 자산유동화를 포함해서 소피의 2015년 총 거래액은 30억 달러 선을 넘었다. 학자금대출 분야의 또 다른 주요 대출기관으로 커먼밴드CommonBand가 있다. 두 회사는 체불 위험이 가장 낮은 일류 대학의 우등생들을 표적으로 삼았다. 이것은 익숙한 민영화의 특징인 체리피킹cherry-picking[마케팅에서 특정 서비스나 제품만 골라 구매하는 행태를 지칭하는 용어]을 생각나게 한다. 그것은 높은 이자를 지불하는 상대적으로 위험도가 높아 보이는 학생들을 기피하면서 학자금대출 시장 계층화의 길을 닦았다. 소피는 대출 상환이 시작된 첫 3년 동안 단 한 명의 체불자도 없었음을 자랑한다. 그러나 이것은 졸업 후 고소득이 보장된 일을 할 학생들을 선별하고 그렇지 못한 학생은 대출 대상에서 배제한 그들의 공식적 대출 관행 덕분이다. 그것은 시장 규칙이지만, 교육은 결코 그렇게 되어서는 안 된다.

결론

"누구든 곡물을 빌렸다고 해도, 폭풍으로 이삭이 쓰러져 농사를 망치거나 물 부족으로 곡식이 자라지 못한다면, 그해에는 곡식 빚을 갚지 않아도 된다. 빚을 적어놓은 서판을 물에 씻고 한 해 동안 지대를 지불하지 않는다."

— 함무라비 법전, 기원전 1792년

역사적으로 모든 경제위기는 머지않아 부채 조정과 탕감을 요구했다.[35] 채무 면제는 함무라비 왕이 그의 지혜를 보여주기 오래전에 이미 시작되었다. 그러나 1차 세계대전이 끝난 뒤 채무 면제는 조건이 나빠지고 까다로워졌다가 2차 세계대전 후 독일을 상대로 더욱 체계화되고 상대적으로 좋아졌다. 하지만 2007~2008년 금융붕괴 이후 채무 면제는 다시 불완전하고 까다로워졌다. 오늘날 세계는 그러한 지혜의 부족으로 비싼 대가를 치르는 중이다.

1927년에 처음 만들어져 가끔씩 불쑥 나타나는 용어로 '더러운 채무 odious debt'라는 말이 있다. 이 말은 정부가 기만적 방식으로 불법 조성해 국민들에게 떠넘긴 부채를 의미하는 것으로 국가 파산 상태를 설명하기에 적합하다. 오늘날 그 대표적 사례가 바로 그리스 정부가 정권을 교체했음에도 계속해서 군비 확충 자금을 마련하기 위해 돈을 빌리는 상황이다. 그리스 정부는 부패한 그리스 정치인과 무기업체, 무기 수입에 열을 올리는 외국 정부들 사이의 지속적 거래를 통해 꾸준히 외화를 유치해왔다. 따라서 그동안 그리스인들이 빚으로 분수에 넘친 생활을 영위했다는 입에 발린 말은 틀렸다. 그 거래 수입이 대부분 외국의 무기 거래상이나 금융 중개업자들에게 돌아갔기 때문이다. 이런 상황에서 평범한 그리스인들이 그 빚을 갚아야 할 의무가 있는가? 사실 잘못은 그리스 당국이 과도하게 돈을 빌리도록 유도한 독일과 프랑스 정부, 그리고 금융과 군사 관계자들에게 있었다.

최근 몇 년 동안 여러 나라, 특히 라틴아메리카의 많은 나라에서 국가 부채에 대한 국민들의 감사가 진행되었다. 경제학자 미셸 후송Michel Husson이 책임자로서 진행한 프랑스에 대한 한 감사는 프랑스 국채의 60퍼센트가 부조리한 조치의 결과라고 결론지었다. 국채 증가의 주된 요인이 공공지출의 증가 때문이 아니라 부자들에 대한 세금감면 때문이었다. 공공지출은 오히려 축소되었다. 그 보고서는 또한 프랑스 공채를 누가 보유했는지는 비밀이라고 지적했다. 그 국가 채무를 갚기 위해 정부가 발행한 공채는 국가 공인 은행들에 매각되고, 그 은행들은 다시 그 공채를 국제 금융시장에 판다. 그러면 정부는 그 공채의 소유자에게 이자를 지급한다. 하지만 그 소유자가 누구인지는 국민들이 알지 못한다.

　프랑스를 비롯해서 여러 나라의 공채에 대한 감사는 국가 채무의 정당성에 대해 많은 의문을 제기하고 국가 채무가 결국은 정치적 흑막 속에서 축적된다는 사실을 지적한다. 산업국 대부분에서 국가 부채가 증가하는 것은 대개 부자들에 대한 세금감면과 일부 선별된 이익집단들에 대한 보조금 지급 때문이다. 국가 부채를 줄이는 문제는 원한다면 증세와 퇴행적이고 비효율적인 보조금 지급 중단을 통해 해결할 수 있다.

　모든 불로소득 경제가 그런 것처럼 부채에 의존하는 사회에 마지막으로 꼭 한마디 할 말이 있다. 많은 심리학자의 연구 결과에 따르면, 빚은 정신건강과 주의력에 악영향을 끼치고 사람의 사고방식을 더욱 수동적이고 보수적으로 이끈다.[36] 부채에 대한 불안감은 사람을 더욱 무기력하고 융통성이 없게 만든다. 수많은 국민을 과다한 부채에 시달리게 하고 더 많은 빚을 지게 만들 환경으로 몰아가는 것은 자유를 서서히 갉아먹는 것이나 다름없다. 자유는 외부의 압력에 의한 지배를 거부하기 때문이다.

5

약탈된 공유지

"울타리가 쳐졌고, 그것은 노동권의 무덤을 짓밟고 가난한 사람들을 노예로 만들었다."

— 존 클레어John Clare가 1815년경에 쓴 시, 「사회 관습The Mores」

"소유는 도적질이다"라고 프루동은 호통을 쳤다. 그 말에 대한 반박은 끝없이 이어질 수 있다. 하지만 세월이 흘러도 부인할 수 없는 것은 한때 '공적' 소유 형태의 공유지였던 많은 땅이 대개 강압이나 기만적 수단으로 갈취되어 사유지와 같은 사적 소유 형태로 전환되었다는 사실이다.

공유지가 인류애와 우리 사회의 역사를 상징한다는 것은 시공을 뛰어넘어 깊은 정서적 공감이 있다. 1842년 젊은 카를 마르크스가 처음으로 급진적 사고를 하게 된 것은 한 지역 제분공장주가 취한 특별한 행동 때문이 아니라, 그가 태어난 모젤 계곡Moselle Valley의 공유지에 울타리가 쳐지는 과정을 목격했기 때문이다. 그 계곡의 삼림에서 여러 세대에 걸쳐 생존에 필수적인 땔감을 마련해왔던 농민들은 갑자기 자신들의 오랜 생활방식을 재생산하는 수단을 잃게 만든 토지 사유화에 직면하게 되었다.

공유지는 예로부터 누구나 거의 평등하게 이용할 수 있는 땅으로 늘 서로 협력하며 사는 생활방식을 상징했다. 평민commoner이라는 개념은 옛 시골생활 사진의 설명글에서 칭송되는 영국 역사의 인정 넘치는 존재다.[1] 영어에서 고어로 '공유하다to common'라는 동사는 평민들의 활동에 참여하고 함께한다는 것을 의미했다. 17세기 초 마그나카르타를 되살려낸 법학자 에드워드 콕Edward Coke은 '공유하다'의 의미를 영리 목적으로 어떤 사물이나 자원을 이용하는 차원이 아니라 관습적인 **활동**을 하는 차원에 두었다.[2]

공유지는 단순히 소유권과 사용 측면에서 공적이라는 의미가 아니다. 그곳은 사적 제한과 가정생활로부터 자유로운 지대다. 여러 세대에 걸쳐 물려받은 공유지는 사회를 위해 마련된 공간을 의미한다. 공유지는 대개 후세를 위해 창출되었고 기득권으로서 남겨졌다. 따라서 공유지는 사적 이해집단들이 합법적으로 빼앗아가거나 사적 이익을 위해 이용될 수 없다.

공동 소유의 땅처럼 '공간적' 의미로서의 공유지가 대다수 사람이 생각하는 공유지 개념이지만, 그것은 결코 유일한 형태가 아니다. 사회적·시민적·문화적·지적(또는 교육적) 의미로서의 공유지 또한 생각할 수 있다. 하지만 오늘날 이 모든 의미의 공유지가 사적 이해집단의 소유로 침식되고 울타리가 쳐지고 불로소득의 원천으로 전환되면서 위협받고 있다. 그리고 이 모든 공유지는 어느 사회 계급들보다 프레카리아트 계급에게 훨씬 더 중요하다. 이런 이유 때문에 나중에 나오겠지만 임대수입을 추구하는 세력으로부터 공유지를 회복시키는 데 가장 관심이 큰 계급이 바로 프레카리아트인 것이다.

역설적이게도 신자유주의 시대는 개릿 하딘Garrett Hardin의 '공유지의 비극tragedy of the commons'을 현실로 가져왔다. 하딘은 1968년 유명한 논문에서 공유지를 이용하는 모든 사람이 거기서 자기 이익을 최대화하고 싶어하는 욕구가 있기 때문에 공유지는 황폐화될 수밖에 없는 운명이라고 주장했다. 그런 주장은 과거에도 있었지만, 하딘의 이론은 민영화의 정당성을 주장하는 신자유주의 경제학자들을 사로잡았다. 그러나 그 주장에 대해서는 늘 이의제기가 있었다. 실제로 하딘은 죽기 직전에 자기 이론을 '관리되지 않은 공유지the unmanaged commons의 비극'이라고 불러야 했다고 고백했다. 그런데 이것은 지금까지 계속해서 일어나고 있던 일이었다. 관리되지 않는 공유지가 점점 더 많아지면서, 울타리가 쳐지고 사유화와 상업화의 희생양이 되는 공유지가 계속해서 늘어났다.

지금까지 공유지가 고갈되는 비극을 제한하는 사회적 관습과 장치들이 있었다. 공유지는 단순히 공적 '자원'의 집합이 아니며, 또한 그렇게 보아서도 안 된다. 이반 일리치Ivan Illich는 안타까운 마음으로 공유지로서의 자연환경은 자원으로서의 자연환경과 구별되어야 한다고 말했다. 전자는 사람들의 생존을 위해 존재하고 후자는 상품 생산을 위해 존재하기 때문이다.[3] 그는 영어에서 그것을 구분하는 말이 사라졌다는 사실을 한탄했다.

하딘에 대한 엘리너 오스트롬Elinor Ostrom의 반박(그녀는 그것으로 노벨경제학상을 수상했다)은 한편으로 역사적이고 다른 한편으로 규범적이었다. 다른 많은 사람처럼 그녀는 대개 신뢰를 바탕으로 하는 작은 공동체들이 공유지의 고갈을 막기 위해 생겨났다고 주장했다. 그렇게 서로 믿는 사회적 연대와 공감의 공동체는 소중하게 여기며 대대로 계속해서 이어져야 한다. 그러나 신자유주의적 의제는 그런 공동체를 파괴하는 것을 목표로 했다. 그런 공동체가 상품화, 상업화, 영리 추구에 맞서기 때문이다.

전통적으로 자유주의 계열 잡지인 『이코노미스트』는 임대수입 추구를 제한적이지만 유용한 방법이라고 규정했다. "경제학자들은 '임대수입 추구'를 정치적 연계를 통해 이루어지는 특별한 돈벌이 방식이라고 부르는데, 그런 정치적 관계를 맺는 방법은 노골적으로 뇌물을 제공하는 것부터 경쟁 배제, 규제 완화, 공적 자산을 헐값으로 기업에 넘기는 것에 이르기까지 매우 광범위하다."[4]

4장에서 주목하는 내용이 바로 이 마지막 측면으로, 개인과 다양한 이해집단, 기업으로 공적 자산을 이전하는 문제에서 공유지를 민간인에게 헐값에 넘기고 그들이 거기서 불로소득을 얻는 문제에 이르기까지를 폭넓게 다룬다.

로더데일 역설과 하트윅의 규칙

이러한 공유지 논의와 관련해서 본질적인 문제지만 그동안 도외시된 명제가 두 가지(로더데일 역설Lauderdale Paradox과 세대 간 공평성Inter-Generational Equity에 관한 하트윅의 규칙Hartwick's Rule) 있다. 1804년 8대 로더데일 백작은 사적인 부가 늘어나면 공적 재산은 줄어든다는 역설을 주장했다. 그는 이것을 무엇보다 토지와 주택의 사적 소유 집중으로 인한 그 밖의 모든 사람이 공유할 자산의 '인위적인 부족' 탓으로 돌렸다.

하트윅의 규칙은 지속 가능성에 대한 문제다. 1977년 경제학자 존 하트윅John Hartwick은 세대 간 공평성을 보장하기 위해서는 사회가 고갈될 가능성이 있는 (따라서 희소한) 자연자산의 추출과 이용으로 얻은 불로소득을 충분히 투자해서 미래 세대가 현재 세대와 동등한 수준의 혜택을 입을 수 있게 해야 한다고 주장했다.

임대수입을 정당화하기 위해 나온 전통적 주장은 만일 어떤 개인이 주택과 같은 자산에 투자한다면, 그들의 투자비용에 해당하는 '경제적 보상'과 그 자산을 다른 사람에게 빌려줄 경우 약간의 추가적 대가를 받을 자격이 있다는 것이다. 그 자산을 '열심히 일해서' 얻은 것인지 아니면 상속받은 것인지를 따지지 않는다면, 합리적 주장처럼 보인다. 그러나 그 자산을 획득하거나 이용하는 비용만이 중요한 요소는 아니다. 자산을 보유한 사람이 얻는 대가는 그 자산의 **희소성**과도 밀접한 관련이 있다. 특정한 나무숲의 축축한 토양에서 자라는 못생긴 송로버섯을 생각해보라. 그 버섯은 맛이 뛰어나고 특이한 향내로 유명하지만 일반적으로는 그것을 발견하고 채취하는 데 그다지 큰 비용이 들지 않는다. 그럼에도 수요가 공급을 초과하기 때문에 그 가격(과 경제적 보상)은 치솟았다. 북부 이탈리아 일부 지역에서는 커다란 송로버섯을 발견하면 유명 인사이자 부자가 된다.

전통적인 정치경제학자들이 이해하는 바에 따르면, 불로소득은 자산의 희소성에서 나온다. 희소성은 자연발생적일 수도 있고, 송로버섯의 경우처럼 수요가 자연에서 생산하는 양을 능가하거나 생산이나 이용에 물질적 제한이 있기 때문일 수도 있다. 그러나 현대 자본주의에서 희소성은 대개 인위적인 경우가 많다. 소수가 어떤 자산의 대부분이나 전부를 소유하기 때문이며, 다양한 규칙이 생산이나 판매를 어렵게 하기 때문이거나 수요가 공급을 초과하도록 교묘하게 부추겨지기 때문이다. 공유지에 울타리를 치는 것을 제한하기 위해 튜더 왕조 시기에 제정된 한 법률은 인위적으로 희소성을 조작해내는 방식을 '독점'(소유권이나 통제권을 독점하는 것), '매점매석'(재판매를 위해 상품을 구매하는 것), '거래 방해'(가격을 끌어올리기 위해 시장에서 상품 거래를 막는 것)로 묘사했다. 이런 장치들은 모두 지금도 여전히 작동되고 있다.

공적이고 모든 사람이 이용할 수 있도록 개방된 '공유지'와 모든 것을 사적 소유와 영리를 위한 상품으로 바꾸는 '상업화' 사이에는 늘 긴장관계가 존재했다. 마르크스의 용어를 써서 말하면, 공유지는 교환가치가 아닌 사용가치가 있다. 그것은 영리를 목적으로 사고팔 수 있는 상품이 아니며 절대 그렇게 될 수 없기 때문이다. 교환가치 대비 사용가치의 그러한 우위는 공유지의 필수요소다. 신고전주의 경제학자들은 이것을 잘못 이해했다. 자연과 그 구성요소들은 교환가치가 없기 때문에 '공짜'라고 생각한 것이다. 그들은 자연이 상업화되거나 '환경서비스'로서 가치가 있을 때만 성장과 부의 축적에 기여한다고 본다.

역사적으로 강력한 이익집단들은 늘 공유지(그것이 토지든 다른 공간이나 편의시설, 지적 아이디어든)를 사유화하고 외부의 접근을 막고 상업화해 희소성을 획책함으로써 소득 창출 자산으로 전환시키려고 애썼다. 그들의 시도가 성공하는 한, 공유지의 사유화와 민영화는 불로소득을 급증시키고 그 공급원을 확산시킨다. 로더데일 역설이 예견한 대로 사적인 부는 늘어나는 반면, 공적인 재산은 줄어든다.

대개 '자원 임대수입resource rents 투자'로 요약되는 하트윅의 규칙에서 주장하는 핵심은 (당초에 고갈 우려가 있는 자원의 채취와 관련된) 희소성 덕분에 발생한 임대수입은 현재 세대와 마찬가지로 미래 세대도 혜택을 입을 수 있도록 투자되어야 한다는 것이다. 이 규칙을 둘러싸고 정교한 경제적 주장이 생겨났다. 여기서 그것을 세부적으로 논의하지는 않을 것이다. 다만 그 주장의 요점은 전체적 관점에서 사회는 시장 가격에 반영되지 않는 공해와 같은 부정적인 '외부효과externality'를 보상하는 동시에, 모두의 행복과 생활수준을 높이는 데 기여하기 위해 자연자원을 이용함으로써 소득을 올려야 한다는 것이다. 이것은 지속 가능한 개발이라는 생각의 핵심 내용이다. 세계은행이 결론을 내린 것처럼, "하트윅의 규칙은 재생되지 않는 자원에서 발생한 임대수입이 그냥 소비를 위해 쓰이지 않고 지속적으로 투자된다면, 소비가 유지될 수 있다(지속 가능한 개발의 정의)고 단언한다."[5]

대부분의 정부는 하트윅의 규칙이 암시하는 것을 시도조차 하지 않았다. 그들은 기업들에 외부효과에 대한 비용을 지불할 의무를 지우기는커녕 자연자원의 상업적 이용을 통해 발생한 불로소득의 상당 부분을 챙겨갈 수 있게 했다. 게다가 앞서 3장에서 본 것처럼, 기업들은 그들의 자원 고갈을 부추기는 다양한 국가보조금과 세금우대조치를 통해 불로소득을 얻기도 했다.

공간적 공유지: 인클로저의 비극

"법은 공유지에서 거위를 훔치는 사람은 남녀를 불문하고 모두 감옥에 가둔다. 하지만 거위들에게서 공유지를 약탈해가는 더 흉악한 도둑놈은 풀어준다."

— 17세기, 작자 불명

땅, 숲, 대양, 강, 호수, 지하광물, 지상의 모든 야생 동식물, 심지어 우리가 숨 쉬는 공기를 포함해서 모든 자연자원은 공간적 공유지에 속한다. 이것들은 대중이 쉽게 상상할 수 있는 공유지들이다. 영국에서 이런 공유지의 중요성은 1217년 당시 아홉 살의 헨리 3세가 마그나카르타의 핵심 요소로서 발표한 삼림헌장Charter of the Forest에서 처음으로 공식 인정했다.[6] 1225년에 다시 발표된 삼림헌장은 1299년에 에드워드 1세가 재천명했다. 그는 삼림헌장과 마그나카르타를 관습법과 성문법으로 공식화했다.

삼림헌장은 '자유'민이 공유지를 자유롭게 배회하고 여행할 수 있는 권리와 함께 거기서 생계를 영위할 수 있는 생존권이 있음을 인정했다. 삼림헌장은 '생존, 인클로저 금지, 이웃 관계, 여행과 배상'의 원칙들을 중요하게 다루었다.[7] 삼림헌장은 또한 생계를 유지하기 위해 공유지에서 나는 모든 산물, 즉 생필품을 지칭하는 에스토바estovar를 채취할 수 있는 권한을 포함해서 미망인을 위한 권리를 주장한 최초의 여권 옹호 헌장이기도 했다. 그리고 그것은 자원을 끊임없이 재생하는 공유지를 보존하고 그것을 지속 가능한 방식으로 공유(협력)할 권리를 지키고자 한 최초의 생태헌장이었다. 삼림헌장은 개인의 이익을 위해 수로를 막는 것 같은 공유지를 상업적으로 침해하는 행위를 금지하고, 그것을 어겼을 경우에는 그에 상응하는 배상금을 물어내야 한다고 선포했다.

그럼에도 영국을 비롯한 많은 나라에서 시대를 불문하고 자원을 끊임없이 재생하는 모든 형태의 공유지는 정부가 이끈 다양한 인클로저, 민영화, 상업화 조치를 통해 계속해서 침식되었다. 인클로저는 산업자본주의 등장의 중심축이었다. 땅을 빼앗긴 많은 농촌 거주민은 제분소와 공장에서 임금을 받고 일하며 먹고살 수밖에 없었다. 19세기까지 그 상황이 그대로 이어지면서 생존권은 서서히 박탈되었다. 그러나 20세기에 사회민주주의 정부가 들어선 뒤 생계와 관련해서 공유지의 역할은 점점 약해졌다. 국가가 생계를 보장하는 역할을 떠맡으면서 공유지를 지키는 사람들이 신자유주의 시대의 맹습에 그대로 방치해두었다.

전통적 공유지의 파괴는 전 세계적 양상을 띠었다. 전 세계의 신자유주의 정부들은 '민중의 땅'뿐 아니라 거기서 나는 자원들을 사유화하는 것까지 정당화하기 위해 엄청난 궤변을 늘어놓았다. 그러한 사례들 가운데 최악은 전자산업을 위한 세계적인 광물 약탈이었다. 그들은 대개 원주민의 땅을 몰수하거나 약탈해서 남아도는 값싼 노동력을 이용해 광물을 채굴했다.

북해 석유 채굴이 대표적인 경우다. 그것의 소유권이 영국에 있는지 스코틀랜드에 있는지 같은 논쟁적 문제는 차치하고, 공평성 문제로 볼 때 그것은 사회 전체의 이익을 위해 이용되는 것이 마땅했다. 하트윅의 규칙이 적용되었어야 했다. 그러는 대신에 한 엘리트집단에게 엄청난 불로소득이 이전되었다. 석유 판매로 얻은 수익금을 국부펀드로 적립한 노르웨이와 달리, 대처 정부는 몇몇 다국적 기업에 헐값으로 석유 시추 지역을 매각했다. 게다가 그들 기업은 생산 확대를 명목으로 국가보조금까지 받았다. 따라서 석유 판매로 올린 많은 수익이 해외로 흘러나갔다. 역설적이게도 북해 석유 생산량의 상당 부분은 중국 **국영**기업들이 채굴한 것이었다.

또 다른 대표적 사례로 셰일가스 채굴을 들 수 있다. 다른 나라들과 마찬가지로 강력한 이해집단들의 로비를 받은 영국·스코틀랜드·아일랜드 정부는 기업에 공유지를 소유하고 이용할 권리를 줌으로써 셰일암석(혈암)에서 가스를 추출해 불로소득을 올릴 수 있게 했다. 그러한 불로소득을 올리는 데 들어간 환경·사회 비용을 부인할 사람은 아무도 없다. 하지만 토지 소유주와 지방정부는 오히려 자기네 땅을 수압파쇄를 통해 셰일가스를 시추하도록 허용하는 대가로 국가보조금을 지급받기로 했다. 게다가 2015년 총선 전에 에너지부장관 앰버 러드Amber Rudd가 귀중한 야생공간인 국립공원을 보호하겠다고 서약했음에도 현재 정부는 기업들이 그 지역에 시추공을 뚫을 수 있게 허용한 상태다. 그녀는 "국립공원과 과학적으로 특별한 관심 지역에 수압파쇄로 시추공을 뚫는 것을 전면 금지하기로 합의했습니다"라고 말했지만, 선거가 끝나자마자 그 지역에 셰일가스 시추공을 뚫는 작업을 허용할 것이라고 발표했다.[8]

그 뒤 지역사회부장관에게 시추공 굴착 계획에 대한 최종결정권이 주어졌고 지방의 민주적 통제권은 사라졌다. 이제 지방정부는 절차나 원칙도 없이 강제로 시추공 굴착 신청서가 들어오면 신속하게 처리해야 한다. 그런데 지역사회부장관은 지방정부에서 내린 굴착 거부의 근거가 부당하다고 간주되면 그 결정을 뒤집을 수 있다. 게다가 지방정부의 거부 결정에 대한 기업의 항소는 지역사회부장관이 판정을 내리는데, 그러한 판정의 근거는 기술적이 아닌 정치적인 이유다. 지역사회부가 표현하는 것처럼, "주무장관은 본인이 감독관을 대신해서 이들 항소에 대해 결정 내리는 것을 지휘한다."

셰일가스 시추공을 뚫는 작업만 그런 것이 아니다. 2015년 노스요크 무어스국립공원North York Moors National Park 당국은 광산업체 시리우스 미네랄Sirius Minerals이 세계 최대의 칼리 광산 가운데 하나를 개발하는 계획을 가까스로 허가했다. 이 계획은 무어스국립공원의 지하 침전물을 옮기기 위해 땅바닥을 1.5킬로미터 깊이로 수직으로 뚫어 37킬로미터에 이르는 지하터널을 건설하고 공원의 내부와 외부에 기반시설을 구축할 예정이었다. 당국자들은 "경제적 이익(……)과 제공되는 경감/보상의 정도(……)는 피해의 범위를 넘어서지 못한다"고 주장하는 보고서를 작성하고 공원 당국에 "현재와 미래 세대가 노스요크무어스를 향유할 수 있도록 그곳을 보존하고 발전시킬 법적 책임"이 있음을 지적했다.[9] 그러나 기이하게도 그들은 그 광산 개발에 반대를 권고하지 않았다.

이 17억 파운드 규모의 프로젝트를 통해 1,000개의 일자리가 창출되고 수출이 증진되며 침체된 지역경제가 활성화될 것(의심적은 가정을 바탕으로)이라는 시리우스의 주장에 대한 지역민의 지지가 있었기 때문이었을 수 있다. 지역 농민들과 토지 소유주들 또한 자기네 땅 지하에 묻힌 칼리 채굴을 통해 상당한 수익금(불로소득)을 챙길 수 있을 것으로 생각했다. 따라서 환경보호단체의 탄원을 무시하고 정부가 공개조사 요청을 거부한 것은 놀랄 일이 아니다. 거대한 상업 세력이 계속해서 위력을 행사할 수 있도록 허용한 것은 바로 국민을 위해 공유지를 보호할 책임이 있는 정부 당국이었다.

그레이트브리튼 섬에는 국립공원이 열다섯 곳 있다. 그들 국립공원은 전체 섬 면적의 8퍼센트를 차지하는데, 1949년에 제정된 국립공원 및 전원지대 출입법National Parks and Access to the Countryside Act에 따라 '보호 지역'으로 지정되어 있다. 그러나 잇따른 정부들은 국립공원의 역할이 이 인구 과잉 상태의 나라에서 '브리튼 섬의 숨 쉴 수 있는 공간'을 제공하는 것을 인정하면서도 공원 당국에 대한 자금지원을 삭감함으로써 공원 도로와 숲을 유지·보수할 자금을 마련하기 위해 토지 일부를 매각할 수밖에 없게 했다. 예컨대 잉글랜드 북서부의 호수가 많은 레이크디스트릭트Lake District는 연간 예산이 2010년과 2015년 사이에 38퍼센트나 대폭 삭감되면서 공원 당국이 국가 공유지의 상징이 되는 이 소중한 지대의 일부를 매각하지 않을 수 없게 만들었다.

마찬가지로 1851년 빅토리아 여왕이 국민에게 헌납한 런던의 왕립공원 여덟 곳은 도시 공유지의 필수요소를 구성하면서 부자든 가난한 사람이든 모든 국민이 무상으로 이용할 수 있는 녹지공간으로 계획되었다. 하지만 오늘날 그 공원은 상업화되고 있다. 2009년과 2014년 사이에 정부가 런던 왕립공원의 예산을 25퍼센트 삭감하자 공원 당국은 수입의 60퍼센트를 자력으로 벌지 않으면 안 되었다. 하이드파크Hyde Park의 윈터 원더랜드Winter Wonderland[겨울마다 공원 안에 만들어지는 놀이공원], 프롬스 인 더 파크Proms in the Park[세계 최대의 여름 클래식 음악 행사], 록 콘서트는 품격 있는 공간과 대중의 '조용한 향유'를 갉아먹는다. 그런 행사기간뿐 아니라 행사가 끝난 뒤에도 잔디밭을 복원하기 위해 공원의 상당 부분을 차단해야 한다. 일단 상업화가 하나라도 허용되면, 또 다른 상업화가 그 뒤를 따르기 마련이다.

영국에 2만 7,000곳 넘게 있는 공립공원은 늘 긴축경제를 이야기하며 잡아먹을 기회를 노리는 민영화 주창자들의 손쉬운 표적이 된다. 그러나 그 공원은 도시에서 건강한 삶을 누리기 위해 꼭 필요한 공간이다. 공원 근처에 사는 것이 건강과 행복감을 향상시킨다는 조사 결과도 있다. 그것은 개인이 얻는 사회적 소득의 일부다. 공원에 가면 모든 연령층의 남녀를 만날 수 있다. 한가로이 거니는 연인들, 뛰어다니며 노는 아이들, 가

볍게 뛰거나 걷기 운동을 하는 사람들, 건강을 위해 산책하는 노인들. 이 모든 활동은 매우 소중한 가치가 있지만 누구도 돈을 받지 않는다! 오직 가짜 경제 계산법만이 이러한 공원의 용도를 무가치하다고 할 것이다. 그러나 런던 시의회의 교통환경위원회는 중앙정부의 강제적 예산 삭감이 런던의 공원들을 사기업에 서서히 매각하게끔 위협한다고 경고했다. 각종 예산심의회들은 점점 늘어나는 노숙자를 비롯해 사회적 보호를 필요로 하는 사람들에 대한 지출에 우선권을 줄 수밖에 없기 때문이다.

오늘날 위협받고 있는 또 다른 공간적 공유지는 전통적인 '배회할 권리'다. 1925년에 제정된 재산법Law of Property Act은 공공보도로 알려진 14만 마일[약 22만 5,300킬로미터]의 길에 모든 사람이 통행할 권리를 부여한다. 그러나 정부는 최신 등기부에 등재가 아직 확인되지 않은 모든 역사적 통행권에 대해 2026년까지 최종 확인 작업을 완료하기로 했다. 하지만 그 기한 내에 이 옛날 통행권을 확인하고 등록하는 것은 매우 어려운 일이다. 그렇게 하지 못할 경우, 그 통행권은 모두 없어질 것이다.

공유지는 또한 자연자원의 민영화를 통해 침식·파괴되고 있다. 그 대표적인 예가 물이다. 민영화는 기업가들이 자원의 공급을 제한(인위적으로 희소성을 획책)해서 이익을 최대로 보장하는 방향으로 이끌어 가격을 올림으로써 불로소득을 증대할 수 있게 한다. 그들은 장기적 결핍을 창출하는 대가로 단기적 이익을 얻을 수 있다. 대부분의 유럽 국가는 현명하게도 물 공급을 공공기관의 책임 아래 두었다. 영국은 지금까지의 경험으로 볼 때 기존 물 공급의 민영화에 변화를 줄 가능성이 없다.

민영화를 지지하는 쪽은 민간기업이 공공기관보다 더 효율적이고 기반시설, 특히 (대개 빅토리아 시대의) 낡은 배수관을 교체하고 저장설비를 개선하는 것에 대한 투자를 위해 더 많은 돈을 벌 것이므로 민영화가 필요하다고 주장했다. 그러나 그 어느 쪽도 사실로 입증되지 않았다.[10]

공익기업체로 남아 있는 스카티시 워터Scottish Water는 잉글랜드에 있는 10개의 민간기업들보다 더 많이 투자하고 수도요금도 더 싸게 받았다. 영국의 민간기업들은 (세금을 적게 내기 위해) 스스로 부채를 잔뜩 지고 주주들(점점 늘어나는 사모펀드집단)에게는 넉넉한 배당금을, 회사 경영진에게는 엄청난 상여금을 지급했다. 런던에 물을 공급하는 템스 워터 Thames Water는 한 사모펀드 컨소시엄이 소유하고 있는데, 요금을 꾸준히 올리고 있는데도 부채가 심각한 수준이므로 만성적 공급과 누수 문제 해결을 위해서는 기반시설 개선과 관련해서 정부의 지원이 필요하다고 강력히 주장했다. 사우스웨스트 워터South West Water의 요금은 너무 높아서 정부가 가정의 수도요금을 깎아주기 위해 기업에 요금 일부를 지불한다. 역설적이게도 영국의 물 민영화로 가장 큰 혜택을 입는 것은 **외국 정부 자본**이다. 중국·싱가포르·중동 국가들의 국부펀드가 그것이다.

물 민영화는 영국 철도 민영화의 경험과 일맥상통했다. 우선 요금이 급등했다. 따라서 이익도 급증했고 그 가운데 상당 부분이 해외로 흘러나갔다. 영국 철도업체의 3분의 2가 독일·네덜란드·프랑스 국영철도청을 포함하는 외국 기업이었다. 그러나 그 외국 기업들은 국유산업보다 훨씬 더 많은 국가보조금을 요구한다. 1993년에 민영화되기 전의 브리티시 레일British Rail은 13억 파운드의 국가보조금을 받았다. 그러나 2006~2007년에 정부가 민영사업자들에게 지급한 보조금은 1년에 68억 파운드가 넘었다.[11]

제대로 평가가 이루어지지 않고 있는 공간적 공유지를 침해하는 또 다른 사건은 하늘, 특히 밤하늘에 대한 사유화 문제다. 기업들은 자기 것도 아니면서 우리 모두의 공간을 잠식함으로써 수입을 올리고 있다. 우리는 밤마다 사람들의 마음을 유혹하며 반짝이는 네온사인 간판에 실린 상업광고의 폭격을 받는다. 눈을 감고 걷지 않는 한, 그 광고 세례를 피할 수 없다. 바르샤바는 그것의 극단적인 사례를 보여주는 곳이다. 시내 고층건물 위에 세워진 30제곱미터 크기의 네온사인 광고판에서 반짝이는 남성용 사각팬티 광고는 첫눈에 사람들의 미소를 자아낸다. 하지만 그것은 문화적으로 천박하고 도심의 스카이라인을 엉망으로 만든다. 광고 배경음악을 지칭하는 '무자크muzak' 또한 기업가들이 공공의 공간을 오염시키는 소음공해라는 지적을 피할 수 없다.

공유지의 상업화를 보여주는 궁극적 사례는 2015년 중국에서 나타났다. 중국의 도시들은 불로소득 자본주의의 최전선에 있다. 그 공간은 부호들의 금권정치가 급증하는 동시에 프레카리아트 계급이 전 세계에서 가장 큰 규모로 확산되고 있는 곳이다. 그들 도시는 또한 연중 많은 날들을 옥외에서 호흡하는 것이 위험할 정도로 유독성 스모그로 심각하게 오염되어 있다. 신선한 공기는 어느새 희소상품이 되었다. 한 진취적 캐나다 신생업체가 그 상황을 적절히 이용해 로키산맥의 신선한 산 공기를 병에 넣어 스모그에 찌든 중국 도시들에 팔았다. 한 병에 10달러인 그 상품의 시장 수요는 공급을 훨씬 뛰어넘었다.

공유지의 상업화와 민영화는 공식적인 어휘로 형태를 갖추면서 불로소득 추구의 영역을 확장시키고 있다. 신노동당 정부는 무의미한 작업인 '잉글랜드 생태계의 연간비용'[12]을 계산하기 위해 한 민간 조사업체에 10만 파운드를 지급함으로써 이 일을 시작했다. 돈을 받아 챙긴 그 업체는 당연히 "일부 생태계는 가치가 무한할 수 있다"고 결론을 내렸다. 하지만 이런 결론에도 불구하고 연립정부는 DIY 제품 전문매장 체인인 B&Q를 소유한 다국적 소매업체 킹피셔Kingfisher그룹의 회장 이안 체셔 경Sir Ian Cheshire이 지휘한 '기업 주도의 독립적인' 생태계 시장 대책반을 구성하는 것을 멈추지 않았다. 이 대책반은 2013년 3월 최종보고서에서 "연간 대략 수십억 파운드에 이르는, 자연과 관련 시장의 엄청난 성장 가능성"을 확인했다고 주장했다.

그 대책반이 쓴 용어들을 보면, 이미 대책반의 조사 작업이 공유지의 상업화를 전제로 하고 있음을 알 수 있다. '자연자본', '생태계 서비스', '녹색 기반시설green infrastructure', '자산집단asset class'(자연 산지를 지칭), '생태계 시장' 같은 용어들이 보고서 안에 등장한다. 정부는 그 보고서가 쓰는 용어들을 이어받아 토지 소유주를 '생태서비스 제공자'라고 불렀다. 그들은 어쩌면 그 '서비스'를 제공하는 대가로 사용료나 국가보조금 수수를 기대할 수도 있기 때문이었다. 한편, 그 대책반은 "이 혼합된 수입 흐름과 자산유동화가 환경채권의 투자수익률을 높이는 방법을 평가하기 위해 시티오브런던의 금융전문가들을 활용"할 것을 언급하면서 최종 불로소득자에게 관심을 갖고 접근할 것을 권고했다.

이 대책반의 산하 조직인 자연자본위원회Natural Capital Committee는 브리튼 섬의 모든 자연물에 가치를 매기는 작업을 하고 있다. 자연자본에 대한 한 정의에 따르면, "'자연자본'은 사람에게 가치 있는 재화와 서비스 생성에 기여하는 생물과 무생물 둘 다를 포함해서(사람과 사람이 만든 것이 아닌) 생태계를 구성하는 모든 요소를 말한다."[13] 하지만 자연은 상업적 용도로 전환되지 않는 한 자본이 아니다. 자연을 자연자본이라고 부르는 것은 그것이 더는 공유지의 일부가 아니라는 의미다. 따라서 자연자본위원회의 한 위원이 말한 것처럼,[14] 세계의 산들을 자연자본이라고 부르는 것은 아무 의미가 없다. 자본은 생산관계, 이익 창출과 관련이 있는 말이다. 그 위원회는 자연을 상업화하는 방식을 찾고 있는 중이다. 그런 일을 하도록 결정한 민주적 절차도 없었고, 그것을 책임지는 조직 체계도 없다.

공간적 공유지의 고갈은 전 세계적 현상이다. 공유지와의 전쟁은 세계화의 필수요소이며 그것에 대한 저항은 무력해졌다. 유엔의 세계문화유산보호제도가 그나마 전 세계 공유지를 지키는 칭송할 만한 든든한 장벽이다. 그것은 세계적으로 중요하다고 여겨지는 장소들에 대한 인상적인 목록을 구축했다. 2014년 오스트레일리아의 신자유주의 정부는 태즈메이니아Tasmania 야생지대의 7만 4,000헥타르에 이르는 숲을 다시 상업적으로 벌목하기 위해 보호 지역에서 해제하려고 했다. 세계문화유산의 감시단체인 유엔교육과학문화기구(유네스코UNESCO)는 이런 세계문화유산목록에서 삭제하려는 행태가 향후 다른 많은 나라에서도 유사한 조치를 조장할 계기가 될 것이라고 주장하며 오스트레일리아의 '용납할 수 없는 선례'를 거부했다. 그러나 세계문화유산은 현재 위협받고 있는 전 세계 공유지의 극히 작은 일부일 뿐이다.

공유지를 대개 시골 지역으로 생각하는 경향이 있다. 그러나 크고 작은 도시도 공유지가 점점 위협받고 있는 지역이다. 공원뿐 아니라 모든 거리와 광장을 생각해보라. 가로수도 공유지의 일부다. 토론토에서 수행된 연구에 따르면, 가로수가 늘어선 거리에서 생활하는 것은 사람들에게 더 젊고 풍족한 느낌을 주어 정신건강을 향상시킨다.[15] 그러나 브리튼 섬

국가들은 산림위원회Forestry Commission가 있어 국유지 삼림지대를 관리하지만, 가로수 관리 책임을 맡은 정부 부처나 기관이 없는 까닭에 도심 가로수들이 위기에 처해 있다. 긴축재정 기조를 고수하는 지자체 당국은 가로수를 유지·보호·이식하기 위해 필요한 예산을 계속해서 삭감하고 있다.

셰필드 시는 2012년 예산 감축으로 가로수 관리 부문을 부분적으로 민영화했다. 시의회는 도심의 가로수 3만 6,000그루를 포함해서 도로 관리를 위해 에이미Amey라는 기업과 25년 동안 민간투자개발사업private finance initiative(PFI) 계약을 맺고 민관합작사업을 개시했다. 에이미는 곧바로 다 자란 가로수를 자르기 시작해서 2012년과 2015년 사이에 2,000그루를 베어내어 주민들을 실망시켰다. 에이미와 시의회는 그 나무들이 죽어가고 있거나 위험하거나 길을 막고 서 있어서 베었다고 주장하지만, 사람들은 에이미가 가치치기 비용을 줄이고 보도가 손상되는 것을 최소화하는 가장 값싸고 이익이 큰 방법을 택한 것이라고 비판했다. 공유지가 또 한 부분 사라진 것이다.

도시 공유지(도로와 광장, 주거·비주거 공공재산 전역)의 민영화와 상업화는 더욱 체계적으로 이루어지고 있다. 전 세계 도시의 공공장소는 대개 '재생'이나 재개발 계획의 일부로서 공유지의 영역에서 민간 불로소득 자본rentier capital으로 바뀌고 있다.[16] 2013년 터키 정부가 이스탄불 시민들의 휴식공간인 탁심 게지 공원Taksim Gezi Park에 쇼핑몰을 짓는 것을 허가한 조치에 반대해서 일어난 항의시위를 상기해보라.

브리튼 지역, 특히 런던에서 민간, 대개 외국 자본이 도시의 공유지를 침해하는 일은 이제 고질적 현상이 되었다.[17] 그 대표적인 사례가 런던

배터시발전소역Battersea Power Station 재개발 사업의 주관사인 말레이시아 컨소시엄이 건설한 말레이시아 광장이다. 그 광장은 한 부동산중개인이 '템스 강의 싱가포르'라고 부른 '고도의 보안을 요하는 개발' 사업으로 482에이커(195헥타르) 규모의 나인 엘름Nine Elms 지구의 일부다. 주로 아시아인 중심의 외국인 투자자들 수천 명이 그곳에 세워지는 초고가 아파트를 건설 전에 이미 매입했다. 대다수가 거기에 살 생각은 없었다. 심지어 아파트가 완공되기 전에 재매각이 성행하면서 수익성 높은 유통시장이 형성되었다. 한 부동산중개인은 투자자들이 아파트 사전판매를 '외환거래'나 '외환투기'처럼 생각한다고 말했다.[18]

말레이시아 광장은 한 덴마크 건축가가 설계했는데, 영국에서 그의 첫 번째 작품으로서 초현대적인 사진을 배경으로 다음과 같은 설명이 붙어 있다.

말레이시아의 독특한 풍경과 지리를 참고로 해서 교량과 계단을 복합적으로 통합한 2단계 도심지 협곡. 공간 구성은 말레이시아의 구눙물루 국립공원Gunung Mulu National Park에서 발견된 동굴을 연상시키는 석회암·화강암·대리석을 포함한 매우 다양한 마감재들로 덮일 것이다. 원형극장의 중앙에 분수대를 설치할 예정인데, 분수대는 말레이시아 국화 형태로 꾸며질 것이다.[19]

런던은 글로벌 불로소득 경제의 일부로 바뀌고 있다. 런던 고유의 특징도 없고 런던의 일반 시민들이 자유롭게 이용할 수 있는 공간도 줄어들고 있다. 도시 공유지의 민영화는 오늘날 팝스POPS(privately owned public spaces)라고 줄여서 말한다. 점점 많은 광장과 정원, 공원이 공공장소처럼 보이지만 사실은 민간 소유라는 것을 표시한다.

2009년 당시 런던시장이었던 보리스 존슨Boris Johnson은 런던 시민들을 자기가 사는 도시를 무단침입한 사람처럼 느끼게 만든 거리와 공공장소에 대한 '기업화'를 한탄했다. 심지어 그가 근무하는 시청 건물과 13에이커[약 5만 2,600제곱미터] 면적의 대지도 2013년에 쿠웨이트의 부동산관리회사인 세인트마틴St. Martins이 사들인 모어런던More London의 소유다. 세인트마틴은 그 밖에도 런던의 주요 부동산을 대거 보유하고 있다. 유럽에서 가장 큰 노천공간 가운데 하나인 런던 킹스크로스역King's Cross Station 옆에 새로 조성된 그래너리 광장Granary Square은 민간 소유 부동산이다. 그러나 존슨은 입으로는 '기업화'를 한탄하면서 실제로는 유례를 찾아볼 수 없을 정도로 민영화와 기업화를 확대했다. 그는 나인 엘름 지구 개발과 템스 강을 가로지르는 민간 가든브리지 건설 제의를 지켜보았다. 그 다리는 일반인의 통행권이 보장되지 않으며 기업 행사가 열리면 폐쇄될 것이다. 유서 깊은 재래시장인 스피탈필드마켓Spitalfields Market과 런던 동부의 역사적 거리들이 있는 비숍 광장Bishops Square은 JP모건 자산관리회사에 팔렸다.

이 밖에도 영국에서 민영화된 공공장소는 버밍엄의 브린들리플레이스Brindleyplace, 포츠머스의 건워프퀘이스Gunwharf Quays가 있다. 그리고 리버풀의 주상복합단지 리버풀원Liverpool ONE은 웨스트민스터 공작의 그로스베너 에스테이트Grosvenor Estate가 소유하고 있다. 엑시터Exeter 시의 쇼핑가 프린세스헤이Princesshay는 부동산그룹 랜드 시큐러티스Land Securities와 영국 왕가의 부동산을 관리하는 크라운 에스테이트Crown Estate가 소유하고 있다. 부동산 개발업자들은 종종 자신들이 새로운 공공장소를 창출하고 있다고 주장한다. 이를테면 버려진 땅을 되살리고 있다고 하지만, 사실 그런 장소들은 시민들의 자유공간으로서 도시 공유지를 늘리는 것이 아니라, 부동산 임대와 소매점 운영을 통해 임대수입을 극대화하려는 기업가들의 손에 개조되고 있는 것이다.

도시의 방대한 지역을 깨끗이 정비하는 것은 '무미건조한 기업 환경 corporate sterility'을 조성하기 위해 지역의 전통과 특성을 제거하는 것일 뿐 아니라, 때로는 이른바 거리정치와 거리예술이라고 부르는 형태의 창조성과 표현을 가로막는 장벽을 세우는 것이다. 사회학자 사스키아 사센 Saskia Sassen이 역설한 것처럼, 상업적 초대형 개발사업은 도시의 세포조직을 죽이고 도시생활의 특성을 없앤다.[20] 런던에서 일어나는 모든 개발이 "시골마을을 도시로 바꾼다는" 생각으로 진행되고 있다는 존슨 같은 정치가들의 말은 솔직하지 못하다. 그것보다 더 중요한 일은 도시를 도시답게 만들고 지방소도시를 지방소도시답게 만드는 것이다.

공공장소의 민간 소유자는 사람들이 먹고 마시고 자전거나 스케이트보드를 타고 버스킹을 하고 잠깐 낮잠을 자고 심지어 사진 찍는 것을 금지하거나 제한할 수 있다. 또한 그들이 원한다면 여러 명이 함께 접근하는 것을 거부할 수도 있다. 민영화는 필연적으로 사회적·정치적 활동을 제한한다. 2011년(과 그 이후) '런던을 점거하라Occupy London' 시위자들은 패터노스터 광장Paternoster Square의 증권거래소 앞에서 집회가 금지되었다. 법원 판결문에 나온 것처럼, "시위자들은 완전히 사유지인 그 광장에서 시위나 항의 집회를 할 권리가 없다"는 이유 때문이었다.[21] 세인트폴 대성당 옆에 있는 패터노스터 광장은 거기에 있는 골드만삭스, 메릴린치, 노무라증권 같은 투자은행 사무실을 비롯한 많은 부동산으로 엄청난 임대수입을 올리는 일본의 미쓰비시 에스테이트Mitsubishi Estate가 소유하고 있다.

현재 시티오브런던의 상당 부분이 민간 소유다. 따라서 거기서 합법적 시위는 금지된다. 시위는 모어런던이 관리하는 시청 밖에서도 안 된다. 그 외에 브로드게이트 에스테이트Broadgate Estates로부터 비숍게이트 Bishopsgate와 리버풀스트리트Liverpool Street 주변에서의 시위 금지 요구에 대한 또 다른 법원 명령을 지지하는 한 증인진술서에는 이런 주장이 언급되어 있었다. "사람들이 공동으로 이용하는 지역이라고 해서 그곳에 대한 대중의 권리가 있는 것은 아닙니다. 법령으로 그러한 권리가 생길 수 없음을 확인시키기 위해 1년에 한 번은 그 지역 출입을 의례적으로 통제합니다."[22]

시위하고 파업할 권리, 고대 그리스인들이 아고라agora라고 불렀던 가장 중요한 시민 집회장소에서 공적 생활에 참여할 권리는 오늘날 공유지의 상업화로 탈취당하고 있다. 그 상황은 신자유주의 프로젝트가 최종 국면에 이르렀음을 말한다.

도시 공유지의 마지막 부분은 영국에서 '시민농장allotment'[우리나라의 경우 도시 텃밭]으로 알려져 있다. 그 밖의 다른 나라에서도 좋은 기억을 떠올리게 하는 다른 명칭들로 불린다. 시민농장은 도시 거주민들에게 스스로 채소와 과일을 재배해서 가족이나 친구들과 나누어 먹을 수 있도록 시에서 분할해주는 작은 구획의 땅이다. 그 땅은 공유지의 역사적 연속성을 상징한다. 시민농장의 역사는 파란만장하다. 스핀햄랜드 제도가 시행되던 때는 시민농장이 노동력 공급을 줄이고 자본 축적 속도를 늦춘다는 이유로 토머스 맬서스Thomas Malthus와 에드먼드 버크Edmund Burke가 반대했다. 그러나 19세기 전반에 걸쳐 서서히 국민 정서가 바뀌었다.

1887년과 1908년 사이에 제정된 세 가지 의회 법령은 지방정부가 토지를 취득해 지역민 주말농장과 농촌 지역의 소규모 농지 지구County Smallholdings Estate로 전환할 수 있는 권한을 주었다. 20세기 들어 그것을 바라보는 사람들의 태도는 등락을 거듭했고, 시민농장의 수도 증감을 반복했다. 그러나 불로소득 자본주의 시대에 시민농장에 대한 공격이 조용히 끈질기게 이어지자 지방의회는 시민농장을 민간 개발업자들에게 싸게 팔아치웠다. 오늘날 브리튼 섬에는 시민농장이 약 25만 개 있다. 2차 세계대전 직후 130만 개가 있던 것에 비하면 매우 보잘것없는 수준이지만, 지금도 시민농장을 배정받기 위해 대기 중인 사람이 거의 10만 명에 이르는데도 농장의 수는 계속해서 줄어들고 있는 실정이다. 애석하게도 스트랫퍼드Stratford의 올림픽파크Olympic Park는 전후 런던 동부 주민들에게 나누어준 수천 개의 유서 깊은 시민농장 위에 세워졌다.

농촌 지역의 소규모 농지 지구 또한 1995년 보수당 정부의 농촌 백서의 매각 권고에 따라 크게 침탈당했다. 2015년 그 농지는 지방의회가 중앙정부의 지원금 축소로 매각을 단행하면서 3분의 1이 줄었다.

시민농장은 공유지를 상징하고[23] 사회적 소득의 원천을 제공한다. 시민농장이 '개발'을 위해 매각될 때, 민간에서 상류층은 숫자로 기록되거나 공식적으로 인정받지 못하는 하층민의 빈약한 생활수준과 삶의 질을 희생시켜 더 많은 부를 축적한다. 시민농장을 매각하는 행위는 '경제성장'을 추동할지 모르지만, '공공의 재산'을 손상시키는 쪽으로 나아갈 수도 있다.

사회적 공유지

사회적 공유지로 불릴 수 있는 것에는 여러 세대에 걸쳐 구축되고, 세금과 기부를 통해 지원을 받는 민간시장 밖에서 제공되는 정상적인 삶에 꼭 필요한 각종 기관과 생활 편의시설들이 속한다. 사회적 공유지는 보육과 노인 부양, 보건, 사회적 서비스, 주택과 같은 '복지국가'의 많은 서비스와 우편서비스, 대중교통, 그리고 도로와 하수시설, 홍수 방제 같은 기본적인 기반시설을 포함한다. 사회적 공유지는 공간적 공유지와 마찬가지로 민영화와 상업화 세력으로부터 공격을 받고 있다.

사회적 주택 사업은 영국을 비롯한 전 세계에서 그 대표적인 사례다. 영국 연립정부는 할인율을 높이고 공공임대주택 판매에 활기를 불어넣음으로써 독창적인 주택매입권right-to-buy정책을 강화했다. 2014~2015년에 잉글랜드에서 1만 2,000채의 임대주택이 팔린 반면에 살던 임대주택을 내놓은 세대 수는 2,000채가 안 되었다. 새로 선출된 보수당 정부가 130만 세대의 임대주택 조합원 모두가 동일하게 매우 매력적인 할인조건으로 자신의 집을 살 수 있도록 허가한 결정은 사회적 공유지를 민영화하는 또 다른 조치다. 그것은 주택 희소성을 더욱 높여서 더 많은 무주택 가정들이 값비싼 민간임대주택에 거주할 수밖에 없게 만들어 임대주의 불로소득만 증대시키는 결과를 초래할 것이다.

게다가 지방의회들은 그들이 보유한 부동산 가운데 가치로 따져 상위 3분의 1에 속하는 부동산을 강제로 매각할 예정이다. 이것은 바로 그들이 건설한 새로운 임대주택 모두를 매각함을 의미한다고 말하는 지방의회가 많다. 더는 공공임대주택을 지을 생각이 없다는 말이다. 임대주택 매각 수입은 가치가 하락한 낡은 임대주택 보수에 쓰일 것이다. 그러나 영국 이즐링턴Islington 구의 주택담당관이 지적한 것처럼, "런던 도심 지역의 새로운 공공임대주택은 모두 매각되어야 할 것입니다. 다시 임대주택을 지어야 할 이유가 있을까요?"[24] 사회적 주택(사회적 공유지)의 재고는 의도적으로 고갈되고 있다.

부동산 개발업자들에게 팔린 재개발 지역은 브리튼 전역의 저소득 가구들을 위한 주택 재고를 줄이고 있다. 또다시 런던은 극단적이다. 한때 저소득층 3,000명이 살았던 런던의 엘리펀트앤캐슬Elephant and Castle 지역의 헤이게이트 지구Heygate Estate는 철거되고 주택 2,500채를 짓는 한 부동산회사에 팔렸다. 그 가운데 79채만이 사회적 주택이었다. 부동산시장의 상당 부분은 외국 투자자들에게 주도권이 넘어갔다. 2015년 약 3만 채의 주택이 들어서는 부지가 중국·홍콩·말레이시아·오스트레일리아·싱가포르·스웨덴 출신의 투자자 열 명의 소유로 되어 있었다.[25] '안전금고safe deposit box'로 묘사되는 그 주택들은 임대수입을 창출하는 장치였다. 건설 예정인 주택 대부분은 호화 고급주택으로 일반적인 런던 시민들은 꿈도 꿀 수 없을 정도로 비쌌다. 국방부장관은 하이드 파크의 '알짜' 부지에 있는 국방부 건물을 팔아 거기에 호화 아파트를 건설하기를 바란다. 현재 말레이시아·중국·아부다비·두바이 투자자들의 후원을 받는 20개 개발업체들이 관심을 보이고 있다.

한편 영국 정부는 어떤 단순한 분석이나 관리·감독도 없이 민간주택 건설을 위해 공공부지를 대규모로 매각하는 작업에 착수했다. 2011년부터 2015년까지 당초 주택 10만 채를 지을 예정이었던 약 950개 부지 매각 관련 공공회계위원회Public Accounts Committee(PAC)의 감사보고서에 따르면, 정부는 그 땅들이 얼마에 팔렸는지, 시장 가격에 못 미치게 팔린 것은 아닌지, 실제로 얼마나 많은 주택이 건설되었는지에 대해 전혀 알지 못했다.[26] 그 보고서가 결론지은 것처럼, "납세자들이 그들의 땅을 매각함으로써 얼마나 많은 혜택을 입고 있는지에 대해 알 수 있는 수단은 전혀 없다." 그러나 2015년과 2020년 사이에 15만 채의 주택을 짓기 위해 앞으로 공공부지 매각은 더 늘어날 예정이다. PAC는 정부가 목표를 달성하기 위해 서둘러 공공부지를 헐값으로 매각함으로써 국고로 민간 부동산 개발업자들의 배를 불려줄 것이라는 우려를 표명했다.

또한 가장 대표적인 영국의 사회적 공유지인 국민건강보험National Health Service(NHS)의 민영화도 서서히 진행되고 있다. 민영화의 시작이 마거릿 대처 통치기간이었던 것은 맞지만, 그것이 결정적으로 변화하는 계기를 맞이한 것은 2007년 블레어 정부 때였다. 여러 개혁조치를 통해 국민건강보험 2차 진료기관들이 더는 건강보험서비스에 참여하지 않도록 유도함으로써 은밀하게 민영화를 이끌었다. 7장에서 당시에 일어난 일들에 대한 정치적 측면을 분석할 것이다.

여기서는 단순히 잉글랜드의 100개가 넘는 NHS 2차 진료기관들이 합의한 밀약 아래 벌어진 민간투자개발사업PFI 병원들의 너무도 충격적이고 추악한 행태에 대해서만 언급하고 넘어갈 것이다. 비록 존 메이저 정부의 발상이었지만, 이 PFI 합의들은 딱 한 가지 빼고 모두 1997년과 2010년 사이에 신노동당 정권 아래서 이루어졌다. 신노동당 정부는 차입을 통해 국민건강보험서비스 비용을 부담하는 것에서 벗어나기를 바랐다. 2016년 NHS 2차 진료기관들은 신규 병원을 설립·운영하고 오래된 병원을 보수하기 위해 민간기업들에 1년에 20억 파운드를 지불(향후 인상 예정)하고 있었다. 그 합의를 통해 병원을 짓는 데 118억 파운드의 자금을 제공하기로 했지만, 2차 진료기관은 그 합의가 지속되는 25년에서 30년 동안 병원 건축비보다 많은 790억 파운드를 상환해야 할 것이다. 정부가 그들을 위해 건축비를 차입했을 때보다 훨씬 큰 금액이었다. 그 가운데 390억 파운드는 단지 네 곳의 기업에 돌아갔다.[27] 한편 2차 진료기관 셋 중 한 곳은 적자 상태로 모두가 의료서비스 제공에 어려움을 겪고 있다.

PFI 계약은 병원에만 적용되는 것이 아니다. 브리튼 지역 전역에 걸쳐 학교·가로등·감옥·경찰서·요양시설의 자금을 대는 데 그 계약들이 이용되었다. 중앙과 지방정부는 그 재원을 마련하기 위해 금융자본으로부터 무려 3,100억 파운드의 막대한 금액을 빌려야 하는 부담을 안았는데, 그 자산들이 창출하는 가치를 모두 합한 것보다 5배가 넘는 부채 규모였다.[28] 납세자들이 갚는 부채 상환으로 발생하는 불로소득의 상당 부분이 조세도피처에 있는 투자기금들로 흘러들어가고 있다. 조세도피처인 저지Jersey 섬의 셈페리언Semperian, NHS 2차 진료기관의 최대 투자자로 저지 섬의 쿠츠 사Coutts & Co.가 최대 주주인 이니스프리Innisfree, 벤처캐피탈 회사 쓰리아이3i의 자회사로 저지 섬에 있는 쓰리아이 인프라스트럭처3i Infrastructure, 그리고 또 다른 조세도피처 건지Guernsey 섬에 있는 테트라건파이낸셜그룹Tetragon Financial Group이 2015년에 인수한 에퀴틱스Equitix가 PFI의 지분을 가장 많이 보유한 기업들이다.[29]

NHS 민영화는 2012년 정부가 기본적으로 국민건강보험을 제공할 의무를 폐지한 보건 및 사회적 보호법Health and Social Care Act으로 가속화되었다. 따라서 오늘날 영국에는 응급치료와 구급차 이외에 포괄적인 의료서비스를 제공할 어떤 법적 보장 장치도 없다. 반면에 NHS 계약은 아무 제한 없는 민영화를 향해 문을 활짝 열었다.[30] 대개 의료서비스 중 개업자들과 연계된 민간 의료서비스 계약자들은 점점 재정난에 허덕이는(세금으로 운영되는) NHS를 통해 막대한 불로소득을 올리고 있다.

민영화를 지지하는 주된 주장은 효율적인 의료서비스 제공에 대한 요구가 점점 높아진다는 것이다. 하지만 그런 주장을 뒷받침하는 현실적 증거는 거의 없다. NHS 개혁은 관료화를 강화하는 더 복잡한 절차의 고임금 관리자들을 양산해서 점점 늘어나는 프레카리아트 노동력을 감독하고 환자 치료보다 더 높은 이익과 불로소득을 추구하는 민간기업들에 더 많은 계약 수주 기회를 주었다. 이는 노골적인 사기행각으로 확대될 수 있다. NHS 부정방지위원회Counter-Fraud Service의 전 위원장은 NHS 예산과 직원 삭감을 크게 질타하면서 병원들의 의료비 부당 청구로 NHS에서 나가는 돈이 1년에 10억 파운드에 이를 수도 있다고 주장했다.[31] 민영화는 그런 사기행각의 기회를 배가시킨다. 게다가 민간기업들이 챙기는 (합법적) 이익, 그들 경영진이 받는 높은 임금과 상여금도 있다. 이 모든 것은 의료서비스를 위해 지출되는 납세자의 돈으로 충당된다.

사회적 공유지 가운데 흔히 간과되는 부분들도 있다. 브리튼 지역의 우편서비스는 이미 민영화되었다. 영국 우정공사Royal Mail의 새로운 민간주인은 그 과정에서 엄청난 국가보조금을 받았다. 그 기업 주식의 초기 가격은 시장가치 아래로 곤두박질쳤다가 2013년에 주식 상장으로 주주들에게 7억 5,000만 파운드의 횡재를 안겨주었다. 그 이익의 대부분은 연금과 헤지펀드 같은 거대 투자자들에게 갔다. 그 수혜자들 가운데는 정부가 우정공사를 민간에 얼마에 매각할지를 자문해주기 위해 선정된 금융기관들도 있었다. 그들 기관은 두둑한 자문료 말고도 자신들이 결정한 가격으로 우정공사 주식을 대량으로 사들였다. 그들은 주가가 상승하자 곧바로 자신들이 보유한 주식을 팔았다. 그들은 그렇게 손쉽게 큰돈을 벌었다.

2015년 영국의 방송통신규제기관 오프콤Ofcom은 영국 우정공사가 대량우편물 배달서비스에 대해 경쟁사업자들에게 제시한 요금과 관련해서 독점규제법을 위반한 혐의로 고발했다. 오프콤은 앞서 편지와 소포 요금이 지나치게 비싼 것을 포함해서 영국 우정공사의 독점에 가까운 지위 남용을 막기 위해 기존의 규제를 강화할 필요가 있는지 여부를 평가하는 '근본적인 검토'에 착수했다. 공공서비스가 민간기업으로 넘어간 마당에, 독점에 가까운 민간기업이 그와 같이 행동한다고 해서 놀랄 사람은 아무도 없다.

이제 사회적 공유지의 가장 기본적 요소 가운데 하나라 할 수 있는 버스서비스에 대해 생각해보자. 20세기 초 버스가 세상에 등장한 이래, 버스서비스는 가장 중요한 사회적 기능을 수행해왔다. 공영기업들은 승객이 별로 없는 구간도 국가보조금을 받고 운행해왔기 때문에 농촌 지역민이나 저소득층 서민들도 일하거나 놀러 갈 때 버스를 탈 수 있었다. 더 좋은 교통을 위한 캠페인Campaign for Better Transport에 따르면, 2010년과 2015년 사이에 약 2,000개의 버스서비스 노선이 정부의 지원금 삭감으로 사라졌다. 2009년과 2014년 사이에 지자체 의회의 교통 관련 재정지출이 20퍼센트 줄었다. 일부 지역은 40퍼센트까지 감소했다.[32]

그런 재정 삭감은 사회적 공유지를 침해함으로써 불평등을 증대시킨다. 청년과 노인, 저소득층과 프레카리아트 계급 사람들은 버스에 가장 많이 의존한다. 따라서 요금이 오르거나 서비스 질이 떨어지고 노선이 사라지면 가장 큰 고통을 받는다. 버스서비스가 사라지는 것만으로 끝나는 것이 아니라 개인의 삶에 상처를 입혀 다른 생활 영역에도 파급효과를 끼친다. 예컨대 그 삭감은 실업수당 청구자가 구직활동을 하거나 의무적으로 직업소개소를 찾는 것을 어렵게 할 수 있다. 새로운 제도 아래서 그들은 5분만 늦어도 제재를 받거나 주택수당을 포함해 한 달치 각종 수당을 받지 못할 수 있다. 그러면 더 많은 빚을 지거나 셋방에서 쫓겨날수도 있다. 그것은 개인적으로 사소한 수모일지 모르지만, 사회적으로는 불평등을 더욱 확대하는 것이다. 버스서비스를 중단하는 것은 사회적 박탈의 사슬 가운데 일부일 뿐이다.

언론인 존 해리스John Harris는 "왜 이 대학살이 정치적 논쟁이 되지 못하는가"라고 좀 과장되게 의문을 표시했다.[33] 그는 그 이유를 여론 형성층이 주로 사는 런던의 대중교통이 매우 번창하고, 공영버스에 대한 매력이 없기 때문이라고 생각했다. 또한 그것은 어쩌면 야당인 노동당이 프레카리아트 계급이 가장 걱정하는 문제들에 대해 그동안 보여주었던 무관심을 반영한 것인지도 모른다. 하지만 그것은 2015년 정부 추계보고서에 공표된 런던 운영예산의 교통예산 대폭 삭감의 결과로서 바뀔 수도 있다. 2020년 런던은 국가보조금 지원을 받는 교통서비스가 없는 유일한 주요 유럽 도시가 될 것이다. 그것은 서비스의 질이 악화되고 요금이 오른다는 것을 의미한다.

심지어 경찰조차 민영화와 상업화에서 보호받지 못했다. 뉴스코틀랜드 야드New Scotland Yard에 있는 그 유명한 런던경찰청London Metropolitan Police 본부는 그 건물을 철거하고 매우 수익성이 높은 고급

아파트를 건설하려는 계획에 따라 한 아부다비 투자기금에 팔렸다. 경찰 예산 삭감은 신속대응 능력이 약해지는 문제가 있지만, 필수장비를 구입할 재원을 마련하기 위해 경찰서 건물을 매각하는 쪽으로 나아갔다. 그보다 훨씬 더 우려되는 것은 런던의 자치구들이 치안서비스를 받기 위해 경찰관 봉급을 지불해야 하는 멧패트롤플러스Met Patrol Plus라는 새로운 보조금 제도다. 자치구들은 자신들이 봉급을 지불하는 경찰관들에 대해 또 다른 요구를 할 자유가 있다! 그런 요구의 대가로 돈을 지불할 의향이 있는 자치구는 당연히 부자 동네거나 그런 지역의 민간 개발사업자들이다. 일부 부자 동네 주민들은 자기네가 사는 지역에 특별한 치안서비스를 요구하기 위해 필요한 돈을 공동으로 갹출했다. 비통하게도 이것은 퇴행적 행태가 아닐 수 없다.

또 다른 사회적 공유지의 침탈 사례는 과거 공공 영역의 핵심 부문이었던 고용과 복지 서비스 분야다. 이들 서비스의 민영화는 불로소득의 새로운 원천을 만들어냈다. 그것은 기본적으로 실업자와 장애인 같은 사회적 약자들을 불로소득을 창출하는 자산으로 취급한다. 이것은 비단 브리튼 지역에만 해당하는 일이 아니다. 덴마크·독일·네덜란드·스웨덴·오스트레일리아·미국 모두가 그런 서비스를 제공하기 위해 민간업체와 계약을 맺는 경우가 계속 증가하고 있다.

브리튼 지역에서 민영화된 주요 고용 프로그램으로는 실업자 취업을 독려하는 구직사업Work Programme과 장애인 고용의 적합성 여부를 판정하는 업무역량평가Work Capability Assessment가 있다. 2017년까지 운영하기로 되어 있는 구직사업 계약에 들어가는 총 금액은 대략 30억 파운드에서 50억 파운드가 될 것으로 예상되는데, 그 자금은 결국 실업자와 장애인에게 지급될 수당을 줄여서 남은 돈으로 충당된다. 구직사업에 참여한 업체들은 그들이 취업시킨 사람 수에 따라 돈을 받는다. 그러나 이것은 실업수당이나 장애수당을 받으려는 사람은 반드시 이용해야 하는 서비스다. 결국 정부가 전속시장captive market[상품 공급자가 극히 제한되어 있기 때문에 특정업체로부터 그 상품을 살 수밖에 없는 시장]을 만들어내고 일부 특정 기업에 불로소득을 안겨주는 셈인 것이다.

연립정부가 현재와 같은 형태의 구직사업을 도입하기 전에도, 민간업체가 취업을 알선하는 경우의 문제점은 다른 나라들의 경험을 통해 명백하게 드러났다. 취업 알선에 따른 대가 지급 방식은 민간 취업알선업체들이 취업하기 쉬운 곳만 골라 자원을 집중 배치하거나, 취업이 어려운 곳은 고의로 피하거나, 실업자가 스스로 찾은 일자리를 마치 자기들이 한 것처럼 주장하거나, 지속된 고용의 증거를 조작하는 따위의 불순한 동기를 유발시킨다.

공식적 수치에서도 구직사업은 현재 제대로 돌아가고 있지 않다. 실업자가 스스로 일자리를 찾는 것보다 구직사업을 통해 일자리를 찾을 가능성이 더 크지 않으며, 또 자기의 역량에 맞는 일자리를 구할 가능성도 더 높지 않다는 것이 현실로 나타나고 있다. 정부가 볼 때, 그 구직사업은 실업자를 취직시킴으로써가 아니라 이른바 매우 복잡한, 사소한 절차와 규칙들을 지키지 못해 수당이 취소될 우려가 있는 실업자들이 점점 더 늘어나기 때문에 그것을 막기 위해 억지로 버텨가고 있다고 보는 게 맞을 것이다.

사회적 공유지 침해 현상은 세계적으로 많은 나라에서 벌어지고 있다. 도쿄의 노숙자들은 예전부터 대개 공원이나 지하상가의 공중 벤치에서 잠을 잤다. 오늘날 그 벤치들은 그 위에서 잠을 자다가는 모두 바닥으로 미끄러져 떨어지도록 개조되었다. 런던 아파트 단지는 건물 입구에 노숙자들이 앉거나 잠자는 것을 막기 위해 바닥에 뾰족한 작은 금속단추를 박았다. 2014년 플로리다의 포트 로더데일Fort Lauderdale에서는 아흔 살의 아널드 애보트Arnold Abbott가 노숙자에게 먹을 것을 주었다는 흉악 범죄 혐의로 체포되어 투옥될 뻔하고 벌금 500달러를 선고받았다. 시장은 노숙자에게 먹을 것을 주는 행위는 지역의 부동산 소유자들을 괴롭히는 일이기 때문에 그 체포가 정당하다고 주장했다. 오늘날 그러한 행동은 미국 내 30개 넘는 도시에서 범죄로 취급받는다.

시민적 공유지: 사법의 상업화

공유지의 세 번째 형태는 정당한 법 절차, 법 앞에서의 평등, 자기 방어 능력을 바탕으로 한 보편적 정의 제공을 목적으로 하는 시민적 공유지다. 시민적 공유지는 마그나카르타에 명확하고 예리하게 명시되어 있었다. 1215년 최초의 자유헌장 20조, 38조, 39조, 40조가 그것이었다. 20조는 범죄 처벌의 과잉조치 금지 원칙과 공정 재판의 필요성을 밝혔으며, 38조는 증인을 요구했다. 39조는 피의자는 차별 없이 재판을 받는다고 명시되어 있고, 40조는 모든 사람이 재판받을 권리가 있으며, 그것을 부인하거나 미룰 권한이 있는 사람은 아무도 없다고 언명했다. 오늘날 이러한 공약에 대해 입에 발린 말 한마디 안 한 정부는 전 세계에 없다.

그러나 비록 어디서도 완벽하게 지켜지지 않는 이런 고결한 원칙들로 포장된 시민적 공유지는 최근 몇 년 사이에 크게 줄어들었다. 사법서비스 시장이 완전히 개방되면서 보편적 정의를 규정하는 개념들은 모두 약화되었다. 게다가 오늘날 범죄 행위로 간주되는 것들이 30년 전에 비해 훨씬 더 많아졌다. 이것은 세계적인 현상이다. 그러나 영국의 경우는 특히 더 심해서 신노동당이 정권을 잡은 뒤에는 거의 하루에 한 건씩 새로운 범죄가 법령집에 추가되었다.

치안 질서 유지가 반체제의 자유보다 우선한다는 정서가 주된 분위기인 것처럼 보인다. 거리의 청년, 기이한 행동을 하는 사람, 소수 인종, 노숙자는 바람직하지 않아 보일 뿐 아니라 실제적 또는 잠재적 범죄자로 간주된다. 신노동당 정부는 1998년 반사회적 행위 금지 명령ASBO을 도입한 범죄질서위반법Crime and Disorder Act 제정으로 이러한 사고방식을 전형적으로 보여주었다. 열 살짜리 어린이들도 시끄러운 게임을 하거나 단체로 모이는 것이 금지될 수 있다. ASBO를 지키지 않으면 형사 처벌을 받고 감옥에 들어갈 수도 있다.

한편, 사법제도 비용과 지체 현상은 갈수록 심각해졌다. 미국에서 피고의 95퍼센트는 정식 재판을 받는 위험을 무릅쓰기보다 양형 거래를 하거나 경범죄에 대해서는 유죄를 인정한다. 재판을 받는 데 들어가는 비용이 매우 높기 때문이다. 영국에서는 정부가 바뀌는 가운데 연이어서 재판 수수료를 올린 반면에, 법률 구조legal aid[소송비용이나 법률지식이 없어 억울한 손해를 당하고도 권리를 옹호받기 어려운 사람들을 돕는 법률 분야의 사회복지제도로 '법률 부조'라고도 함]를 받는 것은 훨씬 더 어려워졌다.

법률 구조는 시민권이다. 그것은 모든 사람이 스스로를 변호(하거나 그들의 권리를 행사)할 수단이 있고 그 일을 하는 합법적인 대변인이 있음을 보장하는 것이다. 하지만 이 원칙이 무너졌다. 자원은 한정되어 있고 불성실한 기소와 변호가 사법체계를 엉망으로 만들면서, 여러 가지 현실적 이유 때문에 소송 절차는 완전히 자유로울 수 없다. 그러나 그 추세는 사법제도를 이용하는 비용을 크게 증대시키고, 많은 사람이 부당함을 바로잡고 스스로 부당한 기소를 방어하려는 노력을 포기하게 만들었다.

영국에서 최대 1,200파운드까지 부과되는 형사재판 비용은 2015년에 처음 도입되었는데, 심리나 공판 이후에 유죄가 밝혀진 사람 모두가 반드시 내야 한다. 의회사법특별위원회Parliamentary Justice Select Committee는 2015년 하반기 보고서에서 사실관계를 다루는 것에 대해 비용을 청구하는 것(그 비용이 약 150파운드였던 소송에서)은 유죄를 인정하도록 '부당한 압력'을 행사하는 것이며 경범죄와 관련해서 '지극히 과도한' 조치라고 주장했다. 50명이 넘는 치안판사들이 항의 사직했고 수석 재판관은 "변호사 비용과 함께 재판 비용의 규모는 마그나카르타의 가장 중요한 원칙을 위태롭게 하면서 대다수 사람이 사법 정의에 접근하는 것을 막고 있다"라고 주장했다.[34]

치안판사들은 비용 부과에 대한 재량권이 없기 때문에 지불능력과 연계해서 비용을 자율적으로 책정할 수 없었다. 지불능력이 없는 사람들은 감옥에 가야 했는데, 이것은 불평등을 심화시켰다. 현재 영국 정부는 그 비용을 인하했다. 그러나 정부 당국자들이 가고자 하는 방향은 똑같다. 사법제도 비용을 낮추기 위해서 어려움에 처해 있는 대다수 사람이 사법제도를 이용하고 시민적 공유지에 접근하는 것을 되도록 막고 간접적으로 고소득집단에 대한 세금을 적게 내도록 하는 것이 그들이 추구하는 방향이다.

문화적 공유지: 은밀한 고갈

문화적 공유지로 불릴 수 있는 것으로는 '예술', 스포츠, 대중매체, 공공도서관, 미술관, 박물관, 음악당, 공연 같은 창조적 활동을 하는 공공장소들이 있다. 오늘날 이 모든 것이 고갈되고 있다.

대처 정부가 취한 근본적 조치는 공립학교 운동장, 국민의 세금이 들어가는 국유지를 민간에 매각한 일이다. 이것은 아이들이 건강을 유지하고 길거리로 내몰리지 않고 안심하고 운동하며 뛰어놀 수 있는 공간을 박탈했을 뿐 아니라 부동산 개발업자들이 이전에 공유지였던 곳을 이용해서 불로소득을 챙길 수 있는 기회를 넓혀주었다.

공공도서관은 오랜 옛날부터 대부분의 사회집단들에게 중요한 사회적 기초 구조물이었다. 특히 책을 사거나 그것을 읽을 공간에 돈을 쓸 수 없는 가난한 사람들에게는 더욱 그러했다. 영국을 비롯한 여러 나라에서 정부든 민간이든 온라인서비스가 점점 대세가 되고 있는 가운데, 도서관은 집에 컴퓨터가 없는 사람들이 정보와 지식을 접하고 디지털 시민으로서 참여할 수 있게 한다. 도서관은 또한 예술을 위한 장소의 역할도 한다. 영국의 지방정부 당국은 '포괄적이고 효율적인 도서관서비스'를 제공할 법정 의무가 있지만, 일부 도서관은 예산 삭감으로 문을 닫거나 서비스를 제한하거나 인원을 줄일 수밖에 없는 상황이다. 브리튼 지역에 있는 4,500개가 넘는 도서관 가운데 500곳이 2016년 초에 안전하지 못한 상태라고 했다.

2015년 8월, 세계에서 가장 중요한 미술품들이 전시되어 있는 곳 가운데 하나인 영국 국립미술관에서 근무하던 직원 400명은 문화와 예술

서비스에 대한 전문지식이 전혀 없는 보안회사인 세큐리타스Securitas에서 파견된 사람들이었다. 장기간의 파업이 끝나고, 공공상업서비스노조 Public and Commercial Services Union가 파업 중 해고된 위원장의 복직을 포함해서 특정 조건들에 대해 협상한 뒤 인력이동이 이루어졌다. 정부가 임명한 신탁관리자 가운데 절반 이상이 공공자산을 재구성하고 일부 또는 전면 민영화하는 불로소득 자본주의 모델에 경도된 금융계와 기업계 인사들이다. 그들은 미술관 인력을 문화적 공유지에 필수적인 소중한 자원의 일부가 아닌 단순한 비용으로 생각했을 것이다.

그러한 행태는 일종의 인클로저였다. 그들 외부위탁outsourcing 직원 가운데 많은 사람이 수년 동안 국립미술관에서 근무했는데, 현재 그들은 항만이나 공항, 상점이나 사무실을 지키는 계약을 맺은 회사 어딘가에서 일하고 있을지도 모른다. 그들은 이미 직업 안정성을 상실했고, 어쩌면 지금쯤 프레카리아트 계급에 합류했을 수도 있다. 한편 세큐리타스는 자기네 홈페이지에서 외부위탁 고용은 민간기업이 임금을 더 낮출 수 있기 때문에 인건비가 더 적게 든다고 주장했다. "외부위탁이 자체 운영보다 비용이 더 많이 든다는 일부 견해는 민간보안회사가 자기네 직원들에게 더 낮은 급료를 지급할 수 있다는 사실을 볼 때 전혀 그렇지 않다."[35]

고대 그리스인은 공설극장이 왜 꼭 필요한 시설이고 거기서 펼쳐지는 위대한 비극 작품들에 대중이 참여하는 것이 얼마나 중요한지를 우리에게 일깨워주었다. 그 작품들에 담긴 복잡한 인간의 딜레마를 통해 일반 시민들은 어느 세대든 그렇게 윤리적이고 비판적이지 않다는 것을 떠올리며 공감능력을 발전시켰다. 공유된 문화는 공동체 의식과 연대감을 독려한다. 문화와 창조성에 대한 참여와 접근은 상상력을 자극하고 의식의 지평을 넓힌다. 문화적 공유지라는 공공의 공간이 침탈당하면, 공감능력의 학습과 강화 또한 비판력이 줄어들면서 약해진다. 오늘날 긴축이라는 이름으로 벌어지는 지역의 공설극장·박물관·도서관에 대한 대대적인 예산 삭감은 문화적 공유지에 대한 일반 대중의 접근을 제한하고 있다. 문화적 공유지의 상업화에 따라 입장료가 부과되고 입장권 가격이 올라가면, 가장 먼저 그곳을 점점 출입하기 어려워지는 사람은 저소득 서민들일 것이다.

문화적 공유지의 민영화는 매우 의도적이다. 그것은 역사적으로 예술의 정수라 할 수 있는 비판적이고 심지어 체제 전복적인 창조성에 도전하기보다 편안한 오락을 육성하는 예술의 상업화를 역설하고 있다. 예술은 이익과 재무수익률이 얼마나 높은지로 자금지원이 결정되는 일개 '산업'을 넘어선다. 하지만 기업 중심의 사고방식은 그런 태도를 더욱 강화할 것이다.

대중매체 또한 문화적 공유지의 일부다. 유의미한 민주주의를 위해, 그리고 모든 관점과 집단을 확실히 대변하기 위해 공영매체는 필수적이다. 그러나 나중에 논의하겠지만, 그런 매체들이 지금 상업화 세력과 이해집단들에게 잡아먹히고 있다. 영국의 BBC는 지금까지 정치적·문화적 공유지의 방어벽이었다. 그러나 최근 들어 자금 압박을 받으면서 방송국의 독립 원칙을 양보해야 하는 정치적 압력에 직면해 있다. 2016년 5월에 발표한 BBC 백서에서 정부는 회장과 부회장을 비롯해 BBC 이사진의 절반을 선임하겠다고 제안했다. 그리고 외주위탁 프로그램 제작을 더욱 늘리고 민간방송국들과 경쟁하지 않는 '독특한' 프로그램을 만드는 데 더욱 주력하기로 한다고 했다. 그것은 다시 말해 시청률 높은 프로그램 제작을 중단한다는 의미였다.

수년 동안 정부는 BBC의 수입이 되는 텔레비전 수신료 인상을 억제했다. 2010년 연립정부는 영국의 '소프트 파워soft power'[정보과학, 문화, 예술이 끼치는 영향력] 무기인 BBC 월드서비스에 대한 자금지원을 줄였다. 이것은 나중에 2015년 전략방위보고서Strategic Defense Review가 그것이 실수였음을 인정한 뒤 부분적으로 역전되었다. 그러나 또다시 공적인 협의 없이 2001년에 도입되어 현재 75세 이상 노년층에 대해 수신료를 공짜로 하는 대신에 정부가 그 비용을 부담하는 정책으로 발생하게 될 6억 5,000만 파운드의 재정 손실을 2020년부터 BBC가 처리해야 한다는 주장이 제기되고 있다.

이것은 민영화에 대한 미시정치micro-politics(의도적으로 공공서비스를 약화시킨 뒤, 공공서비스가 효율적이지 못하기 때문에 민간 부문이 그 일을 더 잘할 수 있다고 주장하는 것)의 대표적인 사례다. BBC가 재정 적자를 메우기 위해 두 개 텔레비전 채널 BBC 2와 BBC 4, 그리고 모든 지역라디오 방송국을 폐쇄하겠다고 위협하자, 정부는 약간 완화된 조치를 취하기로 합의했다. 그러나 BBC 방송서비스에 대한 위협은 아직도 그대로 남아 있다.

정부는 또한 현재 채널 4의 민영화를 고려하고 있다. 채널 4는 비록 광고 수입으로 재정을 충당하지만 1982년 법으로 정한 공공서비스 임무를 띠고 개국했다. 그 방송국이 민간에 팔린다면, 공공서비스 임무는 의미가 없어질 것이다. 루퍼트 머독Rupert Murdoch의 미디어제국이 소유한 스카이 네트워크Sky network처럼 새로운 소유주의 정치적 견해를 널리 알리는 역할을 할 것이 뻔하다.

끝으로 아주 미묘한 영역에 있는 문화적 공유지가 있는데, 그것은 수

많은 도시의 콘크리트 덩어리가 뿜어내는 칙칙함을 완화하고 활기를 불어넣는 버스킹과 대부분 창의적인 다양한 낙서를 비롯해 공공장소에서 이루어지는 온갖 종류의 거리 예술과 공연이다. 도시의 민영화와 상업화가 속도를 높일 때, 이런 민중의 공유지는 포위공격을 받는다. 이것에 딱 어울리는 예가 런던 토트넘 코트로드Tottenham Court Road 지하철역에 에두아르도 파올로치 경Sir Eduardo Paolozzi이 제작한 모자이크 작품과 관련이 있다. 그 지하철역은 모자이크 작품이 주는 심미적 매력과 별도로 역사 벽면의 일부를 광고판으로 활용하기 위해 1,000제곱미터의 벽면을 차단했다. 2015년 에스컬레이터 위의 장식용 아치 구조물은 역사 재개발의 일부로 해체되었는데, 그것에 반대하는 시민들의 탄원이 빗발쳤지만 소용이 없었다. 런던교통공사Transport for London는 현재 그 아치 구조물과 벽화들 가운데 하나를 복원시킬 계획이다. 나머지 세 개의 아치 구조물도 복원시켜 에든버러 대학에 공개 전시될 예정이다. 그러나 이 사건은 문화적 공유지를 지키기 위해 왜 늘 정신을 똑바로 차리고 있어야 하는지를 잘 보여주었다.

지적 공유지

아이디어와 정보는 모두에게 유용한 지적 공유지의 일부임에 틀림없다. 월드와이드웹을 발명한 팀 버너스리Tim Burners-Lee는 웹이 그것의 일부가 되기를 바랐다. 그러나 비록 웹은 명목상으로 공짜로 이용하지만, 특히 지식재산권의 확산을 통해 착취와 상업화의 강력한 수단이 되었다.

아이디어를 지식재산권으로 바꾸는 것은 정보의 접근과 이용을 제한함으로써 인위적인 희소성을 초래한다. 특허받은 상업적 목적을 위해 정보를 점유하는 것은 정보의 가격을 올려 권리 보유자에게 부수입을 제공한다. 때때로 '인지 자본주의cognitive capitalism'라고 불리는 지식재산권 제도는 사실은 지적 공유지의 인위적 희소성에 기반을 둔 불로소득 자본주의다.

폴 메이슨은 비록 기업이 정보 공급을 제한하려고 애써도 "정보 상품은 자유롭게 복제될 수 있기" 때문에 정보는 여전히 풍부하다고 주장한다.[36] 만일 이것이 사실이라면, 정보개방운동가들이 항의시위를 벌일 일은 전혀 없을 것이다. 그러나 정부는 다양한 제도와 법규를 통해 지식재산권으로서 정보의 상업적 점유를 강력하게 장려함으로써, 많은 정보를 함부로 이용하거나 합법적으로 복제할 수 없게 한다.

교육적 공유지란 사람들이 배울 수 있는 장소를 제공하는 시설이나 그들을 가르칠 수 있는 재능을 말한다. 교육은 자연발생적 '공익'이다. 남보다 교육을 더 많이 받은 사람이 다른 사람도 마찬가지로 그렇게 하는 것을 막지 않기 때문이다. 그러나 교육'산업'의 상업화를 통해 교육이라고 칭하는 것 중 상당 부분이 상품으로 전환되었다. 만일 내가 당신보다 더 많이 안다면, 나는 당신보다 더 경쟁력이 있으며, 따라서 당신보다 더 많은 돈을 벌 수 있을 것이다. 오늘날 대중매체에 등장하는 교육에 관한 거의 모든 것은 그것이 소득과 일자리에 끼치는 효과를 가장 중요시한다.

교육은 자유로워지는 것, 자아발견의 과정, 진리·지식·창조성 추구를 의미한다. 하지만 교육은 시장의 힘, 재산권, 불로소득 추구의 영역으로 들어가는 순간 그 본래의 모습을 잃는다. 오늘날 교육적 공유지는 이미 고갈되었다. 교육의 초점이 '인적 자본' 형성(취업 준비)에 맞춰진 상태이기 때문이다.

공립학교는 그러한 시스템을 구축하는 데 확실히 든든한 받침돌이다. 그러나 많은 나라에서 공립학교 예산은 재정 압박을 심하게 받아온 반면에, 사립학교 교육은 각종 보조금과 지원금으로 크게 활성화되었다. 미국의 일부 학교 재단이사회는 파산에 직면하고 있다. 점점 줄어드는 세수의 위기에 직면한 학교는 운영자금을 마련하기 위해 많은 돈을 빌리지 않으면 안 되었다. 영국의 공립학교는 계속해서 직원들을 해고했고 학교 건물들은 황폐해져갔다. 한편, 영국 정부는 정권의 변화에 상관없이 지속적으로 준사립 아카데미스쿨academy school(미국의 차터스쿨charter school과 비슷한)과 이른바 프리스쿨free school을 늘려왔다. 이들 학교는 공적 자금을 지원받지만 사적으로 운영된다.

아카데미스쿨과 프리스쿨은 국가보조금으로 운영되면서 불로소득을 올리는 장치가 되었다. 2015년 한 작은 아카데미스쿨 체인인 그리핀 스쿨 트러스트Griffin Schools Trust는 자기네 공동 최고경영자 2인이 소유한 '컨설팅'회사들에 2년 동안 70만 파운드 이상을 지불하고, 자기네 이사들이 지분 대부분을 소유한 세 개의 또 다른 자문회사에 약 10만 파운드를 지불했다.[37] 『가디언』지는 1년 전 영국에서 가장 큰 아카데미스쿨 체인인 아카데미 엔터프라이즈 트러스트AET: Academy Enterprise Trust 가 3년 동안 자기네 이사와 경영자들의 개인적 기업관계집단에 약 50만 파운드를 지불한 사실을 밝혀냈다.

또 다른 사례로, 한 초등프리스쿨이 투자기금회사인 리걸앤제너럴프로퍼티Legal and General Property로부터 학교 부지와 건물을 빌려 쓰는 대가로 1년에 46만 8,000파운드의 세금이 나가고 있다. 반면에 공립학교는 대개 국가 소유의 건물에 대해 사용료를 전혀 내지 않는다. 이러한 지불방식은 물가와 연동해서 25년 동안 보장된다. 그 학교를 매입했음을 알리는 보도자료를 낸 그 투자기금회사는 "정부가 뒷받침하는 장기적인 안정된 수입 흐름에 접근할 매력적 기회를 상징한다."[38]

보수당 정부의 구성원들 가운데 극히 일부만이 공립학교를 다녔다. 따라서 공립학교가 줄어드는 반면, 사립학교에 자금을 쏟아붓고 있는 현실은 놀랄 일이 아니다. 그러나 야당인 노동당은 청년들에 대한 정부의 투자 실패가 "경제의 뒷덜미를 붙잡고 있다"는 불평을 쏟아놓는 것 말고는 거의 아무 일도 하지 않았다. 마치 남의 일 바라보는 듯했다. 교육은 주로 지식과 이해력을 개발하기 위해 필요하다. 그것은 공립대학의 가장 기반이 되는 설립원칙이다.

학교와 대학 말고도 직업사회, 다시 말해 사회 구성원들이 노동과 개인 개발의 영역에 속할 기회를 주는 다양한 미시사회micro-society에 합류하고 거기서 살아남는 데 필요한 제도적 수단들도 교육적 공유지에 속한다. 옛날의 전문동업자 길드professional and craft guild가 바로 그런 것이었다. 그 이름은 공동의 목적에 기여하는 사람들의 조합을 의미하는 겔트geld에서 파생되었다. 역사적으로 길드는 역시 불로소득을 추구하는 경향이 있기는 했지만, 상업화에는 제도적으로 저항했다.[39] 적절한 규제 장치를 갖춘, 그들이 구현한 생활과 노동 모델은 정치권 전반에서 광범위한 지지를 받았다. 좌파는 전문동업자 길드가 착취로부터 구성원들을 보호할 수 있다는 가능성에 이끌렸고, 우파는 중앙집권적 국가로부터 개인과 집단을 보호하는 수단으로서 길드를 환영했다.

결론

"냉소주의자란 무엇인가? 모든 것의 가격은 알고 있지만, 어떤 것의 가치
도 알지 못하는 사람."

— 오스카 와일드Oscar Wilde, 『윈더미어 부인의 부채Lady Windermere's Fan』

공유지와 공적 자산의 민영화는 신자유주의 이데올로기의 핵심이다.
1980년대부터 IMF와 세계은행이 발전시킨 구조조정과 충격요법은 전
세계적으로 그러한 민영화에 원동력을 제공했다. 2015년은 그리스 차례
였다. 그리스 정부는 금융차관을 받는 조건으로 500억 유로가 넘는 공적
자산을 팔지 않을 수 없었다. 그 수익금의 일부는 해외 채권자들에게 가
고 다른 일부는 그리스 은행들을 강화하는 데 들어갔다. 그런 강요된 민
영화는 공공재화를 희생시켜 민간인 부자의 배를 불리는 방법이다. 그리
스의 섬들을 외국 부호들에게 헐값으로 파는 것이 국가 개발을 신장하
거나 그리스 국민들에게 도움을 줄 거라고 생각할 만한 근거는 전혀 없
었다.

　공유지의 고갈은 지금까지 일반적으로 긴축정책 의제의 은폐된 부분
이었다. 여태껏 공유지의 일부를 헐값에 파는 것은 국가 부채를 줄이는
수단이라고 설명되어왔고, 그것이 실제로 국민의 세금을 줄여주는 데 기
여한 것은 사실이다. 영국 정부는 국가 부채를 줄여야 한다는 이유를 대
며 앞으로도 더 많은 공유지를 민영화할 계획이다. 그러나 단기적으로
부채를 상환하기 위해 공적 자산을 헐값에 파는 것은 하트윅의 규칙이
작동하지 못하게 하는 것으로, 결국 후손들에게서 그 공적 자산을 빼앗

는 것이다. 2015년 7월, 영국 수상은 정부가 공적 자산을 팔아 '수십억 파운드'의 자금을 확보할 것이라고 공표했다. 영국 정부는 지금도 여전히 모든 영국 국민의 것인 3,000억 파운드 상당의 토지와 건물을 소유하고 있다. 왜 그것들을 팔아서 그 이익을 부유한 개인이나 기업들이 챙길 수 있게 해야 하는가? 왜 그것들을 팔아서 부자들을 위한 감세 재원을 대고 그들에게 더 많은 보조금을 제공해야 하는가?

이 게임의 승자는 공적 자산을 사는 사람들이며 세금을 더 적게 내는 사람들이다. 그들은 대개 같은 사람들이다. 이 게임의 패자는 공유지를 이용하는 사람들로, 특히 저소득층이다. 이것은 자유시장 경제가 아니다. 승자는 열심히 일해서 돈을 버는 것이 아니라, 여러 세대에 걸쳐 키우고 보존해온 공공재화를 취득해서 돈을 벌고 있다. 약탈이 진행되고 있는 것이다.

'성장'이라는 이름으로 영리를 위해 자연을 고갈시키는 것은 불로소득을 뽑아내는 최악의 방식이다. 기업이 완전히 고갈될 수 있는 자연의 요소들(자연 상태에서 그것들은 '자원'이 아니다)을 활용한다면, 단기적으로는 성장할 수 있지만 장기적으로는 지속 가능할 수 없다. 이런 사실은 긴 시간이 흘러야만 드러나기 때문에, 정치인들은 대개 공유지의 가치를 중요하게 생각하지 않고 우선순위를 매우 낮게 매긴다. 만일 그들이 '긴축정책'이라는 명목으로 성장을 부양하기 위해 재정 적자를 줄여한다고 주장한다면, 그들은 재생 불가능한 자연 현상들을 고갈시킴으로써 발생하는 가장 치명적인 적자에 관심을 두지 않을 가능성이 크다.

역사적으로 19세기 후반은 점점 늘어나는 도시 거주 중산층이 휴식공간을 잃는 것에 대해 조바심을 친 것처럼, 토지의 인클로저를 통해 믿음

의 상실을 보았다. 이 현상은 공유지보존회Commons Preservation Society
의 탄생을 부추겼는데, 이 단체는 나중에 내셔널 트러스트National Trust
로 발전했다. 1876년 공유지법Commons Act은 공익이 존재할 때만 인클
로저를 할 수 있도록 제한했다. 유감스럽게도 이 원칙이 도시 공유지에
적용된 적은 단 한 번도 없었다. 만일 그랬다면, 오늘날 도시의 도로와 광
장들이 민간의 손에 넘어가는 일은 거의 없었을 것이다.

　　공유지는 우리 공동의 유산이다. 공유지는 우리 국민이 명시적으로 없
애기로 합의하지 않는 한, 합법적으로 없앨 수 없다. 공유지를 민영화하
고 상업화하는 것은 새롭게 창출된 '재산권'을 훔쳐서 소수를 위한 불로
소득을 발생시키는 일종의 도적질이며 부패 행위다. 공유지의 상실은 공
유지에 가장 많이 의존하는 사람들에게 가장 큰 영향을 끼친다.

　　마지막 장에 나오는 것처럼, 우리 공동의 유산을 무단으로 침입하는
사람들에 맞선 봉기를 이끄는 데 가장 관심이 많은 사람은 바로 그들이
다. 우리는 우리 헌법의 근본으로 돌아가야 한다. 마그나카르타와 삼림
헌장은 힘을 가진 이해집단들이 강탈한 공유지에 대한 권리를 복원시키
는 배상선언이다. 매우 비열하고 부정하게 강탈당하고 있는 공유지를 복
원하기 위해 이제 우리에게는 새로운 배상헌장이 필요하다.

6

$

노동중개인:
압박받는 프레카리아트

경제 자유화, 노동시장 유연성 추구, 기술혁명은 노동labor과 일work의 본질과 관련된 엄청난 변화, 전통적 기업의 해체, 노동자에게서 자본가로 협상 주도권의 이동을 가져왔다. 그 결과, 수백만 명이 지속적인 위협에 처했고 불평등이 심화되었다. 그러나 대체로 이런 변화는 앞으로 결코 역전되지 않을 것이다. 오히려 우리는 그러한 변화에 적응해서 지나친 폭주를 막고 변화의 득실을 재분배할 필요가 있다.

지난 30년 동안 세계 노동시장 체계는 형태를 구체화해왔다. 오늘날 과거 그 어느 때보다 많은 사람이 일자리를 찾기 위해 해외로 나가고 있다. 따라서 기업들은 일자리를 재배치하는 것이 전보다 더 쉽고 값싸졌다는 것을 안다. 게다가 인터넷은 물리적으로 노동자들의 이동 없이도 노동력을 외부에 위탁할 수 있게 한다. 그것은 또한 노동과 일 사이의 경계를 흐릿하게 만들고 있다.

20세기 전반을 지배한 '산업적 시간industrial time' 체제에서 인생은 일간과 주간의 시간 단위로 측정되었다. 평생을 그런 시간의 틀 안에 살았다. 사람들은 고정된 작업장에서 하루에 정해진 시간 동안 노동을 했다. 그들은 대개 일주일에 닷새는 직장에 나가고 이틀은 쉬었다. 대개 학업을 마치고 40년에서 50년 동안 직장에서 일을 하고 나면 은퇴하는 것이 쳇바퀴 같은 인생의 일반적 패턴이었다.

이런 패턴은 오늘날 '제3의 시간tertiary time' 체제라고 불릴 수 있는 것에서 깨지고 있다.[1] 그 결과, 적어도 부자 나라에서는 (임금이 지불되는) 노동의 양에 비해 사람들이 반드시 해야 하는 (임금이 지불되지 않는) 일의 양이 상대적으로 늘어났다. 이것은 실제 시간당 임금률이 통계수치가 보여주는 것보다 더 많이 떨어졌음을 의미한다. 공식적으로 측정되는 것은 임금노동뿐이기 때문이다.

공식적인 통계에서도 노동을 통해 얻은 소득은 계속해서 줄어들었다. 모든 사람, 모든 집단이 그런 것이 아니라 평균적으로 줄었다. 저임금은 고용주의 불로소득이 더 많아졌음을 의미한다. 한편, 기술혁명은 로봇공학과 자동화가 대량실업을 낳을 거라는 비관론자들의 예언을 무색하게 하면서 더 많은 일을 만들어냈다.

불로소득 플랫폼: 새로운 노동중개인

"아마도 어리석은 비교일지 모르지만, 그것은 중세시대에 활자 인쇄 때문에 싸웠던 것과 같습니다. 그것은 해결해야 할 문제가 아닙니다. 그것은 그냥 새로운 사업 모델일 뿐입니다."

— 엘즈비에타 비엔코프스카Elżbieta Bieńkowska, 유럽연합 산업과 역내시장 장관

어쩌면 자본주의의 핵심 추세가 이렇게 빨리 바뀐 것은 자본주의 역사상 처음일지 모른다. 노동과정은 기술발전에 따른 전통적 직업 붕괴, 전문직 기반을 약화시키는 새로운 노동 규제, 세계화하는 노동거래와 경쟁, 디지털 '작업' 플랫폼의 등장과 함께 동시다발적으로 바뀌고 있다. 비엔

코프스카는 모바일앱 기반의 택시서비스이자 가장 상징적인 새로운 플 랫폼기업 우버에 대한 여러 유럽 국가들의 금지와 제한에 대해 이와 같 이 언급했다.

스마트폰, 무현금 결제 시스템, 점점 늘어나는 프레카리아트 계급의 조합은 디지털서비스 플랫폼의 성장을 가속화했다. 맥킨지글로벌연구 소는 자체적으로 '온라인재능플랫폼online talent platform'이라고 이름 붙인 새로운 플랫폼이 2015년과 2025년 사이에 전 세계적으로 7,200만 개의 정규직에 상응하는 일자리를 창출하면서 세계 국내총생산을 2퍼센 트 더 높일 수 있을 것이라고 예상했다.[2] 그와 관련된 과장된 추정이 그 예측치에 대한 신뢰를 떨어뜨리는 것은 사실이지만, 그런 새로운 플랫폼 의 시장 규모가 어느 정도인지는 대강 가늠할 수 있게 한다.

디지털 플랫폼은 구매자와 판매자를 연결시켜주면서 온라인 시장으 로 작동한다. 디지털 플랫폼은 거래과정을 단축시킴으로써 수익을 올리 는데, 일부 추가 서비스는 수수료를 받고 제공하기도 한다. 예컨대 우버 는 자기네 플랫폼을 이용하는 택시기사들이 영업을 하는 동안 보험을 제 공한다. 대부분의 서비스 플랫폼은 두 가지 특징이 있다. 첫째, 그 서비스 는 단기 업무(DIY용 옷장 조립, 신문기사 작성 등)를 취급한다. 둘째, 그 서비 스를 공급하는 사람들은 자기 자신의 장비와 자산(승용차, 자택, 공구 등)을 활용한다.

많은 플랫폼이 유휴자산의 활용 증대를 통해 효율성과 소득을 높이고 있는 새로운 '공유경제'의 일부라고 주장한다. 그러나 그것들은 앞으로 보겠지만, 상품화된 임금노동의 범위와 일의 양을 확대시키고 있다. 모 두가 전통적으로 이해되는 기업의 범위를 뛰어넘는다. 그 새로운 플랫폼들은 현재 '플랫폼 자본주의platform capitalism'를 창출하고 있는 중이다.

클레이튼 크리스텐슨Clayton Christensen은 독창적인 저서 『혁신가의 딜레마Innovator's Dilemma』에서 새로운 상품이나 서비스를 창출하거나 그것을 완전히 새로운 방식으로 전달할 수 있는 혁신이라면 그것은 [기존 질서를 바꿀 수 있는] '파괴적disruptive' 혁신이라고 주장했다.[3] 훗날 그는 동료 학자들과 함께 디지털 플랫폼을 통한 서비스 공급이 파괴적 혁신의 두 가지 기준(기존 시장의 저가품 영역을 목표로 하고, 기존 상품들에 만족하지 못하는 소비자를 주된 공략 대상으로 삼아야 한다)을 충족하지 못한다고 주장했다.[4] 그러나 디지털 플랫폼은 두 가지 측면에 모두 충분히 파괴적인 혁신이라 할 만하다.

예컨대 우버는 손쉽게 택시를 잡을 수 있는 방법을 제공하고 전통적으로 높은 택시요금과 융통성 부족 때문에 택시를 타지 않았던 사람들을 끌어들임으로써 택시서비스 시장의 영역을 넓혔다. 2015년 말 현재 우버 택시를 모는 운전사는 110만 명이 넘었고, 64개국 351개 도시에서 서비스가 제공되고 있었다.[5] 에어비앤비Airbnb는 단기간 자기 집의 방을 타인에게 빌려주고 전통적인 아침과 숙박 서비스를 제공하는 비공식적 임대시장을 창출했다. 2015년 에어비앤비에는 190개가 넘는 국가의 3만 4,000개 도시에 있는 빈방을 비롯해 대저택에 이르기까지 150만 명의 서비스 제공자가 등록되어 있었다. 세계 최대의 호텔 체인들이 보유 중인 예약 가능한 방 개수보다 훨씬 큰 규모였다. 소매업 차원에서는 150만 개의 '제조업체'가 보석류, 의류, 장신구를 온라인 시장 엣시Etsy를 통해 판매한다. 엣시는 소규모 공예가들이 전 세계의 구매자들을 만날 수 있는 창구를 제공한다.

또 일부 디지털 플랫폼은 이전에 나온 서비스 방식들과 직접 경쟁을 벌이기도 한다. 우버와 또 다른 미국의 경쟁서비스 리프트, 그리고 동남 아시아의 그랩택시GrabTaxi, 인도의 올라Ola, 중국의 디디콰이디滴滴快的, Didi Kuaidi 같은 그 외 다른 지역의 비슷한 차량공유서비스가 그런 플랫폼에 속한다. 최초 명칭이 코바튀라주Covoiturage[프랑스어로 자동차 동승을 의미]였던 프랑스 신생업체 블라블라카BlaBlaCar는 자동차 운전자 들이 장거리 여행을 할 때 동행할 타인에게 빈 좌석을 '판매'함으로써 여 행비용을 나눌 수 있게 하는 차량공유 플랫폼이다. 블라블라카는 평균 주행거리가 200마일(320킬로미터)이기 때문에 택시의 경쟁서비스가 아 니다. 그러나 장거리 버스와 기차와는 경쟁할 수 있다고 알려져 있다. 블 라블라카의 창업자는 자기네 서비스가 "수송업계mobility business를 파 괴"하고 있다고 주장한다.

집안청소(핸디Handy), 대리주차(럭스Luxe), 식료품 배달(인스타카트 Instacart), 음료배달(드리즐리Drizly), 애견 돌봄(바로우마이도기BorrowMy-Doggy) 같은 다양한 분야의 서비스를 받고 싶어하는 사람과 서비스업체 를 연결해주는 기업들도 많이 있다. 딜리버루Deliveroo는 식사를 집으로 배달해준다. 태스크래빗은 가사노동과 심부름서비스를 제공한다. 섬택 Thumbtack은 주방을 설비하는 것에서 요가를 가르치는 것까지 다양한 서비스를 제공하기 위해 해당 분야의 지역 전문가들을 찾는다.

이것을 '공유경제'라고 부르는 것은 부적절하다. 이런 디지털 플랫폼 들은 불로소득을 올리는 기업들이기 때문이다. 그 기업들은 기술적 장치 를 지배하지만 과거 대기업들과 달리 주요 생산수단을 소유하지 않는다. 오히려 그들은 노동중개인이라고 해야 맞다. 그들은 대개 거래가 발생할 때마다 20퍼센트(때로는 그 이상)를 수수료로 받아간다.

'대중노동Crowdwork'[크라우드소싱과 노동을 합친 용어로 대중을 서비스에 참여시키는 노동 형태] 플랫폼 또한 노동중개인 역할을 한다. 플랫폼업체('작업요청자requester')가 잘게 쪼갠, 때로는 극도로 단순한 작업micro-tasking을 온라인으로 보내면, 노동자('작업자tasker')는 그 일을 얼마에 할지 입찰에 참여한다. 이런 플랫폼들은 거래가 발생할 때 대개 10퍼센트 이상의 수수료를 챙긴다. 이렇게 작업을 잘게 쪼개서 일반 대중에게 시키는 사업의 선구자는 2005년에 아마존이 설립한 아마존 미케니컬 터크Amazon Mechanical Turk(AMT)였다. 그러나 이런 대중노동 플랫폼은 현재 업워크Upwork, 피플퍼아워PeoplePerHour, 크라우드플라워CrowdFlower 같은 대형업체를 포함해 수십 군데가 있다.

독일에 본사가 있는 클릭워커Clickworker는 전 세계 136개국에 70만 명의 '클릭워커'가 있고 혼다Honda와 페이팔PayPal 같은 대형고객이 있음을 자랑한다. 일본의 랜서스Lancers는 2015년에 그 플랫폼에 등록된 노동자가 42만 명이었다. 이 일본의 대중노동 산업체는 2018년에 대중노동자를 1,000만 명, 2023년에 2,000만 명까지 끌어올리는 것을 목표로 삼고 있다.[6]

이 플랫폼들은 놀랄 정도로 빠르게 성장했다. 2009년에 설립된 우버는 2015년에 이미 당대에 가장 높은 가치를 지닌 미국 기업으로 확고하게 자리를 잡았다. 2016년 초에 추정된 약 650억 달러의 기업가치는 S&P 500 시장지수를 매기는 기업체 80퍼센트의 기업 가치를 합친 것보다 더 높았다. 에어비앤비는 설립된 지 겨우 7년 만인 2015년에 기업가치가 250억 달러로 1년 전에 비해 2배 이상으로 뜀으로써 실리콘밸리에서 두 번째로 기업가치가 높은 민간기업이 되었다. 그러나 누구나 아는 서비스가 된 모든 플랫폼 가운데 수십 개가 현재 흐지부지되었거나 서비스 초창기 때처럼 '소규모'로 남아 있지만, 전반적으로는 급속도로 확장하고 있다.

스태핑 인더스트리 애널리스트Staffing Industry Analysts에 따르면, 2014년에 전 세계적으로 기업들이 온라인 플랫폼과 그것을 통해 일하는 사람들에게 지불한 돈은 30억 달러를 훨씬 넘었다.[7] 소매업 분야의 판매 촉진을 위한 단기 프로젝트에서 일할 사람을 뽑는 일반적인 태도는 긱워크Gigwalk의 최고경영자인 밥 바라미푸어Bob Bahramipour가 잘 요약했다. 그는 AP통신과 가진 인터뷰에서 이렇게 말했다. "여러분은 10분에서 15분 사이에 1만 명을 고용할 수 있습니다. 그리고 그 1만 명이 저마다 일을 끝내면, 그들은 눈 녹듯이 사라집니다."[8]

벤처캐피탈은 어떻게 플랫폼 자본주의를 만드는가

우버는 대표적 '플랫폼'으로 각광받고 있다. 우버는 서비스를 시작하는 도시에서 우버 택시기사에게 대개 우대책을 제공하는 채용 프로그램을 실시한다. 융통성 있는 수요자 기반의 서비스를 운영함으로써 공식적인 택시요금을 내린다. 한산한 시간대의 요금은 내리고 수요가 많은 시간대의 요금은 올려서 더 많은 택시기사들이 우버 택시를 운행하도록 유인한다. 우버는 일단 서비스가 정착되면, 우버 택시기사들을 이용해서 여러 가지 다른 서비스를 제공한다. 구글이 검색 관련 광고서비스를 통해 새로운 수입을 창출하면서 다른 사업에 진입하는 것처럼, 우버는 "모든 사람이 어디서든 물 흐르듯 믿을 수 있는 수송서비스"를 제공할 계획이다.[9]

따라서 우버는 미국의 여러 도시에서 점심 배달, 오토바이 택배, 가정용품 배달과 같은 배송서비스 분야로 새롭게 진출했다. 우버는 또한 당일 배송서비스를 제공하면서 소매업에도 진출했다. 포스트메이트 Postmates와 샤입Shyp[맞춤형 배송서비스 벤처업체로 각광받았으나 2018년 3월에 폐업함] 같은 배송서비스도 있지만, 우버는 그것들보다 규모가 더 크고 재정적 영향력 또한 막강하다. 우버는 신도시 영업을 통해 빠르게 자금을 모으고 투자자를 이용해서 거액을 끌어들여(2015년 말 현재 90억 달러 이상) 경쟁업체들을 위협할 수 있었다.

우버는 이 덕분에 실질적이고 잠재적인 경쟁업체들보다 저가서비스를 제공함으로써 신규 시장으로 확장해나가면서 발생하는 운영 손실액을 충당할 수 있었다. 우버가 투자 유치를 위해 준비한, 외부로 유출된 문서에 따르면, 2015년 상반기 운영 손실액은 무려 10억 달러에 이르렀다.[10] 그러나 우버의 현금 보유고는 40억 달러 이상으로 2배 넘게 증가했다. 따라서 우버는 미래의 사업 확장을 위한 충분한 활동자금을 확보할 수 있었다.

우버는 사모펀드를 통해 자금을 마련함으로써 약탈적 가격 정책으로 경쟁업체들을 제압하고 독점적 지위를 강화하면서 더 큰 불로소득을 뽑아낸다. 다른 신생 벤처업체들도 벤처캐피탈의 지원을 받아 거의 독점적 지위를 차지하고 있다. 그들은 자유시장에서 경쟁을 하고 있는 것이 아니다.

미국이 그러한 방식을 선도했다. 시장에 공개된 기업의 반대편에 서 있는 개인 투자자와 비공개기업들은 역설적이게도 2012년 기업을 공개해서 월스트리트에 등록할 것을 권장하기 위해 제정된 미국의 신생기업 지원책인 잡스Jumpstart Our Business(JOBs)법 덕에 오히려 번창했다. 당시 오바마 대통령은 공개기업은 확장 속도가 빨라서 더 많은 일자리를 창출하고 "감독이 더 용이하고 매우 투명하게" 운영되기 때문에 바람직하다고 주장했다. 그러나 잡스법이 제정되기 전에는 주주가 500인 이상일 경우, 비공개기업도 상세한 재무정보를 공개하게 되어 있었지만, 이제는 주주 수가 2,000명 이상인 경우로 변경되었다. 그 결과, 더 많은 기업이 일부 제한된 집단의 통제 아래서 기업 거래의 정밀한 공개감사를 피하기 위해 비공개 상태를 유지하는 방식을 택할 수 있다.

현재 해당 분야에서 최대 규모의 기업들이 여전히 비공개를 선택한 디지털 플랫폼의 자본은 뮤추얼펀드·사모펀드·헤지펀드·국부펀드 같은 극히 한정된 범위의 투자기관들에서 나온다. 그것은 일부 엘리트와 부호를 위해 준비된 시장으로 일종의 밀실 자본주의closet capitalism라고 할 수 있다. 게다가 투자기관들은 대개 낮은 주가로 기업 상장이 이루어질 경우, 기업이 투자자에게 배상할 것을 보장하라고 요구하면서 이런 상황을 더욱 심화시키고 있다. 그들은 이런 '일방적' 협의를 통해 자신들이 입는 일체의 손실을 보상받으려고 추가 지분을 요구한다. 따라서 그들은 공짜로 위험 보험을 받는데, 그것은 일종의 특별한 형태의 불로소득이다.

시장을 개척하고 경쟁업체들을 몰아내거나 짓밟기 위한 우버의 약탈적 가격 정책은 더 많은 장기적 이익을 얻기 위해 단기적 손실을 견뎌낼 준비가 된 사모펀드 자본에 의존했다. 우버는 중국의 디디콰이디와 경쟁하면서 그 업체보다 요금을 낮게 책정했을 뿐 아니라, 일부 도시에서는 택시기사들을 자사의 서비스로 유인하고 가로채기 위해 그 요금의 130퍼센트까지 다양한 보조금과 장려금을 지급했다.

예컨대 상하이에서는 택시기사가 일주일에 25회 승차서비스를 완료하면, 우버는 오전 7시에서 10시 사이에 승차요금의 110퍼센트, 러시아워에는 80퍼센트, 주말에는 60퍼센트, 일반 근무시간에는 40퍼센트를 추가로 지급한다. 또한 일주일에 50회 승차서비스를 완료하면, 모든 경우에 대해 또 다른 20퍼센트의 보조금이 운전사에게 추가로 지급된다.[11]

중국에서 우버의 영업전략은 일정 정도 성공한 것으로 보인다. 2015년 중반, 기술 중심도시인 청두成都는 여행 횟수로 볼 때 세계 최대의 시장이었다. 당시 우버의 최고경영자 트래비스 칼라닉Travis Kalanick은 2016년 말까지 100군데의 중국 도시로 서비스를 확대할 계획이라고 발표했다.

그럼에도 중국의 앱 기반 콜택시 시장을 지배하고 있는 디디콰이디는 우버의 공세에 반격할 만한 자금력이 있다. 중국의 국부펀드 가운데 하나인 중국투자공사와 거대 전자상거래업체인 알리바바Alibaba와 텐센트Tencent가 뒤를 받치고 있기 때문이다. 그들은 디디콰이디가 장기적으로 경쟁을 유지할 수 있도록 도움을 줄 수 있다. 디디콰이디는 승객이 많은 성수기에 열 가지 이상의 요금제를 쓰면서 기본료를 높이고 상여금을 지급하는 자체 보조금 제도를 운영하고 있다. 이것은 서비스의 질을 기반으로 하는 경쟁이 아니다. 디디콰이디나 우버나 모두 지배적 금융자본에 고용되어 대리전쟁을 벌이는 것일 뿐이다.

인도에서도 이와 비슷한 종류의 전투가 벌어지고 있다. 우버와 올라캡스Ola Cabs의 경쟁이 그것이다. 올라캡스는 러시아의 억만장자 유리 밀너Yuri Milner의 DST 글로벌투자사, 일본의 기술업체 소프트뱅크, 그리고 디디콰이디 같은 투자자들로부터 자본금을 조달했다. 2015년 말, 우버는 인도의 22개 도시에서 약 25만 명의 우버 택시기사를 확보하고 있었다. 반면에 올라캡스는 102개 도시에서 그보다 훨씬 많은 운전사를 운영하고 있다고 주장했다.

이 약탈적 사업 모델의 1차전에서 혜택을 보는 사람에는 보조금을 받는 작업자(이 경우 택시기사)가 들어갈 수 있다. 하지만 이런 수혜는 단기적일 가능성이 크다. 해당 플랫폼이 확립되어 시장을 독점적으로 지배하는 (또는 여러 개의 플랫폼이 시장을 서로 나눠 먹기로 암묵적으로 동의하고 과점하는) 순간 그 혜택은 사라지기 때문이다. 우버 택시기사들의 수입은 우버서비스가 성공적으로 정착한 일부 도시에서는 이미 줄어든 상태다.

프레카리아트 계급에 속한 플랫폼 작업자들

"전통적 의미에서의 임금 고용은 점차 사라지고 있는 개념입니다. 따라서 우리는 다가오고 있는 변화를 위해 스스로 준비해야 합니다. 앞으로 나는 고정급을 받지 않고 일을 하더라도 먹고살기에 충분한 돈을 쉽게 벌 수 있을 겁니다. 지역사회 플랫폼에서 노동력을 제공하는 우버 택시기사가 되거나, 에어비앤비에 집을 빌려주면서 말이에요. 이런 플랫폼들을 통해 교사나 강사가 되는 것도 생각해볼 수 있지 않을까요?"

― 피에르 칼마드Pierre Calmard, 아이프로스펙트iProspect 최고경영자[12]

이것은 언제든 당장 우버 택시기사나 에어비앤비 임대주가 될 가능성이 거의 없는 사람이 내뱉은, 현재 일어나고 있는 일에 대한 낙관적 생각 가운데 하나다. 하지만 이에 반해 더 우려 섞인 비관적 전망도 있다.

오늘날 플랫폼 작업자의 수는 엄청나게 빨리 증가하는 추세다. 맥킨지글로벌연구소는 2025년 명목상 실업자이거나 시간제 근무자 2억 명이 온라인 플랫폼의 작업자로 일하는 것을 부업으로 삼을 거라고 예측했다.[13] 그러나 MGI는 그러한 수입이 주요 소득원을 보충할 뿐일 것임을 암시하면서 역시 낙관적 견해를 표시한다. 프리랜서노동조합 Freelancers Union이라고 잘못 명명된 업워크가 의뢰한 2015년 미국 설문조사 결과에 따르면, 2014년에 '자유계약자'로 일했던 사람들의 75퍼센트가 주로 그 일을 생업으로 삼았다. 본업이 따로 있으면서 '문라이터 moonlighter'[추가 수입을 올리기 위해 은밀하게 부업을 하는 사람]들은 4분의 1에 불과했다.[14]

또 다른 연구 결과에 따르면, 2015년 미국 노동자의 16퍼센트가 임시직이나 계약직이라고 추산했다. 이는 20년 전에 비해 거의 2배가 높은 비율이다. '비정규직 배치'의 그러한 증가는 2005년 이후 미국 경제의 순고용성장net employment growth을 전반적으로 설명해주는 것처럼 보였다.[15]

디지털 플랫폼은 새로운 '선대先貸제도putting-out system'[상인이 독립된 수공업자들에게 원료나 도구, 임금을 지불하고 필요한 물품을 생산하게 하는 제도]를 구축하고 옛날 방식의 서비스 전달 체계를 무너뜨리고 있다. 과거 선대제도가 중세 길드 가내공업을 무너뜨린 것과 같은 상황이다. 디지털 플랫폼은 모든 분야를 관통하면서 변화를 견인하고 있지만, 그 파급효과는 아직까지 크게 인식되고 있지 않다. 예컨대 미국에서 우버의 성장은 택시기사들에게 영업 면허증('메달리온')을 살 돈을 빌려주는 메달리온 파이낸셜Medallion Financial 금융회사에 충격을 안겨주었다. 메달리온 금융사는 수익이 늘어나는데도 시장가치가 절반 이하로 떨어졌다.[16] 어쩌면 이제 그 회사는 전통적인 택시기사가 되려는 사람을 돕지 못할지도 모른다. 따라서 그것은 임대수입을 주목적으로 하는 불로소득 기업들이 직접 경쟁을 통해서뿐 아니라 간접적으로도 경쟁업체들의 공급을 제한할 수 있음을 보여준다.

맞춤형 컨시어지 경제

플랫폼 작업자는 세 개의 범주로 나눌 수 있다. 그 첫 번째 집단이 '임시직' 또는 더 처참하게 말해서 '컨시어지concierge' 경제에 속한 사람들이다. 각종 디지털 플랫폼을 통해 위탁받아 택시운전, 청소, 수작업이나 배달서비스를 하는 인력이 그런 종류의 사람들이다.

그런 디지털 플랫폼은 거기에 소속된 작업자들을 이용해 높은 불로소득을 올리고 있다. 우버는 택시요금의 20~30퍼센트를 수수료로 가져가고 어떤 경우에는 예약 수수료도 추가로 챙기며 요금 수준과 노선도 정한다. 에어비앤비는 예약할 때마다 9~15퍼센트의 순이익을 올린다. 태스크래빗은 작업 수수료의 30퍼센트(반복 예약의 경우는 15퍼센트)를 챙기고 고객에게 보험보증제도로 5퍼센트를 추가로 받는다. 이런 거래 수수료로 챙기는 수입은 플랫폼 운영(기술개발, 예약과 지불 시스템 관리 등)에 들어가는 비용보다 훨씬 더 크다.

　플랫폼업체는 플랫폼 작업자들을 자기네가 고용한 직원으로 보지 않고 독립계약자라고 주장한다. 따라서 미국을 비롯한 다른 나라들에서 그들은 노동조합을 결성할 권리를 포함해 각종 혜택과 보호조치를 받을 자격을 부여하는 노동법 적용 대상이 아니다. 우버는 우버 택시기사를 우버 플랫폼을 이용해서 승차서비스를 제공하기로 선택한 시간제 '사업파트너 운전사'라고 설명하면서 그들이 독립계약자라는 사실을 정당화하는 데 많은 노력을 기울인다. 태스크래빗 지원센터는 "플랫폼 작업자는 태스크래빗 직원인가?"라는 반문을 던지고는 이렇게 답한다. "아니다. 그들은 우리 직원이 아니다. 플랫폼 작업자들은 그들 자신을 위해 일하는 지역사업가이자 독립계약자다. 태스크래빗은 단순히 고객과 작업자가 만나는 플랫폼을 제공할 뿐이다. 우리는 작업자들이 플랫폼에 등록하기 전에 그들이 정말 전문가이고 믿을 만한 사람인지 확인하기 위해 모든 작업자의 능력을 조사하고 신원조회를 한다."

　하지만 이것은 솔직한 대답이 아니다. 대다수 플랫폼 작업자는 기업가도 아니고 독립적이지도 않다. 그들 가운데 아이폰을 가지고 작업하는 사람들을 등록시켜놓고 고객을 만날 때까지 대기시키는 사업을 일으킬 사람은 거의 없다. 일부만이 그런 사업을 벌일 뿐이다. 하지만 그렇다고 그들을 고전적 의미에서 '직원'이라고 부르는 것 또한 잘못된 말이다. 그들은 플랫폼업체의 직접적 관리·감독을 받지 않고, 주된 생산수단을 자체 보유하고 있으며, 원칙적으로 자신의 노동시간을 스스로 통제하기 때문이다.

　그러나 플랫폼 작업자들은 자영업자도 아니다. 그들은 노동중개인(플랫폼)에 의존해서 작업을 배정받고 회사 로고가 새겨진 티셔츠를 입거나 일정한 작업 횟수를 채우는 것과 같은 규칙들을 준수해야 한다. 하지만 그들은 자영업자들처럼 교통비, 수선유지비, 사고와 질병 대비 보험료를 포함해서 직무와 관련된 일체 비용을 스스로 부담한다.

플랫폼 작업자가 고용된 직원이라고 주장하는 미국과 영국의 판례들은 '피고용자'와 '자영업자'로 나누는 이분법이 부적절함을 강조한다.[17] 이것은 새로운 노동 형태이며, 따라서 기존의 범주 구분은 조정될 필요가 있다. '종속'계약자라는 말이 '독립'계약자보다 더 적절한 표현이다.[18] 그러나 '(플랫폼) 작업자'라는 말은 어떤 작업을 한다는 점에서 그 현상을 한마디로 간결하게 잘 전달한다.

우버 택시기사 같은 플랫폼 작업자들을 고용된 직원으로 분류할 경우, 플랫폼업체의 운영비가 크게 늘어나서 그 업체의 불로소득은 줄어들 것이다. 실제로 그것은 플랫폼업체의 사업 모델을 붕괴시킬 것이다. 2016년 4월, 우버가 우버 택시기사의 신분을 독립계약자로 유지시키는 대가로 법정 밖에서 1억 달러 합의 제안에 동의한 것은 바로 이런 이유 때문이다. 이 책을 쓸 당시에 그 합의는 아직 판사의 승인을 받지 못한 상태였다.

미국의 집안청소 플랫폼업체 홈조이Homejoy는 2015년에 문을 닫았는데, 거기서 내세운 이유는 플랫폼 작업자들이 직원으로 인정해줄 것을 요구하는 일련의 소송이었다. 그러나 그 사업 모델은 치명적인 다른 원인이 있었다.[19] 홈조이는 기존 청소서비스보다 25퍼센트 싼값으로 서비스를 제공했는데, 그것은 청소 일을 하는 작업자들이 매우 낮은 대가를 받았음을 의미한다. 따라서 홈조이는 질 낮은 노동을 제공할 수밖에 없는 비숙련 작업자나 생계가 막막한 사람들(심지어 노숙자)을 서비스에 끌어들였다. 고객과 작업자들은 또한 중간다리를 거치지 않고 홈조이의 예약장부에 없는 일들을 주선하면 경제적 보상을 받았다.

샤입(택배), 먼처리Munchery(식사 배달), 럭스(대리주차) 같은 미국의 일부 소규모 맞춤형 플랫폼은 그들의 작업자들을 직원으로 대우하기로 결정했고 지금도 그렇게 하고 있다. 우버 택시기사 같은 플랫폼 작업자들이 직원 신분임을 주장하는 변호사들은 플랫폼업체들이 이윤을 조금 덜 챙기면서 서비스를 운영할 여유가 충분하다고 말한다. 플랫폼업체들의 불로소득을 완전히 없애라는 말이 아니라 부당하게 많이 받는 부분을 쳐내면 된다는 것이 그들의 주장이다.

플랫폼 작업자들을 별도의 범주로 분류하는 것이 더 적절해 보이지만, 일부 플랫폼업체는 주요 사항에서 마치 고용주처럼 처신한다. 그들은 계약조건을 일방적으로 정하고 작업의 질을 통제하며 기준 이하로 보이는 작업자들을 징계한다. 예컨대 우버는 운전사들에게 승차 요청의 최소 80퍼센트를 받아들일 것을 요구한다.[20] 태스크래빗은 게시된 작업들에 대해 한 시간 안에 자신에게 작업을 부과하는 사람을 정하는 기존 시스템을 변경했다. 그래서 태스크래빗 플랫폼 작업자들은 30분 안에 그 작업을 할지 말지를 결정해야 한다.

일정 기간 안에 일정한 양의 작업을 소화하지 못한 작업자들이나 30분 안에 고객 요청에게 응대하지 못한 작업자들은 '활동 정지' 처분을 받을 수 있다. 그들은 재교육 테스트를 성공적으로 통과할 경우 다시 작업자로 활동하게 된다. 지나치게 많은 실수를 한 작업자는 결국 '해당집단'에서 완전히 배제된다. 그러한 변화는 역설적이게도 다른 직업이 있는 사람들이 부업으로 추가 수입을 올릴 수 있게 도와준다는 당초의 취지와 달리 오히려 그것을 더 어렵게 만들었다. 여러 가지 지켜야 할 책무들이 다른 작업을 할 수 있는 가능성을 제한하기 때문이다. 따라서 플랫폼 작업자들은 늘 대기 상태에 있어야 하는데, 그들을 '독립계약자'라고 말하는 것은 전혀 얼토당토않은 말이다. 페이스북에서 누군가 말한 것처럼, "TR[태스크래빗]에서 일하는 사람들은 모두 노예계약 노동자들이다. (······) 당신은 당신 자신의 사업을 키우고 있는 것이 아니다. 하나의 기업으로서 TR을 키우고 있는 것이다."[21]

플랫폼 작업자들은 또한 그들의 소개란에 표시된, 고객이 매긴 등급의 지배를 받는다. 예컨대 우버 택시기사들은 최대 '별' 다섯 개 등급 가운데 최소 4.6등급을 유지해야 한다. 이것은 새로운 노동력 착취 형태로서 저비용으로 자기 착취를 유도하는 방식이다. 등급제는 단순한 피드백 장치가 아니다. 그것은 감독자 없이 노동자를 감시하고 징계하는 수단이다. 플랫폼은 자동으로 감시망이 작동하는 전방위 감시체계의 일부다. 등급제는 투명성이나 책임성 없이 끊임없이 규제를 가하기 때문에 파괴적이다.

어떤 우버 택시기사는 교통혼잡 때문에 느리게 이동해 약속에 늦거나, 속도제한을 어기고 빨리 달리는 것을 거부하거나, 정치·스포츠·종교 문제로 승객과 의견 차이가 있었을 경우에 등급을 낮게 받을 수 있다. 또 기분이 나쁜 상태에 있거나 특정 인종집단에 대한 편견을 가진 고객이 택시를 탈 수도 있다. 승객이 등급을 매기는 것은 몇 초밖에 안 걸리지만, 그 평가는 플랫폼 작업자에게 매우 극단적인 영향을 끼쳐 당장의 수입과 미래의 기회를 잃게 만들 수도 있다. 여러 승객에게 낮은 등급을 받은 운

전사는 '활동 정지'가 될 것이다. 거기에는 적법 절차도 없고 항소 수단도 없다.[22]

플랫폼 고객과 작업자 사이의 관계는 대칭적이어야 한다. 고객이 작업자의 등급을 매길 수 있는 것처럼 작업자도 고객의 등급을 매길 수 있어야 한다는 말이다. 따라서 집안청소 플랫폼업체 핸디는 이렇게 주장했다.

핸디는 가정에서 필요한 모든 일을 돌보는 투명한 플랫폼입니다. 그 투명성의 일부로서 우리는 쌍방향 평가 체계를 제공합니다. 그래서 독립적인 전문가들이 일을 어떻게 진행했는지 피드백하고 고객들도 마찬가지로 피드백을 할 수 있습니다. 이 방식은 수요와 공급 양쪽에 모두 흡족함을 주고, 전문가와 고객에게 건설적인 피드백을 제공하며, 가정에서 최선을 다할 수 있도록 더 많은 소통라인을 열어줍니다.[23]

하지만 고객과 작업자가 동등하게 평가 점수를 매긴다는 이 주장은 현실을 반영하지 못한다. 플랫폼 작업자가 기준 이하의 등급을 받는 것은 고객이 낮은 등급을 받는 것보다 그 결과가 훨씬 더 심각하기 때문이다. 일부 우버 택시기사들은 사전에 공지도 없이 활동이 정지되었고 다시 활동을 재개하기 위해서는 플랫폼업체가 정한 '훈련과정'을 이수해야 하므로 어쩔 수 없이 돈을 내야 했다. 일부 플랫폼업체들은 기준 이하 등급을 받은 작업자들을 활동 정지시키지 않고 강등시켜 작업자 목록에서 아래쪽으로 배치함으로써 고객들이 검색하기 어렵게 만든다. 이것은 강력한 통제장치다.

캘리포니아 판사 에드워드 첸Edward Chen은 우버 택시기사들이 직원으로 분류되어야 한다고 주장하며 운전사들이 낸 집단소송에 답변할 충분한 사유가 있다고 한 2015년 판결에서 프랑스 철학자 미셸 푸코의 말을 인용하며 그의 박식함을 인상적으로 보여주었다. 그는 작업자의 등급을 매기는 것은 우버에게 "소속 운전사들의 성과에 대한 '수단과 방법'에 대한 엄청난 통제권"을 주었다고 언급하면서, "의식적이고 항구적인 가시성의 상태는 무의식적인 권력작용을 보장한다"는 푸코의 저서 『감시와 처벌*Discipline and Punish*』에 나오는 한 대목을 인용했다.

첸 판사가 지적한 것처럼, 등급 평가는 플랫폼업체와 플랫폼 작업자 사이의 관계를 전통적 고용관계에 더욱 가까워 보이게 만든다. 그리고 사전 고지나 경고 없이 활동을 정지시키거나 등급을 강등시키는 것은 해고와 다를 바 없다. 미국 법원이 우버나 태스크래빗 같은 플랫폼업체를 고용주라고 최종 판결을 내린다면, 플랫폼 작업자들의 활동을 정지시키거나 징계하는 등급 평가는 성별·인종·피부색·출신국가·종교를 이유로 차별을 금지하는 민권법 제7조 위반일 수 있을 것이다.

이런 작업 형태가 제기하는 또 다른 문제는 불로소득 자본주의 저변에 자리 잡은 전문가 정신professionalism의 쇠퇴다. 우버가 그 대표적인 예다. 우버는 새로 서비스를 시작하는 도시마다 불공정 경쟁을 주장하는 기존 택시회사들의 거센 항의를 받았다. 우버는 현행 법규에 의존해서 자신들의 우버 택시기사들이 전통적인 택시에 적용되는 법규의 지배를 받지 않도록 사업 모델을 정교하게 다듬는다. 예컨대 런던에서는 택시운전 면허증이 있는 기사들은 공인된 택시('블랙캡black cabs')만 몰아야 하고 런던 도심의 거의 모든 도로를 암기하는 '전문지식' 시험을 통과해야 한다.

전통적인 택시서비스를 보호하고자 하는 도시들은 우버 같은 앱 기반의 택시서비스를 전통적 택시로 분류하거나 그들의 영업활동을 제한하는 법규를 제정함으로써 대응책을 강구해왔다. 하지만 영국의 경쟁시장국Competition and Markets Authority[우리나라 공정거래위원회에 해당하는 기관]은 런던교통공사Transport for London가 상정한 법규를 반경쟁적이라고 공격하며 오히려 블랙캡의 기준을 더 낮출 것을 제안했다. 그리고 우버를 비롯한 택시 플랫폼업체들은 새로운 제도 내에서 여러 가지 영업 방식들을 찾거나 계류된 법적 판단이 끝날 때까지 기존 체계 위에서 영업을 지속하고 있다. 하지만 전문가 기준에 대한 위협은 여전히 남아 있다.

전문가 기준에 대한 논쟁은 지금까지 특정 직업군에 소속된 회원 자격과 자질이 있는 사람들이 독점해온 서비스를 비전문가들이 제공할 때마다 일어날 수밖에 없다. 호텔과 민박집 단체들은 에어비앤비의 '집주인'들이 화재 관련 규제를 준수하거나 1박의 경우 세금을 부과하지 않아도 되기 때문에 부당한 이익을 취하고 있다고 주장하면서 에어비앤비를 공격했다. 뉴욕의 에어비앤비는 불법 임대와 임대주를 권장한다는 명목으로 고발당했다.[24] 아마추어 정신은 노동력의 대가를 낮추고 플랫폼업체의 불로소득을 증대시키는 방식이다.

플랫폼 작업자는 프레카리아트 계급이 처한 상황과 딱 들어맞는다. 그들은 소득이 불안정하고 고용과 직업 안정을 보장받지 못하기 때문이다. 그들은 정식 직장과 거리가 먼 공간에서 임금노동을 위한 많은 작업을 무보수로 해야 한다. 우버는 무엇보다도 외부에서 보기에 우버 택시기사 대다수가 정규 수입을 보충하는 가욋돈을 벌고 있다는 인상을 주려고 애썼다. 하지만 전 세계적으로 수백만 명에 이르는 플랫폼 작업자들의 현실은 오히려 임시직이라도 구하기 위해 숨 가쁘게 경쟁하고, 그것도 아니면 실업 상태이거나 저임금 활동을 하고 있는 것처럼 보인다. 그들은 엘리트와 샐러리아트 계급을 위한 맞춤형 하인이다. 컨시어지 경제는 2차 대호황 시대의 일부다.

클라우드 노동 플랫폼 작업자

두 번째 플랫폼 작업자 집단은 온라인 작업을 하는 사람들이다. 처음에 이 집단은 아마존 미케니컬 터크AMT로 대표되는 낮은 차원의 극도로 단순화된 작업들을 주로 했다. 그러나 온라인 작업은 회계 업무, 법무 관련 조사, 의료 진단과 의료기기 설계 같은 많은 종류의 전문직 업무를 포함하는 고급시장으로 옮겨갔다. 업워크, 프리랜서닷컴Freelancer.com, 피플퍼아워가 그런 전문직 업무 플랫폼에 속한다. 캘리포니아의 업카운슬UpCounsel은 온라인 변호서비스를 제공하고 자체 플랫폼 작업자의 자금과 문서 관리를 처리한다. 업카운슬의 최고경영자는 그것을 '전문직서비스의 가상현실화'의 시작이라고 본다.[25]

클라우드 노동과 관련된 일을 하는 사람들의 수는 이미 매우 많으며 지금도 빠르게 늘어나고 있다. 2015년 AMT는 어느 때든 업무에 투입될 수 있는 플랫폼 작업자가 50만 명을 넘는다고 주장했다. 이랜스Elance와 오데스크oDesk의 합병을 통해 2014년에 세워진 업워크는 전 세계 180개 나라의 사이트에 등록된 900만 명의 '프리랜서'를 보유하고 있고 360만 개 고객 의뢰 사업들과 연결되어 있었다. 오스트레일리아의 프리랜서닷컴은 의뢰할 작업을 올리거나 그 가운데서 자기에게 맞는 일을 찾는 플랫폼 이용자들이 거의 1,800만 명에 이른다고 주장한다.

그러나 이런 극단적 단순 작업과 프리랜서 플랫폼의 배후에 있는 사업 모델은 앞서 말한 주장과 다르다. 극단적 단순 작업 플랫폼은 테일러 시스템Taylorism(관리자는 생각하는 일을 하고 노동자는 몸 쓰는 일을 하는 것으로 노동요소를 분할)의 극단적 형태를 기반으로 한다. 이들 플랫폼업체는 작업 단위를 말할 때 히트HIT(인간 정보 작업Human Intelligence Task)라는 완곡어법의 용어를 써서 그야말로 그러한 실상을 가린다. 그들은 대개 플랫폼 작업자가 한 번 HIT를 수행할 때마다 잔돈 몇 푼을 줄 뿐이다. 이것은 작업자들이 그 몇 푼 안 되는 돈을 벌기 위해 수행해야 하는 작업이 엄청나게 많다는 의미다! 2012년 한 조사에 따르면, 미국의 AMT 플랫폼 작업자들은 평균 9,000개가 넘는 단순 작업을 했고, 인도의 해당 작업자들은 평균 6,500개가 넘는 단순 작업을 했다고 한다.[26] 작업자의 평균 연령은 33세였다. 이 수치들은 그 단순 작업이 얼마나 작은 단위로 쪼개져 있는지를 잘 보여준다.

극단적 단순 작업자들은 아마 모든 플랫폼 작업자들 가운데 가장 착취를 많이 당하고 자기 착취할 가능성이 큰 사람들일 것이다. 작업은 대개 한 작업당 얼마로 정해진 요율에 따라 극도로 낮은 금액으로 할당된다. 그 작업들은 알고 보면 작업자들이 생각했던 것보다 더 복잡하거나 시간이 오래 걸리는 작업일지도 모른다. 그리고 작업자들은 작업 의뢰인이 거짓으로 작업의 질을 탓하며 대가 지급을 거부하거나 막무가내로 돈을 주지 않을 경우, 보상받을 수단이 현실적으로 전혀 없다. 스탠포드 대학에서 크라우드소싱crowd sourcing[인터넷을 통해 대중의 아이디어를 얻고 그것을 기업활동에 활용하는 방식]에 관한 연구팀을 이끈 마이클 번스타인 Michael Bernstein이 언급한 것처럼, "AMT는 양질의 결과를 보장받을 수 없고 노동자들을 존중하고 정당한 임금을 지급하지 않으며 작업을 효율적으로 수행하지 못하는 것으로 악명이 높다."[27]

작업 의뢰자와 중개인 플랫폼업체는 대개 작업 수행을 실제적인 욕구와 감정을 가진 '살아 있는 사람'이 하는 것이라는 사실을 망각하는 듯 보인다. 데이터를 수집·정리·분류하는 일을 전문으로 하는 크라우드플라워의 최고경영자 루카스 비월드Lukas Biewald는 한 청중 연설에서 자만한 나머지 얼떨결에 그의 본심을 드러냈다.

인터넷 이전에는 10분 동안 자리에 앉혀서 당신을 위해 일을 시키고 10분이 지나면 바로 해고할 수 있는 사람을 구하는 것은 정말 어려운 일이었습니다. 그러나 기술의 발전과 함께 당신은 이제 그런 사람들을 실제로 구할 수 있고 약간의 푼돈을 주고 일을 시키다가 더는 그들이 필요하지 않을 때 그들을 처분할 수 있습니다.[28]

지금까지는 그런 플랫폼·작업자 대다수가 산업국에 있었지만, 이제는 어디서든 인터넷 접속을 할 수 있기 때문에 클라우드 노동이 세계화되고 있는 상황이다. 클라우드 노동의 시간당 품삯이 지역에 상관없이 동일하다는 사실은 보스턴 또는 암스테르담에 있는 사람이나 방글라데시 또는 가나의 아크라에 있는 사람이나 똑같이 작업을 잘할 수 있다는 것을 의미한다. 무엇보다도 그런 측면에서 플랫폼업체는 노동자들이 적절한 임금을 받을 수 있는 길을 막고 있다.

대기노동자

세 번째 플랫폼 작업자 집단은 고용계약을 맺은 사람들로서 고용주가 요청할 때만 일을 하고 그에 대한 대가를 받는 고용인이다. '0시간zero-hour', '24시간 대기조on-call', '임시직 시급if-and-when' 계약과 같은 정해진 작업 일정이 없는 이런 플랫폼 작업자들은 계약된 작업을 하는 시간에 대해서만 대가를 지불받는다.

이런 작업들을 하기 위해 그들이 떠맡아야 하는 작업 관련 활동들(예컨대 특정 유니폼 착용이나 교통수단)에 들어간 시간과 돈은 인정받지 못하고 스스로 부담해야 한다. 이른바 '유연한' 작업 일정은 그런 계약을 맺은 사람들이 보수를 받을지, 받으면 얼마를 받을지 알지도 못한 채 다른 약속은 엄두도 못 내고 무한정 대기하게 만든다. 그들의 가용성에 영향을 끼칠 가능성이 있다고 판단될 경우에는 아예 다른 일을 하지 못하도록 금지함으로써 이중으로 착취당하는 사람들도 있다. 영국 정부는 2015년에 계약서상의 '독점조항'을 금지했지만, 고용주들은 그 규제를 쉽게 빠져나갈 수 있다. 예컨대 일주일에 한 시간 정도는 다른 일을 할 수 있게 한다든가, 다른 일을 하는 것이 확인된 사람들에게는 작업시간을 배정하지 않는 방식으로 정부 규제를 우회한다.

2015년 현재 영국에서는 0시간 계약을 맺은 사람이 공식적으로 거의 100만 명에 이르렀다. 130만 명이 넘는 노동자들이 정규직 일자리를 찾을 수 없기 때문에 시간제 임시직이었다. 2010년 한 조사에 따르면, 영국 전체 노동력의 4분의 1(약 700만 명)이 예고 없이 고용주의 일방적 지시로 작업 일정이 변경되기 일쑤였다.[29] 그 조사는 조사 대상 15개 유럽 국가

가운데 11개국에서 2005년과 2010년 사이에 고용주가 일방적으로 작업 일정을 변경한 사례가 크게 증가했음을 보여주었다. 그중 가장 크게 늘어난 나라는 예상과 달리 독일(32퍼센트)이었다. 다음으로 프랑스(28퍼센트), 핀란드와 영국(24퍼센트), 아일랜드(23퍼센트)가 그 뒤를 따랐다. 미국의 경우, 2015년에 취업자의 10~16퍼센트가 비정규직 또는 대기조 노동자였고, 약 700만 명이 '다양한 경제적 이유 때문에' 시간제 근무를 하고 있었다.

직업의 해체

디지털 플랫폼업체와 거기서 일하는 작업자 군단은 20세기에 걸쳐 확립된 기존의 고용인과 고용의 개념, 노동 관련 권리와 보호 단체를 무너뜨리고 있다. 그것들은 또한 직업사회의 해체를 가속화하고 있다. 수백 년동안 직업별 동업조합은 직장생활, 노동 기준 설정, 직업윤리 강령, 직업 훈련 수단, 사회적 보호의 제공 역할을 확립했다. 그들은 시장에 맞섰다. 신자유주의 의제는 그들의 해체를 목표로 한다. 맞춤형 경제on-demand economy는 그것의 결과이자 가속장치다. 그 때문에 우리는 직업윤리의 실종과 전문직 및 기술을 통한 사회적 상향 이동의 좌절이라는 혹독한 대가를 치르고 있다.

플랫폼 작업자는 유연한 노동을 자신에게 유리한 방향으로 이용할 수도 있다. 하지만 그들은 특정 직업을 수행할 전문자격 기준을 파괴하고 더 나아가 전문직종과 기술사회에 대한 전통적 개념을 무너뜨리는 데 이용되고 있다. 이것은 바로 플랫폼업체들이 원하는 것이자 신자유주의자들이 늘 바랐던 것이다. 그들은 집단행동을 하는 모든 단체에 대해 시장을 왜곡시키고 시장 청산market clearing[시장 수요와 공급의 일치]을 방해하는 세력이라고 설명하기 때문이다.[30] 플랫폼업체들은 그동안 전문직종 내부자들이 벌어들인 불로소득을 줄이고 그것을 자신들에게 이전할 뿐 아니라 더 나아가 노동과 일의 대가를 낮추고 있다.

제대로 분석되지 않은 신자유주의 의제의 특징 가운데 하나는 모든 훌륭한 직종을 포함해서 전문직에 대한 재규제였다. 시카고 경제학파의 설계자 밀턴 프리드먼은 1945년 자신이 첫 번째로 저술한 의사에 관한 저서(사이먼 쿠즈네츠Simon Kuznets와 공저)에서 의사 공급을 제한하고 높은 자격 기준을 정하고 의료비 등을 통제함으로써 자신들의 불로소득만을 추구하는 그들의 행태를 비판했다.

신자유주의자들은 1980년대에 마침내 자신들이 경제학계와 경제정책을 지배하게 되자 전문직 업계의 자율 규제에 대한 맹공격을 단행했다. 이것은 규제 완화가 아니라 정부 차원의 재규제였다. 대개 금융 당국이나 경쟁 관련 부처들과 연계된 각종 위원회가 주도하는 정부 면허제도로 전환이 이루어졌다. 공식 발표에 따르면, 그 조치는 전문직 업계나 기술계의 내부자들이 아닌 소비자 보호를 위한 것이었다. 그 결과로 힘을 잃은 것은 노동조합과 같은 노동단체들만이 아니었다.

특히 신노동당이 집권한 영국은 면허와 엄격한 허가제(영업활동을 유예하거나 금지)의 중요성을 강조하면서 전문직 종사자들로부터 해당 업계의 관행에 대한 지배력을 빼앗아 그 권한을 정부가 차지했다. 면허제도는 스스로 불로소득을 발생시키거나 유지하려는 전문직 종사자들과 기술

단체들의 역량을 약화시킨 반면, 외부 세력들의 불로소득 추구를 용이하게 만들었다. 그 일반적인 흐름을 잘 보여주는 두 가지 사례가 있다.

2007년 법률서비스법Legal Services Act은 법률활동의 통제 권한을 변호사협회로부터 법률서비스위원회Legal Services Board라는 새로운 국가기관으로 이전시키고 변호사가 아닌 사람에게 위원장 자리를 맡겼다. 그 법을 '테스코Tesco'[영국의 세계적인 대형 소매유통업체]법이라고 부르는 이유는 법률서비스도 슈퍼마켓에서 팔리는 표준화된 상품처럼 거래될 수 있는 가능성이 활짝 열렸기 때문이다. 그것은 사회적 상향 이동의 가능성을 점점 낮추면서 변호사 사무실 직원을 포함해 법조계를 엘리트, 샐러리아트, 점점 늘어나는 프레카리아트 시장으로 분할하는 현상을 가속화했다.

이것은 불로소득을 노리는 디지털 플랫폼이 법률서비스 분야 전반에 진입할 수 있는 공간을 만들어냈다. 따라서 법률서비스 분야에서도 부분적 우버화Uberization[플랫폼을 통해 수요자와 공급자가 서비스와 재화를 주고받는 것]가 진행되면서 법조계 밖에 있는 자산가들에게 불로소득이 이전되는 상황이 도래하고 있다. 그 뒤를 이어 발생하는 불평등의 역학은 향후 어떻게 전개될지 예측할 수 없다. 그러나 한 가지 확실한 것은 법조계 내에서 소득 격차가 전보다 훨씬 더 커질 것이라는 사실이다.

의료업계에도 거의 마찬가지 일이 일어나고 있었다. 그들은 정부 규제를 더 크게 받았다. 이러한 현상은 대처 정부 때 시작되었는데, 영국의 진료비 체계를 바꾸면서 의사들의 자율성을 후퇴시켰다. 그러나 더 결정적인 변화는 토니 블레어 정부 때 일어났다. 당시 의료개혁은 병원서비스의 광범위한 축소로 이어졌다.

외부위탁은 서비스의 비전문화를 촉진하고 전문직 종사자들의 불로소득 역량을 약화시키고 있다. 자동화가 전문가들을 확실하게 대체할 것이라고 주장하는 분석가들도 있다.[31] 예컨대 2014년 4,800만 명의 미국인이 소득을 신고하기 위해 전문가를 찾기보다 온라인 소프트웨어를 이용했다. 가장 인기 있는 미국 법률서비스는 온라인 자문과 자가 문서작성 서비스인 리걸줌닷컴legalzoom.com이다. 이베이eBay와 페이팔은 전문변호사의 개입 없이 분쟁해결을 도와주는 '온라인 분쟁해결' 소프트웨어를 이용해서 해마다 6,000만 건이 넘는 이의신청을 처리한다.

전문가를 대체하는 자동화 시스템이 전문직 종사자들을 지배하게 될 것이라는 전망은 우리를 불안하게 만든다. 그것은 단순히 전문직 종사자와 기술자들의 수입이 줄어든다는 의미의 문제가 아니다. 역사적으로 직업은 상품화된 서비스를 단순히 제공하는 것 이상의 의미를 지닌 필수적인 공동체이자 다양한 권리지대다. 직업은 윤리, 동료들 사이의 공감, 사회적 통념에 대한 학습과 이의제기의 문화를 가르친다. 기계와 소프트웨어는 그런 일을 할 줄 모른다.

자동화된 서비스는 사회적 통념을 더 정확하고 일관되게 수행할 수 있다. 기존의 정해진 규범대로 하기 때문이다. 전문직 종사자들의 업계 또한 규범에 따라 공급되는 서비스를 제공한다. 하지만 여기서는 모든 전문직 서비스에서 오늘의 사회적 통념이 내일의 낡은 관행이 될 수 있다는 역사적 현실을 감안한다. 오늘날 이상해 보일지 모르는 것이 종종 내일은 새로운 규범이 된다.

온라인 노동 계약이 어떤 영향을 끼치든지 전문직 종사자들은 현재 해체되고 있다. 한 예측에 따르면, 링크드인LinkedIn 같은 자유계약 전문가 네트워크 사이트와 고우투마이피시GoToMyPC 같은 원격노동 앱의 형태들을 포함해 '인터넷상의 노동시장'은 2014년에 100억 달러에서 2020년에 전 세계적으로 630억 달러로 규모가 확대될 것이라고 한다.[32] 영국의 자유계약자 협회Independent Professionals and the Self-Employed(IPSE)는 2015년 현재 영국의 '독립된 전문직 종사자'가 188만 명으로 2008년 이래 3분의 1 이상 늘어났다고 추산했다. IPSE는 구직자들 사이에서 '직장에 취업하는 것'에서 '고객을 위해 일하는 것'으로 중대한 변화가 일어났다고 주장했다. 그것이 정규직 고용을 어느 정도까지 대체할지는 확실히 모르지만, 그렇게 할 여지는 매우 많다.

자동화와 헤테로메이션

기술혁명은 기존의 직업들을 파괴하면서 동시에 노동과 일로부터 불로소득을 갈취해서 노동중개인들에게 넘겨줌으로써 소득분배를 악화시키고 있다. 이것은 직접적으로 노동을 더 작고 값싼 작업으로 분할하는 추세를 가속화하고, 간접적으로 플랫폼 작업자들과 경쟁관계에 있는 사람들의 협상력을 약화시킴으로써 보수가 높은 일자리의 수와 범위를 축소하고 있다.

디지털 기술과 플랫폼 자본주의의 결합은 또한 노동과 일의 특성에도 영향을 끼치고 있다. 고용인도 아니고 독립계약자도 아닌 사람들이 하는 플랫폼 작업자로서 노동하는 환경으로 변화함으로써 기존에 정의된 일자리의 수가 줄어들고 있다. 동시에 기존의 노동 통계에서 일자리 개수로 잘못 합산되는 활동들도 점점 늘어나고 있다. 전에는 개인이 직접 했던 일부 일들이 상품화(시장에서 거래)됨으로써 직업, 즉 남들이 대신 하는 작업으로 바뀌고 있다.

맞춤형 홈쇼핑, 대리 줄서기, 청소서비스는 가짜 '고용'을 늘려 정치인들을 만족시키지만, 실제로는 과거에 고용된 하인들이 하던 일을 대체하고 있는 것에 불과하다. 사람들이 직접 물품을 사서 나르지 않고 온라인으로 주문해서 배송을 받는다면, 한때 '일'이었던 쇼핑은 누군가 돈을 받고 대신 물건을 사고 배송하는 '노동'으로 바뀐다. 반려견 산책처럼 '일'이라고도 볼 수 없었던 활동들에 대해서도 마찬가지 현상이 일어나고 있다. 기술이 노동을 박탈한다는 주장이 오해의 소지가 있다는 것은 바로 이런 이유 때문이다. 컨시어지 경제는 오히려 더 많은 노동을 창출하고 있다.

디지털 플랫폼은 과거에 전혀 없었던 일의 형태들을 새롭게 창출하고, 일부 임금노동의 형태들을 임금이 지불되지 않는 일로 바꿈으로써 임금노동으로 간주되지 않는 부불노동을 늘리며 상황을 더욱 복잡하게 만들고 있다. 이것은 일종의 대중적 현상으로서 21세기의 고유한 특징이다.

플랫폼 작업자들은 과거의 전통적 직업에서는 임금노동이었던 많은 일을 돈을 받지 못하는 일로 해야 한다. 예컨대 심부름 대행서비스를 하는 작업자들은 돈을 받고 그 일을 하지만, 그 일에 필요한 도구를 사고 닦고 유지하는 것과 같은 추가적인 일에 대해서는 돈을 받지 못한다. 우버 택시기사는 자기 차량을 관리하는 데 많은 시간과 돈을 들이고 자기 돈으로 연료를 주입해야 한다.

또 한편, 여러 신기술은 '헤테로메이션heteromation'[자동화를 유지·관리하기 위해 거기에 필요한 인간의 새로운 노동이 발생함을 의미]이라는 어색한 신조어에서 포착되는 것처럼 추가적인 부불노동을 낳고 있다. 돈을 받지 못하는 이런 일은 그 신기술을 통제하는 사람들에게 불로소득을 안겨준다. 그 대표적인 사례로 온라인서비스 이용자들이 자신의 개인정보를 기술 기업들에 공짜로 제공해서 기업이 서비스를 구축하고 운영에 필요한 데이터로 활용하게 함으로써 그들에게 돈을 벌어주는 것을 들 수 있다. 온라인 이용자들은 또한 자기도 모르는 사이에 직접적으로 기업들을 도와주고 있을 수도 있다. 예컨대 스팸 메시지의 악의적 반복을 막는 보안 시스템인 구글의 리캡차reCAPTCHA는 임의로 문자와 숫자를 발생시키지 않고 이용자들에게 (구글의 디지털 도서 프로젝트에 따라 생성된 디지털) 책에서 기계가 읽을 수 없는 단어의 스캔 이미지, 또는 (구글맵의 스트리트뷰 사진에 나오는) 도로명이나 교통표지의 사진 이미지를 확인시킨다.

그 작업을 하는 사람들은 그 일을 생산적이거나 개인적으로 보람 있는 일(예컨대 소셜미디어에 참여하는 것)이라고 생각할 수 있다. 하지만 "시스템이 의도된 방식대로 돌아가도록 하기 위해 기술체계 속에 인간을 끼워 넣는" 능력을 통해 다른 사람들의 작업으로부터 불로소득자들이 이익을 얻는 것이 바로 헤테로메이션의 특성이다.[33]

기술자문회사인 가트너Gartner의 부사장이 2012년에 적절하게 표현한 것처럼, "약 10억 명에 이르는 페이스북 이용자들은 역사상 가장 큰 부불노동력이 되었다."[34] 2015년 말 페이스북 이용자 수는 16억 명으로 늘어났다.

불필요한 자발적 교육은 신기술과 프레카리아트 계급의 증가가 촉진한 돈을 받지 못하는 일의 또 다른 형태다. 사람들은 대개 절박한 마음으로 직업소개소의 광고와 부추김, 권고, 강요에 못 이겨 여러 분야의 온라인 강좌를 듣는다. 이러한 노력은 일부 투기적 성격이 짙다. 그런 교육을 받는다고 해서 수입이 생기거나 취직이 된다는 보장이 없기 때문이다. 또 다른 측면에서 그것이 반드시 유용한 것도 아니다. 그 밖의 다른 것에 그 시간과 돈을 쓴다면 오히려 더 좋은 결과를 낳을 수도 있기 때문이다.

경제학자들이 '돼지 시세주기 변화pig cycle'라고 부르는 것이 일어날 가능성과 그에 따른 경제적 비용도 발생한다. 돼지(시장성 있는 기술)의 부족은 돼지 가격(그런 기술을 가진 사람들의 임금이나 고용기회) 상승으로 이어지면서 농부들은 양돈에 더 많은 투자를 하게 되는데, 그 결과 돼지의 공급 과잉으로 돼지 가격(임금이나 취직기회)은 폭락한다. 시장성 있는 기술은 돼지와 달리 비싼 값을 치르고 얻었지만 경우에 따라서는 이미 낡은 기술이 되었을 수도 있다.

부불노동과 자활제도

자유노동시장은 가격(임금)과 필요 노동을 명시한 노동의 구매자와 판매자 사이의 자유로운 합의계약을 기반으로 모든 노동거래가 이루어지는 시장이다. 그러나 양쪽 다 어느 정도 불확실성은 늘 존재하기 마련인데, 대개는 노동을 파는 사람이 사는 사람보다 더 취약하다. 1990년 영국, 2014년 독일을 비롯해 많은 나라에서 시행 중인 최저임금제는 본디 협상력이 약한 노동자들을 보호하기 위해 만들어졌다.

최저임금minimum wage(과 그것의 새로운 변종인 '생활임금living wage')

은 품위 있는 삶에 대한 기준을 정할 수 있는데, 그러한 기준은 자유시장의 작동을 막는다. 그리고 최저임금 수준은 노동자의 욕구와 기대에 대한 고려와 고용을 촉진할 것으로 예상되는 수준이 뒤섞여서 제멋대로다. 최저임금제는 그것을 지지하는 사람이든 비판하는 사람이든 그들이 믿는 것보다 영향력이 그다지 크지 않은 무딘 정책 도구다. 오늘날 같은 유연한 노동체계에서 고용주들은 임금을 낮게 유지하는 다양한 방법을 쉽게 찾을 수 있다. 영국 기업들은 2016년 4월 '생활임금'제도를 도입하면서 그에 대한 반동으로 초과근무를 제한하고 상여금을 깎고 무료 급식과 유급 휴식시간을 없앴다.[35] 플랫폼 작업의 확산과 함께 최저임금의 영향은 훨씬 더 약해졌다.

물론 최저임금은 임금을 올리기 위한 유일한 정책 수단일지는 몰라도, 그것만으로 자유시장의 작동이 방해받는 것은 아니다. 공정한 노동시장은 노동의 구매자와 판매자의 협상력이 어느 정도 균등해야 한다. 그러나 정부는 공식적으로 언명한 최저임금의 타당성과 반대로 고용인과 노동조합의 협상력을 계속해서 약화시켜왔다.

'자유시장' 자본주의의 옹호자들은 노동조합이 시장 청산과 생산성 주도 수준을 넘어서 임금 인상을 밀어붙인다는 이유로 노동조합의 협상력을 억제하는 것이 타당하다고 주장한다. 반면에 노동조합 지지자들은 노동조합이 없다면 고용주들이 시장 청산 수준 아래로, 심지어 최저생계비 아래로 임금을 강제로 낮추기 위해 노동자의 취약성을 이용할 수 있고 실제로 그렇게 한다고 주장한다.

정부는 그것보다 더 간접적인 수단을 이용해서 마찬가지로 임금을 하락시켜왔다. 따라서 정부는 무급 또는 저임금 인턴사원의 확산을 허용하고 촉진함으로써 인력 대체와 위협 효과를 통해 정규직과 동일한 일을 하지만 임금을 적게 주는 방향으로 몰고 간다.[36] 앞서 3장에서 살펴본 것처럼, 정부는 기업들이 매우 낮은 임금을 지불할 수 있게 하는 세금공제 제도를 실시해서 더욱 체계적인 개입정책을 폈다. 정부는 노동시장이 교과서에 나온 대로 움직이지 않는다는 사실을 잘 알고 있다.

세 번째 정부의 개입은 은밀하게 실업자들이 끊임없이 일자리를 찾도록 하는 정책에서 보조금 수준의 임금을 지불하거나 심지어 완전 무급으로 노동을 제공하는 끔찍한 일자리라도 찾을 수밖에 없게 만드는 정책으로 발전한 자활제도workfare의 은밀한 활용이다. 정부가 그런 정책에 의존하는 한, 그것이 노동시장의 바닥으로 임금 수준을 떨어뜨리는 데 기여하는 것임을 인정해야 한다.

최저임금의 영향력 범위와 자활제도의 잠재적 효과는 '소집단little platoon'의 확산이라는 맥락에서 이해되어야 한다. 공식적인 통계에 따르면, 영국에서만 2000년과 2015년 사이에 약 140만 개의 임시 '초소기업micro firm'(직원 수가 0명에서 9명까지)이 생겨났다. 대부분은 아니지만 많은 초소기업이 자영업을 하는 자유계약자와 '독립계약자'들로 구성되었다. 자영업자의 평균소득은 2009년과 2014년 사이에 22퍼센트 하락했다. 당시의 공식 통계는 기록적인 고용 증가의 약 4분의 3이 자영업의 증가임을 보여주었다. 많은 플랫폼 작업자가 거기 어딘가에 숨겨져 있었다.

개중에는 플랫폼 작업자들의 증가가 불평등을 줄일 것이라고 주장하는 사람들도 있다.[37] 하지만 그럴 가능성은 없다. 플랫폼 작업을 하는 사람이든, 전통적 고용관계 속에서 그들과 경쟁하는 사람이든 모두 임금률이 하락하고 있다고 믿을 만한, 입증되지 않았지만 충분한 증거와 이유가 있다. 그 사실은 미국의 크라우드플라워 공동창업자 가운데 한 명이 "회사가 직원들에게 연방 최저임금인 시간당 7달러 25센트가 아닌 2달러에서 3달러를 지급하거나 임금 대신에 다양한 온라인 보상 프로그램과 비디오게임 크레딧 점수로 지급하는 경우도 있었다"고 경솔하게 밝힌 것에서도 확인할 수 있다.[38] 앞으로도 그런 종류의 결과를 막기는 어려울 것이다.

진정한 공유경제

불로소득 플랫폼을 공유경제라고 설명하는 것은 플랫폼서비스가 영리 목적의 상업적 서비스라는 사실보다 단순히 이웃 간 우호적 공유를 촉진하는 서비스라고 주장하도록 호도함으로써 대중에게 자칫 손해를 끼칠 수 있다. 전 세계 커뮤니티 회원들 간에 여행 시 하룻밤 묵을 숙소를 공짜로 제공하는 카우치서핑Couchsurfing은 진정한 공유 온라인 커뮤니티 가운데 하나다. 그러나 카우치서핑은 거대한 상업 벤처기업들, 특히 에어비앤비 때문에 비주류로 밀려났다.

불로소득 플랫폼은 또한 사회적 공유지를 무너뜨리고 그것의 전통적 형태들 가운데 일부를 상업화하고 있다. 예컨대 그들은 값싼 택시서비스를 제공함으로써 국가보조금으로 운행되는 대중교통 승객들의 수를 줄이고 대중버스 서비스의 감소를 촉진시킬 수 있다.

일부 분석가들은 진정한 공유경제를 흥미롭게 지켜보고 있다. 폴 메이슨Paul Mason은 위키피디아Wikipedia, 리눅스Linux, 오픈스트리트맵 OpenStreetMap, 모질라Mozilla의 파이어폭스Firefox 같은 공유물을 기반으로 하는 동료집단 생산peer production의 출현을 주목한다. 스페인에서는 예술문화복합체인 라타바칼레라La Tabacalera와 미디어랩-프라도 Medialab-Prado가 그 대표적인 사례다. 이것들은 잠재력이 매우 크지만, 무급 활동가들이 많은 일을 하며 상업적 벤처기업들 때문에 시장에서 밀려나거나 비주류로 전락할 수 있다. 그리고 이들 대부분은 생존을 위해 국가보조금에 의지한다.

불로소득 자본주의의 다섯 번째 거짓말

"모든 사람이 기계가 생산한 부를 공유한다면, 모두가 아주 편안한 여가를 누릴 수 있지만, 기계를 소유한 사람들이 부의 재분배에 반대하는 로비 활동에 성공한다면, 대다수 사람은 극도로 가난해지고 말 것입니다. 지금까지 그 추세는 기술이 불평등을 계속 증대시키면서 후자의 방향으로 흘러가는 것으로 보입니다."

— 스티븐 호킹Stephen Hawking, 2015년 10월

구체적 형태를 갖춰가고 있는 플랫폼 자본주의는 공유경제가 아니다. 그것은 또한 전적으로 기생경제parasitic economy도 아니다. 그것은 더욱 효율적인 새로운 서비스를 제공하며 과거 시장경제 밖에 있던 영역들을 상업화하고 있다. 그러나 그것의 영향이 '사소하다'고 일축한 워싱턴 DC

의 민주당 성향 경제정책연구소Economic Policy Institute 소장 로렌스 미셸Lawrence Mishel 같은 구노동체계를 옹호하는 사람들의 주장과 달리, 플랫폼 자본주의는 변화를 유발시킨다.[39]

그것은 직접적으로 수백만 명에게 플랫폼 작업 노동을 창출함으로써, 간접적으로는 플랫폼 노동이 새롭게 진입한 해당 서비스의 전통적 공급자들에게 충격을 줌으로써 변화를 일으킨다. 플랫폼 작업자 대다수가 시간제 근무를 하고 있지만, 그들의 수는 급격하게 늘어나면서 그들과 경쟁관계에 있는 업체들의 자리를 위협하고 있다.[40] 게다가 미셸은 공식적인 수입 데이터를 이용해서 그 영향이 사소하다고 일축했기 때문에, "독립계약자들 사이에서 수입을 공개하지 않는 것은 매우 일상적인 일이다"라고 지적함으로써 자신의 주장을 무색하게 한다.

어떤 측면에서 맞춤형 경제는 자본주의의 슬로건을 뒤바꾼다. 주요 생산수단을 자본가가 소유하는 것이 아니라 작업자(프레카리아트 계급)가 '소유'하기 때문이다. 플랫폼업체는 특허와 같은 지식재산권의 보호를 받는 기술적 장치를 통해, 그리고 플랫폼 노동과 임금을 지급하지 않는 일을 통해 노동을 착취함으로써 이익을 극대화한다. 고객들이 필요로 하는 서비스를 제공할 '독립계약자'와 만날 수 있게 하는 기술을 제공하는 것이 바로 노동중개인이 하는 일이라는 주장을 인정한다면, 노동중개인은 정말 하는 일은 별로 없으면서 많은 돈을 버는 불로소득자인 셈이다. 따라서 우버와 그것의 경쟁사인 리프트는 자신들이 기술업체이지 운송업체가 아니라고 주장한다.

플랫폼 기반의 작업이 확대됨에 따라 프레카리아트 계급이 이 부분에서 서로 끊임없이 경쟁하는 가운데 어떻게 고립되는지 알게 될 것이다.

이러한 원자화는 임금을 끌어내리고 각종 비용과 위험요소, 불확실성을 프레카리아트 계급에게 떠넘긴다. 지금까지 적어도 플랫폼 작업자들은 힘을 합칠 최소한의 수단과 기회가 있었다.[41]

'공유경제'는 또한 문화적 차원이 존재한다. 어떤 사람이 돈 때문에 자동차나 아파트, 가정용품을 '공유'한다면, 그것들은 사생활과 사용가치의 영역에서 교환가치가 있는 별개의 상품으로 바뀐다. 이것은 로더데일 역설의 한 예로, 거기서 상업화는 공간이나 시간의 희소성을 초래하는 사유화 행위다.

이러한 노동 형태는 삶의 모든 측면을 상업화하려는 압력을 강화한다. 프레카리아트 계급이 자기 착취를 강화하는 것은 서글프게도 그들이 역경에 대응하는 하나의 방법이다. 그것은 임금과 생활수준의 하락을 겪고 있는 사람들이 잠시 동안이나마 그러한 쇠락을 은폐하기 위해 쓰는 방법이기도 하다.

게다가 정부는 노동과 일의 특성이 바뀌면서 국가 재정 문제가 발생할 것이다. 노동체계의 주역이 플랫폼 작업자들로 바뀌면서 전통적인 고용인과 고용주 관계가 국가 재정에 기여하는 부분이 적어짐에 따라 세입이 줄어들고, 예컨대 시간제 노동자들이 점점 더 늘어나면서 더 많은 사람이 면세 대상이 될 것이다. 이미 많은 나라에서 독립계약자로 분류된 사람들의 급여세와 소득세는 매우 낮다. 따라서 그러한 변화는 재정 적자를 늘리고 공공지출의 대폭 감축이 필요하다는 그럴듯한 이유를 들어 그러한 요구에 불을 붙임으로써 긴축의제에 반영될 수 있다.

아직 논의되지 않은 영향들 가운데 플랫폼 자본주의의 생태적 손익이 있다. 유사 택시서비스의 확산은 환경에 역효과를 낳을 수 있다. 우버 택시 같은 서비스들은 기존의 공식적인 택시서비스보다 더 낮은 수준의 배기가스 규제 기준이 허용될 뿐 아니라, 공해비용이 더 낮은 대중교통수단(버스, 전차, 지하철, 기차)에서 승객이 옮겨오는 결과를 초래할 수도 있다.

그리고 안전과 관련된 우려도 있다. 우버와 같은 플랫폼 택시서비스 업체들이 소속 '독립계약자'들에게 그들이 원하는 만큼 많은 시간을 영업할 수 있게 허락한다면, 일부 택시기사들은 안전보다는 영업시간을 더 늘리는 데 혈안이 될 수도 있다. '본업'이 따로 있는 택시기사들이 생계를 위해 운전을 한다면, 시간을 제한하는 것으로 그 문제를 풀 수는 없다. 물론 중개인 입장에서는 승객을 많이 태울수록 더 좋다. 따라서 최소한 사고비용의 일부를 그들이 부담하는 것은 마땅하다.

정치인들은 아직 그런 문제들까지 생각하지 않는다. 그러나 오늘날 프레카리아트 계급 주변에 있는 대다수 사람이 노동과 일을 통해 버는 수입은 계속 줄어드는 반면에, 불로소득은 빠르게 증가하고 있다는 사실은 매우 심각한 문제다. 따라서 노동이 가난을 극복하는 최선의 길이라는 주장은 이제 불로소득 자본주의의 다섯 번째 거짓말이 되는 셈이다. 플랫폼 작업자와 프레카리아트 계급 집단의 존재는 그것이 거짓말임을 입증하는 공공연한 증거다.

7

THE CORRUPTION OF CAPITALISM
■ ■ ■ ■ ■ ■ ■ ■ ■

$

민주주의의 부패

불로소득 자본주의의 성장에는 더 어두운 측면이 하나 있는데, 일상화된 민주주의의 조작이 바로 그것이다. 그것과 관련해서 새롭게 전개되는 측면들이 너무 많아서 그것들을 사소한 것으로 제쳐둘 수 없는 상황이다. 이 장은 사람들에게 한마디로 비현실적이고 과장된 소리라는 비판을 받을 우려도 있다. 우선 사람들은 내가 그런 주장들에 대해 처음에 매우 회의적으로 반응했다고 말한다. 하지만 지금은 그렇지 않다.

불로소득 자본주의는 국가에 의존한다. 이 말에는 정부가 단순히 불로소득 자본주의에 연루되어 있다는 의미를 넘어서, 국가의 공복 역할을 하는 사람들과 함께 불로소득 자본주의의 과정과 결과를 만드는 일련의 제도로서의 의미가 담겨 있다. 오늘날 극히 일부의 사람은 번창하고 있는 반면에, 나머지 수많은 사람은 소득 정체와 점점 증대하는 불안정 속에서 살아남기 위해 발버둥치고 있다. 올바른 민주주의라면 이런 불균형을 절대 용인하지 않을 것이다.

불로소득 자본주의가 점점 강대해지는 주된 이유는 유력한 불로소득자들이 정부를 차지하고 정치를 상업화하는 방법들을 가지고 있는 한편, 정치인들은 그 불로소득을 이용해서 그들의 정권 장악에 기여하는 정치적 후견주의clientelism[정치인과 지지자들이 상호 이익을 위해 서로를 배려하는 행태] 관행에 탐닉할 수 있기 때문이다.[1] 불로소득을 뽑아내는 사람들은 자신이 총애하는 정치인들에게 자금을 대는 것에 관심이 있고, 그 정치인들은 불로소득자들의 이익을 만족시키는 데 관심이 있다. 부의 집중이 끊임없이 확대되면서 부호들이 정치적 영향력을 돈으로 사는 능력 또한 크게 증대했다. 따라서 경제력의 집중은 훨씬 더 커졌다.[2]

그 결과, 민주주의는 '더욱 야위어지고' 있다. 시민들은 정치와 유리되고 투표율은 하락하고 정당에서 탈퇴하는 사람들은 늘어나고 글로벌 부호의 지배는 날로 거세지고 있다. 이 장에서는 우리가 반드시 극복해야 할 피곤에 지친 냉소주의를 낳고 있는 정치적 이탈에 대한 몇 가지 이유들을 살펴본다.

불로소득 자본주의는 그 본질을 따져보면 기만적이다. 신자유주의는 화려한 수사를 써서 자유시장의 장점들을 찬미해왔다. 그러나 신자유주의자들은 상상할 수 있는 가장 자유롭지 않은 시장체계를 구축했다. 그들은 어떻게 그것을 빠져나갔을까?

정치적으로 그들은 세계화에 대한 건설적 비판의 목소리를 높이지 못하고 불로소득자들의 행진을 저지할 전략을 명확히 조율해내지 못한 무기력한 세기말적 사회민주주의 잔당들의 도움을 받았다. 사회민주주의와 노동자 중심의 정당들은 신자유주의 의제에 적절히 대응하는 것에 실패했다. 따라서 경제위기가 발생하자 그것에 대해 할 말도 별로 없었다.

사회민주주의자들이 제 역할을 하지 못한 공간에서 글로벌 부호들은 정부를 장악하고 정치를 상업화해왔다. 그들은 미디어 전문가·로비스트·컨설턴트들이 주도해온 정부를 시장경제의 일부로 만들었다. 그와 동시에 오늘날 대다수 사람이 정치를 더는 참여할 가치가 없는 냉소적 게임으로 간주한다는 의미에서 민주주의를 '더욱 야위게' 만들었다. 따라서 영국에서 선거개혁이 무산된 것은 2015년 총선에서 이긴 정당이 불과 24.3퍼센트의 득표율로 의회 다수를 차지하는 상황을 만들고 말았다.

여기서 주장하는 바는 불로소득 자본주의가 민주주의의 상업화를 통해 강화되었다는 것이다. 충분한 자금을 지원받은 미디어와 금융을 대변하는 정치운동의 도움으로 특정 이데올로기가 여론을 휘어잡았다. 불로소득 국가는 터무니없는 불평등 상황을 견디는 대가로 유권자들이 감세와 보조금을 통해 얻을 것이 많다는 인상을 줌으로써 운용된다. 이것은 마이클 로스Michael Ross가 '억제 효과repression effect'라고 부른 것과 짝을 이룬다. 불로소득은 정부가 낙오자들의 분노를 통제하고 민주적 압박을 저지하기 위해 더욱 억압적 장치를 만들게 한다.[3]

몽펠르랭회

1947년 참석자 대부분이 경제학자이고 드문드문 철학자와 역사학자들이 낀 소집단의 사람들이 제네바 호수가 굽어보이는 스위스의 휴양지 몽펠르랭Mont Pèlerin에 모여 몽펠르랭회Mont Pelerin Society(MPS)를 결성했다. '자유시장'의 촉진과 국가 개입의 반대를 지지하는 그들은 수년 동안 오늘날 '신자유주의'라고 일컬어지는 것의 이념적 기반을 다듬었다. 대부분의 창립자들이 이미 역사 속으로 사라졌지만, MPS는 지금도 여전히 번창하고 있다.

MPS는 특히 1970년대 이래로 막강하고 지속적인 영향력을 발휘했는데, 초기 회원들 가운데 정계와 경제계에서 고위직에 오른 사람들이 많았다. 서독 수상에 오른 루트비히 에르하르트Ludwig Erhard, 이탈리아 대통령이 된 루이지 에이나우디Luigi Einaudi, 체코공화국 국무총리로 나중에 대통령이 된 바츨라프 클라우스Václav Klaus, 미국 연방준비제도이사회 의장이 된 아서 번스Arthur Burns, 국제결제은행Bank of International Settlement(BIS) 사무총장이 된 로저 오브와Roger Auboin, BIS 고위 관리인 마르셀 판 젤란드Marcel van Zeeland가 그들이었다. 자유주의자와 보수적 대의, 그것을 옹호하는 공화당 정치인들에게 자금을 대는 억만장자 찰스 코크Charles Koch는 1970년부터 MPS의 회원이 되었다.

MPS는 늘 금융자본과 긴밀한 관계를 맺고 있었다. MPS 창립총회는 크레디트스위스Credit Suisse은행이 자금을 댔다. 또 MPS는 배타적 이론가 클럽이었다. 정식 회원이 되기 위해서는 기존 회원 두 명의 추천을 받아서 조직의 목적에 대한 그들의 헌신성을 입증해야 하고 회원자격심사위원회의 승인을 받아야 한다. 창립 초기에 서른아홉 명으로 출발한 회원 수는 2012년에 약 700명으로 크게 늘었다.

MPS 소속 경제학자들 가운데 네 명이 신자유주의를 전 세계로 확산시키는 데 특히 큰 영향력을 끼쳤다. 몽펠르랭회의 창시자는 MPS의 창립 회원 가운데 또 다른 한 명인 라이오넬 로빈스가 1931년 런던정경대학London School of Economics에 초빙한 오스트리아인 프리드리히 하이에크Friedrich Hayek였다.[4] 그는 훗날 시카고 대학 교수가 되었으며, 그의 견해는 날로 전 세계 청중의 마음을 사로잡았다. 1974년 하이에크는 스웨덴은행으로부터 노벨경제학상을 받았다. 그는 나중에 잔혹한 칠레의 피노체트 정권을 (『타임』지에 기고문을 통해, 그리고 이후로도 계속해서) 공개적으로 변호했다. 하이에크가 명예회장으로 있는 동안, MPS는 심지어

1973년 피노체트가 쿠데타 계획을 짰던 칠레의 휴양지 비냐델마르Viña del Mar에서 모임을 갖기도 했다.

마거릿 대처(또 다른 피노체트 지지자)는 학창 시절부터 하이에크를 존경했다. 1975년에 보수당 대표가 되어 첫 번째 그림자내각 회의를 하던 날, 대처는 자기 가방에서 하이에크의 저서 『자유헌정론*The Constitution of Liberty*』을 꺼내들어 탁자 위에 탁 내려놓으며 "이 책이 바로 우리가 신봉하는 것입니다!"라고 말했다. 하이에크의 견해에는 공공 부문, 국가 기반의 사회적 보호, 누진세에 대한 적개심이 묻어 있었다. 그는 그것들을 부당하고 억압적이라고 불렀다. 1984년 대처는 하이에크가 드물게 수여되는 영국 왕실의 명예훈작휘장Order of the Companion of Honour을 받을 수 있도록 조치를 취했다. 한편, 로널드 레이건은 하이에크를 자신에게 가장 큰 영향을 끼친 세 사람 가운데 한 명이라고 치켜세우며 백악관으로 그를 초대했다. 1991년 조지 H. W. 부시는 그에게 미국 대통령 자유훈장Medal of Freedom을 수여했다. 그는 진실로 살아생전 온갖 명예를 누린 선지자였다.

MPS 회원 가운데 하이에크 다음으로, 어쩌면 그보다 훨씬 더 막강한 영향력을 행사한 사람은 밀턴 프리드먼일 것이다. 그는 1947년에 몽펠르랭회의 최연소 창립 회원이었다. 1976년에 통화주의monetarism와 관련해서(그리고 피노체트와 대처, 레이건을 지지하는) 그도 하이에크와 마찬가지로 노벨경제학상을 수상했다. 프리드먼과 하이에크를 비롯해서 노벨경제학상을 받은 몽펠르랭회 소속 경제학자는 모두 여덟 명인데, 조지 스티글러George Stigler, 제임스 뷰캐넌James Buchanan, 모리스 알레 Maurice Allais, 로널드 코스Ronald Coase, 게리 베커Gary Becker, 버논 스미스Vernon Smith가 그 나머지 인물들이다.

　세 번째로 영향력이 큰 인물은 신자유주의를 만든 19세기 오스트리아 경제학파의 주창자, 루트비히 폰 미제스Ludwig von Mises였다. 그 학파의 주장 가운데 하나는 가치는 시장에 의해서만 측정될 수 있다는 것이었다. 따라서 '교환가치'가 없는 것은 아무 가치도 없었다. 이것은 공유지를 보존하고 환경을 보호하는 일을 신자유주의자들이 경멸하는 이유를 잘 설명해준다. 공원이 팔기 위해 조성된 것이 아니라면, 그것의 가치는 도대체 무엇인가? 공유지의 가치를 묵살하는 것은 신자유주의가 생각하는 시장사회체제의 한 부분이다. 1947년 MPS의 첫 번째 모임에서 폰 미제스는 "당신들은 모두 사회주의자입니다!"라고 고함치며 소득분배를 주제로 열린 회의장을 박차고 나갔다.

　MPS에서 네 번째 유력 인사로 당시 시카고 대학 교수였던 아널드 하버거Arnold Harberger는 경제학계 외부에 잘 알려지지 않은 인물이지만, 그의 악명 높은 영향력은 우리의 기억에서 지울 수 없다. 1999년 그는 이렇게 호언장담했다.

　지금 내 머릿속에 떠오르는 우리 편 [경제]장관들이 스물다섯 명에 이릅니다. 내가 아는 중앙은행 총재들만 해도 벌써 열두 명이 생각납니다. 현재 칠레, 아르헨티나, 이스라엘의 중앙은행 총재는 다 내 제자들이고, 아르헨티나와 칠레, 코스타리카의 직전 중앙은행 총재들 또한 내 제자입니다.[5]

　그의 과거 제자들 가운데 많은 이가 2008년 금융위기가 일어났을 때 주도적 위치에 있던 인물들이었다. 2015년 리마에서 열린 MPS 총회 연설에서 그는 자신이 장담했던 말을 눈 하나 깜빡하지 않고 윤색할 수 있었다. 그와 프리드먼은 피노체트가 쿠데타 이후 칠레에 그들의 신자유주의 경제 모델을 실행하도록 돕는 칠레의 '시카고 친구들'을 훈련시켰다. 그들은 하이에크, 폰 미제스와 함께 흔히 시카고 법경제학파로 알려진 패권적 교조주의를 구축했다.

1980년부터 2008년까지 노벨경제학상을 받은 경제학자들 가운데 최소한 17명이 시카고 대학 출신이거나 거기서 교육을 받은 사람들이었다. '경제학과'는 이념적 패러다임을 만들어내는 곳이 되었다.[6] '경영대학원'이 경제학과를 부분적으로 대체하자 신자유주의 비판가들은 스스로 박탈감을 느꼈다. 그동안 경제학부의 특징이었던 다원주의는 전 세계 대부분의 대학에서 폐기되었다. 주요 경제학 학술지들은 새로운 정통성의 보루가 되었다. 그런 학술지에 논문을 발표하는 교수들만이 임기와 승진을 보장받을 수 있었다.

MPS의 지원으로 힘을 얻은 세계 최강의 일부 금융업자와 부호들은 자유주의자와 신자유주의의 견해를 확산시키기 위해 만들어진 이른바 '두뇌집단'들에 막대한 자금을 쏟아부었다. 미국의 헤리티지 재단Heritage Foundation, 후버연구소Hoover Institute, 미국기업연구소American Enterprise Institute, 케이토연구소Cato Institute, 영국의 경제문제연구소Institute of Economic Affairs, 정책연구센터Centre for Policy Studies, 애덤스미스연구소Adam Smith Institute, 시비타스Civitas, 지구의 기후변화를 부인하는 모리스 뉴먼Maurice Newman이 설립한 시드니 소재 오스트레일리아 독립연구센터Australian Centre for Independent Studies가 그런 두뇌집단에 속한다. 그 단체들의 명칭은 그들이 정치적으로 중립을 지키고 '과학적'이라는 인상을 준다.

그런 연구소들을 산하에 둔 가장 성공적인 사례는 아주 열렬한 하이에크 신봉자인 안토니 피셔 경Sir Antony Fisher이 1981년에 설립한 아틀라스네트워크Atlas Network였다. 그는 1955년 경제문제연구소를 세우고 1970년대에 캐나다의 프레이저연구소Fraser Institute, 맨해튼정책조사연구소Manhattan Institute for Policy Research, 태평양조사연구소Pacific Research Institute의 설립을 지원했다. 모두가 몽펠르랭회 노선을 널리 확산시키는 단체였다. 아틀라스는 이후 생겨난 많은 두뇌집단을 훈련시키고 지침을 제공하는 동시에 막대한 자금을 후원했다. 아틀라스네트워크는 현재 80개국에 400개가 넘는 두뇌집단을 거느리고 있다.

MPS와 그 회원들이 자금을 댄 두뇌집단의 한 가지 흥미로운 특징은 인간이 야기한 기후변화를 부인하는 작업을 널리 펼치는 일에서 그들이 맡은 역할이다. 기후변화를 부인하는 책 다섯 권 가운데 네 권이 자유시장을 옹호하는 두뇌집단 소속의 저자나 출판사들을 통해 발간되었다.[7] 이들 두뇌집단 가운데 상당수가 화석연료와 관련된 이해집단들로부터 자금을 제공받는 것으로 알려져 있다. 나머지 두뇌집단들도 마찬가지일 것으로 보이지만, 그들은 한결같이 자신들에게 기부금을 내는 사람이 누구인지 밝히기를 거부한다.

MPS의 또 다른 특징은 종교적 신념에 가까울 정도로 자유시장을 옹호하는 그들의 주장과 어찌됐든 무조건 재산권을 방어하려는 태도 사이의 모순이다. 그 둘은 서로 전혀 다른 것이다. 능력주의와 '근면'이 대가를 결정하는 자유시장과 세습군주제는 서로 거의 일치하는 부분이 없다. 그러나 하이에크는 엘리자베스 2세 여왕을 만나고 나와서 친구들에게

"오늘은 내 생애 가장 행복한 날이야"라고 기쁜 소회를 밝혔다.

권력 계통

몽펠르랭회는 1954년 네덜란드 빌데르베르크 호텔에서 '자유시장' 자본주의를 강화하기 위해 만들어진 빌데르베르크그룹Bilderberg Group과 늘 서로 긴밀한 관계를 유지해왔다. 해마다 호화로운 휴양지에서 열리는 총회에서는 각국 수상이나 총리, 중앙은행장, 민간은행과 다국적 기업의 총수, 두뇌집단과 미디어의 주요 여론 형성자들을 망라한 전 세계 최고위 '거물 인사'들이 함께 모여 비공개토론을 나눈다. MPS 회원들은 처음부터 그 그룹의 모임에 참여해왔다.

1950년대부터 빌데르베르크 행사에 참석한 사람들의 명단을 보면 비록 유럽과 북아메리카에서만 참석했지만 세계 금융계와 정치계를 주름잡는 명사들은 다 모인 것 같다. 빌데르베르크그룹은 워싱턴 DC에 있는 미국외교협회US Council on Foreign Relations와 3극위원회Trilateral Commission에도 공동으로 속해 있는 인사들을 통해 조직 간 서로 연결된다. 데이비드 록펠러David Rockefeller와 즈비그뉴 브레진스키Zbigniew Brzezinski가 1973년에 유럽, 북아메리카, 아시아-태평양 지역 사이의 '협력 증진'을 위해 설립한 3극위원회의 전·현직 위원들은 지금까지 세계은행 총재를 연속 승계한 것을 포함해서 각국 정부 정상과 국내외를 가리지 않고 산업계와 금융계의 최고위직을 차지해왔다.

부자와 유력자들의 또 다른 권력 계통은 다보스 세계경제포럼과 그

분파, 그리고 전 세계 엘리트집단을 연결하는 수많은 다국적 기업이다. 세계 최대의 자산운영사인 블랙록BlackRock도 그 가운데 하나인데, 전 세계에 그들의 촉수가 안 닿은 곳이 없다. 전 세계 상장회사 거의 대부분에 지분이 있고 그 회사가 관리하는 자산은 주식은 물론 회사채, 국가 부채, 원자재를 포함해서 4조 5,000억 달러에 이른다. 블랙록은 대서양의 양편에서 "투자자들을 위해" 경제적 이해관계자들에게 압력을 가할 목적으로 주요 정치인과 정책입안자들을 빈번하게 접촉하는 주요 로비 세력이 되었다.

그다음으로 사우디 왕가와 밀접한 관계를 맺고 있고 여러 군사계약을 기반으로 세워진 칼라일그룹Carlyle Group이 있다.[8] 칼라일은 전 세계적으로 운영되는 세계 최대의 사모펀드회사가 되어 67만 5,000명이 넘는 종업원이 일하는 200개 넘는 회사들의 자산을 운영하고 있다. 칼라일의 이사회를 구성하는 유력 정치인들은 모두 정치적으로 보수파에 속했다. 미국의 전 대통령 조지 H. W. 부시, 전 국무장관 하워드 베이커, 전 국방장관 한 명, 영국의 전 총리 존 메이저, 태국의 전 총리 두 명, 필리핀 전 대통령 한 명이 칼라일 이사로 선임되었다.

칼라일과 블랙록 같은 사모펀드회사들은 납세 의무를 최소화하는 체계를 영리하게 이용할 줄 알았다. 그들은 특히 이른바 '도관導管, pass-through' 회사를 설립해서 기업 수익의 대부분을 개인에게 직접 귀속시켜 법인세 과세를 피했다. '도관'체계는 현재 미국 모든 기업의 4분의 1을 차지한다. 『이코노미스트』지는 자신들이 '디스토포레이션distorporation'[법인세 목적으로 설립된 마스터합자회사MLP를 지칭]이라고 부른 것에 대한 논평에서 그것은 "큰 논쟁거리임에 틀림없다. (……) 애석하게도 경솔한 판단이든 신중한 판단이든, 국가가 그것을 받아들일 수 없다는 것은 곰곰이 따져볼 만한 문제다."[9] 이것은 그런 회사들이 부패하다는 것이 아니다. 그들은 그럴 필요도 없다. 그들의 재력이 그들에게 정치력을 제공하기 때문이다.

이들 엘리트집단의 계통이 음모론자들이 흔히 주장하는 '세계정부 world government'를 구성하지는 않지만, 그런 모임들은 지배적인 정책 패러다임을 뒷받침하는 일종의 엘리트 계급의 '집단사고group-think'를 강화하기 마련이다.

정당정치: 가치관에서 이해집단까지

민주당의 정치 또한 재계의 이익을 대변하는 쪽으로 방향을 선회해왔다. 세계적인 부호들이 그러한 민주당의 방향 선회를 위해 어떻게 자금을 대고 있는지 숙고하기 전에, 우리는 정당이 어떻게 발전해왔는지를 먼저 살펴봐야 한다.

역사적으로 정당은 특정 계급의 가치관을 대변하면서 성장했다. 18세기 영국의 휘그당은 토리당에 반대하는 급진파로서 발전했다. 19세기 자유당은 토리당에 반대해서 등장했다. 20세기에 노동당은 자유당을 대체했다. 각각의 경우에 모든 정당은 계급 기반에 의존했다. 토리당은 많은 토지를 소유한 귀족층과 그다음으로 기업인들의 이익을 대변하고 부자들과 느슨한 동맹관계를 유지한 반면, 노동당은 산업 프롤레타리아 계급을 대변하기 위해 생겨났다.

다른 나라들에서도 서로 대립하는 양당체제가 일반적으로 두드러진 추세였다. 양당이 노선을 바꾼 뒤에 민주당은 좌파 정당이 되고 공화당은 우파 정당이 되었다. 유럽에서는 기독교민주당이 우파를 대변하고 사회민주당이나 사회주의 정당이 좌파를 대변했다. 1945년 이후 30년 동안 좌파 정당이 정권을 장악했다. 심지어 보수주의자나 기독교민주당이 집권했을 때도 그들은 사회민주주의 정책을 운영했다.

글로벌 전환의 개시와 함께 좌파 정당은 자취를 감추기 시작했다. 그들의 오랜 계급 기반이 무너졌기 때문이다. 이는 사회민주주의 정책의 성공으로 더 많은 인구가 중산층으로 이동했고, 따라서 보수적 사고방식을 따르는 사람들도 더 많아지는 결과를 낳았다. 노동당 정책을 지지하는 산업 프롤레타리아 계급이 급격하게 줄어들기 시작했다.

그 결과, 사회민주주의 정당은 간간히 집권에 성공하기도 했지만, 오랫동안 선거에서 패배하면서 권력의 긴 공백기간을 맞았다. 마침내 세계의 사회민주주의자들은 제3의 길Third Way로 알려진 새로운 종류의 정치노선을 제시했다. 제3의 길을 주도한 이론가인 영국의 사회학자 앤서니 기든스Anthony Giddens와 함께 초창기 그 노선의 유력 지지자는 빌 클린턴과 토니 블레어였다.[10] 제3의 길은 신자유주의 경제학(자유시장)을 수용했지만 빈곤 퇴치, 특히 아동 빈곤을 막는 데 초점을 맞추면서 자유시장의 부작용을 해결하는 정책을 지지했다.

거기서 계급은 중요하게 여겨지지 않았다. 심지어 토니 블레어는 1999년에 "계급전쟁은 끝났다"고 선언했다. 그를 비롯한 제3의 길 지지자들은 불평등에 맞서지 않았다. 블레어 정부에서 복무하고 고든 브라운 정부 아래서 통상산업부장관이 된 신노동당의 핵심 전략가 피터 만델슨

Peter Mandelson은 "우리는 돈 많은 부자가 되는 것에 대해 매우 긍정적으로 바라봅니다"라고 말했다. 그는 시티오브런던의 금융업체들을 바라보는 노동당의 태도를 잘 보여주고 있었다. 그와 블레어는 모두 그들이 긍정적으로 바라보았던 방향으로 그렇게 나아갔다.

수년 동안 사회민주주의 정당 지도자들은 일련의 국제회의에서 제3의 길 의제를 진전시키려고 애썼다. 블레어, 클린턴, 독일의 게르하르트 슈뢰더Gerhard Schröder, 네덜란드 총리 빔 코크Wim Kok, 유럽연합 의장이자 이탈리아 총리 로마노 프로디Romano Prodi, 브라질 대통령 카르도소Cardoso와 룰라Lula, 이스라엘의 에후드 바락Ehud Barak, 포르투갈의 조제 소크라트스José Sócrates, 스웨덴의 예란 페르손Göran Persson, 그리고 국제노동기구ILO 사무총장 후안 소마비아Juan Somavía가 그 일에 참여한 지도자들이었다. 그 떠들썩한 공연은 흐지부지 끝났지만, 제3의 길은 이탈리아 총리이자 블레어의 열렬한 숭배자인 마테오 렌치Matteo Renzi와 사회주의자이자 프랑스 총리인 마뉘엘 발스Manuel Valls 같은 최근 지도자들에 의해 2010년대에도 여전히 그 역할을 유지하고 있었다.

비판가에게 그것은 왼쪽으로 가라고 하면서 실제로는 오른쪽으로 걷는 것처럼 보였다. 그것은 대개 상투적인 말이었다. 신노동당이 13년 뒤 정권을 잃었을 때, 불평등은 그들이 정권을 잡았을 당시보다 훨씬 더 커졌다. 다른 나라들도 사정은 마찬가지였다. 제3의 길 지지자들은 불로소득 자본주의의 성장이나 금융의 헤게모니 장악을 막기 위해 아무 일로 하지 않았다. 실제로 블레어 정부가 취한 첫 번째 중대 조치는 뱅크오브잉글랜드를 독립시키는 일이었다. 국가 경제정책의 중요한 수단을 민주적으로 통제하고 운영해야 하는 책무를 포기하고 그 일을 민간 금융업자들에게 넘겨주고 만 것이다.

신노동당은 자신들의 옛 계급 기반을 대표했던 노동조합과 스스로 관계를 멀리했다. 영국의 신노동당은 다른 나라의 민주정당들 대부분과 마찬가지로 노동시장 유연성을 선택했다. 그것은 노동조합이 지난 100년 동안 투쟁했던 노동 기반의 안정성을 후퇴시킨다는 것을 의미했다. 블레어는 2006년 노동조합회의Trades Union Congress에서 총리로서 마지막 연설문을 작성하면서 한 측근에게 연설 내용이 청중뿐 아니라 자기 자신도 확실히 만족하기 어려울 것 같다고 고백했다. 그는 연설하는 동안 내내 청중의 야유를 받았다. 그런 상황은 지난 100년 동안 전혀 상상도 할 수 없는 일이었다.

마거릿 대처가 그녀의 가장 큰 치적으로 생각하는 것이 무엇이냐는 질문을 받았을 때, 그녀는 주저 없이 "신노동당"이라고 대답했다고 한다. 블레어와 브라운은 공개적으로 그녀를 칭송했다. 그러나 노동당 정부가 실권한 직후, 언론에서는 1997년 노동당의 압도적 승리가 1906년 자유당의 압도적 승리와 유사하지 않았는가라고 했다. 자유당은 선거 승리 이후 의미 없는 존재로 전락했다.

미국의 빌 클린턴식 제3의 길 또한 불평등과 불안정 확대를 초래할 것이 빤한 유연한 노동시장을 선택했다. 그가 "이미 아는 바와 같이 복지제도를 종식"시키기로 한 1992년 선거 공약을 이행하기 위한 '개인 책임 및 취업기회 조정법Personal Responsibility and Work Opportunity Reconciliation Act'에 서명한 1996년에 결정적 순간이 왔다. 미국 의회에서 공화당이 제출한 이 법안은 공화당 소속 위스콘신 주지사가 도입한 복지개혁을 기반으로 했는데, 수당받을 권한에 대한 시한을 정하고 근로

복지제도를 확대(최저임금 수준의 일자리를 강요)하는 매우 퇴행적인 조치였다.

한편 클린턴 정부의 재무부장관 로버트 루빈Robert Rubin은 은행가들을 회유하면서 훗날 비우량담보대출 위기를 초래할 장치들을 만들고 있었다. 래리 서머스는 1998년 상품선물거래위원회Commodity Futures Trading Commission 위원장 브룩슬리 본Brooksley Born에게 파생상품 거래 규제를 제안하지 말도록 전하기 위해 전화를 걸었을 당시 재무부차관이었다. 그는 "지금 내 사무실에 은행가들이 열세 명 있어요. 그들은 만일 당신이 이것을 진행시킨다면 2차 세계대전 이래 최악의 금융위기를 초래할 것이라고 하는군요"라며 호통을 쳤다.[11] 그녀는 마침내 그 계획을 철회했고, 그 결과는 처참했다.

제3의 길은 20세기 사회민주주의의 막바지 단계였다. 그것은 금융에 포위당했다. '좌파' 정당은 모든 나라에서 '중산층', '상류층이 되길 열망하는 중산층', 그러다 나중에 '밀려난 중산층'에 호소하기 위해 정제되지 않은 실리주의를 추구하느라 전통적 가치관을 포기하고 말았다. 그들은 그렇게 우파와 경쟁하고 있었다. 그 구역에서는 그렇게 하는 것이 훨씬 더 편안했다.

중산층 소득을 국민 중위소득의 75퍼센트와 125퍼센트 사이로 정의한 2004년에 스칸디나비아 국가들의 경우, 인구의 절반 정도가 거기에 속했다. 반면 영국과 미국에서는 중산층이 3분의 1로 줄었다.[12] 2008년 이후에는 거의 모든 나라에서 중산층이 줄었다. 우파는 선거에 이기기 위해 더는 중산층에 기댈 수 없었기 때문에 금융과 같은 다양한 불로소득원에서 돈을 벌고 있는 점점 늘어나는 상류층과 빈사 상태에 빠진 좌파에 불만이 있는 사람들에게 지지를 호소할 필요가 있었다.

우파에서 전개된 두 가지 현상은 금융위기 이후 상황을 결정했다. 첫째, 대중에 영합하는 우파 정당의 새로운 분출 현상이 있었다. 이것은 떠오르는 사회집단들, 특히 프레카리아트 계급 사이에서 전통적인 노동조합주의에 대한 매력 상실과 금융위기의 충격이 반영된 결과였다.

금융위기가 발생했을 때, 자기들과 이해관계에 있는 집단을 대변하는 정당들은 그들의 지지를 잃을까봐 노심초사했다. 그러나 1870년과 2014년 사이에 20개 산업국에서 치러진 800개 넘는 각종 선거에 대한 조사 결과, 금융위기의 주된 수혜집단은 대개 극우 정당이었음이 밝혀졌다.[13] 극우 정당의 발흥은 또한 금융위기로 가속화된 정당과 의회의 분열을 낳는 경향이 있는 경제성장의 지체 현상을 반영한다.[14] 물론 이런 분할 현상은 우파뿐 아니라 좌파의 새로운 운동과 정치적 재편의 기회를 창출하기 마련이다. 그러나 그러기 위해서는 시간이 걸릴 수 있다.

둘째, 득세한 중도 우파는 경제와 사회를 자신들에게 유리한 방향으로 재편하면서 세계 금융과 불로소득 자본주의의 대표자가 됨으로써 우위를 강화하는 방향으로 움직였다. 영국에서 그것이 어떻게 진행되었는지 생각해보라.

보수당은 2015년 총선에서 35퍼센트의 득표율, 전체 유권자의 불과 24퍼센트만의 지지로 승리했다. 그 결과, 하원의 절대 다수를 차지했다. 과거에 그렇게 낮은 득표율로 대다수 의석을 차지한 정당은 없었다. 보수당은 집권에 성공하자마자 그들의 지위를 강화하기 위한 일련의 변화를 선언하고 선거구 구획을 다시 그리는 일에 착수했다. 한 추산에 따르면, 노동당과 보수당의 득표율이 똑같다고 해도 노동당의 하원의원 수는 보수당보다 46석이 적을 것이라고 했다.[15] 보수당 정부는 또한 이전에는 선거권이 박탈되었던 15년 이상 해외에 거주한 국외 거주자들에게도 선거권을 부여하기로 결정했다. 그들은 대개 나이든 유권자들로 대다수가 보수당 지지 기반이었다.

한편, 1918년 이래로 기존의 유권자 등록 제도는 한 가구에서 한 명이 그 가구에 속한 모든 이의 유권자 등록을 대신할 수 있었는데, 모든 유권자가 개별적으로 등록하는 것으로 바뀌었다. 영국 선거관리위원회 Electoral Commission에 따르면, 2016년 지방선거 전에 정부가 신속하게 처리한 이 조치로 190만 명이 유권자 등록을 포기한 것으로 나타났으며, 독립단체인 스미스연구소Smith Institute는 그 숫자를 더 늘려 잡았다.[16]

새롭게 선거권이 박탈된 사람들은 대개 청년층으로, 특히 도심에 사는 대학생들과 소수 인종들이었다. 그들은 모두 좌파 정당을 지지하는 투표 성향을 보이는 집단들이었다. 이러한 변화는 2016년 런던시장 선거의 잠재적 유권자 수를 50만 명 정도 줄였다. 영국의 미등록 유권자 수는 기존에 이미 800만 명이었는데, 이 조치로 영국 전체 유권자의 18퍼센트에 이르는 약 1,000만 명까지 늘어났다.[17] 새로운 유권자 등록제는 또한 민간임대주택과 공동거주 비율이 높은 도시 지역의 의석수를 줄여 보수당 지지층이 많은 교외와 지방의 의석수를 늘리는 선거구 재편에도 이용될 예정이다.

또 다른 조치는 정당에 자금을 제공하는 것과 관련이 있다. 보수당 정부는 정당에 내는 기부금 상한선을 높이는 동시에 노동당에 자금을 제공하는 지지 기반의 활동을 제한했다. 과거에는 정치자금 제공에 대한 '사전동의' 선택권을 노동조합이 자동으로 행사했는데, 정부는 그것을 조합원들에게 돌려주라고 요구했다. 비판가들의 지적처럼 그것은 기업이 정치헌금을 낼 때 주주들이 거기에 찬성하는지 명시적 동의가 필요한 것과는 비교할 수 없는 것이었다. 그리고 재무부장관은 야당의 입법활동을 지원하기 위해 지급되는 정부보조금인, 이른바 '쇼트 머니short money'도 삭감했다. 그 결과, 노동당은 해마다 거의 100만 파운드의 손실을 입었다.

그 밖에도 민주주의의 여러 측면이 꾸준히 약화되었다. 주요 공공서비스 노동자들은 이제 무기명 투표로 다수의 지지를 얻지 못하고 전체 투표권자의 최소 40퍼센트 지지를 얻지 못한다면, 파업 행위를 할 수 없다. 이것은 정치인들이 스스로에게 적용하는 것보다 더 엄격한 기준이다. 2015년에 뽑힌 하원의원의 절반은 그들이 잠재적 파업 행위자들을 위해 만든 시험을 통과하지 못했다.

그 새로운 법 아래서는 파업 찬성에 투표한 종업원이 충분하더라도, 노동조합은 반드시 경찰에 등록해서 신원이 확인된 자치 감독관들을 지명해야 한다. 그들은 어떤 행동을 취할지 그 계획을 정확히 14일 전에 경찰에 고지해야 하며, 그렇지 않을 경우 고소당할 수도 있다. 이것은 결사의 자유를 약화시킨다. 더군다나 그 법은 기업이 파업자들을 대체하는 파견노동자를 고용할 수 있게 허용함으로써 파업의 영향력을 무력화시킨다. 이것은 분규의 시시비비가 가려지기 전에 일방적인 편들기를 하는 것과 마찬가지다.

파업권에 대한 많은 제한과 노동조합에서 노동자 지분의 감소는 노동쟁의 행위의 의미를 기껏 불만 해결을 읍소하는 수준으로 떨어뜨렸다. 그러나 어찌되었든 오늘날 프레카리아트 계급의 주된 적대 세력은 고용주가 아니라 정부다. 프레카리아트 계급은 한 고용주와 여러 해를 함께 일할 것으로 생각지도 않고 바라지도 않는다. 따라서 그들이 현재의 직장에서 노동조건을 일부 개선하기 위해 값비싼 행동을 취하고 싶어할 가능성은 별로 없다.

그럼에도 가장 우려되는 것은 무엇보다 정당정치의 상업화로 요약되는, 우리 사회를 둘러싼 민주적 기반이 약화되고 있는 현상이다.

재벌들의 놀이

민주주의는 대개 서로 다른 정치적 가치와 이념들이 공개토론과 이후 선거를 통해 경쟁하는 것으로 이해할 수 있다. 선거제도가 어떻든(영국이나 미국처럼 '최다 득표자 당선'이든, 득표율에 따라 비례대표를 뽑는 형태든) 민주주의의 건강성은 참된 정보를 바탕으로 한 토론의 범위에 달려 있다.

그러나 선거운동은 현대 정보통신기술의 위력을 이용해서 지나치게 단순화된 감성적이고 대개 거짓된 메시지와 이미지를 통해 여론을 조작하면서 그 범위를 점점 좁히고 있다. 누군가는 지금까지 늘 그랬다고 말할지도 모른다. 그러나 오늘날 상황은 그 어느 때보다 훨씬 더 심각하다. 정보통신 수단을 통제하는 사람들은 선거를 좌지우지할 수 있다. 엄청난 자금을 자기 마음대로 굴릴 수 있는 정치인들은 그 자금을 지성인들에게 영향을 끼쳐 의제를 설정하고 그것이 현실로 인식되도록 조정하는 데 쓸 수 있다. 오늘날 "권력이 진리다"보다 더 맞는 말은 없다.

오늘날 금권정치는 불로소득자들의 손아귀에 들어간 뒤부터 그들의 이익을 증대하는 정치후보자, 의제, 미디어를 선호한다. 영국에 대해 몇 가지 사실을 생각해보라. 1974년 이후로 루퍼트 머독과 스카이 텔레비전 채널, 영국에서 가장 많이 팔리는 타블로이드 신문인 『선The Sun』, 기득권 신문 『타임스The Times』를 포함한 그의 미디어제국의 지지 없이 총선에서 이긴 정당은 하나도 없었다. 머독은 영국인이 아니다. 영국에 살고 있지도 않다. 몇몇 그의 직원과 동료들은 불법적으로 휴대폰을 해킹하고 정보를 빼내기 위해 경찰관을 매수한 혐의로 유죄선고를 받았다. 그러나 머독은 지금도 여전히 영국 정치인들로부터 준왕족 대우를 받고 있다. 현재 발행 중단된 머독 소유의 타블로이드 신문 『뉴스오브더월드 News of the World』의 편집인이었던 앤디 쿨슨Andy Coulson은 당시 야당 지도자였던 데이비드 캐머런David Cameron의 공보책임자로 채용되어 다우닝가Downing Street의 총리실까지 함께 갔다가 휴대폰 해킹에 연루된 혐의(나중에 유죄선고를 받음)를 받고 비로소 물러났다.[18] 1994년 토니 블레어가 노동당 지도자가 된 뒤, 그는 지구 반대편에 있는 오스트레일리아로 가서 루퍼트 머독에게 노동당이 그의 이익을 전혀 위협하지 않을 것임을 확인시켜주었다.

미국에서 정치에 대한 재벌들의 영향력은 소련과 나치 독일에 정유공장을 세워 일찍이 부를 일군 한 억만장자의 두 아들이 아주 잘 보여준다.[19] 2014년 미국 중간선거에서 코크 형제는 우익 출마자들의 선거자금으로 자그마치 3억 달러를 쏟아부었다. 그들이 자금을 댄 후보 열 명 중 아홉 명이 선거에서 이겼다. 2015년 코크 형제는 2016년 선거에서 보수주의 단체에 9억 달러의 자금을 제공하기로 약속했는데, 그중 3분의 1은 대통령 선거를 위한 자금이었다.

시민들이 세금으로 내는 돈이 실제로 어떻게 쓰이는지 시민들 스스로 결정할 수 있어야 한다는 것이 실용주의자들이 내세우는 선거 민주주의의 의미다. 물론 일부 시민은 소득이 과세 최저한도에 못 미쳐 세금을 내지 않는 사람들도 있다. 또 일부는 미국이나 영국 같은 나라의 죄수들처럼 투표권이 박탈되는 사람들도 있다. 그러나 마그나카르타에서 나온 원칙은 보스턴 티파티Tea Party의 구호처럼 "대표 없이 조세 없다no taxation without representation"[정부가 세금을 부과하기 위해서는 국민을 대표하는 의회의 승인을 받아야 한다는 의미]다. 하지만 오늘날 우리는 그 원칙이 기막히게 도치된 상황(조세 없는 대표representation without taxation[의회가 국민의 세금으로 운영되기보다는 기업과 단체, 재벌들의 자금으로 운영되는 상황을 빗댄 표현])에 처해 있다.

미국은 그 길로 다시 가고 있었다. 재벌들이 미국 정치를 지배했던 한 가지 방법은 자선재단을 설립하는 것이다. 오늘날 10만 개가 넘는 자선재단은 최소한의 조사만으로 선거운동에 세금을 내지 않고 막대한 자금을 댈 수 있다.

게다가 2010년 미국 대법원은 시티즌 유나이티드Citizens United 판결로 알려진 논란 많은 사례에서 사회적 약자들의 언론의 자유 권한을 인정하면서 기업과 단체의 선거후원금 제한을 없앴다. 이것은 기업이 자금을 대는 정치활동위원회Political Action Committees(PACs)가 선거 출마자들에게 막대한 후원금을 제공하는 결과를 낳았다. 그 판결의 당사자인 시민연대는 코크 형제가 자금을 대는 정치활동위원회의 일원으로 "제한된 정부, 기업의 자유, 강력한 가족, 굳건한 국권과 안보"를 그들의 목표로 공언하고 있다.

이러한 비민주적 상황 전개는 정치의 상업화를 강화시켰다. 영국의 상황은 아직 그렇게 멀리까지 나아가지 않았다. 그러나 보수당의 선거운동 자금은 재벌들과 다국적 금융업체와 같은 기업들이 후원하는데, 그 자금의 대부분은 영국에서 비과세 대상이거나 세금을 낸다고 해도 아주 조금에 불과하다. 2015년 총선 전, 보수당을 위한 연례 정치자금 모금행사인 블랙앤화이트 무도회Black and White Ball는 『파이낸셜타임스』가 '겸손한 우주의 주인unassuming master of the universe'[월가의 사람들이 금융업자들을 자칭 신적인 존재로 표현한 것을 빗댐]으로 묘사한 한 헤지펀드 매니저의 부인이 개최했다. 캑스턴 어소시에이츠Caxton Associates 헤지펀드는 미국의 조세피난처인 델라웨어에 등록되어 있다.[20]

2016년 행사는 조세피난처 건지 섬에 등록된 투자은행 쇼어캐피탈 Shore Capital이 후원했다. 그 투자은행 회장의 아내는 보수당에 50만 파운드를 기부했는데 이전의 행사들도 그녀의 도움을 받아 열렸다. 2014년 무도회에 참석한 사람들의 재산을 합한 결과, 총 220억 파운드가 넘는 것으로 나왔다. 2015년에는 『선데이타임스Sunday Times』의 부자 명단에 올라간 59명의 최대 헤지펀드 매니저 가운데 27명이 총 1,900만 파운드가 넘는 후원금을 보수당에 기부했다. 650만 파운드 이상을 기부한 헤지펀드 매니저 마이클 파머Michael Farmer는 그 대가로 보수당 공동 회계책임자가 되었고 귀족 작위를 받았다.[21]

그런데 이보다 훨씬 더 우려되는 점은 대개 배경이 의심스러운 외국 재벌들의 경제적 역할이 점점 더 증대되고 있다는 사실이다. 한 가지 작지만 매우 상징적인 예로, 2014년 보수당 하계 정치자금 모금 무도회에서 푸틴의 전 재무차관 블라디미르 체르누킨Vladimir Chernukhin의 부인이 데이비드 캐머런과 테니스를 치는 경매에서 16만 파운드로 응찰에 성공했고, 그다음에는 런던시장 보리스 존슨과 테니스를 치는 경매도 따냈다. 그 경매에서는 보수당 공동의장이 볼보이를 하는 것이 덤으로 추가되었다.

보수당은 또한 1년에 최소 5만 파운드 이상을 후원하는 리더스그룹을 만들어, 세계적인 부자집단인 금융업자와 기업가들이 영국 총리와 재무부장관을 정기적으로 만나 저녁식사를 함께할 수 있게 했다. 리더스그룹 회원들은 이런 모임 자리에서 정치문제가 논의되고 영향력이 행사된다는 점을 인정했다.

이것은 엘리트 계급이 주도하는 그들만의 독특한 정치자금 모금 방식으로, 공정한 민주주의를 위해 필요한 최소한의 공평한 정치자금 분배를 근본적으로 부정하는 행태다. 이런 상황에서 부패 행위가 공공연히 또는 은밀하게 이루어질 가능성은 충분히 있다. 2013년 재무부장관은 헤지펀드 매니저들로부터 수백만 파운드의 후원금을 기부받은 뒤, 헤지펀드들이 지불해야 할 투자기금에 대한 주식인지세를 폐기함으로써, 결론적으로 1억 4,700만 파운드에 달하는 세수를 포기했다. 마찬가지로 북해 석유와 관련된 기업 대표들이 리더스그룹의 만찬에 참석함으로써 그 부문에 대한 새로운 세금감면과 국가보조금 지급이 결정되었다.

'골드만삭스주의'

2007~2008년 세계 경제를 위협한 금융붕괴는 거대 금융업체들의 무모함 때문에 일어났다고 해도 과언이 아니다. 그러나 그들 금융업체의 경

영을 책임졌던 사람들은 지금도 정부 고위직으로 자리 이동을 계속하고 있으며 국내외 경제정책에 영향력을 행사하고 있다. 정부 최고위직 중 많은 자리가 월스트리트에 있는 단 한 군데 기관, 투자은행 골드만삭스 출신들로 채워져 왔다. 잡지 『롤링스톤*Rolling Stone*』은 한때 그 은행을 '흡혈 오징어vampire squid'라고 불렀다.[22]

이 선출되지 않은 테크노크라트들이 세계 경제를 움직이고 있다. 골드만삭스 부회장을 역임하고 현재 유럽중앙은행 총재인 마리오 드라기는 불로소득자를 살찌우는 양적 완화 정책을 도입하고, 선출되지 않은 권력인 유럽중앙은행이 원조를 받는 국가들에 그 대가로 구조조정을 강요할 수 있게 더 많은 권력을 줄 것을 요구했다. 그는 민주적 동의를 얻을 필요도 없이 행동할 수 있다. 실제로 각종 여론조사에 따르면, 양적 완화 조치에 가장 많은 노력을 기울이도록 요구된 독일은 그 정책에 격렬하게 반대했다. 그를 비판하는 사람들의 말이 옳든 그르든, 이것은 유럽의 경제정책이 얼마나 비민주적이 되었는지를 잘 보여준다. 유럽중앙은행이 지지하는 유로존 재무부의 창설 제안은 상황을 더욱 악화시킬 것이다.[23]

1990년대 중반, 전직 골드만삭스 출신 마리오 몬티는 역내시장과 경쟁정책을 책임지는 비선출직 유럽연합 위원이 되었다. 이어서 그는 비선출직 이탈리아 총리가 되었다. 마침내 그가 이탈리아 유권자의 선택을 받아야 할 때가 되었을 때, 그가 받은 득표수는 보잘것없었다.

미국에서도 일련의 골드만삭스 임원들이 정부 최고위직에 올랐다. 빌 클린턴은 1995년과 1999년 사이에 재무부장관을 역임한 로버트 루빈을 "알렉산더 해밀턴 이래로 가장 위대한 재무부장관"이라고 치하했다. 그러나 2008년 금융붕괴 뒤, 클린턴은 루빈이 당시 경제위기의 한 요인이자 골드만삭스의 주 수입원이었던 파생상품 규제에 반대한 것은 큰 잘못이었다고 인정하지 않을 수 없었다.[24]

2006년 골드만삭스의 최고경영자 헨리 폴슨Henry Paulson이 미 재무부 장관에 선임되었다. 2007년 그는 미국 경제를 "매우 건강하다"고 설명했다. 그리고 2008년 7월에는 미국이 "안전한 금융 시스템"을 가지고 있다고 주장했다. 그러나 그해 11월 연설에서는 이렇게 말했다.

우리는 정부의 무대책과 잘못된 조치, 국내외의 낡은 금융규제제도를 포함한 많은 요인, 그리고 지나치게 큰 위험 부담을 안은 금융기관들 때문에 발생한 심각한 금융위기를 헤쳐 나가고 있습니다. 이런 요소들이 복합적으로 작용한 결과, 미국 금융체계 전체가 위기에 빠진 올 가을에 치명적 단계에 이르렀습니다. 이런 일이 또다시 일어나서는 안 됩니다. 미국이 세계 금융개혁 노력에 앞장서야 합니다. 우리 자신부터 개혁하는 것에서 시작해야 합니다.

요컨대 골드만삭스 최고경영자를 역임하고 당시 경제정책의 수장이었던 그는 엄청난 실정을 저지른 책임에서 벗어날 수 없는 인물이었다. 그러나 그는 책임을 지고 자리에서 물러날 것을 요구받지 않았다. 그는 2009년까지 재무부장관직을 그대로 유지했다.

뱅크오브잉글랜드의 캐나다 지점장 마크 카니Mark Carney 또한 골드만삭스 출신이었다. 뉴욕의 연방준비은행 총재 윌리엄 두들리William Dudley도 또 다른 골드만삭스 회사 동료였다. 골드만삭스 수석 경제전문가를 역임한 영국의 짐 오닐Jim O'Neill은 귀족 작위를 받고 2015년에 영국 재무부장관이 되었다. 오닐은 금융붕괴가 발생하기 전에 수백만 명이 전 세계적으로 풍족한 중산층에 속하게 될 것이라고 예견했다. 그러나 몇 달 뒤, 수백만 명 이상이 프레카리아트 계급에 합류했다. 그들 중 많은 이는 감당할 수 없는 부채에 시달리고 있었다.

골드만삭스는 특정 이익집단(금융자본)을 대변한다. 골드만삭스에서 훈련받고 근무한 사람들은 그 이익집단을 옹호하고 그들에게 도움을 준다. 골드만삭스가 전 세계 어디든 경제정책 결정 과정에 늘 참여하지만, 그런 중요한 고위직에 포진하고 있는 또 다른 금융기관 인사들이 있다. 2015년 프랑스 대통령 프랑수아 올랑드François Hollande는 BNP 파리바 상업은행 임원을 역임한 프랑수아 빌레이 드 갈로François Villeroy de Galhau를 프랑스중앙은행 총재로 지명했다. 그러자 프랑스의 저명한 경제학자 약 150명이 '심각한 이해충돌' 때문에 그가 '완전히 독립적으로' 행동할 수 있을지 의문이라고 주장하며 공개적으로 반대 의견을 표명했다. 그럼에도 그는 결국 임명장을 받았다.

골드만삭스를 비롯한 금융업체들은 영국 정부가 금융붕괴 이후 구제한 로이드은행의 재민영화 조치의 주요 수혜자였다. 그들은 은행 긴급구제와 양적 완화 정책의 주요 수혜자이기도 했다. 그들은 대개 자기네 사람을 각국 정부와 중앙은행의 내외부에 포진시켜 그런 정책들을 쏟아냈다.

이것은 필연적으로 충분히 의심할 만한 행동들로 이어진다. 2008년 금융위기의 한가운데서 골드만삭스와 모건스탠리 같은 주요 금융 중개업체들은 은행지주사가 될 수 있는 자격을 얻어 정부의 유동성 자금을 끌어다 쓸 수 있게 됨으로써 기업 도산을 막을 수 있었다. 나중에 밝혀진 일이지만, 골드만삭스는 당시 월스트리트 은행 규제기관인 뉴욕 연방준비제도이사회에 의해 퇴출될 것이라는 대국민 성명을 언론을 통해 발표할 예정이었다.[25] 골드만삭스의 공보 초안은 결국 발표되지 않았지만, 이 사건은 규제기관과 규제 대상 사이의 불건전한 관계를 잘 보여주었다.

2014년 불만을 품은 한 직원이 뉴욕 준비이사회가 골드만삭스와 경제적 이해관계에 있는 (그리고 골드만삭스 임원 가운데 한 명이 개인적 지분을 보유하고 있는) 한 정유회사가 다른 정유회사와 합병하는 과정에서 일어난 의심스러운 거래를 조사하면서 매우 관대한 행태를 보여주었다는 사실을 입증하는 내부 기록을 유출했다. 또 다른 직원은 준비이사회 관리 한 명이 기밀정보를 골드만삭스 임원에게 넘겨준 사실을 밝혔다.

이른바 출세의 야망에 불타는 월스트리트 금융가들은 나중에 민간 부문으로 옮기기 위해 준비이사회에 취직한다. 그렇게 될 경우, 그들이 민간업체에서 받는 임금은 현재 준비이사회에서 받는 쥐꼬리만한 22만 5,000달러를 훨씬 상회한다. 『파이낸셜타임스』는 링크드인LinkedIn 구인구직서비스망에 올라온 자기소개서 가운데 최소 40명이 그들의 이력서에 뉴욕 준비이사회와 골드만삭스를 둘 다 올린 것을 확인했다. 금융계와 정부기관을 오가는 회전문 인사, 일개 특정 투자은행 관련 인물들의 잦은 인사 왕래는 정책 결정 과정에 관여하는 금융자본의 헤게모니를 보여주는 하나의 단면일 뿐이다. 따라서 힐러리 클린턴은 그녀가 골드만삭스로부터 '강연료'로 무려 60만 달러를 받았다는 사실이 드러나면서 대통령 선거 운동 내내 은행들에 대해 관대할 것이라는 비난에 시달려야 했다.

"권력이 진리다": 윤리사회의 위축, 은유의 힘

금융권의 정치 조작 세계와 교육의 세계는 서로 멀리 떨어져 있는 것처럼 보일지 모른다. 그러나 불로소득 자본주의와 교육 사이의 유대, 교육의 계몽적 가치관의 상실은 점점 더 큰 우려를 불러일으키고 있음에 틀림없다.

영국에서 그 실상을 아주 잘 보여주는 사례로, 2007년 『파이낸셜타임스』는 런던 이스트앤드East End의 타워 햄릿Tower Hamlets에 있는 한 공립중학교에 유명 기자 한 명을 보냈다. 그 학교는 신노동당 정부가 '산학협력school-business partnership'을 장려하기 위해 선정한 수백 개 학교 가운데 하나였다. 이 학교가 결연을 맺은 기업은 한 미국 투자은행이었다. 그 은행의 임원 한 명이 학교 운영위원회 위원장을 맡고 직원 한 명은 학습시간을 지원하고 학생들의 조언자 역할을 했다. 그 학교의 여교장은 산학협력이 잘 작동하기 위해서는 '공유문화'가 있어야 한다고 주장했다. 기자는 그 학교의 기풍에 너무 감동해서 눈물을 쏟았다고 한다.[26] 그러나 몇 달 뒤, 그 은행은 수백만 명의 돈으로 위험한 도박을 감행한 뒤, 세계 경제를 위기에 몰아넣고 수많은 사람의 삶을 망가뜨리며 크게 파산했다. 그 은행 이름은? 바로 리먼 브라더스Lehman Brothers다.

이런 형태의 협력관계는 공립교육체계가 대단히 중요한 사회적 사고가 아닌 하나의 이데올로기를 전파하기 위해 이용되고 있는 여러 방식 가운데 하나에 불과하다. 전 세계에 걸쳐 오늘날 학교와 대학 교육은 상품화되고 있다. 점점 더 많은 사람이 취업과 돈벌이 준비에 집착하고 있기 때문이다. 대학 차원에서 보면, 국가장학금이 줄어들고 학자금대출이 급격히 증가하는 상황은 대학생들에게 그들이 학과를 선택할 때, 장래의 높은 소득을 보장하는지 여부에 초점을 맞추지 않을 수 없게 한다.

그 결과, 문화·예술·철학 교육은 점점 주변으로 밀려났다. 많은 대학생은 공공정책이나 윤리학, 역사, 문화와 예술에 대한 깊이 있는 지식이 부족한 상태에서 정규 학교 교육과정을 마친다. 그들은 교육을 받지 않아서가 아니라 제대로 된 교육을 받을 수 없는 까닭에 화려한 말주변이나 피상적인 지식에 더 쉽게 영향을 받는다. 그것은 잘 다듬어진 달콤한 문구와 이미지로 무장된 미디어와 카리스마 있는 정치인들의 잠재력을 높여준다.

주류 신문과 텔레비전, 라디오에서 흘러나오는 뉴스와 대중적 쟁점의 표현 방식은 점점 '정보오락infotainment'화되었다. 미국에서 폭스 뉴스와 우익 라디오 좌담 프로그램이 보수주의자와 복음주의자들의 마음을 사로잡기 위해 하는 것처럼, 상업방송사는 시사문제를 자사 소유주 또는 표적이 되는 정치집단이나 사회집단의 견해와 편견을 반영하고 증폭시키는 쪽으로 편향 보도한다. 온라인 뉴스들은 특정한 견해나 성향이 있는 사람들이 자기네 견해를 지지하는 사연만 받을 수 있도록 내용을 걸러낸다. 아마존·페이스북·구글 등은 이용자들의 인터넷 검색 기록을 이용해서 그들이 좋아하는 것들을 찾아내 그들이 읽고 보고 듣고 싶은 것을 제공한다. 따라서 반대 의견은 보이지 않게 되고 편견들이 확고히 자리 잡게 된다.

정치인들은 유권자의 마음을 사로잡기 위해 늘 만면에 미소를 띠고 은유를 즐겨 쓴다. 그러나 최신 정보통신기술과 합리적 토론의 결여는 오늘날 단순한 메시지를 더욱 강력하게 만든다. 사람들에게 널리 회자되는 트윗은 거짓말을 바탕으로 쓴 것일 수 있지만 매우 강력한 효과를 발휘할 수 있다. 공화당 미국 대통령 지명자가 되기 위한 한 주간의 예비선거전에서 도널드 트럼프(선거 구호: 미국을 다시 위대하게 만들자)는 그의 선거 유세와 기자회견을 빼놓지 않고 취재한 잡지『폴리티코Politico』의 추산에 따르면, 평균 5분에 한 번꼴로 '실언'을 했다고 한다.[27]

영국 독자들은 2015년 총선 전에 스코틀랜드국민당SNP[영국으로부터 스코틀랜드 독립을 주장하는 정당] 지도자의 재킷 호주머니에 달린 노동당 지도자 에드 밀리밴드Ed Miliband의 미니어처를 보여주는 보수당 옥외광고판을 떠올릴 수 있을 것이다. 밀리밴드가 SNP의 '호주머니 안'에 있다는, 즉 SNP를 지지한다는 증거는 없었다. 실제로 그의 당은 스코틀랜드에서 SNP와 치열한 싸움을 벌이고 있었고(노동당은 59석의 스코틀랜드 하원 의석 가운데 단 한 석밖에 얻지 못하며 대참패를 당했다), 밀리밴드는 2014년 스코틀랜드 독립 국민투표에서 SNP의 찬성투표 운동에 대해 반대했다.

당시 보수당에 고용되었던 한 선거전략가가 나중에 신나게 고백한 것처럼, 그 허위선전은 보수당이 승리하는 데 기여했다. 그것은 민주정치의 위기를 상징했다. 엄청난 거액의 자금이 정책과 주장에 대한 찬반을 묻는 것이 아니라 교묘한 이미지 조작과 은유를 통한 겉만 번지르르한 정치선전과 광고에 흘러들어갔다.

정치 컨설턴트: 미디어 홍보전문가와 허풍선이 장사꾼

오늘날 선거는 정교한 (정치)선전 기법을 구사하는 컨설팅기업들이 좌지우지하는 경우가 점점 늘어나고 있다. 그 기법들이 정교해질수록, 민주주의는 더욱더 상업화되고 전통적으로 이해되던 민주주의의 정신은 점점 더 사라지기 마련이다. 정치 컨설팅은 다국적 산업이 되었다. 국제정치컨설턴트협회International Association of Political Consultants는 물론 유럽·영국·미국 협회도 있다.

오스트레일리아인 린턴 크로스비Lynton Crosby가 영국 유권자들에게 보수당을 선전하기 위해 고용되었을 때, 네 가지 특징이 부각되었다. 그는 영국인이 아니었고 거액을 받지도 않았으며, 전에 담배산업의 로비스트로 활동했고 선거운동에 대한 '전권'을 달라고 요구할 수 있었다. 이것이 영국 민주주의의 상태와 관련해서 의미하는 것은 무엇일까?

크로스비는 우익의 선거운동을 성공적으로 이끌었다. 미국인 데이비드 엑설로드David Axelord와 짐 메시나Jim Messina는 버락 오바마를 비롯해서 다양한 정치인들에게 더욱 폭넓게 자신들의 자문능력을 팔았다. 2010년 엑설로드는 후한 대가를 받고 우크라이나 대선에서 율리아 티모센코Yulia Tymoshenko를 자문했지만 당선에 실패했다. 그녀는 빅토르 야누코비치Viktor Yanukovych에게 패한 뒤, 결국 감옥에 갇히게 되었다. 야누코비치는 폭력 전과범으로 그의 과두정치 후원자들이 또 다른 미국인 공화당 선거전략가 폴 매너포트Paul Manafort(나중에 도널드 트럼프가 고용함)를 고용하기 전까지만 해도 여론조사에서 밀리고 있었다. 그는 결국 선거에서 이겼지만, 2014년 부패 혐의로 국외 추방되었다.

그 뒤 엑설로드는 이탈리아 총리 선거에서 마리오 몬티를 자문했지만, 당선에 실패했다. 몬티는 액설로드에게 돈을 주고 컨설팅을 받았지만 득표율은 10.5퍼센트에 불과했다. 2014년 에드 밀리밴드는 엑설로드를 노동당 선거전략가로 고용했지만, 선거는 운이 없었다. 22만 5,000달러를 받은 그는 런던을 세 차례 방문했는데, 밀리밴드의 이름을 트윗에 잘못 기재하고 무슨 뜻인지 모르지만 밀리밴드에게 "북쪽 거물을 따르라"고 자문했다.

한편, 짐 메시나는 크로스비와 그의 오스트레일리아인 조수 마크 텍스토Mark Textor와 함께 보수당에 고용되었다. 선거관리위원회에 따르면, 메시나의 회사는 37만 파운드를 받았다. 크로스비의 회사는 240만 파운드를 받았고, 크로스비는 2016년 새해 서훈자로 기사 작위를 받았다. 따라서 당시 선거운동은 한 무리의 외국인 용병들의 지휘를 받았다.

메시나는 힐러리 클린턴의 대선운동을 돕기 위해 워싱턴 DC로 되돌아갔는데, 2016년 6월 유럽연합 회원국 탈퇴 관련 국민투표에서 잔류를 주장하는 선거캠프에 고용되어 다시 영국으로 복귀했다. 한편, 유럽연합 탈퇴운동은 또 다른 미국인 고문 게리 건스터Garry Gunster를 영입했는데, 그는 미국에서 설탕 음료에 대한 지방세 과세를 막기 위한 운동을 성공으로 이끈 것을 포함해서 미국 비밀투표의 베테랑 조직책 가운데 한 사람이었다. 정치는 제품을 만들고 그것을 팔기 위해 경쟁하는 외국인 장사꾼들과 함께 꾸준히 상업화되어왔다.

영국의 3대 주요 정당은 정치전략가들을 쓰는 것뿐 아니라 다국적 컨설팅업체, 특히 프라이스워터하우스쿠퍼스PwC와 케이피엠지KPMG로부터 임시로 직원을 파견받는 무료 컨설팅서비스도 받았다. 컨설팅회사들은 모두 자신들이 정책을 고안하지 않는다고 주장하지만, 이런 지원은 정책 관련 정보와 인맥관리 측면에서 그들(과 그들의 고객)에게 이익을 가져다줄 것이 명백하다.

거머리 같은 로비스트

자신들의 관심 있는 부문이 대중의 이익이라고 은밀한 곳에서 정치인들을 설득하고 다니는 사람들은 늘 있었다. 그러나 요 근래에 로비활동은 거대한 영리산업이 되었다. 다국적 기업들은 마법 같은 로비활동에 막대한 자금을 쏟아부었다. 2012년 공식적으로 워싱턴 DC 정가에 로비 활동으로 뿌려진 33억 달러의 4분의 3 이상을 미국 기업들이 차지했다.[28]

하지만 실제로는 그것보다 규모가 훨씬 더 크다. 기업과 기업의 상업적 이익을 위한 정치 로비활동에 속하는 '기업과의 정보 소통'이나 '대정부 관계 형성'에 고용된 기업체 직원들은 포함하고 있지 않기 때문이다. 기업들은 또한 전문적인 로비회사를 활용하기도 하고 그들이 주장하는 것에 독립적인 정당성을 기꺼이 제공할 의사가 있는 대학들에 기금을 제공하기도 한다.

로비산업은 수입을 늘리고 자기 몫을 지키는 일에 대한 것이다. 그것은 생산을 확대하는 것과 아무 관련이 없다.[29] 많은 로비스트는 대개 그들의 산업이나 기업을 위해 추가로 불로소득을 올리는 법안을 자신들이 만들었다고 자랑할 수 있다. 2013년 금융 부문을 규제하는 한 의회 법안이 사실은 시티코프Citicorp[시티은행의 지주사로 미국 최대 은행]의 로비스트들이 만든 것임이 밝혀졌다.[30] 리 드러트먼Lee Drutman은 기업들의 로비활동이 거세질수록 결국 그들이 내는 세율은 점점 낮아진다는 사실을 발견했다.[31]

물론 이러한 민주정치의 파괴는 미국에만 한정된 현상이 아니다. 유럽기업관측소Corporate Europe Observatory에 따르면, 브뤼셀에 적어도

3만 명의 로비스트가 활동하는데, 이는 유럽연합 집행위원회의 직원 수와 거의 맞먹는 숫자다. 이들 로비스트는 대부분 기업의 이익을 대변하는데, 막대한 예산으로 유럽연합 법안의 4분의 3에 해당하는 입법과정에 영향을 끼친다.[32] 그들은 일반 유럽인들의 소극적인 정치 참여의 빈 공간을 채운다. 오늘날 참된 시민사회가 잘 대변되지 않을 뿐만 아니라, 미국 기업이 유럽 기업보다 훨씬 더 두드러진다는 사실은 매우 인상적이다.

불로소득자들은 그들의 반대자보다 더 결연하게 로비운동을 전개하는 경향이 있는데, 개인적으로 그것을 통해 얻거나 잃는 것이 더 많기 때문이다. 예컨대 강화된 지식재산'권'으로 손해를 보는 사람들은 실제로 그것이 자신과 무슨 관련이 있는지 이해하지 못할 수 있고, 개인적 손실은 아주 작거나 아예 모를 수도 있다. 하지만 특허와 상표권으로 이익을 얻는 기업들은 그 몫이 매우 막대하기 때문에 주도권을 놓지 않으려고 애쓴다.

기업과 부자들은 또한 더 많은 로비 수단이 있다. 영국에서는 2014년에 기업을 제외한 비정부기구와 자선단체, 노동조합의 로비활동을 엄중하게 제한하는 법안이 통과되었는데, 이것은 전보다 훨씬 더 한쪽 편에 유리한 상황을 만들었다. 로비활동법Lobbying Act은 기업 이외의 단체들이 선거운동 기간에 결과에 영향을 미칠 수 있는 문제들과 관련해서 2만 파운드(웨일스·스코틀랜드·북아일랜드에서는 1만 파운드) 이상을 쓰지 못하게 규제한다. 이 법은 선거를 앞두고 그들이 정책과 관련해서 공개적으로 입장을 밝히는 것(예컨대 영국 인권법Human Rights Act을 폐지하려는 계획에 반대하는 것)을 제한한다.

한편 기업들은 현금을 지불하고 고위 정치인들을 접촉할 수 있다. 현재 해마다 열리는 보수당 전당대회에서는 로비스트와 기업 임원들이 2,500파운드를 내고 금융이나 조달 현안과 관련된 문제를 다루는 부처를 포함해서 정부 각료들과 사적 대화를 나눌 수 있는 '기업인의 날 business day'이 있다. 노동당과 자유민주당도 비슷한 행사를 열지만, 입장료는 보수당의 절반 정도에 해당하며, 현직 장관들을 만날 수는 없다. 이것은 상업화된 민주주의의 또 다른 사례일 뿐이다.

'정실 자본주의'라는 용어는 상업적 이익집단과 정치권력의 유착관계를 잘 설명한다. 정당 기부자들이 정부 고위직이 되는 현상은 그 대표적 예다. 교육계·의료계와 상업적 이해관계가 있는 벤처자본가(동시에 우익 싱크탱크 정책연구센터의 이사인) 존 내시John Nash는 영국에서 그런 의심스러운 사례에 속하는 인물들 가운데 하나다. 그동안 보수당에 끊임없이 많은 기부금을 낸 그는 귀족 작위를 받고 2013년에 교육부장관에 임명되었다. 여기서 이해상충이 전혀 없는 것처럼 말하기는 어려울 것이다. 마찬가지로 동명의 슈퍼마켓 체인의 전 회장으로 노동당에 수백만 파운드를 기부한 세인즈베리 경Lord Sainsbury도 신노동당 정부 아래에서 과학부장관에 임명되었다. 이 두 사례는 모두 정실 자본주의의 전형을 보여준다.

민영화와 정치적 회전문

공공서비스의 민영화는 부패와 불로소득 추구의 가능성으로 가득 차 있다. 정권이 바뀌어도 영국 정부는 계속해서 정부 각료와 고문들이 정계

요직과 정부 정책으로 이익을 얻는 민간기업들 사이를 오갈 수 있도록 합법적으로 용인했다. 영국의 국민건강보험NHS은 이런 회전문 인사의 대표적 사례지만, 결코 영국만의 독특한 현상은 아니다.

NHS의 민영화가 시작된 것이 비록 마거릿 대처 정부 때인 것은 맞지만, 그 결정적 변화는 앨런 밀번Alan Milburn이 보건부장관을 하던 블레어 정부 때 일어났다. 밀번과 당시 그의 고문이었던 사이먼 스티븐스Simon Stevens는 '2000년 국민건강보험 계획NHS Plan 2000'을 공동으로 입안했다. 그 계획은 앞서 5장에서 설명한 시장 중심의 영국 NHS 병원 위탁서비스 계약을 도입하고 피해가 막심한 민간투자개발사업PFI을 확대하는 의료개혁 방안이었다.

2001년 스티븐스는 블레어의 의료 부문 개인 고문이 되었고, 2004년에는 총리실에서 나와 미국 최대 의료보험회사이자 민간 의료위탁업무 서비스공급업체인 유나이티드헬스그룹UnitedHealth Group의 임원이 되었다. 유나이티드헬스는 최근에 첫 번째 국민건강보험 계약을 따냈다. 그 뒤 그 회사는 NHS 병원들과 가정의들의 대고객 업무를 대행하는 최대 백오피스 공급업체 가운데 하나가 되었다. 2014년 연립정부는 NHS 잉글랜드NHS England 운영 책임자로 스티븐스를 임명했다. 당시는 2010년부터 2012년까지 보건부장관을 맡은 앤드류 랜슬리Andrew Lansley가 새로운 단계의 민영화에 착수해 한창 진행되던 시점이었다.

스티븐스가 유나이티드헬스에서 민영화된 건강보험서비스 계약을 따내기 위해 열심히 로비활동을 하고 있는 동안, 그 회사는 미국의학협회American Medical Association가 저임금 의사와 치료비 과다청구 환자들을 위해 제기한 집단소송의 대상이었다. 유나이티드헬스는 결국 그 소송 합의금으로 3억 5,000만 달러를 냈다. 2006년 미국 증권거래소는 유나이티드헬스의 최고경영자를 스톡옵션의 소급 적용 혐의로 추적조사를 벌였다. 그 결과, 그는 자리에서 물러나게 되고 부분 합의금으로 4억 6,800만 달러를 상환해야 했다. 그럼에도 그 회사는 그에게 10억 달러에 가까운 '고액 퇴직금golden handshake'을 안겨주었다. 미국 기업 역사상 최고로 많은 퇴직금이었다. 더 최근에 유나이티드헬스의 자회사 옵텀Optum은 호스피스 병원에서 말기 환자가 아닌 사람들을 돌볼 것을 요구한 혐의로 미국 정부에 피소되었다.

2015년 NHS 잉글랜드는 허가받은 민간 의료위탁업체 명단을 발표했는데, 위탁업계 거인인 캐피타Capita가 눈에 두드러졌다. 그 명단에는 '4대' 경영컨설팅업체인 PwC, 언스트앤영Ernst and Young, KPMG, 맥킨지가 들어 있고 옵텀도 포함되어 있었다. 그들은 모두 의료위탁지원산업그룹Commissioning Support Industry Group의 회원이 되었다. 캐피타는 이전에 일부 지방 NHS 의료위탁업체들에 적절한 서비스를 제공하지 못했는데도 지역보건소·안경점·치과에 경영지원서비스를 제공하는 유일업체로 지정되어 NHS 잉글랜드로부터 4년에 걸쳐 10억 파운드에 달하는 위탁계약을 따냈다.[33]

스티븐스가 유나이티드헬스를 끈질기게 따라다닌 불법활동들 가운데 어느 것에 연루되었다는 낌새는 전혀 보이지 않지만, 그럼에도 그는 그런 추문들이 일어나고 종결된 뒤에도 유나이티드헬스에서 부회장급 대우를 받으며 고용관계를 유지했다. 그가 NHS 잉글랜드의 대표로 임명되었을 때, 그는 이미 유나이티드헬스의 지분을 상당 부분 보유하고 있었다. 따라서 그를 NHS의 대표로 임명한 것에 의문을 제기하는 것은 당연

하다고 볼 수 있다.[34]

이제 두 명의 보건부장관, 앨런 밀번(노동당)과 앤드류 랜슬리(보수당)에 대해 살펴보자. 밀번은 보건부장관일 때 NHS 민영화를 확대했다. 그가 장관직에서 물러난 뒤, 그의 보좌관과 미디어 고문 두 사람은 유나이티드헬스의 고위직으로 갔다. 밀번 자신은 NHS에 위탁서비스를 제공하는 민간업체들에 자금을 대는 벤처캐피탈 기업인 브릿지포인트캐피탈 Bridgepoint Capital의 고문이 되었다.

2013년 세계 최대의 회계컨설팅 기업인 PwC는 자사의 수익성 좋은 NHS 컨설팅사업을 더 키우는 것이 목적인 자사의 영국보건산업감독위원회 UK Health Industry Oversight Board의 위원장으로 밀번을 영입했다.[35] PwC 같은 컨설팅업체들의 연루가 데이터 수집에서 보험에 이르기까지 모든 종류의 NHS 관련 계약에 관심이 있는 그들의 고객 기업들이 정치적 영향력을 행사할 수 있는 길을 연 것은 틀림없다. 따라서 거기서는 이해관계가 서로 충돌하기 마련이다. 2013년 PwC 직원 출신이 보건서비스 규제기관인 모니터 Monitor의 이사 일곱 자리 중 두 자리를 꿰찼다. 지난해 모니터는 PwC에 300만 파운드를 서비스 비용으로 지불했다. PwC 같은 컨설팅업체들은 또한 보건의료업체들을 포함한 고객들에게 조세회피 전략을 자문하기도 한다.

밀번에 대해서는 이 정도에서 끝내고, 2010년부터 2012년까지 보건부장관을 맡은 앤드류 랜슬리는 2012년 보건 및 사회적 보호법을 제정해 NHS 민영화의 속도를 높였다. 그는 2015년 의원직을 그만두고 세습되지 않는 당대 귀족 작위를 받았다. 그때부터 그는 NHS 관련 사업을 하는 민간기업들의 고문직을 맡았다. 그는 미국 주재 경영컨설팅업체 베인

앤컴퍼니의 기업 고객들에게 '보건의료계의 혁신' 관련 자문을 해주고, 자신이 2010년에 조성한 항암제 기금의 수혜 기업인 스위스 제약회사 로체의 자문에 응했다. NHS는 당시 약값이 지나치게 비싸다고 생각했지만 그대로 통과되었다. 그는 또한 910억 달러를 운용 중인 미국의 거대 사모펀드 블랙스톤Blackstone에 보건 분야 투자에 관한 자문도 해주었다.[36] 또한 일이 없을 때는 자기 아내가 경영하는 한 홍보회사에서 일하기도 한다.

랜슬리는 보건부장관일 때 NHS 전화상담서비스를 NHS 111이라고 이름을 바꾸고 민영화해서 민간기업에 하청을 주었다. NHS 111 하청계약 대부분을 따낸 기업 하모니Harmoni는 존 내시가 전임 회장이었던 케어유케이Care UK에 인수되었는데, 보수당에 엄청난 기부를 했고 랜슬리가 그림자내각의 보건부장관을 맡았을 때 그의 개인 사무실에도 상당한 기부금을 냈다.[37] 케어유케이의 소유주는 앨런 밀번을 고용한 브릿지포인트캐피탈이다. 그 회사의 보건의료 담당 이사는 짐 이스턴Jim Easton으로 NHS 111 계약 판정을 내리는 지금의 NHS 잉글랜드인 국민건강보험위탁위원회NHS National Commissioning Board의 위원을 역임한 인물이었다.

계속되는 공공서비스의 민영화와 관련된 회전문 인사 사례는 앞서 말한 것들 말고도 또 있다. 신노동당 정부의 국방조달 시스템을 책임졌던 한 장관은 주요 국방계약업체의 이사로 갔다. 공공 부문에서 계약을 맺어 이익을 올리고 있는 은행과 교육업체들에 영입된 전직 장관들도 많이 있다. 관련자들 개개인이 부패한 것이 아니라고 할지라도, 이런 현상은 제도적 부패다.

미디어의 상품화

다양한 견해가 서로 동등하게 신문과 텔레비전, 라디오에 광범위하게 논의되는 것은 민주주의의 중요한 요소다. 우리는 대개 통치자가 자기 의견만을 국민들에게 알리는 그런 국가들을 비난한다. 그렇다면 '자유시장' 사회들의 현재 상황은 그것보다 더 낫다고 말할 수 있을까? 미국의 경우, 겨우 여섯 개 기업이 전체 미디어의 90퍼센트를 소유하고 있다.[38]

기업과 재벌들이 대부분의 미디어를 소유하고 있다면, 다수의 견해가 미디어를 통해 균형 있게 알려질 수 있을까? 신문이 세상에 나온 이래로 미디어 거물들이 늘 존재해왔지만, 20세기는 독립 활자매체의 번창과 BBC의 경우처럼 정치적 공정성을 지상명령으로 여기는 공영방송의 탄생을 보았다. 그러나 앞서 지적한 것처럼, BBC는 현재 공격을 받고 있는 반면, 민간 소유 미디어의 이념적 편향성은 극도에 이른 상황이다. 2015년 영국 총선에서 재무부장관은 BBC가 75세 이상 노년층에게 무상으로 텔레비전 시청을 할 수 있게 하는 비용을 자체 충당하도록 함으로써 BBC에 대한 자금지원을 삭감하기 직전에 루퍼트 머독을 두 차례에 걸쳐 '비공개'로 만났다. 재무부 관리들도 머독 소유 미디어기업의 중역들을 네 차례에 걸쳐 만났다.[39] 머독은 21세기 폭스사를 통해 BBC의 재정 악화로 이익을 보는 위성방송사인 스카이유케이Sky UK의 지배 지분을 가지고 있다.

오스트레일리아 태생 귀화 미국인인 머독은 영국 정치에 영향력을 끼치고자 하는 자신의 의도를 한 번도 숨긴 적이 없었다. 노동당 당수 닐 키녹Neil Kinnock이 1992년 4월 총선에서 졌을 때, 『선』의 헤드라인은 지

금도 악명이 자자한 "선거에서 이긴 것은 바로『선』이다"였다. 『선』은 키
녹과 노동당을 향해 공세를 멈추지 않았다. 선거 당일에도 "키녹이 오늘
이긴다면, 맨 나중에 영국을 떠나는 사람이 불을 끄고 가라"는 악명 높은
제목을 1면 헤드라인으로 뽑으며 마지막 총공세를 퍼부었다.

로더미어 자작은『데일리메일』과『메일온선데이*Mail on Sunday*』, 런
던 무가지『메트로*Metro*』를 포함해서 수많은 지역신문과 대형 뉴스전문
제작사인 ITN(독립텔레비전뉴스Independent Television News)을 소유하고
있다. 선친에게서 재산을 물려받은 억만장자인 그는 세금과 관련해 '영
국 거주 외국인' 신분이며 해외 보유지분과 위탁사업체의 복잡한 구조를
통해 미디어업체를 소유하고 있어서 그의 소득이나 투자, 재산에 대해
영국 정부가 세금을 거의 부과할 수 없게 했다. 그는 보수당의 열렬한 지
지자다. 1896년에『데일리메일』을 창간한 그의 증조부 때 처음 자작 작
위를 받았는데, 그는 그 신문을 이용해 1920년대와 1930년대에 파시즘
을 지지했고, 1939년에는 체코슬로바키아를 침공한 히틀러를 만나 그의
승리를 축하하는 편지를 썼다.

보수당의 억만장자 지지자인 바클레이Barclay 형제는 신문『데일리 텔
레그래프*Daily Telegraph*』와『선데이 텔레그래프*Sunday Telegraph*』, 잡지
『태틀러*Tatler*』를 소유하고 있다. 또 다른 미디어 거물은『인디펜던트*The
Independent*』와 런던의『이브닝 스탠더드』를 소유한 러시아 태생 이브게
니 레베데프Evgeny Lebedev다. 그는 아버지에게서 재산을 물려받았다.
KGB 요원에서 은행가로 변신한 신문사 공동소유주는 '황금을 찾아 온
스파이'라는 별명이 붙은 인물인데, 소련의 붕괴로 큰 성공을 거두었다.

영국 미디어계를 지배하고 있는 이 신사들은 일반 영국 국민의 의견

을 거의 대변하지 않는다. 로더미어와 레베데프의 재산은 '자유시장'에서 '열심히 일하는 것'과는 거리가 멀다. 『가디언*The Guardian*』, 『옵서버 *The Observer*』, 『데일리미러*Daily Mirror*』처럼 재단이나 공사가 소유한 전국지 신문들은 판매부수도 적고 손실을 딛고 생존할 능력도 약하다. 그리고 머독의 스카이 방송을 견제할 세력도 없다. 따라서 문제는 상업화된 미디어가 민주주의를 왜곡하느냐 아니냐 하는 것이다. 예컨대 기후변화·복지·이민 문제라는 세 가지 정치 현안에 대해 살펴보자.

인간의 활동이 기후를 위험한 수준까지 변화시키고 있다는 공감대가 기후과학자들 사이에 있다고 할지라도 『메일』, 『익스프레스*Express*』, 『타임스』, 『선』, 『텔레그래프』 같은 매체들은 모두 주로 정치적 우파에 속한 회의론자들의 기고문과 사설들을 끊임없이 쏟아낸다. 미국 매체의 경우는 상황이 더 심각하다. 자유주의 계열의 신문들조차 기후변화 문제를 부인하는 사람들의 견해도 존중하면서 함께 보도하는 것이 '균형 잡힌' 보도라고 해석한다.

이와 마찬가지로 수년 동안 우익 계열의 미디어는 '침입', '쇄도', '떼' 같은 용어를 쓰며 이민자들에 대한 기사들을 부각해왔다. 이것은 영국으로 이주한 이민자 수에 대한 국민들의 과민반응을 불러일으키고 우익 세력에게는 정치적 의제를 제공했다. 그리고 각종 범죄와 복지 남용, 추태에 연루된 이민자들의 사례(대부분 일부러 분노를 야기하기 위해 과장되게 부풀린)들을 집중 조명함으로써 상황을 더욱 악화시켰다. "아홉 명의 자녀가 딸리고 한 달에 5,000파운드의 수당을 받는 아프가니스탄 부부가 오스트리아에 도착한 뒤 무료 체외수정 처치를 요구했다(부인의 나이는 44세다)"는 세계에서 가장 많이 보는 영어 뉴스 사이트인 메일온라인

MailOnline이 독자들의 분노를 들끓게 하기 위해 올리는 전형적인 뉴스 헤드라인이다.[40]

더 일반적으로 우익 계열의 미디어는 복지 남용 사건들을 붙잡고 늘어지면서 그런 사례가 광범위하게 일어나고 있다는 인상을 국민들에게 심어준다. 구체적인 증거는 그런 부정 행위가 극히 일부에서만 일어나는 현상이라는 것을 보여준다. 그러나 많은 유권자는 그것이 고질적인 문제라고 확신하게 되었고, 그 확신은 다시 우익의 선동을 통해 널리 확산되었다. 2015년 말, 킹스칼리지런던King's College London의 신경생물학 전임강사인 애덤 퍼킨스Adam Perkins는 국가에서 지급하는 수당이 여러 세대에 걸쳐 의존적이고 일하기 싫어하는 사람들을 만들어냈다고 주장하는 책을 펴냈다.[41] 다른 학자들은 그의 주장을 뒷받침할 증거가 없다(그리고 광범위한 의존성이 존재한다는 증거를 보여주는 연구도 전혀 없다)는 점을 지적했다. 그러나 그 책은 대중지들의 주목을 받았다. 억만장자 리처드 데스먼드Richard Desmond가 소유한 『익스프레스』의 자매지인 저가 타블로이드 대중지 『데일리스타Daily Star』는 그 기사를 대서특필했다. "신간 서적은 수당이 게으름뱅이를 폭력배로 만든다고 주장한다." 그리고 "영국의 국가 수당 문화는 여러 세대에 걸쳐 일하기 싫어하고 문제 많은 게으름뱅이들을 만들어냈다"라고 부연했다.

미디어 대부분이 한 엘리트 계급에 의해 통제되고, 그것들이 한 지배적 정당과 일련의 이익집단과 연결되어 있으며, 그 정당에 재벌들이 자금을 대고, 재정지원을 충분히 받고 있는 로비스트들이 그 이익집단을 위해 싸우는 보병이라면, 그 상황에서 우리는 어떻게 정치개혁을 이룰 것인지 엄중히 생각해보지 않을 수 없다.

결론

불로소득자와 그들을 대변하는 정치인들이 통제하는 주류 미디어계, 그들의 영향을 과도하게 받는 정당들, 이른바 아그노톨로지agnotology(의도적으로 무지나 의심을 만들어내는 것)라는 것에 흠뻑 탐닉하는 사회 현상을 볼 때, 전통적 정치에 대한 광범위한 환멸은 그리 놀라운 일이 아니다. 그 병폐를 단적으로 보여주는 한 증상은 사람들의 편견을 악용하고 정치를 피상적으로 분석하고 지나치게 극단화하지만 여전히 미국인 수백만 명의 지지를 이끌어낼 줄 아는 21세기 대중영합주의를 희화한 인물 도널드 트럼프의 정계 등장이었다. 그는 타고난 재벌이며 잘못된 사업 결정으로 엄청난 돈을 날렸다. 게다가 그는 미국 대통령 선거과정에서 기존의 엘리트층을 맹렬하게 비난했지만, 결국 역사상 최고의 부자들로 구성된 내각, 즉 각료들의 재산을 모두 합하면 총 140억 달러가 넘는 부자들을 장관으로 지명했다.

오늘날 민주주의의 부패 상황은 매우 심각한 수준이다. 정부가 조세도피처에서 이익을 얻는 사람들로부터 자금을 지원받는다면, 정부가 그들을 통제하기 위해 결정적 조치를 취할 거라는 말을 진심으로 믿을 수 있을까? 이 책이 완성되어가고 있을 즈음에 세상에 유출된 파나마 페이퍼는 전·현직 국가 원수 또는 정부 수반 가운데 최소한 72명이 조세도피처에서 이득을 취하고 있음을 폭로했다. 그 문서는 오늘날 세상을 주름잡는 주류 정치인들이 얼마나 위선적이며 범죄와 연루되어 있는지를 잘 보여주었다.

8

THE CORRUPTION OF CAPITALISM

■ ■ ■ ■ ■ ■ ■ ■ ■

사분오열된
프레카리아트의 반란

"불로소득을 추구하는 자본주의는 불공정할 뿐 아니라 장기적 성장에도 나쁘다."

—『이코노미스트』, 2014년 3월 15일

『이코노미스트』의 자유주의적 본능은 이 경우에 옳다. 그러나 글로벌 자본주의는 점점 더 불로소득을 추구하고 있고, 그것에 대한 정치인과 경제학자, 주류 미디어의 반대도 최소한에 그치고 있는 실정이다. 『이코노미스트』는 지식재산권에 대해서는 특별히 예외적인 입장을 취하고 있지만, 대체로 불로소득을 추구하는 세력과 그들의 대의를 위해 일하는 자들 편에 서 있다. 불로소득자들과 그들의 돈을 받고 일하는 부역자들은 지난 30년 동안 매우 잘해왔다. 그러나 그 체제는 경제적으로 부당하고 도덕적으로 불공평하며 근본적으로 불안정하다.

갑자기 정치적 무기력은 비난받아야 마땅한 것처럼 보인다. 불평등은 터무니없는 것이 되었다. 만성적 불안으로 고통받고 있는 사람이 너무 많기 때문이다. 여러 가지 형태로 반란의 시기가 다가오고 있다. 1회전은 '점령하라' 운동에 참여한 인물들이 계속해서 말한 것처럼, 오만하게도 '지도자가 없었다.' 그들은 원시적 차원의 저항에 머물렀다. 기존의 틀을 깨려고 했지만 결국 아무것도 깨뜨리지 못했다. 열기는 서서히 식었고 마침내 완전히 사라졌다. 뭐 하나 바뀐 것이 있는가?

'아랍의 봄'으로 시작된 운동은 '점령하라' 운동으로 발전했고 여러 나라의 도시들에 있는 수많은 광장과 공원이 천막으로 들어찼다. 그러한 점령은 다양한 집단을 하나로 묶었다. 그들의 노력은 헛되지 않았다. 반항적인 운동가들이 서서히 떠나갔다. 그러나 그 분노는 더 일관되고 더 지속 가능한 운동으로 발전했다. 이탈리아·그리스·스페인과 포르투갈의 인디그나도스Indignados[스페인어로 '분노한 사람들'이라는 뜻] 같은 운동이 그 대표적인 예다.

이 운동들은 여전히 원시적 차원에서 저항하는 집단행동이었다. 그들이 싸워야 할 대상이 무엇인지 알지만 그 대신에 무엇을 원하는지는 몰랐다. 그러나 그 운동들은 비슷한 환경 속에서 사는 비슷한 욕구와 열망을 가진 수백만 명이 존재한다는 사실을 깨닫게 하는 공동의 정체성을 확립하는 데 기여했다. 이것은 주류 정당과 기관들이 제도적으로 뒷받침하고 있는 지배적인 경제구조에 효과적인 반대 세력을 구축해내기 위해 필요한 단계다.

2014년 '저항의 시기days of protest'가 그들의 목적에 부합했지만 사회적 역량을 모두 소진한 나머지 점점 효과가 떨어지고 있었다는 사실은 명백했다. 공식적인 정당과 선거에 참여하는 것에 대한 광범위한 거부가 바로 불로소득 자본주의를 대변하는 자들이 가장 바라는 것이었다는 사실 또한 분명했다. 선도적인 사회민주주의자들은 그 반대 세력들과 마찬가지로 점점 늘어나는 프레카리아트 계급을 '정치가 뒷전인 사람들post-political'로 일축하는 경향이 있었다. 이것은 그들이 정치인들을 '모두 똑같은 존재'로 보는 것을 정치 그 자체에 대한 거부와 혼동한 것이다.

대부분 마르크스주의자인 일부 비판가들은 프레카리아트 계급이 정치 변화를 이룰 수 있는 응집력 있는 집단이 될 수 있다는 생각을 일축했다. 19세기 사고방식에 젖어 있는 그들은 통일된 '노동 계급'이 이끄는 사회주의 혁명을 상상한다. 그런 일은 앞으로 일어나지 않을 것이다. 21세기 문제를 19세기 해법으로 해결하기를 고집하는 사람들은 진보정치에 전혀 도움이 되지 않는다.

불평등과 불안정은 이제 극도로 심각한 상황이고 계급적 차별을 기반으로 하고 있기 때문에 오늘날 반대 운동이 일어난다면, 불로소득 자본주의 사회에서 가장 혜택을 받지 못하는 집단(프레카리아트 계급)이 그것을 이끌어야 마땅하다. 그들의 역량과 전망을 움직이게 하는 집단 정체성은 이미 만들어져 있고 활용되고 있음에 틀림없다. 그렇지 않다면 앞으로 변화를 위한 응집력 있는 운동은 결코 일어나지 않을 것이다. 마르크스주의자들이 주장하는 것처럼, 재벌들이 두려워하는 쇠스랑을 들고 일어서는 사람들은 앞으로 만족할 만큼 많지 않을 것이며, 따라서 재벌들의 양보를 받아내지도 못할 것이다. 이 장에서는 새로운 진보정치가 결국은 프레카리아트 계급에 의해 촉발될 것임을 보여줄 것이다.

불로소득 자본주의에 대한 저항의 정치는 명백하다. 봉기는 부호 계급이나 엘리트 계급, 샐러리아트 계급이 일으키지 않을 것이다. 그들은 모두 다양한 형태의 불로소득으로 이익을 얻기 때문이다. 오늘날 독일의 샐러리아트 수입의 3분의 1은 주식과 성과급 형태로 발생한다. 미국의 샐러리아트의 경우는 그 비율이 훨씬 더 높을 것으로 보인다. 기업의 연금기금 또한 금융 투자에 의존한다. 만일 프레카리아트의 임금이 하락한다면, 기업의 이익과 배당금은 올라갈 가능성이 크다. 샐러리아트는 프레카리아트와 동일한 물질적 이해관계에 있지 않다. 따라서 '통일된 노동 계급'을 상상하거나 '중산층'에 기반을 둔 정당 강령이 프레카리아트의 열망에 부응하리라고 생각하는 것은 어리석은 짓이다.

'프로피시언'(계약을 맺고 '프로젝트' 단위로 일하는 전문 지식이나 기술을 보유한 컨설턴트나 프리랜서)들도 국가보조금이나 세금우대조치 같은 것을 통해 이익을 챙긴다. 그들이 프레카리아트와 비슷한 물질적 이해관계에 있을 가능성은 없다. 그들은 오히려 불로소득을 찾을 기회를 기꺼이 받아들인다. 그러나 불안정한 생활 속에 있는 그들은 프레카리아트가 직면한 현실에 공감한다. 그들은 잠재적 협력자다.

프롤레타리아 계급은 너무 쇠잔해져 있고, 사실이든 날조된 것이든 옛날을 그리워하며 사회민주주의 정당의 노동조합주의 전통에 지나치게 매달리며 과거의 향수에 머물러 있다. 따라서 그들은 인종주의와 외국인 혐오를 기반으로 활동하는 대중영합주의자와 네오파시스트들에게 이용당하기 쉽다.

집단의 규모, 성장 속도, 구조화된 빈곤의 측면에서 볼 때, 불로소득 자본주의와 그것의 부패에 명확하게 진보적 대응을 할 수 있는 세력은 오직 프레카리아트 계급뿐이다. 최하층 계급인 룸펜 프레카리아트는 2011년에 보여준 것처럼 일부가 시위에 참여했지만, 행동에 나설 단체가 없다. 말 그대로 비렁뱅이인 그들은 유권자가 될 여력도 없다.

따라서 봉기는 프레카리아트 계급과 그들 주변의 사람들이 이끌어야 한다. 그러나 봉기가 성공의 기회를 잡기 위해서는 세 가지 특징이 있어야 한다. 첫째로 공유된 신념을 기반으로 한 일체감, 둘째로 현 체제의 결함과 불평등, 지속 불가능성에 대한 지속적인 이해, 셋째로 달성 가능한 목표에 대한 합리적이고 확고한 전망이 그것이다.

봉기를 일으키는 것과 관련된 여러 가지 문제가 있지만, 여기서는 21세기 소득분배체계의 돌이킬 수 없는 실패라는 맥락에서 이른바 케인스가 주장한 '불로(이자)소득자의 안락사'를 이루기 위해 필요한 것이 무엇인지에 집중할 것이다. 정치인들은 더욱 정직해져야 한다. 그들이 자신들의 주장처럼 자유시장과 개방경제를 믿는다면, 1장에서 밝혀낸 거대한 수렴Great Convergence은 계속될 것이고, 평균 실질임금은 앞으로도 정체된 채로 있을 것이며, 산업국의 프레카리아트의 임금은 계속해서 하락할 것이라는 점을 인정해야 한다.

물론 생산성과 기술 수준을 높이기 위해서는 많은 노력이 수반되어야 한다. 그러나 어떤 한 국가가 똑같은 목표를 추구하는 다른 나라들보다 더 잘할 거라고 예단할 수는 없는 노릇이다. 모든 이에게 똑같은 일을 하라고 강력히 권하면서 모두가 이득을 얻을 거라고 생각하는 것은 솔직히 정직하지 못한 행동이다.

불로소득 자본주의로부터 이익을 얻는 사람들은 자기 나라에서 임금이 낮은 수준을 유지하기를 바랄 가능성이 크다. 그들은 포드주의의 딜레마에 직면해 있지 않기 때문이다. 1920년대 헨리 포드는 자신의 검은색 소형 승용차의 대량생산으로 많은 이익을 올리기 위해서는 노동자들이 그 승용차를 살 수 있을 만큼 충분한 돈이 있어야 한다는 사실을 깨달았다. 그러나 오늘날 제조업자나 서비스 생산자들은 노동비용을 최소화하기를 바란다. 그들의 주된 시장은 대개 자국이 아닌 다른 나라이기 때문이다.

불로소득 경제가 소득분배에 끼치는 역효과를 억제하기 위해서는 임금노동자들이 임대소득과 기업의 이익으로 생기는 수입의 일부를 받는 새로운 분배체계가 구축되어야 한다. 임금만으로는 생활수준을 지탱할 수 없다. 20세기에는 임금협상에 초점을 맞추는 것이 통했다. 하지만 오늘날은 그것이 통하지 않는다. 새로운 체계를 구축하기 위한 투쟁이 있어야 한다. 임금은 계속해서 오르지 않고 정체된 상태를 유지할지라도, 불로소득을 제한하고 공유하며 기업 이익을 나눌 수 있는 혁신적인 방법을 찾아내야 한다. 그렇지 않으면, 불평등은 끊임없이 확대될 것이고 사회와 정치는 추악한 모습을 드러낼 것이다.

정당한 봉기

"정치 참여 거부에 따른 최고의 형벌은 더 사악한 누군가에게 지배당하는 것이다."

— 플라톤, 『국가론 *The Republic*』

시위는 여러 가지 형태로 일어난다. 자유롭게 단결할 권리는 파업할 권리와 마찬가지로 많은 나라에서 점점 약해졌다. 이런 형태의 시위들은 전통적으로 사회와 경제의 불만을 해소하기 위한 안전한 배출구 역할을 했다. 하지만 오늘날 그것들은 시들해졌다.

앞으로 프레카리아트 계급이 해야 할 일은 적절한 조직 형태를 발견하는 것이다. 어떤 단체가 진보정치의 부활을 위한 도구가 될 수 있을까? 역사적으로 억압적이고 퇴행적인 국가에 맞서는 문화를 육성한 위대한 연합(또는 회원)단체는 교회, 길드, 직능별 조합, 산업별 노동조합, 정당이었다.

교회를 비롯한 다양한 종교단체들은 지금처럼 매우 세속화된 사회에서 이상적 단체가 아니다. 그러나 그들은 오늘날의 공리주의적 정치를 뒷받침하는 강압과 제재를 정당화하기 위해 쓰이는 도덕적 가식을 위축시키고 전쟁 종식이 요원해 보이는 세상에서 번창하고 있는 사교집단에 맞서는 데 유용한 역할을 할 수 있다. 이런 측면에서 그들은 국가에 맞설 수 있는 소중한 동맹 세력이 될 수 있다.

수백 년 동안 반문화를 육성해온 직업별 길드는 19세기와 20세기에 노동조합으로 대체되었다. 그리고 노동조합은 노동 계급의 정언명령에 따라 시장에 맞서 노동의 가치를 보존하는 데 앞장섰던 직능별 조합을 파괴했다. 직업단체를 부활시키는 것은 신자유주의와 그것이 발전시키는 불로소득 관행에 반대하는 공동체를 만들어내는 데 기여할 것이다. 그러나 그것들도 부차적 역할밖에는 할 수 없을 것이다.

회원단체의 현대적 형태 가운데 하나는 '비정부기구', 즉 NGO다. 일부 NGO는 사회에 치명적인 영향을 끼치는 흐름들을 폭로하는 체제전복적 에너지를 가지고 있다. 그러나 진보적 사고의 명맥을 유지하는 NGO는 일부에 불과하고, 나머지 대부분은 국가가 관리하는 조직에 흡수되고 일부가 된다.

정치와 관련해서 계급 기반의 상실에 따른 구진보정당의 부패는 세 가지 가능성을 보여준다. 어떤 이들은 주요 정당들 사이에 거의 차이가 없기 때문에 우리가 그중 어디에도 참여하지 않을 것이라고 주장한다. 미래를 위한 최선의 방안은 현존하는 정당에 들어가서 변화를 이끌어내는 것이라고 믿는 사람들도 있다. 또 다른 이들은 아예 새로운 정당을 만들거나 정당 구도 재편을 촉구하기도 한다.

2015년에 폴란드 지식인이자 사회운동가, 출판업자인 정치 비판 네트워크Krytyka Polityczna network의 슬라보미르 시에라코브스키Slawomir Sierakowski와 벌인 우호적인 논쟁을 반추하면서 각각의 의견이 주장하는 바를 검토해보고자 한다.

정치적 무관심에서 프레카리아트 정치로

"보이지 않는 프레카리아트, 우리는 침묵을 깨뜨리고 있다"
— 볼로냐 사회적 파업에 내걸린 플래카드, 2014년 11월

사회적 파업sciopero sociale은 이탈리아에서 저항의 시기에 수천 명이 가두시위에 나선 현상을 일컫는다. 사회적 파업이 일어나는 것은 구시대의 노동자 파업이 국가와 금융권력이 주적인 세계 경제 속에서 한갓 덧없는 투쟁에 불과하다는 것을 알기 때문이다.

구질서는 명을 다하고 있지만 새로운 질서는 아직 태어나지 않았다는 안토니오 그람시Antonio Gramsci의 냉철한 경구는 글로벌 전환(글로벌 시장체계의 구축)이 규제와 사회적 보호, 재분배라는 구체제를 무너뜨렸지만, 새로운 체제가 아직 구축되지 않은 현재에도 딱 들어맞는 것처럼 보인다. 다섯 가지 위기(국가 재정, 금융, 분배, 실존, 생태)가 합쳐져 하나의 거대한 위기가 되었다. 도대체 이런 상황 속에서 우리 가운데 누가 더 나은

미래를 위한 투쟁에서 비켜 서 있을 수 있단 말인가?

당면한 위기 속에서 진보정치의 부활은 여러 국면을 통해 나타나고 있다. 그 첫 번째 국면은 옛 패러다임이 하나의 진보적 전략으로서 더는 소임을 다하지 못하고 무너져 내린 때다. 사람들은 그 패러다임이 이제 생명을 다했다거나 그것의 결함이 그런 파국을 초래했다고 말할 수 있을 것이다. 따라서 20세기 지배적 담론이었던 '노동조합주의'는 과거에는 당시 사회를 바라보는 진보적 사고방식이었다. 그러나 이제 그것은 이미 여러 해 전부터 미래를 조망하는 방식으로서 매력을 잃어버렸다.

낡은 '좌파' 정당은 그들이 중산층이라고 보는 계급의 마음을 사로잡으려고 애를 많이 써왔다. 그러나 그들은 복잡한 군중의 영역에 발을 디뎠고 자유주의 정당과 대중영합주의 정당들과 경쟁하기 위해 무리하게 오른쪽으로 방향을 틀었다. 시에라코브스키는 주류 정당들 사이에는 차이가 별로 없기 때문에 기존 정치에 참여할 필요가 없다고 주장한다. 그의 견해에 따르면, "단일 국가 안에서 사회민주주의적 경제정책은 현실적으로 불가능하다."[1]

이것은 명백히 입증된 것도 아니고 딱히 정확하게 정의 내리기도 쉽지 않다. 지나간 낡은 사회민주주의 정책이 어쩌면 21세기에 맞지 않을지도 모른다. 그렇다고 그것이 구시대의 진보정책이 불가능하다는 의미는 아니다. 타협을 거부하는 사람들의 입장은 냉소주의(아무것도 이루어질 수 없으니 아무 일도 하지 말자)로 흐를 위험이 있다. 이런 상황은 다음과 같은 질문을 던지게 만든다. 그렇다면 오늘날 진보정치는 어떠해야 하는가? 우리가 지금 바라는 것이 무엇인지 명확하게 규정짓지 못한다면, 어떤 정치 행동이 실현 가능한지 아닌지 공정하게 말할 수 없다.

제3의 길과 신노동당은 세계화를 통해 이익을 얻는 이해집단과 신자유주의가 토해낸 진보전략의 제약사항들에 정면으로 맞서려는 노력을 기울이지 않았다. 그들은 점증하는 불평등 상황에 대처하지도 않았고 심지어 돈 많고 권력 있는 자들에게 잘 보이기 위해 그런 상황을 자랑하는 만용까지 부렸다. 그들의 의제는 잘못된 판단일 뿐 아니라 지속 불가능한 것이었다. 그것을 지지하는 사람들이 점점 더 줄어들 것이기 때문이었다.[2]

그러나 선택의 여지가 전혀 없다는 사실, 또는 '선택의 착각illusion of choice'[선택의 자유가 있는 것 같지만 사실은 이미 특정 선택을 받아들이도록 되어 있는 것]이라는 사실을 안다면, 새로운 방향과 전략을 제시하는 것은 진보적 상상력에 달려 있다. 1980년에 노벨문학상을 받은 폴란드 시인이자 작가인 체스와프 미워시Czesław Miłosz는 심지어 깨인 사람들도 공산주의 이외에 다른 대안은 없다고 설교하던 1950년대 공산주의 이데올로기에 예속되어 있는 모습을 보았다. 그러나 대안이 있다는 것이 확인되자마자 게임은 끝났다. 신자유주의자들, 즉 불로소득 자본주의 아래서 승승장구하는 이익집단들도 우리가 현재의 구조와 불평등을 해결할 대안이 없다고 생각하기를 바란다. 우리가 스스로 선택의 여지가 없다고 말하고 그 때문에 정당에 참여하지 않는다고 말한다면, 그것은 바로 그들의 손안에서 놀아나는 것이다. 따라서 우리는 대안은 있으며, 현실적이고 바람직한 대안은 앞으로도 늘 있을 것이라고 주장해야 한다.

시에라코브스키 같은 사람들은 기존 정당들을 내부에서 변화시키는 것은 불가능하다고 믿는다. 현재 영국 노동당에서 일어나고 있는 일은 흥미진진한 시험대가 될 것이다. 2015년 9월, 제러미 코빈Jeremy Corbyn

이 프레카리아트 계급의 광범위한 지지를 받으며 당권을 잡는 데 성공한 것은 기존의 틀을 깨뜨리는 사건이었다. 그것은 현실적 대안으로서 신노동당에 종지부를 찍었다. 그러나 내분은 당의 역량을 소진시킬 수 있고 선거를 혼란에 빠뜨릴 수도 있다. 모든 사회민주주의 정당이 보여준 것처럼 노동당도 자기 역사의 덫에 걸려 있다.

정당활동이 경직되고 지지기반이 되는 계급적 가치관에 따라 움직이지 않는 순간, 정당은 쉽게 부패와 연고주의를 위한 도구가 된다. 예컨대 스페인의 보수적인 인민당 출신 정치인들 못지않게 현재 집권당인 사회당의 유력 인사들이 각종 부패 추문 사건에 연루되어왔다. 프랑스도 마찬가지 상황이다. 영국에서도 노동당과 보수당 출신 전직 장관들이 금융 관련 추문에 휩싸여왔다.

'직업정치가'는 초창기에 정당에 동력을 제공했던 가치관과 계급적 열망을 잃어버리고 틀에 박힌 일반 직업인이 되었다. 1세대 정치지도자의 자식들은 그 자리를 이어받기 위해 훈련된다. 이것은 미국 정치에서 일어났다(부시, 케네디, 쿠오모 가문을 생각해보라). 영국에서는 닐 키녹(전직 노동당 당수)의 아들 스티븐 키녹Stephen Kinnock, 더글러스 허드Douglas Hurd(보수당 출신 전직 외무장관)의 아들 닉 허드Nick Hurd 같은 전직 고위 정치인들의 자녀는 안전하게 의석을 꿰찼다. 그리스에서 급진좌파연합 시리자Syriza가 믿을 만한 대안으로 급부상하자마자 스스로 붕괴된 파속 Pasok(범그리스 사회주의 운동) 또한 세습정치의 한 예였다.

시에라코브스키가 정당정치를 거부하는 두 번째 이유는 정당들이 더는 비판적 논쟁을 권장하지 않고, "대부분의 텔레비전 프로그램처럼 대중을 잠자코 있게 만드는 데 능숙하다"는 것이다. 그러나 이것은 총체적으로 해결해야 할 과제다. 우리의 상업화된 교육체계는 심지어 고등교육 기관에서도 많은 사람이 비판적 사고를 자극하는 문화적으로 풍요로운 경험을 하지 못하게 한다. 그렇다고 진보주의자들이 오늘날 미디어와 정당, 교육계에 만연한 이런 모든 형태의 지적 하향평준화를 극복하기 위한 투쟁을 전개하지 못할 어떤 이유도 없다.

폴란드의 정당들은 이 점에서 특히 큰 고통을 받았다. 이것은 폴란드의 민주화 시기가 짧았고, 앞서 지적한 것처럼 폴란드에서 신자유주의 모델을 성공시키기 위해 수십억 달러와 유로화를 쏟아부은 1990년대 충격요법이 패권을 장악했기 때문일 수 있다. 마침내 공산주의 체제를 무너뜨린 정치운동이 된 자유노조운동, 솔리다르노시치Solidarność(연대)는 떠오르는 프레카리아트 계급에 손을 내밀지 못했다. 그 뒤, 모든 정당이 신자유주의 성향이 강한 보수정당인 상황에서 폴란드 국민들이 선택할 여지는 거의 없는 셈이었다. 2015년 총선에서 법과정의당Law and Justice Party이 승리했지만, 그 당은 극도로 민족주의적이고 외국인을 혐오하는 정당이 되었다.

정당들이 불로소득을 추구하는 존재로 전락하는 순간, 그들은 세상에서 완전히 사라지고 다시는 재기하지 못하게 해야 한다. 그렇다면 이제 새로운 정당을 설립하거나 정계 재편이라는 세 번째 가능성만 남는다. 이것은 신자유주의의 이익집단과 이미지를 극복하기 위한 가장 장래성 있는 방식일 수 있다. 이 방식은 세대를 초월해서 새롭게 떠오르는 집단과 자유, 우애, 평등이라는 위대한 삼위일체로 요약되는, 진보주의자의 계몽적 가치관을 대변하는 새로운 운동의 전망을 제공한다. 여기에 우리는 프레카리아트 계급의 관점을 결합할 수 있다.

2013년 베페 그릴로Beppe Grillo와 그가 주도한 이탈리아 오성운동MoVimento 5 Stelle(M5S)의 등장은 하나의 전조였다. 특히 그릴로가 기성 정치인들을 '언제 죽을지 모를 사형수dead men walking'라고 조롱하면서 오성운동은 잠시 프레카리아트 계급의 심금을 울렸다. 그러나 서로 앞뒤가 안 맞는 대중영합주의와 신자유주의의 뒤섞임은 기존의 틀을 깨지 못했다. 그 뒤를 이어 이탈리아에서는 좌파·생태·자유당Sinister, Ecologia, Libertà(SEL), 스페인에서는 포데모스당Pomedos('우리는 할 수 있다'), 그리스에서는 시리자당, 그리고 그 밖의 덴마크의 대안정당Alternativet과 폴란드의 라젬Razem(함께), 포르투갈의 좌파블럭Left Bloc 같은 신생정당 형태로 새로운 운동이 일어났다. 스코틀랜드 민족주의 부활운동과 카탈루냐 독립운동도 어느 면에서 이런 종류의 운동에 속했다.

일반적으로 진보적 변화는 구좌파 세력의 우향우가 지지자들의 대량 이탈과 새로 부상하는 대중 계급의 혐오를 초래한 뒤에야 비로소 일어날 것이다. 그런데 이것은 현재 일어나고 있는 일이다. 낡은 진보 세력은 엘리트 계급의 이익에 영합하면서 지긋지긋한 의제에 매달려 있다. 그들이 남발하는 어휘는 새롭게 떠오르는 계급의 불안·우려·열망을 포함해서 동시대의 현실을 거의 이해하고 있지 못함을 여실히 보여준다. 인디그나도스(분노한 시민들) 운동의 구호가 보여주는 것처럼, "우리의 꿈은 당신의 투표함에 어울리지 않는다." 또 다른 구호인 "최악의 경우, 우리는 다시 옛날 상태로 되돌아갈 것이다"는 현 상황을 더욱 전복적으로 표현한다.

이러한 상황에 나타나는 초기 단계의 반응은 정당정치로부터 광범위하게 심리적 이탈이 일어나고 상징성을 띤 저항의 시기를 향해 운동의 기운이 몰린다. 이것을 통해 일정 정도 좌절감을 이겨낼 수 있을지는 모르지만 새로운 진보정치로는 조금도 앞으로 나아갈 수 없다. 그런데 문제는 이 단계가 끝난 뒤에 무슨 일이 일어나는가 하는 것이다.

프레카리아트 계급의 태도는 전반적으로 정치인들을 향한 조소 아니면 재벌과 금융가, 엘리트 계급에 대한 치밀어 오르는 분노였다. 이것은 무관심이 아니다. 그것은 원시적 차원의 저항행동으로 발전해왔다. 그러나 시에라코브스키는 "우리는 참여하고 활기 있고 적극적으로 활동하기를 주저한다. 그 주저함은 수치심을 키워 사람을 무력하게 만들고 전반적으로 영향을 끼쳐 불가항력적인 행동마비로 이끈다"고 주장하면서 원시적 차원의 저항행동을 더 중대한 국면으로 전환할 수 있는 우리의 능력을 믿지 않는다.

여기서 '우리'는 누구인가? 2011년과 2015년 사이에 전 세계 많은 도시에서 역사상 그 어느 때보다 많은 800회 이상의 대중 시위가 일어났다. 바로 그곳에 엄청난 에너지가 있다. 게다가 우리가 그것을 좋아하든 좋아하지 않든, 수많은 신생정당과 새로운 운동이 등장했다. 스페인의 포데모스는 창당 두 달 만에 유럽 의회에서 7석을 차지했다. 2015년 12월 총선에서는 사회주의 정당의 뒤를 바짝 좇아 2위를 차지하며 의회에서 79석을 얻어냈다. 그리스의 시리자는 매우 짧은 기간에 아무것도 없는 상태에서 정권을 잡았다. 2015년 영국 총선에서는 스코틀랜드국민당이 스코틀랜드에 배정된 의석 대부분을 차지하면서 기존의 하원의원 6석을 56석으로 늘렸다.

국지적 독립운동은 흔히 민족주의의 부활로 비치고 부담이 큰 것은 사실이다. 그러나 그 안에 뿌리 깊게 박혀 있는 것은 글로벌 금융의 중심부에 대한 적개심이다. 스코틀랜드의 분노는 대부분 세계 금융계의 심장인 '시티오브런던'을 향해 있었다. 스코틀랜드와 잉글랜드 북부 지역은 앞서 1장에서 설명한 영국병으로 가장 심각한 타격을 입었다(금융적 이해관계로 얽힌 집단들에 의한 정치 지배는 산업 생산과 고용을 심각하게 훼손시키는 환율의 과대평가로 이어졌다).

스페인에서도 마찬가지로 카탈루냐 독립운동은 프레카리아트 계급 동원의 필요성을 전형적으로 보여준다. 그 운동은 결국 글로벌 금융의 중심과 가장 밀접한 관련이 있는, 스페인의 경우 마드리드에 대한 적개심의 표출이자 안정과 창조성의 지속 가능한 공동체를 재창출하고자 하는 열망의 표현이다. 그것은 민족주의보다 더 역동적인 운동이다.

한편, 불길하게도 네오파시스트 대중영합주의 정당들이 유럽 전역에서 생겨났다. 그러나 그것은 본질적으로 대중영합주의 정당의 지지 기반을 무너뜨릴 여러 개혁을 촉진하는 운동들을 뒷받침함으로써 뭇사람들이 다시 정치 참여의 필요성을 확신하게 만들 것이다. 그것은 다시 말해 대중영합주의를 피하고 혁신적인 변화를 발전시키는 방법을 의미한다.

시에라코브스키는 사람들이 '개인화'라는 신자유주의의 덫에 걸렸고 "남들도 똑같이 자기 직업을 걸고 한다는 확신이 들지 않으면 자기도 그렇게 하지 않을 것"이기 때문에 그동안 특별한 정치적 행동을 취하지 않았다고 주장한다. 이것은 프레카리아트 계급 대다수가 과감하게 포기할 만한 직업을 가지고 있지 않다는 사실을 간과한다! 프레카리아트 계급은 불안정한 삶 말고는 더 잃을 것도 없다. 따라서 그들은 상대적 박탈에 대한 공감대, 즉 역사적으로 대개 집단행동을 촉발시켰던 바로 그 의식을 공유할 가능성이 있다.

새로운 진보운동은 과학혁명처럼 낡은 패러다임이 신뢰를 잃었을 때,

그리고 비록 발아 단계일지라도 새로운 패러다임이 나타날 준비가 되어 있을 때 비로소 시작된다. 오늘날 우리가 처해 있는 상황이 바로 그런 때다. 낡은 패러다임을 대체하는 새로운 패러다임은 중간과정을 잘 연결해야 하며 널리 전파되어야 비로소 성공적으로 정착할 수 있다. 그리고 그것을 이루기 위한 운동은 몇몇 특정한 현안과 관련해서는 계급 간 동맹이 필요하지만, 새롭게 부상하는 계급에서 나와야 한다.

피에르 부르디외Pierre Bourdieu는 1997년에 발표한 글에서 프레카리아트 계급이 긍정적 미래에 대한 믿음을 상실했기 때문에 그들을 동원할 수 있다는 사실에 의문을 표했다. 그 회의론은 당시의 상황 탓으로 돌릴 수 있다. 1990년대는 신자유주의가 절정에 이른 시점이었기 때문이다. 구식 사회민주주의는 생명을 다하고 있었다. 국가사회주의는 신뢰를 잃었다. IMF와 세계은행이 세계 경제를 주도하고 신자유주의자들이 세계 거의 모든 곳에서 의제를 설정하고 있었다.

프레카리아트 계급은 이제 막 모습을 갖춰가고 있었다. 그 계급 구성원들은 하나의 독자적 계급으로 발전해가는 결정적 단계에 이르렀다. 다시 말해 계급의식에 대한 대중적 자각과 관련해서 프레카리아트 계급의 존재를 '인식recognition'하기 시작했다. 그것은 2008년 금융붕괴 이후 일어났다. 각국 정부는 기회주의적 폭리를 취하다 파산한 은행을 구제했다. 그리고 그 때문에 시행된 각국의 '긴축'경제는 결국 국민들의 희생을 바탕으로 불로소득자들에게 더 많은 이익을 안겨주기 위한 위장술이었음이 밝혀졌다. 아랍의 봄과 점령하라 운동은 전 세계적으로 '우리'가 피지배자이며 새롭게 형성되고 있는 하나의 계급임을 자각케 하는 도화선이 되었다.

이것은 진보정치가 다시 태어나기 위해 필요한 단계다. 그 단계에서 기존의 낡은 정당들이 목적에 맞지 않아 거부되는 것은 이해할 만하다. 그러나 무관심은 신자유주의 국가가 안정을 찾고 자신감을 회복할 수 있는 기회를 줄 수 있다. 20세기 사회민주주의와 오늘날 떠오르는 정치 사이의 차이는 프롤레타리아 계급의 주적이 고용주였던 반면에, 프레카리아트 계급의 주적은 글로벌 금융과 불로소득자들의 이익을 대변하는 정부라는 것이다. 프레카리아트 계급에게 고용주는 기업이 점점 하나의 상품이 되어가고 있는 글로벌 시장에서 왔다 갔다 하는 존재일 뿐이다.

퇴행적이고 억압적인 변화에 맞서는 '원시적 차원의 저항primitive rebel' 국면은 모든 진보운동에서 맨 처음에 나타난다. 그 뒤, '인식' 국면에 이르면 더 많은 사람이 서로 공통점이 많다는 사실을 깨닫고 자신들이 하나의 계급으로 합쳐지고 있음을 느끼게 된다. 그다음에는 정부기구 내에서 자신들의 이익을 대변할 '대표자representation'를 확보하기 위한 투쟁이 전개된다. 최종 국면은 사회의 핵심 자산들을 동등하게 이용하기 위한 '재분배redistribution' 투쟁이다.

2015년에 프레카리아트 계급은 자신의 이익을 대변할 대표자를 확보하기 위해 싸우고 있었고 재분배를 위한 투쟁을 시작하고 있었다. 앞서 언급한 것처럼, 일부 국가에서는 프레카리아트 계급의 이익을 대변할 대표자들이 새로운 정당들을 창설했다. 비록 그들 정당이 당장은 지지자들이 바라는 것을 이루지 못할지도 모르지만, 구체제의 낡은 틀을 깨뜨리고 있는 것은 사실이다. 이것은 미래를 재창조하고 끝없는 소비주의와 만연한 불안정을 뛰어넘는 좋은 사회를 바라는 민중에게 희망을 주기 위해 꼭 필요한 조건이다.

구정당들에 대한 민심 이탈은 꾸준한 투표율 하락을 통해 알 수 있다. 일반적으로 특히 청년층과 프레카리아트 계급의 투표율 하락은 심각한 수준이다. 미국 유권자의 3분의 1 이상이 대통령 선거에서 투표하지 않는다. 대부분의 민주주의 국가에서 집권당의 득표율은 총 투표수의 3분의 1을 넘지 못했다. 미국의 버니 샌더스처럼, 비록 흠이 좀 있어도 선택할 수 있는 좋은 사람이 나타나면, 민중의 열정이 급속하게 표출된다. 용기 없는 기득권층 타입의 사람들은 앞으로 성공하지 못할 것이고 담대한 영혼들이 사람들의 마음을 사로잡을 것이다. 그런 행동력이 그들의 정치 참여를 다시 견인해낼 수 있다.

권리는 요구에서 시작된다

"그들은 우리가 반격할 때까지 그것을 계급투쟁이라 부르지 않는다."

— 점령하라 운동의 월스트리트 벽보

권리는 늘 계급을 기반으로 정부에 맞서 강력하게 요구사항을 던지는 것으로 시작된다. 서로 비슷한 관심사와 이해관계가 있는 매우 강력하고 열정적인 대중이 정부를 대상으로 자신들의 요구에 응할 것을 강하게 압박할 때 비로소 그 요구사항은 권리로 발전해나갈 수 있다. 처음에 정부는 새롭게 부상하는 계급을 달래기 위해 양보하는 방식으로 그 요구사항을 권리로 인정하게 된다.

이것은 마그나카르타 자체가 주는 가장 중요한 가르침이다. 마그나카르타의 특정 내용들 가운데 일부가 당시에 아무리 혁명적이었다고 해도, 지금 그것을 말하는 것은 아니다. 1215년 6월 15일, 존 왕에게 서명하도록 강요된 자유헌장Charter of Liberties은 기존의 관습법에 따른 권리와 관행들을 원상회복시키고 복원할 것을 촉구하는, 계급을 기반으로 한 일련의 요구사항들이었다. 존 왕과 그의 측근들은 공유지를 잠식하고 봉건 귀족들에게 세금을 부과해 자기 개인 금고를 채우면서 억압적인 지대 착취 체계를 구축했다. 그 결과, 최하위 귀족인 남작들의 반란을 초래하고 만 것이다.

1217년 자유헌장은 마그나카르타로 발전하면서 일련의 평민의 권리가 담긴 삼림헌장과 결합했다. 삼림헌장은 최초로 아주 미미하지만 매우 중요한 평민 여성의 권리도 담겨 있었다. 그것 또한 주로 관습법과 공유지를 복원하는 것에 대한 내용이었다. 다시 한번 요구사항이 권리로 바뀐 것이다. 불로소득을 얻기 위한 지주의 공유지 침해에 맞선 봉기는 그러한 결과를 만들어낸 원동력이었다. 당시에 국가에 맞서 반란을 일으킨 사람들은 오늘날 자유와 평등을 진전시킨 사람들로 추앙받고 있다. 그러나 그들은 군주가 정한 규칙과 절차가 부당하다고 믿었기 때문에 '법'을 어기고 그렇게 한 것이다.

우리는 지금도 똑같은 이유로 봉기가 정당하다고 말할 수 있다. 오늘날 권력 수단은 소수 불로소득자들의 손에 집중되어 있다. 권력구조는 억눌리고 있으며 점점 더 늘어나는 소수 집단은 불평등의 짐을 견뎌내고 있지만, 이 상황을 바로잡을 수단은 없다. 이제 봉기의 목표는 케인스가 바랐던 '불로소득자의 안락사'여야 한다. 불로소득을 낳는 모든 장치를 약화시켜야 한다. 그러나 그것보다 더 중요한 것이 있다.

분배체계의 실패와 새롭게 부상하는 계급구조는 프레카리아트 계급과 특별한 관련이 있는 불평등을 낳았다. 한 세기 전, 프롤레타리아 계급과 연결된 진보주의자들은 '생산수단'에 대한 통제권을 가지기를 바랐다. 오늘날 그것은 익살과 곤혹감을 불러일으킬 것이다. 생산수단은 이제 더는 재분배 투쟁을 벌여야 하는 자산이 아니기 때문이다. 프레카리아트 계급에게 가장 중요한 자산은 현대 사회에서 어느 정도 품위 있는 삶을 영위하기 위해 꼭 필요한 것들(소득 안정, 시간, 고급스러운 공간, 상업화되지 않은 교육, 금융지식과 금융자본)이다.[3] 정부가 내놓는 정책들은 이런 필수자산들의 불공평한 배분을 줄일 수 있는지 없는지를 통해 심판받는다.

다음에 나오는 개혁 방안들은 경제를 새로운 분배체계로 바꿀 것이다. 우선 불로소득자의 안락사에 기여하고 불평등과 경제 불안을 줄이는 분배체계를 구축하는 한편, 생태적으로 더욱 지속 가능한 성장을 촉진하기 위한 두 개의 기둥을 지지하는 방향으로 나아갈 것이다.

'불로소득자의 안락사'를 향해

2장에서 설명된 불로소득 자본주의의 구성을 떠올려보자. 지식재산권 제도의 타당성은 혁신에 대한 보상을 제공하는 것과 정보와 연구 결과물을 일반 대중이 이용할 수 있도록 보장하는 것 사이에서 누구나 받아들일 수 있는 균형을 어떻게 유지하느냐에 달려 있다. 그런데 그 균형은 결국 불로소득자들에게 유리한 쪽으로 뒤집혀왔다. 지식재산권은 이제 공익을 희생시켜 얻는 불로소득의 주된 원천이 되었다.

시간이 지날수록 점점 더 강력한 지식재산권 보호로 가는 추세는 반드시 역전되어야 한다. 특허는 중대한 발명에 한해서만 부여되어야 하고 보호기간도 최대한 짧게 해야 한다. 공공자금이 투입된 연구에서 파생된 발명에 부여되는 특허소유권은 유관기관들과 공유되어야 한다. 그렇게 해야 일반인들을 대상으로 해당 특허에 대한 이용을 허락할 때, 유관기관은 합리적인 조건으로 계약이 이루어지도록 요구할 수 있다. 이것은 현재 너무 비싸서 엄두도 못 내는 신약에 대한 일반 대중의 접근성을 높여줄 것이다. 각국 정부는 세계무역기구의 무역관련지식재산권TRIPS 협정에 포함된 융통성, 즉 공익 목적으로 이용할 경우 국가의 강제실시권 compulsory licensing[합리적 기간 안에 합리적 계약조건으로 지식재산권자로부터 사용허가를 받을 수 없을 경우, 국가 비상사태나 긴급한 상황 발생, 또는 공공의 비영리적 목적을 위한 경우, 정부가 강제로 사용허가를 내리는 권한을 말함] 발동 권한을 최대한 활용해야 한다. 그리고 정부는 창의적 연구와 혁신을 장려하기 위한 방법으로 정부 시상이나 공공조달 지원, 세제 혜택과 같은 방식들을 특허보다 더 적극적으로 지원할 필요가 있다.

저작권 제도 또한 보호기간을 줄이고(저작물 창작일로부터 50년이면 충분하다) '공정 사용fair use'[비평, 논평, 시사보도, 교육이나 연구, 조사 목적의 경우 저작권자의 허가 없이 제한적으로 저작물을 이용할 수 있는 미국 저작권법상의 개념]), '개인적 사용personal use'[영리 목적이 아닌 개인적 용도로 사용하는 것]과 같은 예외조건들을 늘림으로써 균형의 추를 불로소득자에서 공익으로 옮기는 것이 필요하다. 오픈액세스open access[논문 같은 학술정보를 누구나 인터넷에서 무료로 읽고 쓸 수 있는 제도]—예컨대 저작물 자유이용 허락 표시creative commons licensing(CCL)[창작자가 사전에 정한 조건을 지키면 누구든 자유롭게 이용할 수 있다는 표시]를 통해—는 공공자금으로 완성된 작품의 경우 저작권 기준이 되어야 한다.

지식재산권 제도 개혁을 지지하는 여러 유수단체로부터 이와 비슷한 방안들이 제시되어왔다.[4] 하지만 그것들은 지식재산권으로 발생하는 불로소득을 줄이는 것이지 없애는 것은 아니었다. 따라서 이와 같은 불로소득은 세금으로 부과해서 (나중에 논의하겠지만) 모든 국민에게 재분배하기 위해 국부펀드로 귀속해야 한다.

지식재산권 제도의 반자유시장적 성향을 감안할 때, 그것의 놀랄 만한 불로소득 추구 장치에 반대하기 위해 좌우가 손을 맞잡는 것은 틀림없이 상대적으로 쉬울 것이다. 우파 자유주의자와 좌파 진보주의자는 비록 서로 관점은 다를지라도 공동의 목적을 위해 하나로 합쳐져야 한다.

그러한 연정은 또한 전 세계에 신자유주의의 패권을 확대하고 온갖 종류의 불로소득자들에게 이익을 안겨주는 각종 무역과 투자 협정에 맞서 단합해야 한다. 특히 투자자-국가 소송제도Investor-State Dispute Settlement(ISDS)의 절차는 비밀에 가려져 있고 비민주적이고 불공평하다. 따라서 그 제도를 근본적으로 개혁하거나 폐기해야 한다. 이미 일부 개발도상국들은 투자협정에 ISDS 조항을 포함시키기를 거부하고 있다. 미국과 범대서양무역투자동반자협정TTIP을 맺는 과정에서 ISDS에 대한 반대에 직면한 유럽연합 집행위원회는 그것보다 별로 나을 게 없는 대안을 모색할 필요성을 느꼈다. ISDS의 불공정성과 그것이 공공서비스와 공유지에 가하는 위협은 유럽과 남아메리카 전역에서 일반 대중의 반발에 부딪혔다.

더 일반적으로 말하자면, 지금은 현대 국가의 파멸의 원인인 불로소득자에 대한 국가보조금과 선택적 세금우대정책을 종식시키기 위한 혼신의 노력이 필요한 시점이다. 그런 정책은 퇴행적이고 상황을 왜곡시키며 큰 희생이 따르는 동시에 신자유주의자들이 표방하는 자유시장과도 일치하지 않는다. 프레카리아트 계급은 정파를 초월한 지지를 받으며 반대 시위를 조직하는 데 선두에 서야 한다. 모든 정당은 국가보조금 감시와 퇴치를 위한 국가위원회National Commission for the Monitoring and Elimination of Subsidies 설립을 약속해야 한다.

끝으로 불로소득자들이 정치인과 정당을 매수해서 이 과정에 뛰어드는 것을 막아야 한다. 그들의 로비활동, 회전문 인사와 관련해서는 더욱 강력한 규칙을 만들어 엄격하게 적용해야 한다. 모든 나라는 선거비용 한도를 정하고 최소한의 국민 지지를 얻는 정당에 대해서는 국가자금을 지원해야 한다. 또한 정당은 당원 가입과 개인 기부금만으로 정치자금을 모금하도록 해야 한다. 기업체나 기관 같은 '개인이 아닌 조직이나 단체'가 정당과 정치인에게 자금을 제공하는 것을 금지해야 한다. 미국의 시티즌 유나이티드 판결은 뒤집혀야 한다. 투표에 참여할 수 있는 개인만이 정치기부금을 낼 수 있도록 제한해야 한다. 해외의 소수 독재자들이 국내 민주정치에서 개입하지 못하도록 막아야 한다. 이 모든 매우 타당한 개혁들을 위해 저항이 필요하다는 사실은 우리가 직면한 어두운 미래상을 증명할 뿐이다. 이제 어디서든 이렇게 구호를 외쳐야 한다. "조세 없이 대표 없다!No representation without taxation!"[국민을 대표하는 의회를 국민 세금으로 운영해야 한다는 의미]

부불노동에 대한 대가 지불하기: 노동중개인을 규제하라

다른 자리에서 주장했던 것처럼,[5] 그리고 이 장에서 대강 설명한 개혁 방안들에 따르면, 노동시장은 구매자와 판매자에게 인지된 가치에 따라 가격(또는 임금)을 흥정하고 계약이 성립되는 '자유시장'이 되어야 한다. 그러나 그것이 작동하기 위해서는 양쪽의 협상력이 어느 정도 동등해야 한다. 각종 세액공제는 그런 거래에 왜곡된 영향을 끼치는 동시에 적어도 어느 정도는 고용주들에게 불로소득의 원천이 되기 때문에 단계적으로 폐지되어야 한다. 다만 세액공제제도의 폐지는 그것을 대체할 좋은 제도가 도입된 뒤에 이루어져야 한다. 한편, 자활제도가 현재 나아가는 방향은 바뀌어야 한다. 그 방향이 지나치게 강제적이고 노동시장을 왜곡시킨다. 자활제도는 또한 의중임금reservation wage[노동자가 자신의 노동을 공급하기 위해서 최소한 받아야 한다고 생각하는 임금 수준으로 '유보임금'이라고도 함]을 낮추는 역할을 하며 너무 온정주의적이고 편협한 제도다. 진보주의자들은 그것에 반대할 용기가 있어야 한다. 실업수당 청구자들에 대한 구직활동 평가 및 제재를 강화하는 추세 또한 노동시장을 왜곡하는 퇴행적인 조치다. 그것은 사회정의의 원칙에 위배되며 윤리적으로 최악의 계급 정치다.

많은 정치인과 평론가들은 법정 최저임금, 좀더 높은 차원에서 '최저생활임금'이 답이라고 주장한다. 이런 최저임금은 기준을 정하는 데는 유용할지 모르지만 프레카리아트 계급에게는 거의 영향을 주지 못한다. 영국에 그것이 처음 도입된 이래로 평균 실질임금은 침체 상태를 면치 못하고 사회적 소득은 하락했다. 비급여 기업 수당이나 본인 분담 국가

보조금을 받을 수 있는 노동자들은 더 줄어든 반면에, 0시간 계약과 작업 같은 불안정한 직업과 업무의 증가는 노동 대비 일의 비율을 높였다.

2016년 4월부터 '최저생활임금'을 지급해야 하는 의무는 고용주들이 더욱 유연한 작업방식을 도입하고 연장근로와 상여금, 비급여 혜택을 줄이게 만들었다. 따라서 종업원들은 별로 더 좋아질 것도 없었다.[6] 미국에서 확인된 것처럼, 최저임금 인상은 또한 서비스 업무의 자동화를 더욱 촉진시킬 것이다.[7] 더 강력한 조치가 필요하다.

임금과 노동으로 얻는 수익은 점점 더 줄어들고 있다. 그러나 온라인 노동중개인들은 엄청난 불로소득을 올리고 있다. 비록 그들이 대부분의 노동관계를 결코 설명하지 못하지만, 그들이 증가하고 있고 임금과 근로조건을 끌어내릴 수 있다는 사실 때문에 무엇보다 그들을 주시하지 않을 수 없다.

그럼 무엇을 해야 할까? 맞춤형 경제가 이미 우리 생활의 일부가 되었음을 받아들이는 것이 중요하다. 이전의 고용관계로 되돌아가지는 못한다. 노동조합과 활동가들은 1980년대와 1990년대의 노동유연성 정책에 대응했던 방식을 반복해서는 안 된다. 당시 노조는 협상을 거부하고 투쟁만을 고집했는데, 결국 더 불리한 조건으로 합의하고 말았다. 만일 그들이 당시 충분한 힘이 있을 때 노동유연성을 받아들이는 대신 기초적인 생활보장을 주장하며 새로운 사회적 협약을 맺기 위한 협상을 벌였다면, 오늘날 노동자들은 경제적 불안 때문에 겪는 고통을 훨씬 덜 받았을 것이다.

맞춤형 경제는 점점 커지는 불균형과 불안정을 바로잡기 위한 새로운 형태의 규제와 사회적 보호를 요구한다. 이 모든 것은 기본적인 것을 보장하는 것에서 시작되어야 한다. 노동과 일이 변천해온 모든 기간은 현실을 나타내기 위해 활용되는 통계의 정비로 이어졌다. 이것은 중요하다. 통계는 활발한 공개토론과 정책의견 제시를 유도하기 때문이다. 대중노동, 새로운 형태의 노동다각화labor triangulation, 프레카리아트 계급의 성장을 반영하지 못하는 현재의 공식 통계는 현실과 부합하지 않는다. 대다수 작업자는 '종업원'도 아니고 '자영업자'도 아니다. 또한 널리 쓰이는 '프리랜서'라는 용어는 그들이 독립적으로 돈을 받고 서비스를 제공할 수 없기 때문에 부적합하다.

작업자들은 주로 한 회사와 하청계약을 맺고 일할 때 그 회사의 규칙과 기준을 따라야 하는데, 캘리포니아 항소법원이 페덱스Fedex 택배기사들에 대해 판결을 내린 것처럼, 그들을 종업원이라고 지칭한 경우도 있다. 그러나 하청계약자와 종업원을 구분하는 그 어떤 차이도 자의적이다. 작업자들은 구두주걱을 만드는 작업자를 하청업자나 종업원 둘 중하나로 구분하려고 하지 말고 별개의 독립된 단위로 형성시켜야 한다.

작업자들의 단체협상력을 강화하기 위해 그런 조치가 필요하다. 작업자들의 이익을 대변할 협회도 독립된 조직이나 직업단체 형태로 설립되어야 한다. 작업자들의 부각이 노동자 집단들 사이의 마찰을 격화시킬 것은 틀림없다. 하지만 '통일된 노동 계급'은 현재 없으며, 지금까지 존재했던 적도 없다. 이런 노동 계급의 분기 때문에 '공동'교섭체계가 필요하다. 단순히 고용주와 종업원 사이의 협상 때문만이 아니라, 상호보완적또는 대체적 직업집단들 사이의 협상을 위해서도 공동교섭이 필요하다는 말이다.[8]

한쪽에는 고용주·작업요청자·노동중개인이 있고, 그 반대편에는 종업원·작업자·프리랜서가 있다. 그 가운데 종업원만이 20세기에 만들어진 보호제도의 혜택을 받아야만 하는 이유는 무엇인가? 어떤 종류의 일을 하든 보호받을 동일한 권리와 자격이 주어져야 한다.

온라인 노동중개인은 작업자들에 대한 급여세paryroll tax를 지불하지 않아도 되며, 종업원들에게 제공되는 각종 비급여 혜택, 즉 직무 수행에 필요한 용품, 유급휴가, 기업의 연금분담금, 그리고 미국의 경우 의료보험 같은 것을 제공하지 않는다. 노동중개인은 중개 역할을 하는 대가로 보통 발생하는 수입의 20퍼센트를 가져간다. 그들은 정부 재정에 무임승차하고 있다. 작업자들이 경제적 곤경에 처했을 때 중개인들은 아무 지원도 하지 않지만 국가가 그들에게 보조금을 지급하기 때문이다.

바로 그 이유 때문에 노동중개인들에게도 세금을 징수해야 한다. 다시 말해 그들이 작업자와 계약하며 받는 중개료 수입의 20퍼센트를 과세해야 한다. 중개인들은 자기네 플랫폼을 통해 계약한 작업자들이 직무를 수행하는 동안 상해보험을 포함해서 불의의 사고에 대한 보험도 제공해야 한다. 이것이 그들이 주장하는 '공유경제'라고 한다면, 편익뿐 아니라 비용도 공유되어야 마땅하다.

새롭게 떠오르는 '직업'으로서 노동중개인은 그들의 윤리규범을 개발하고 행동을 감시하는 협회에 등록하고 의무적으로 회원 가입을 하도록 해야 한다. 영국에서 그 작업은 노동중개인을 포함해서 온라인 플랫폼에 대한 한 소비자 인증표시consumer trade mark로 시작되었는데, 소비자 불만을 효과적으로 잘 처리하는 관행을 장려하기 위한 것이었다. 온라인 플랫폼이 갖춰야 할 최소한의 요구사항은 옥스퍼드 대학 사이드 경영대학원의 사회적 기업가 정신 스콜센터Skoll Centre for Social

Entrepreneurship가 영국공유경제Sharing Economy UK와 공동으로 작업 중에 있다. 2015년 3월에 28개 온라인 사업체가 창설한 영국공유경제에는 에어비앤비, 렌트카서비스 집카Zipcar, 청소 예약 플랫폼 해슬닷컴 Hassle.com[2015년에 헬플링Helpling으로 개명]이 속해 있다.

플랫폼업체들은 소비자 인증표시를 자기네 서비스 이용을 촉진하는 하나의 방편으로 생각한다. 그러나 소비자를 위한 기준을 정립해야 한다면, 작업자들의 처우를 위한 기준도 마련해야 한다. 따라서 플랫폼업체의 윤리규범과 행동 강령에는 작업자 관련 내용도 함께 들어가야 한다. 중개인과 작업자 간의 서면계약서에는 중개인이 보유한 작업자 관련 정보가 무엇인지 작업자가 알고 수정할 수 있는 권리, 불만이나 손해배상 소송을 제기한 작업자들을 블랙리스트에 올리는 행위 금지, 고객만족에도 사용과 관련된 정당한 절차와 제한 등이 포함되어야 한다. 노동중개인은 또한 작업자들에게 계약된 작업이 끝나면 곧바로 대가를 지불해야한다.

또한 약탈적 관행에 대해서는 특별한 대응이 필요하다. 이노센티브 Innocentive(기업의 각종 연구개발 문제를 해결하기 위해 과학자 집단과 연결시켜주는 플랫폼업체)와 통걸Tongal(비디오 제작자 네트워크) 같은 일부 플랫폼업체는 상업적으로 개발 가능한 아이디어를 내는 작업자들에게 약간의 상여금을 지급한다. 기업들은 이런 방식을 통해 작업자들의 아이디어를 지속적으로 수익을 창출하는 지식재산권으로서 기업 재산의 일부로 구매할 수 있다. 규제 당국은 작업자(와 종업원)들이 그들의 아이디어로 발생하는 모든 수입 흐름에 대해 정당하게 자기 몫을 받을 수 있도록 보장해야 한다.[9]

작업자들을 보호하고 그들의 소득 수준을 높이기 위해서는 몇 가지 개혁이 반드시 이루어져야 한다. 직업 면허제는 폐지되어야 한다. 면허제는 신자유주의 시대에 와서 동업조합 대신에 정부가 강력한 규제 권한을 갖기 위해 만든 제도다. 미국에서는 현재 1,000개가 넘는 직업 면허가 존재하는데, 대부분 불필요한 것들이다. 보험업계는 이런 면허를 발급하는 일과 위험이나 불확실성, 비용을 노동자들에게 전가하는 일, 그리고 대체로 정당한 절차 없이 면허발급위원회를 통해 일반인들의 접근을 막고 처벌할 수 있게 하는 일을 지배한다. 노동중개인과 프레카리아트 계급은 면허발급을 제한하는 이유를 알고 싶어한다는 점에서 한마음임에 틀림없다. 그것은 다양한 작업 형태가 생겨나는 것을 막아서 경쟁력 있는 많은 이의 수입을 낮추는 한편, 대개 터무니없이 높은 면허료를 부과함으로써 면허발급위원회의 불로소득을 올리는 수단이다.

면허발급은 외과의사와 건축가의 경우처럼, 예측하기 어려운 외부 영향이 크고 위험한 일을 수반하는 직업들에 한정되어야 한다. 그렇지 않으면, 집단적 자율 규제를 다시 활성화해야 한다. 그리고 능력이나 경력을 증명하는 협회 회원 같은 자격증에 대한 의존도가 더 높아져야 한다. 인가제도 아래서는 자격증이 있는 사람은 누구나 특정 형태의 노동을 수행할 수 있고 고객들은 자격증이 있는 사람을 쓸지, 없는 사람을 쓸지 고를 수 있다. 모든 직업에 대해 표준화된 규칙이 있는 국제 자격증 제도를 만들 수도 있다.

0시간 계약을 맺고 24시간 대기하는 작업자 또는 기업체가 정한 '유연한' 작업 일정에 종속된 작업자는 그들이 겪는 불편함과 불안정에 대한 보상이 주어져야 한다. 예컨대 독일처럼 '대기 상여금stand-by bonus'

을 지급하거나 기본급 또는 착수금을 배당해야 한다. 그들은 또한 다른 고용주와 계약을 맺고 일할 수 있도록 허용되어야 한다. 모든 작업자는 24시간 전에 요청된 작업에 대해서 보수나 기회와 관련해 아무런 피해를 입지 않고 거부할 수 있는 권한이 있어야 한다. 그래야 그들도 자기 계획을 세워 생활할 수 있기 때문이다.

작업자는 계약과 분쟁 관련 법적 자문을 받을 권리가 있어야 한다. 노동중개인은 그 비용을 일부 분담해야 한다. 작업자는 자문 대가를 분할 납부할 수 있어야 하며 경솔하게 행동하지 말아야 한다. 작업자가 법적 자문을 받는 것은 오히려 양측이 가능한 한 서로 투명하고 표준화된 합의에 이르는 데 기여할 것이다.

이런 개혁이 성공적으로 이루어지기 위해서는 투쟁이 필요하다. 그렇지 않으면 개혁은 이루어지지 않을 것이다. 오늘날 프레카리아트 계급의 취약성은 미래의 모두에게 위협이다. 작업자들에 대한 착취가 심해질수록, 프레카리아트 계급 밖 노동자들의 임금과 노동조건 또한 점점 더 심각한 수준으로 위협받게 될 것이기 때문이다. 그에 대항하는 전략이 실행되지 않는다면, 임금은 급격하게 하락할 것이다.

민주적 국부펀드를 만들라

이제 '불로소득자의 안락사'를 이루는 데 도움을 줄 새로운 분배체계를 뒷받침하는 두 개의 기둥 가운데 하나를 설명하려 한다. 그것은 바로 경제활동의 수익금으로 축적된 국가기금인 국부펀드로 불로소득을 한곳에

모아 재분배하기 아주 좋은 방식이다. 그런 국가기금은 지금까지 대체로 엘리트 계급이 착복하고 자금 흐름을 왜곡시켜왔지만, 실상 긴 역사를 갖고 있다.

2016년 현재 국가자본펀드의 수는 약 80개에 이르렀는데 총자산 규모는 7조 2,000억 달러가 넘었다. 현재 전 세계의 헤지펀드와 사모펀드들이 그 자금을 관리하고 있다. 비록 국부펀드 대부분이 석유자원으로 올린 수익으로 조성되었지만, 정부가 마음만 먹으면 어떤 자원으로도 조성될 수 있다. 그러나 대개 국유 투자펀드는 외화 수입으로 운영되고 자국보다는 전 세계에 투자된다.

지금까지 대부분의 경우, 국부펀드의 목적은 불로소득을 뽑아내는 데 혈안이 된 금융업자와 엘리트 계급에 의해 결정되었다. 국부펀드는 각종 경제적 변동으로부터 정부 예산을 보호하고 금융 당국이 유동성 과잉을 관리하도록 돕고 국가 기반시설에 투자하고 국민저축을 증대하기 위해 쓰인다. 그러나 그것들이 국부펀드의 유일한, 또는 심지어 주된 목적일 필요는 없다. 국가 수익과 불로소득의 일부를 불평등과 경제적 불안정을 줄이기 위한 펀드에 투입함으로써 부의 재분배 효과를 상당 수준 거둘 수 있다. 이것은 엘리트 계급으로부터 국부펀드에 대한 통제권을 빼앗아 민주적으로 관리한다는 것을 의미한다.

모든 나라는 천연자원의 개발로 생기는 수익의 최소 10퍼센트를 포함해서 불로소득의 일부로 제공되는 민주적 국부펀드를 조성해야 한다. 알래스카영구기금Alaska Permanent Fund, 세계 최대의 국부펀드 노르웨이의 글로벌정부연금기금Government Pension Fund Global(GPFG)이 그런 국부펀드에 속한다.

1970년대 영국과 노르웨이는 북해 석유 개발·생산과 관련해서 서로 다른 길을 택했다. 노르웨이는 원유 매장 지대에 대한 국가 소유를 유지하고 정유회사에 유전을 임대해 거기서 발생하는 수익의 일부를 국가기금으로 조성했다. 노르웨이 정부는 그 자본의 가치를 미래 세대를 위해 보존하기로 결정하고 해마다 정부가 쓸 수 있는 기금의 한도를 투자수익률의 4퍼센트 이내로 하는 규칙을 도입했다. 또한 그 기금은 외화자산에만 투자할 수 있다는 규칙도 만들었다. 따라서 노르웨이는 불로소득 국가가 되었지만, 소득에 대한 혜택은 미래 세대를 포함해서 모든 노르웨이 국민들에게 돌아가게 되었다. 그것은 세대 간 공평성에 관한 하트윅의 규칙에 대한 존중을 바탕으로 구축되었다. 그 기금은 또한 기금의 투자 배제 대상 기업을 정하는 권한이 있는 노르웨이 윤리위원회Council of Ethics의 감시를 받고 있다.

『이코노미스트』는 노르웨이 국부펀드를 "아마도 서구 정부들 가운데 가장 장기적인 안목으로 조성된 가장 인상적인 사례일 것"이라고 설명했다.[10] 오늘날 모든 노르웨이 사람은 엄밀히 말해서 백만장자다. 경제적으로 매우 안정된 상태라는 의미다. 반면에 영국은 북해 유전 지대를 민영화하기로 했다. 영국 정부는 민영화로 얻은 이익을 부자들을 위한 세금감면, 그리고 통화 강세에 따른 산업공동화와 영국 제조업의 붕괴와 연계된 높은 실업률 때문에 복지비용으로 모두 지출했다.

프라이스워터하우스쿠퍼스PwC에 따르면, 영국이 석유와 가스 매장 지역에 세금을 부과해서 국부펀드를 조성했다면, 지금쯤 그 자산 규모는 쿠웨이트와 카타르, 러시아를 합한 것보다 더 큰 4,500억 파운드에 이를 것이라고 한다.[11] 더군다나 최악의 역설적인 사실은 영국 북해 석유의 민영화가 중국 국영기업이 영국 유전의 상당 지분을 소유할 수 있게 만들어 명실상부한 공산주의 초강대국에 거기서 발생하는 수익을 넘겨주었다는 것이다. 대처와 당시의 재무부장관 나이젤 로슨Nigel Lawson이 의도한 것이 과연 무엇이었는지 의문이 아닐 수 없다. 그러나 그것이 그들의 이념적 결정에서 나온 결과임은 분명했다.

셰일가스, 석유 시추와 관련해서는 그러한 실수가 반복되어서는 절대 안 된다. 이들 자원은 국민의 것이다. 셰일가스와 석유 채취를 계속한다면, 거기서 나오는 이익의 일부는 반드시 국부펀드에 투입되어야 한다.

한 나라의 천연자원 개발로 발생한 수익금뿐 아니라 지식재산권의 인세와 수수료, 온라인 노동중개인을 비롯한 플랫폼을 통해 얻은 불로소득 같은 모든 형태의 불로소득에 대해서도 세금을 징수해야 한다. 예컨대 우버가 택시요금의 20퍼센트를 수입으로 가져간다면, 정부는 그 수입의 20퍼센트를 과세해 국부펀드에 적립해야 한다.

그런 국부펀드에 자금을 조성하는 혁신적인 방법들이 또 있다. 예컨대 은행에 대한 긴급구제금융은 경제붕괴와 대량파산을 막기 위한 조치라고 정당화되었을지 모른다. 그러나 금융시장을 그렇게 엉망으로 만든 것이 주로 은행가들을 비롯한 금융업자들의 태만과 탐욕에 기인한 상황에서, 그들의 수입을 끌어올리기 위해 공적 자금을 투여하는 것에 대한 윤리적 정당성은 전혀 없다. 각국 정부는 당시에 파산한 은행에 대한 지분을 잠시 보유하고 있다가 이익이 나자마자 파는 것 대신에, 국부펀드를 투입해 영구적으로 지분을 보유하면서 거기서 발생하는 수익을 국민의 이익을 위해 펀드에 적립할 수 있었다. 만일 어떤 기관이 너무 커서 망하게 할 수 없다고 여겨진다면, 그에 따른 도덕적 해이를 감안할 때, 그 기관에 대해 정부가 상당 부분의 공적 지분을 차지하는 것은 당연하다고 할 수 있다.

토니 앳킨슨은 정부가 기업 지분과 지식재산권을 취득함으로써 국가의 순자산을 늘리는 국부펀드를 지지했다. 이것은 국유화를 의미하는 것이 아니라 최첨단의 금융과 자원 집약적 부문의 소수 주주권으로부터 공공의 이익을 끌어내는 것이다.

또한 3장에서 언급된 국가보조금은 대부분 없어져야 한다. 그중 일부 자금은 국부펀드로 적립되어야 한다. 또 다른 국부펀드 자금은 금융정책을 통해 공급되어야 한다. 양적 완화는 수십억 달러를 금융시장으로 흘려보냈지만 효과는 상대적으로 미미했다. 그 돈이 국부펀드로 유입되었다면, 부의 재분배와 경제성장을 위한 효과적 도구로 쓰였을 것이다.

여기에 꼭 필요한 것이 한 가지 더 있다. 기금 관리는 독립적 위원회와 명확한 위임 권한을 가지고 투명하고 민주적으로 운영되어야 한다. 노르웨이 국부펀드는 2008년에 조성된 프랑스의 전략투자기금Strategic Investment Fund처럼 비교적 민주적인 규칙을 마련하고 있다. 그러나 오늘날 대부분의 국부펀드는 불투명하고 비밀에 휩싸여 있다.

국부펀드는 일부 무모한 사회주의 성향의 사업과는 전혀 관련이 없다. 대부분의 국부펀드는 그 뿌리가 보수주의에 있다. 1860년대로 거슬러 올라가 텍사스영구학교기금Texas Permanent School Fund은 당시 여전히 공유지였던 주정부 소유의 토지와 광산권의 절반 정도를 장악하고 있었다.[12] 1953년에 그 국부펀드는 연방정부가 해안가 '침수지'에 대한 소유권을 포기한 뒤 그 땅을 펀드 소유로 편입시켰다. 그것은 뜻하지 않은 일종의 공유지에 대한 구제였다. 오늘날 그 국부펀드는 200만 에이커가 넘는 토지를 소유하고 거기서 발생하는 수익금으로 텍사스 주의 공립대학 제도를 지원하는 영구대학기금Permanent University Fund을 함께 운영하면서 주립학교들에 8억 달러가 넘는 자금을 배분하고 있다.

보수적 뿌리가 있는 또 다른 국부펀드는 광물 채취로 얻은 수익으로 조성된 70억 달러가 넘는 자산을 보유한 영구와이오밍광물신탁기금 Permanent Wyoming Mineral Trust Fund이다. 이 펀드는 주정부의 지방소득세를 인하하는 데 쓰였다. 그것은 펀드기금의 오용 사례로 간주될 수도 있지만, 그런 국부펀드의 위력이 얼마나 강한지를 잘 보여준다.

대부분의 국부펀드는 일단 조성되고 나면 대중의 지지가 강력하다는 것을 보여준다. 오바마 대통령이 전력을 생산하고 테네시 강 수계를 관리하는 유서 깊은 공기업 테네시밸리 오소리티Tennessee Valley Authority 를 민영화하려고 하자, 전기료 인상과 주정부 재정 감소를 우려한 지역의 공화당 지지자들은 그 안을 거부했다. 마찬가지로 알래스카 시민들은 1976년에 공화당 출신 주지사가 석유 수입의 일부를 분배하기 위해 조성한 알래스카영구기금을 기업과 공화당 지지자들이 부분 또는 전면 민영화하려는 것에 반대했다.

국부펀드는 힐러리 클린턴이 대선과정에서 공약으로 내세운, 대개 불평등을 줄이기 위한 수단으로 옹호받는 기업의 이익배분제profit-sharing scheme보다 여러 장점이 있다. 일부 경제학자들은 이익배분제를 도입하는 기업에 감세와 정부 계약 수주 우선권을 부여하는 우대조치를 취할 것을 주장한다.[13] 하지만 그런 정책은 결국 시장을 퇴행시키고 왜곡시킬 것이다. 그것은 당연히 프레카리아트 계급이 아닌 기업의 종업원과 내부자들에게 유리하다. 실제로 저임금 노동자에게는 별로 혜택이 없고 엘리트 계급과 샐러리아트 계급에게 이익을 안겨준다. 하지만 국부펀드의 재분배 가능성은 그런 이익분배제보다 훨씬 더 크다.

기본소득제를 실시하라

국부펀드는 국민들에게 그 수익금을 배분하는 방법과 짝을 이루어야 한다. 그 최적의 해법은 모든 법적 거주민에게 별로 큰 금액은 아니지만 조금씩 점점 증가하는 기본소득을 기금에서 부분적으로 지급하는 '사회적 배당social dividend'을 만드는 것이다. 이것은 사람들에게 희망을 주고 가난의 늪에서 해방시키는 속성이 있다. 기본소득은 기존의 소득별 차등 복지지원제도에 내재된 빈곤의 덫을 뛰어넘어, 소득 불안정을 줄이고 일해서 돈을 벌겠다는 의욕을 높인다. 또한 기본소득은 사람들이 무급 보살핌에 더 신경을 쓰고 공유지를 복원하는 생태적으로 귀중한 일을 하도록 뒷받침할 것이다.

기본소득은 21세기 소득분배체계를 지탱하는 두 번째 기둥임에 틀림없다. 시대를 초월해서 수많은 뛰어난 경제학자·철학자·사회학자·심리학자·신학자·정치인들이 형태는 조금씩 다르지만 기본소득을 제안했다. 1986년에 기본소득 연구와 지지를 위해 만들어진 기본소득유럽네트워크Basic Income European Network(BIEN)는 나중에 점점 전 세계 회원국 수가 늘어나면서 기본소득지구네트워크Basic Income Earth Network로 발전했다.[14] 2008년 금융붕괴 이후, 정치적 성향을 불문하고 더 많은 사람이 고조되는 불평등·불안정과 싸우기 위해 기본소득을 필수적인 것으로 보기 시작했다. 기본소득은 만병통치약이 아니라 일련의 개혁 방안들 가운데 하나로 보아야 한다. 그 자체만으로는 효과가 별로 크지 않지만, 그것을 뒷받침하는 제도적 변화들과 함께 결합한다면 효과가 클 것이다.

기존의 사회적 지원제도들은 비용도 많이 들고 관리가 쉽지 않으며, 경제 불안정과 불평등을 줄이는 데도 부적합하고 비효과적이다. 거의 100년에 걸친 연구는 지원 대상 선정과 자산조사가 의도한 대로 성과를 내지 못한다는 것을 계속해서 보여주었다. 그러나 성인군자인 척하는 정치인들은 지금도 끊임없이 제도를 더욱 선택적이고 징벌적으로 만들고 정작 사회의 가장 취약한 계층의 사람들에게 오명을 씌우고 있다. 결국에는 사람들을 사회에 '재통합'시킨다는 명목으로 몰염치하게 포장된 자활제도를 실시하게 된다. 그사이에 얼마 안 되지만 수당을 받고 있는 사람들은 빈곤의 덫과 불안정의 함정에서 벗어나지 못하고 저임금 임시직이라도 구하려는 의욕을 잃고 만다. 샐러리아트나 엘리트 계급 사람들은 한계소득세율이 80퍼센트에 이른다면 아무도 동의하지 않을 것이다. 그러나 지금 정치인들이 프레카리아트 계급에 요구하고 있는 것이 바로 그 것이다. 위선이 극에 달해 있다. 기본소득을 기반으로 한다면, 빈곤의 덫은 사라질 것이다.

기본소득이나 사회적 배당은 (무분별하고 '의지박약'한 사람들의 속성 때문에 물 쓰듯 돈을 쓰게 만들 수 있는 일시불로 지급하는 자본보조금 형태가 아니라) 개개인에게 많지 않은 월정액으로 지급될 것이다. 기본소득은 합법적 거주민, 즉 최소한 2년 이상을 거주한 사람 모두에게 지급될 것이다. 따라서 엄밀히 말해 지금 말하는 기본소득은 보통 이야기하는 '시민권소득

citizenship income'은 아니다. 여기서 결정적으로 중요한 것은 기본소득과 관련해서 개인의 행동을 제약하는 어떤 조건도 없어야 하며, 가족 구성이나 직업 상태, 나이에 상관없이 지급해야 한다는 점이다. 물론 어린이의 경우는 지급액이 좀 적을 수 있다.

　기본소득은 효율성과 연대성을 고려할 때 보편적이어야 하기 때문에 부자들에게는 소득세를 더 많이 과세하는 방식으로 환수해야 한다. 기본소득을 지지하는 대다수는 기본소득을 기존의 사회적 보호제도들에 대한 하나의 대안으로서 제시한다. 기본소득제도를 다른 제도들에 병행 또는 추가해서 실시하면서, 동시에 소득별 차등 복지제도나 구직활동 평가제, 그리고 왜곡된 세액공제와 역진적 성격의 국가보조금을 점차 폐지하는 것이 정치적으로 좀더 실현 가능한 방법일 수도 있을 것이다. 어느 경우든 그것에 반대하는 사람들에 대해서는 이미 여러 차례 반복해서 반박했기 때문에, 여기서는 아주 간략하게만 그에 관해 언급하고 넘어가겠다.[15]

　기본소득을 비판하는 사람들은 그것이 "공짜로 무언가"를 주는 것이라고 주장한다. 그러나 엘리트와 샐러리아트 계급은 오늘날 이미 공짜로 무언가를 아주 많이 받고 있다. 자기들은 아무 일도 안 했으면서 조상에게 재산을 물려받기도 하고 보유한 자산가치가 상승하거나 각종 정부보조금을 받기도 한다.

　1797년 토머스 페인Thomas Paine은 사실상 "인류 공동의 재산"인 토지에 대한 일종의 지대로서, 그리고 부자들은 "사회에 살고 있음으로써" 그들의 부를 얻었고, 따라서 "공정성과 감사, 문명의 원칙 위에 축적한 재산의 일부"를 빚졌기 때문에 "그 모든 것이 온 사회로 되돌려"줘야 하는 일종의 부채 상환의 성격으로서, "부자든 가난한 사람이든 모든 사람"에게 보수를 지급해야 한다고 주장했다.[16]

그러한 보수는 일종의 사회적 배당이라고 말할 수 있을 것이다. 그것은 우리가 현재 누리고 있는 집단적 부를 쌓아올린 수많은 세대의 공동의 투자와 노력에 대한 별로 많지 않은 대가(또는 유산)라 할 수 있기 때문이다. 그것은 대체로 투자나 혁신, 지속 가능한 성장을 저해하지 않으면서 불로소득을 잡아냄으로써 지급될 수 있을 것이다. 기본소득은 각종 세액공제와 달리, 고용주를 비롯한 온갖 종류의 실세들에 대한 민중의 협상력을 강화할 것이다.

확실한 근거는 없지만 기본소득에 대해 만연한 주장은 자동화와 로봇공학이 노동자 대량해고와 대규모 실업을 야기할 것이라는 점이다. 1장에서 주장한 것처럼, 앞으로 수십 년 동안 일이 부족할 거라고 생각할 이유가 전혀 없다. 어느 사회든 만족스럽지 않은 것들이 많이 있기 마련이다. 그러나 기본소득은 인간의 활동을 '노동'이 아닌 '일'의 형태로 향하게 하고 많은 사람이 자기 시간을 더 많이 조절할 수 있게 만드는 데 기여할 것이다.

기본소득이 필요한 이유는 사회정의의 문제이기도 하지만 불평등과 불안정이 점점 위험한 수준으로 확대되는 것을 막아야 하는 절실함 때문이다. 또한 도구적 관점에서의 이유도 있다. 기초생활이 보장된 사람들은 더 건강하고 회복력도 높아지는 경향이 있다.[17] 그리고 그들은 더욱 생산적이고 협력적이고 관대하며 이타적인 사람이 된다. 이것들은 우리가 기본소득으로 나아가야 할 매우 중요한 논거들이다.

기본소득 시범 사례: 진짜 국민을 위한 양적 완화

2008년 금융붕괴, 글로벌 경제가 장기적 침체에 직면하고 있다는 인식, 그리고 기술혁명이 노동자 해고의 미래를 낳고 있다는 착오에서 비롯된 두려움은 다양한 종류의 기본소득 시범 계획의 필요성을 높이는 쪽으로 이끌었다. 일부 계획은 이미 시행되고 있다. 그 시범 사례들을 자세히 살펴보기 전에, 먼저 기본소득에 대해 잘못된 방식으로 접근한 사례 하나와 기본소득과 관련된 중요한 기회를 놓친 사례 하나를 이야기하고 넘어가는 것이 좋을 듯하다.

잘못된 접근방식의 예는 경기침체를 해결하기 위해 '헬리콥터 머니 helicopter money'가 필요하다는 주장이다. 헬리콥터 머니는 밀턴 프리드먼이 최초로 제안한 방식으로 중앙은행이 찍어낸 돈을 헬리콥터를 타고 공중에서 뿌려서 사람들이 그 돈을 쓰게 하는 것을 은유적으로 표현한 것이다. 2016년 초, 이 아이디어는 유럽중앙은행 총재 마리오 드라기를 비롯해서 여러 사람으로부터 점점 주목받기 시작했다. 『파이낸셜타임스』의 마틴 울프는 중앙은행이 "원칙적으로 모든 국민에게 돈을 전달할 수 있는 권한이 있어야" 한다고 결론지었다.[18] 그러나 '헬리콥터 머니'를 반대하는 주된 입장은 그럴 경우 경제정책이 민주적으로 책임 있는 기구가 아닌 은행가들의 손에 넘어갈 우려가 있다고 생각한다.

이번에는 기본소득을 시행했다면 큰 효과를 보았을 텐데 다른 방식을 쓰는 바람에 낭패를 본 사례를 살펴보자. 2015년에 유럽중앙은행이 유로존 GDP의 10퍼센트에 해당하는 자금을 금융시장에 쏟아붓는 '양적 완화' 프로그램을 개시한 것을 상기하라. 바로 직전에 유럽연합 집행위원회의 신임 의장 장 클로드 융커Jean-Claude Junker는 경기를 부양하기 위해 기반시설 투자에 3,150억 유로를 마중물로 투입하는 '유럽을 위한 투자계획'을 대대적인 축하행사와 함께 발표했다. 그러나 그 두 프로그램은 모두 유럽연합이 직면한 세 가지 위기 상황(느린 경제성장, 불평등 증대, 이민자들에 대한 대중영합주의자들의 위험한 반발)을 이겨내지 못했다.

OECD도 인정한 것처럼, 불평등은 경제성장을 저해하는 중요한 장애물이다. 그것은 총수요를 압박하고 왜곡시킨다. 불평등은 또한 정부의 재정적자 폭을 늘리는데, 부자들은 세금을 쉽게 회피하고 포탈하는 반면 가난한 사람들은 세금을 낼 정도로 충분한 돈을 벌지 못하기 때문이다. 그리고 불평등은 부자들이 국내보다 수입 상품과 서비스에 더 많은 돈을 쓰기 때문에 경상수지 적자를 확대한다. 불평등은 또한 남유럽과 동유럽에서 북유럽과 서유럽으로 이민이 증가하는 원인이기도 하다.

많은 유럽 국가는 현재 더 많은 이민을 필요로 한다. 출산율이 재생산율보다 낮고 인구 고령화가 진행 중이기 때문이다. 그러나 최빈국들에서 기술과 역량이 있는 인력이 고갈되고 있는 반면에 유럽의 부자 나라들은 이민자가 늘어나면서 외국인 혐오와 대중영합주의자들의 네오파시즘이 반등하고 있다.

부족한 수요·불평등·이민 문제, 이 세 가지 현안을 모두 다루는 방법으로는 유럽중앙은행과 유럽연합 집행위원회가 양적 완화와 기반시설을 위해 예정된 자금의 일부를 EU 배당금(기본소득) 형태로 주민 유출이 높은 저소득 지역에 공급하는 방안이 있었을 것이다. 총수요를 늘리는 방법이 바람직할 수는 있지만, 그것은 역내 투자와 지역의 상품과 서비스에 대한 수요를 최대로 자극할 수 있는 방식으로 이루어져야 한다. 양적 완화는 그런 역할을 하지 못한다. 그러기 위해서는 오히려 국민들에게 직접 돈을 지급하는 것이 더 효과적이다.

2년 동안 매달 모든 남자와 여자, 아이를 대상으로 예컨대 네 군데 시범 지역을 정해서 일정액의 기본소득을 지급할 수 있을 것이다. 지불 대상은 그 지역에 현재 살고 있는 사람들에 한한다. 따라서 사람들은 그 지역을 떠날 자유가 여전히 있지만, 돈을 받기 위해서는 그곳에 계속 머무를 수밖에 없을 것이다. 다른 나라로 이민 가는 비율이 높은 동유럽의 많은 지역은 한 달에 약 400유로의 평균소득을 유지하고 있다. 모든 주민에게 달마다 그 금액의 절반을 지급한다면, 세 가지 긍정적 효과(주민 유출 감소, 경제성장 촉진, 유럽연합 내의 불평등 감소)가 있을 것이다.

양적 완화와 달리, 그런 직접 지급은 그것이 중요하다면, 정부가 재정 적자를 줄이도록 계속해서 압력을 넣을 것이다. 그것은 또한 가난한 루마니아인과 불가리아인들이 반이민자 정서 때문에 반자유주의의 방향으로 흐르고 있는 나라에 가게 만드는 조건들을 개선하면서 윤리적 이민 정책과 조화를 이룰 것이다.

유럽중앙은행은 왜 그런 역할을 하지 못했을까? 아마도 정책 결정권이 선출되지 않은 은행가들의 손안에 있었기 때문일 것이다.

그런 기회 상실은 미국과 영국에서도 반복되었다. 미국 연방준비제도 이사회가 양적 완화에 투입한 4조 5,000억 달러는 미국 내 모든 가구에 5만 6,000달러를 지급할 수 있는 돈이었다.[19] 하지만 양적 완화는 새로운 자산 거품과 불평등 확대를 초래했다. 마찬가지로 영국도 양적 완화에 들어간 3,750억 파운드를 기본소득으로 지급했다면, 영국에 합법적으로 거주하는 모든 사람이 2년 동안 매주 50파운드를 받을 수 있었을 것이다.[20] 그랬다면 불평등도 줄어들고 경제안정도 개선되고 성장도 힘을 받았을 것이다. 양적 완화는 결국 자산 거품과 부채 상승, 노숙자와 푸드뱅크food bank의 증가를 초래했다. 소비 지출이 점점 줄어들면서, 국민의 분노가 정치인과 경제 엘리트들에게 집중된 것은 당연한 일이었다.

새로운 대안적 접근방식이 필요한 시점이다. 기본소득 시범 계획은 정책입안자들이 실제로 기본소득이 효과를 발휘할지, 효과가 있다면 어떤 식으로 작용할지를 확인해볼 수 있는 좋은 기회를 제공할 것이다. 2016년 덴마크는 위트레흐트Utrecht를 비롯해 19개 지자체에서 기본소득 시범 실시를 계획하고 있었고, 핀란드 정부는 2년 동안 진행될 시범사업을 위한 기금(최초 2,000만 유로)을 따로 마련해두었다. 한편 대서양 반대편에서는 캐나다 온타리오 주정부가 기본소득 실험을 준비 중에 있고 [2018년부터 4,000명에게 1인당 연 1만 6,989캐나다 달러(약 1,410만 원), 부부의 경우 2만 4,027캐나다 달러(약 1,995만 원)를 3년간 지급하는 실험을 시작했다], 퀘벡과 앨버타 주도 관심을 표명한 상태다.

정치인들의 소심함을 세상에 드러내 보인 민간 차원의 기본소득 실험 사례들도 있다. 캘리포니아에 있는 신생기업 '엑셀러레이터accelerator'[신생기업 활성화를 지원하는 단체]인 와이콤비네이터Y Combinator 대표 샘 알트먼Sam Altman은 5년간 기본소득 실험을 위한 기금 마련을 약속했다. 온라인으로 기부금을 받아 수혜자에게 직접 돈을 전달하는 자선단체 기브디렉틀리GiveDirectly는 무작위로 개인에게 기본소득을 지급하던 것을 아프리카에서는 지역사회를 중심으로 지급하는 것으로 바꾸었다. 독일의 크라우드펀딩 방안은 제비뽑기로 대상을 선정해서 1년 동안 기본소득을 지급한다. 이들 실험에서 해결해야 할 공통된 과제는 선정된 특정 개인들뿐 아니라 한 지역사회의 모든 구성원에게 동일한 금액을 지급하는 진정한 기본소득을 실현하는 것이다. 인도와 나미비아의 기본소득 시범사업과 1970년대 캐나다의 민컴Mincome 기본소득 실험이 보여준 것처럼 지역사회 효과는 중요하다.

일부 기본소득 계획은 사전기획에 의한 것이 아니라 우연히 생겨났다. 한 인디언 부족과 같은 이름의 자그마한 원주민보호구역 마을인 노스캘리포니아의 체로키Cherokee에서는 1996년 부족회의에서 모든 부족민에게 해마다 마을에서 얻는 카지노 수익의 절반을 나눠주기로 결정했다. 이것은 잉여의 불로소득을 걷어냈다. 처음에 시작은 아주 적은 금액이었지만, 2015년 현재 한 해 1인당 1만 달러가 돌아갔다.[21] 몇 년 동안 어린이들을 대상으로 추적 조사한 결과, 그 돈을 받은 수혜자의 아이들이 비수혜자의 아이들보다 학교생활을 더 잘하고, 범죄에 말려들 가능성도 훨씬 더 줄어든 사실이 밝혀졌다.

2009년과 2013년 사이에 인도의 마디아 프라데시Madhya Pradesh 주에서 실시된 두 차례 기본소득 시범사업에서 9개 마을의 모든 주민(6,000명이 넘는 남성, 여성, 어린이 모두)은 매달 소액의 기본소득을 받았다. 그들은 비슷한 환경의 또 다른 13개 마을 사람들과 비교 관찰되었다.[22] 기본소득을 받는 사람들은 위생시설이 개선되고 영양 상태와 건강, 의료 상황이 더 좋아졌다. 아이들은 학교 출석률이 높아지고 학업 성적도 양호했다. 어른들은 일자리도 많아지고 생산성도 높아졌다. 상대적으로 사회적 약자인 여성, 장애인, 노인들이 기본소득의 가장 많은 수혜를 입었다. 기본소득은 그것의 금전적 가치를 뛰어넘는 해방의 효과가 있었다.

한 곳에서 효과가 있다고 해서 다른 곳에서도 효과가 있다고 단언할 수는 없지만, 소액의 기본소득 때문에 사람들이 게으르고 무책임한 행동을 하게 된다는 주장을 뒷받침할 만한 증거는 지금까지의 기본소득 시범사업들에서 전혀 발견된 바 없다. 반면에 심리학자 같은 사람들이 수집한 증거에 따르면, 사람들에게 기본적으로 경제안정을 제공하면 네오파시즘적 대중영합주의의 성장을 막는 데 필요한 이타주의와 협력, 인내심이 자라난다고 한다.

일부는 이 이상의 기본소득 실험은 불필요하다고 믿는다. 그 증거가 너무도 확실하기 때문이다. 하지만 그 방향으로 움직이기 위한 정치적 정당성을 확보하기 위해서는 해결해야 할 과제가 있다. 시범사업은 기본소득이 어떻게 작동되는지 보여주고 최적의 시행 방안을 도출하기 위해 따져봐야 할 절차상의 문제와 어려움을 확인할 수 있는 기회를 제공한다.

기본소득과 관련된 제안 가운데 하나가 토니 앳킨슨이 오래전부터 주장한 '참여소득participation income'이다. 이것은 어떤 형태의 일을 하거나 "기여를 했을" 때에 한해서만 기본소득을 지급하는 것이다. 그가 제안하는 참여소득 방식은 일주일에 35시간 동안 일련의 활동을 시도할 것을 요구한다.[23] 하지만 이 방식은 관리하는 데 돈이 많이 들고 자활제도의 제재 행위와 부당한 지불 거부 같은 불평등 요소들을 낳는다. 만일 어떤 사람이 참여소득 방식이 요구하는 35시간의 합당한 활동을 찾지 못한다면 어떻게 할 것인가? 이 방안은 기술력과 학력이 아주 낮은 사람들에게 저임금의 고된 활동을 할 수밖에 없게 만듦으로써 비슷한 노동을 하는 다른 사람들의 임금을 떨어뜨려 노동시장을 왜곡하는 결과를 초래할 것이다.

기껏해야 온정을 베풀거나 생색내는 식의 강요된 '참여'보다는 자유에 대한 믿음을 발휘해야 한다. 실제로 지금까지 기본소득과 관련된 모든 시범사업과 실험들은 대다수 사람이 자기 시간을 잘 활용할 줄 안다는 것을 보여주었다.

우리가 그리는 이상향은 세 가지 요소로 구성되는 기본소득을 바탕으로 다단계 사회보호제도를 구축하는 것이다. 첫 번째 구성요소는 합법적으로 거주하는 모든 개인에게 지급되는 소액의 사회적 배당이 될 것이다. 아마도 아이들은 어른의 절반 수준을 받게 될 것이다. 두 번째 요소는 장애인, 사회적 약자, 노인들처럼 추가적 생활비가 필요한 사람들을 위한 자금 지급이 첫 번째의 사회적 배당을 보충할 것이다. 마지막으로 세 번째 구성요소는 불황일 때는 올리고 호황일 때는 내리면서 경기를 조정하는 조치로서 기능하는 '안정화 자금stabilization grant'이 될 것이다.

정부가 정치적 목적을 위해 제도를 조작하는 것을 막기 위해, 기본소득은 독립된 위원회와 민주적 방식으로 임명·승인된 5년 단임제 위원들의 감독을 받아야 한다. 뱅크오브잉글랜드의 금융통화위원회처럼, 그들에게 민주적으로 결정된 기준에 따라 세 가지 구성요소의 수준을 조정하는 권한을 부여해야 한다.

기본소득을 받을 수 있는 조건은 총선에서 반드시 투표에 참여하고 1년에 한 번 공식적인 정치모임에 참석할 것을 약속하는 도덕적(법적 구속력은 없는) 의무만 있으면 충분할 것이다. 거의 모든 나라를 괴롭히고 있는 민주주의의 약화를 피하고 유권자 등록을 장려하기 위해 필요하기 때문이다.

결론

2008년 금융붕괴 이후 그 위기를 유발한 정책과 규제를 추진했던 사람들이 다시 자기 진지를 구축하고 불로소득 자본주의의 성장을 재개할 수 있었다는 사실은 비극이 아닐 수 없다. 그들은 끝없는 냉전적 사고, 사회적 혼란을 야기하는 테러, 전례 없는 난민 물결의 위험을 빌미로 불평등과 불안정의 증대가 어쩔 수 없는 것인 양 치부했다. 그러는 사이에 경제 긴축을 지지하는 사람들은 점점 중세의 돌팔이 의사를 닮아가고 있다. 공공지출 삭감이라는 출혈을 통해서도 부채와 경기침체를 완화시키지 못한다면, 피를 더 많이 빼내라. 새로운 소득분배제도 없이는 암흑의 시대가 위협을 가할 것이다.

우리에게는 지금 케인스가 말한 '불로소득자의 안락사'가 필요하다. 그러나 더 강력한 민중의 압력(그것을 봉기라고 부르자)이 없는 한, 불로소득을 뽑아먹는 사람들은 계속해서 더 잘 먹고 잘살게 되는 반면, '고된 일'에 기대어 먹고사는 사람들은 점점 더 생활수준의 하락에 직면하게 될 것이다. 상투적 표현일지 모르지만 밀렵꾼이 사냥터지기가 되기를 기대할 수 없는 것처럼, 엘리트 계급이 프레카리아트 계급의 보호자가 되기를 기대할 수는 없는 일이다.

신자유주의가 촉발한 불로소득 추구는 자본주의 경제체제를 심각하게 부패시켰다. 진보적 대응도 이미 시기를 놓쳤다. 오늘날 우리는 위험한 시대에 살고 있다. 주류 좌파 정당이 지적 마비 상태에 있고 그들의 지도자들은 중산층과 프롤레타리아 계급에 대한 자신들의 생각에 동조할 것을 호소하면서 실리주의 노선을 고집한다. 나약하기 그지없는 그들은 중도우파 정당의 비도덕적 요소들을 아무런 이의제기 없이 어물쩍 넘기고 있다. 건강한 민주주의는 도덕적·지적으로 강력한 투사들을 요구한다.

정당정치는 정당이 지지기반이 되는 계급의 이익과 열망을 대변하고, 실리주의 노선을 피할 때 가장 강력해진다. 프레카리아트 정당이 출현하는 순간, 이것은 더욱 명백해질 것이다. 프레카리아트 계급은 스스로의 미래를 구축해야 한다. 구체제 아래서 그것이 이루어질 거라고 기대해서는 안 된다. 그리고 그것은 정당 참여를 통해서만 이루어지는 것이 아니다. 진정한 자유와 평등을 향한 행진의 부활은 전복과 통합의 공동체와 네트워크를 만들어내는 단체행동을 통해서만 얻어질 수 있다. 오늘날 운동의 가장 흥미진진한 특징은 그런 네트워크가 매우 순식간에 만들어진다는 사실이다. 앞을 향해 나아가는 행진은 곧 재개될 것이다.

우리 모두가 반드시 하나가 되어야 하는 한 가지 측면이 있다. 공유지는 분배체계의 기반이다. 공유지가 줄어들고 민영화되거나 상품화되면, 국민의 삶의 즐거움은 물론이고 사회적 소득도 악화된다. 공유지는 우리 모두의 것이다. 누구도 마음대로 그것을 독점하거나 고갈시킬 수 없다. 우리는 강과 호수, 땅과 바다 같은 천연자원뿐 아니라 사회적·지적 공유지를 포함하는 모든 종류의 공유지를 복원해야 한다.

어느 나라도 해외 채무를 갚기 위한 자금을 마련하기 위해 강제로 민영화를 통해 금융기관이나 은행가들에게 자국의 자연 자산과 유산을 팔아달라고 애걸하는 일은 있을 수 없다. 이런 측면에서 시위대가 그리스의 굴욕을 외치는 것은 당연하다 할 것이다. 한 주권국가에 그 나라의 항구와 철도, 공항을 외국 자본에 팔고 섬과 산들도 매각을 고려해야 한다고 말하는 것은 오만이 극에 달한 이념적 패권에 다름 아니다.

모든 곳에서 정치적 부속물로 전락한 공유지는 사회적 소외로부터 구제되어야 한다. 그래서 공유지가 역사 속에서 한 역할과 그 가치를 국민들이 올바르게 평가할 수 있게 해야 한다. 공유지를 복원하고 되살리기 위해 지속적인 운동이 필요하다. 다행히 그런 뜻을 구현할 이상적인 기회가 있다. 최초의 공유지 헌장인 삼림헌장은 1217년 11월에 마그나카르타와 함께 공표되었는데 2017년에 마침 800주년이 된다[이 책이 2016년 7월에 발간되었기에 시제상의 차이가 있다].

따라서 2017년은 공유지 복원을 위한 운동을 시작하기에 이상적인 해가 될 것이다. 공공공원, 공립 도서관과 미술관, 공공보도와 도로, 광장, 야간의 하늘 공간, 그리고 우리와 공유지를 함께 나누는 야생생물들은 상품화되어서는 안 되며 개인의 축재를 위한 것이 아니라 공공재산의 원천으로서 구제되어야 한다.

삼림헌장의 가장 위대한 점은 공민권common rights(지역공동체, 사용수익권, 재생산, 자원 복원과 자연보존권)을 지키기 위한 틀을 만들었다는 것이다. 영국 역사 전반에 걸쳐, 그리고 비슷한 원칙이 법과 관습에 뿌리박힌 다른 나라들에서 삼림헌장은 은연중에 상업화에 대한 도덕적 분기점으로서 역할을 했다. 그것은 개인의 사적 소유권에 맞서는 공민권의 방어였다. 20세기 들어 더욱 민영화되고 상업적 침투로 약화된 삼림헌장의 의미는 긴축의 시대에 무수히 두들겨 맞았다. 이제 강력히 반격할 때다.

불로소득 자본주의와
프레카리아트 계급의 만남

2008년 세계 경제가 금융시장 붕괴로 위기를 맞으면서 그동안 자본주의 시장을 휩쓴 신자유주의의 거대한 파도는 잦아드는 것처럼 보였다. 이 책의 저자 가이 스탠딩이 역사상 가장 자유롭지 못한 시장체제라고 명명한 금융자본 중심의 경제체제가 당장이라도 종말을 고할 것 같았다. 하지만 그로부터 10년이 지난 지금의 세계 경제의 모습은 그런 예상이 모두 완전히 빗나갔음을 보여준다. 각국 정부는 오히려 '양적 완화'라는 모호한 용어로 세계 경제를 위기에 빠뜨린 당사자들에게 국민으로부터 거둬들인 세금으로 조성된 보조금을 지급하고 채무 면제와 세금우대조치 같은 각종 혜택을 부여함으로써 금융자본을 되살리고 더욱 강력하게 만들었다. 그 결과, 신자유주의의 위세는 여전하고 부의 편중은 더욱 심화되고 중산층은 거의 해체되어 하층민으로 전락하고 있다.

가이 스탠딩은 이러한 현상의 원인을 실제로 재화를 생산하거나 서비스를 제공함으로써 이익과 소득을 창출하기보다는 주식이나 부동산 같은 소유 자산을 운영하거나 정부의 편향된 지원정책 혜택에 기대어 불로소득을 챙기는 자들이 늘어났기 때문이라고 분석한다. 이러한 지금의 경제체제를 저자는 '불로소득 자본주의'라고 부른다. 소수의 부호 자본가 집단과 그들의 정치자금에 의존하는 일부 정치엘리트 집단 간의 긴밀한 유착관계, 국유재산의 민영화에 따른 각종 공유지의 침탈, 기업을 비롯한 불로소득자에 대한 각종 세제 혜택과 국가보조금 지급, 기술혁신에 따른 산업구조의 변화 같은 요소가 불로소득 자본주의를 뒷받침한다는 것이 저자가 이 책에서 주장하는 골자다.

하지만 무엇보다 20세기 사회민주주의와 신자유주의의 결합이 지금의 자본주의 체제, 즉 불로소득 자본주의를 만드는 데 결정적 역할을 했다는 가이 스탠딩의 주장은 지금의 진보 세력들에게는 뼈아픈 대목이다. 신자유주의를 불문율로 여기는 보수 세력이 지금의 세계 경제 상황에 책임이 있는 것이야 당연한 일이지만, 그 반대편에서 노동자와 민중을 대변한다는 사회민주주의 세력이 지금의 불평등 상황을 가속화한 주역이었다는 사실은 아이러니가 아닐 수 없다. 마거릿 대처가 그녀의 가장 큰 치적으로 생각하는 것이 무엇이냐는 질문을 받았을 때, 주저 없이 '신노동당'이라고 대답했다는 일화는 실소를 금치 못하게 한다.

2011년 가이 스탠딩은 『프레카리아트: 새로운 위험 계급』이라는 책에서 21세기 자본주의의 계급체계가 19세기, 20세기와는 전혀 다르게 바뀌고 있음을 밝혔다. 1980년대 이후 생산성 증가는 임금 상승으로 이어지지 않았고 일자리가 늘어나도 세수는 증가하지 않았다. 저임금 일자리만 늘어났기 때문이다. 기업 간, 기업 내 노동자 사이의 임금 격차도 커지면서 기존 노동자 계급 사이에 균열이 발생했다. 그사이에 세계화와 신자유주의 정책, 제도의 변화, 기술혁명은 21세기의 새로운 노동자 계급 '프레카리아트'를 낳았는데, 이는 이탈리아어로 '불안정한'이라는 뜻의 '프레카리오'와 노동자를 뜻하는 '프롤레타리아'가 합쳐진 말로 '불안정한 고용 상태에 있는 노동자'를 뜻한다. 20세기 사회민주주의의 수혜자인 프롤레타리아 계급은 대개 대기업 정규직 노동자로 노동조합과 노동법의 보호를 받지만, 대다수가 비정규직인 프레카리아트 계급은 그런 조직과 법의 보호를 받지 못한다. 특히 디지털 기술의 발전으로 생겨나는 새로운 일들은 전통적인 고용관계를 벗어난 독립노동자를 양산하는데, 그들 대부분이 프레카리아트 계급에 속하는 노동자들이다.

이러한 불로소득 자본주의와 프레카리아트 계급의 만남은 지금 일어나고 있는 심각한 불평등 문제를 어떻게 풀 것인가 하는 과제의 출발점이 되어야 하는 것은 물론이다. 이것은 단순히 미국과 유럽만의 문제가 아니다. 우리의 당면한 문제이기도 하다. 최근에 충남 태안화력발전소에서 일하다 불의의 사고로 비참하게 목숨을 잃은 한 청년노동자도 바로 이 프레카리아트 계급에 속하는 노동자다. 촛불혁명을 통해 들어선 민주정부라고 해도 불로소득 자본주의가 안고 있는 근본적인 문제를 해결하지 않고는 현재의 불평등한 경제 상황을 바꾸기 어려울 것이며 오히려 더욱 심화시킬 것이다. 저자가 앞서 지적한 것처럼, 지금의 불로소득 경제체제가 이른바 진보 세력이라는 사회민주주의자들에 의해 확립되었다는 사실을 우리의 현 정부도 되새길 필요가 있다. 정치적으로 진보를 자임하는 세력이 정권을 잡았지만, 그 정부를 구성하는 관료들과 그들을 뒷받침하는 국내외 경제계와 정계, 학계의 기득권 세력은 여전히 신자유주의 체제의 영향력 아래 있다. 정권이 바뀐다고 모든 문제가 순식간에 해결될 수는 없는 일이다. 하지만 현재 우리의 상황이 이 책에서 말하는 불로소득 자본주의 체제라고 한다면, 지금의 불평등한 경제구조를 풀어나가는 단초를 다양한 경제 부문에서 발생하는 불로소득을 줄이는 데서부터 시작하는 게 마땅할 것이다. 배당소득이나 자본이득, 부동산 투자 이익 같은 불로소득에 부과하는 세율이 적어도 일반 소득세율보다는 높아야 하고, 기업이 부담해야 할 비용을 정부가 보조해주는 제도도 없어져야 할 것이다. 또한 단기적인 경제성장을 위해 각종 공적 자산을 민영화하는 어리석은 짓은 하지 말아야 할 것이다. 그것은 모든 국민의 재산인 공공재화를 다음 세대에게서 약탈하는 행위이기 때문이다.

특히 최근에 새로운 사업 모델로 각광받고 있는 플랫폼기업은 첨단 디지털 기술의 발달에 힘입어 전 세계적으로 산업구조를 재편하고 있다. 그것은 곧 전통적 고용구조의 해체를 의미하며, 노동권과 노동조직의 붕괴, 더 나아가 직업사회의 해체로 이어진다. 단순노동뿐 아니라 전문직 업무까지 기계와 소프트웨어가 대신할 수 있는 시대가 온 것이다. 앞으로 고용이 불안정한 저임금 프레카리아트 계급은 점점 더 늘어나고 불평등 구조는 더욱 확대될 수밖에 없다. 이제 정부는 과거의 노동정책과 다른 접근방식을 취해야 할 것이다. 전통적인 고용과 노동 개념으로는 해결할 수 없는 상황이 도래했기 때문이다. 따라서 플랫폼 노동에 대한 새로운 법적 해석과 보호 장치 마련이 무엇보다 시급한 상황이다. 국내에서도 최근의 카카오 카풀서비스 시행을 둘러싸고 진행 중인 일련의 사태처럼 새로운 디지털 플랫폼사업이 기존의 사업과 충돌하는 일이 계속해서 발생할 것이다.

21세기 문제를 19세기 해법으로 풀려는 사람은 진보정치에 전혀 도움이 되지 않는다고 주장하는 가이 스탠딩의 말은 귀 기울일 만하다. 새 술은 새 부대에 담는다는 말이 있듯이 새로운 진보정치는 프레카리아트 계급에 의해 촉발될 것이라고 그는 예견한다. 21세기 투쟁은 단순한 임금협상 투쟁이 아니라, 불로소득을 원천적으로 제한할 수 있는 제도를 마련하고 불로소득이 발생할 경우 그 이익을 불평등 해소에 활용하고 기업의 이익도 노동자와 함께 나눌 수 있는 새로운 소득재분배체계를 구축하는 투쟁이 되어야 한다고 주장한다. 지금은 프레카리아트 계급을 하나로 모으고 대변하는 조직이나 정치 결사체가 없지만, 결국 그들은 그러한 정치 세력화를 도모하게 될 것이다. 이런 상황에서 기존의 노동조합과 활동가들도 이 새로운 노동자 계급과 어떻게 이 불평등한 경제 상황을 뚫고 나갈지 고민해야 할 것이다. 새롭게 구축되고 있는 고용구조는 기존의 접근방식으로 문제를 해결할 수 없기 때문이다. 예컨대 프레카리아트 계급은 투쟁의 대상이 되는 고용주가 명확하지 않다. 그렇다고 무작정 정부에 그 책임을 묻고 해결책을 내놓기를 기대할 수는 없는 노릇이다. 이 책의 저자가 말하는 것처럼, 어쩌면 지금의 맞춤형 경제 같은 새로운 산업구조를 우리 생활의 일부로 인정하고 거기서 일하는 노동자들이 기초적인 생활보장을 받을 수 있는 사회적 협약을 맺기 위해 노력하는 것이 더 합리적일지 모른다.

그는 최종적으로 불로소득을 모두 민주적 국부펀드로 조성해서 소득재분배에 활용하자고 주장하면서 그 방법 중 하나로 모든 사람에게 아무 조건 없이 동일하게 기본소득을 주는 대안을 제시한다. 최근에 발표된 핀란드의 기본소득 실험에 대한 예비 평가 결과는 기본소득이 고용효과와 큰 관련성이 없다고 나왔지만(핀란드의 실험은 처음부터 고용증대에 초점을 맞춘 기본소득 방식이었다),기본소득을 꼭 고용효과와 연관시켜서 볼 이유는 없다. 불로소득 자본주의가 근본적으로 왜곡시킨 소득재분배 문제를 제자리로 돌리는 중간과정으로 보는 것이 더 합당한 시각이 아닐까 한다. 정부가 고용 문제를 풀기 위해 기업에 각종 세금 혜택과 보조금을 지급하는 한편, 불평등 문제 해결을 위해 각종 복지정책을 펼친다고 하면서 복잡한 절차와 비효율적인 관리조직을 운영하는 것이 오히려 불로소득을 일부 집단에게 더욱 집중시키는 역효과를 초래하고 있는 현실을 감안할 때, 모든 사람에게 아무 조건 없이 일정액을 지급하는 기본소득 방식은 그러한 도움이 절실한 사람들이 직접 그 혜택을 실감할 수 있는 효과적인 대안이라고 생각한다.

불로소득 자본주의와 프레카리아트 계급의 문제를 해결하기 위해 이 책에서 제시하는 내용이 모두 우리 사정과 일치하는 것은 아니다. 하지만 큰 틀에서 볼 때, 세계 경제는 그 방향으로 나아가고 있으며, 우리의 현실도 다르지 않다. 또한 현 정권의 모습이 유럽의 사회민주주의 세력과 일치한다고 볼 수는 없지만, 자유주의 진보 성향을 취하고 있다는 점에서 언뜻 유사한 측면도 있다. 따라서 20세기 사회민주주의자들의 잘못된 역사를 지금 여기서 되풀이하지 않기 위해서는 현재 시행하고 있거나 시행 예정인 경제정책들을 되짚어볼 필요가 있다. 불평등을 해소하기 위해 실시하는 정책들이 오히려 특정 집단에게 불로소득을 제공하는 것은 아닌지, 그런 불로소득이 발생하고 있다면 그것을 어떻게 회수해서 소득 재분배에 활용할지를 시간을 두고 차분하고 진지하게 고민해야 할 것이다. 노동조합도 과거 20세기의 정규직 위주 투쟁방식이나 19세기 이념적 정파 싸움에 몰두하기보다는 21세기의 고용구조의 변화와 새로운 노동체계를 면밀히 연구·분석해서 비정규직을 비롯한 새로운 노동 계급, 프레카리아트가 현실적으로 안정된 생활을 영위할 수 있는 제도적 틀을 제시하는 대안 세력으로 우뚝 서야 할 때라고 생각한다.

2019년 2월
김병순

1장 우리 시대의 기원

1 『1퍼센트를 위한 경제*An Economy for the 1%*』, Oxfam Briefing Paper 210, January 2016.

2 J. M. Keynes, 『고용, 이자, 화폐에 관한 일반이론*The General Theory of Employment, Interest and Money*』(Palgrave Macmillan, 1936), 24장.

3 A. B. Atkinson, 『불평등: 무엇을 할 수 있을까?*Inequality: What can be done?*』(Cambridge, MA, and London: Harvard University Press, 2015); T. Piketty, 『21세기 자본*Capital in the Twenty-First Century*』(Boston: Harvard University Press, 2014).

4 세금보다 불로소득으로 징수되는 것이 더 많은 경제로 더욱 한정해서 정의 내리는 사람도 있다. 그 불로소득은 해외에서 발생하고, 엘리트 계급은 불로소득 추구를 통해 이익을 얻고 정부는 주된 불로소득 징수자일 뿐이다. H. Beblawi, 「아랍 세계의 불로소득 국가The rentier state in the Arab world」, in G. Lucciani (ed.), 『아랍국가*The Arab State*』(London: Routledge, 1990), pp. 85~98 참조.

5 더 자세한 내용을 알고 싶으면, G. Standing, 『세계화 이후의 일: 직업 관련 시민권 세우기*Work after Globalization: Building Occupational Citizenship*』(Cheltenham: Edward Elgar, 2009) 참조.

6 이 안정성은 그것을 설명한 경제학자의 이름을 따서 칼도어의 법칙Kaldor's Law으로 알려졌다. N. Kaldor, '경제성장 모델A model of economic growth', *Economic Journal*, 67 (268), 1957: 591~624.

7 M. Jacques, 「생명유지 장치에 의존하고 있는 것은 중국 경제가 아니다It's not the Chinese economy that's on life support」, *The Guardian*, 14 September 2015.

8 마노즈 프라단Manoj Pradhan과 뱅크오브잉글랜드의 임금률결정위원회 위원이었던 찰스 굿하트Charles Goodhart는 이런 견해에 동의했다. Morgan Stanley, 『인구 통계는 30년 추세를 뒤집을 수 있을까?*Can Demographics Reverse Three Multi-Decade*

Trends?』(London: Morgan Stanley, 2015).

9   J. Kynge and J. Wheatley, 「신흥 시장: 세계지도 다시 그리기Emerging markets: Redrawing the world map」, *Financial Times*, 3 August 2015.

10   G. Standing, 『프레카리아트: 새로운 위험 계급*The Precariat: The New Dangerous Class*』(London: Bloomsbury, 2011).

11   J. Anderlini, 「중국 2020년에 세계 최대의 해외 투자자 될 것China to become one of world's biggest overseas investors by 2020」, *Financial Times*, 25 June 2015.

12   J. Kynge, 「국영 중국 그룹사들의 유럽 기업 인수에 우려 고조State-owned Chinese groups' acquisitions in Europe raise concern」, *Financial Times*, 29 February 2016.

13   「자금 흐름 역학Flow dynamics」, *The Economist*, 19 September 2015, p. 73.

14   G. Tett, 「신용 거품, 약세장과 중앙은행장The credit bubble, the bears and the central bankers」, *Financial Times*, 1 October 2015.

15   B. Bernanke, 「금융정책과 주택 거품Monetary policy and the housing bubble」, 전미 경제협회 연례회의 연설, 2010; IMF, 「주택경기의 변동과 그에 따른 금융정책의 변화 The changing housing cycle and the implications for monetary policy」, 『세계 경제 전망: 주택과 기업 경기 변동*World Economic Outlook: Housing and the Business Cycle*』(IMF, 2008).

16   H. A. Simon, 「기업: 기계가 관리할 것인가?The corporation: Will it be managed by machines?」, in M. L. Anshen and G. L. Bach (eds), 『경영관리와 기업*Management and the Corporations*』(New York: McGraw-Hill, 1985), pp. 17~55.

17   P. Mason, 『탈자본주의*Postcapitalism*』(London: Allen Lane, 2015).

18   M. Ford, 『로봇의 부상*The Rise of the Robots*』(New York: Basic Books, 2015); N. Srnicek and A. Williams, 『미래 발명: 탈자본주의와 일 없는 세계*Inventing the Future: Postcapitalism and a World Without Work*』(London: Verso, 2015); G. Pratt, 「캄브리아기 대폭발은 로봇공학이 되고 있는가?Is a Cambrian explosion coming to robotics?」, *Journal of Economic Perspectives*, 29 (3), Summer 2015: 51-60; J. Rifkin, 『일의 종말: 글로벌 노동력의 몰락과 시장 이후 시대의 시작*The End of Work: The Decline of the Global Labor Force and the Dawn of the Post-Market Era*』(Kirkwood: Putnam Publishing Group, 1995); M. Snyder, 「로봇과 컴퓨터가 향후 20년 안에 우리 일자리의 절반을 빼앗아갈 수 있다Robots and computers could take half our jobs within the next 20 years」, *Economic Collapse*, 30 September 2013; R. B. Freeman, 「로봇을 소유하는 자가 세계를 지배한다Who owns the robots rules the world」, *IZA World of Labor*, 2014 참조. 예컨대 폴 메이슨은 정보기술이 "일할 필요성을 축소시

컸다"고 직설적으로 주장했다.

19 C. B. Frey and M. A. Osborne, 『고용의 미래: 컴퓨터가 어떻게 일자리를 빼앗아갈 수 있을까?*The Future of Employment: How Susceptible Are Jobs to Computerisation?*』 (Oxford: University of Oxford, 17 September 2013), mimeo.

20 L. Elliott, 「뱅크오브잉글랜드 수석 이코노미스트, 로봇이 1,500만 개 잉글랜드 일자리를 위협한다고 말하다」, *The Guardian*, 12 November 2015.

21 J. Bessen, 「자동화의 역설The automation paradox」, *The Atlantic*, 19 January 2016.

22 물리학, 디지털, 생물학 기술이 점점 통합되는 현상을 제4차 산업혁명이라고 불러왔다. K. Schwab, 『제4차 산업혁명*The Fourth Industrial Revolution*』(Geneva: World Economic Forum, 2016).

23 L. Karabarbounis and B. Neiman, 「전 세계적인 노동지분의 감소The global decline of the labor share」, *Quarterly Journal of Economics*, 129 (1), 2014: 61~103.

24 R. Dobbs, T. Koller, S. Ramaswamy, J. Woetzel, J. Manyika, R. Krishnan and N. Andreula, 『이기는 경기: 기업 이익을 위한 새로운 글로벌 경쟁*Playing to Win: The New Global Competition for Corporate Profits*』(New York: McKinsey Global Institute, September 2015).

25 미국의 한 연구에 따르면, 노동지분의 전반적인 감소는 지식재산권에 대한 자본지분의 증가 때문이라고 한다. 지식재산권의 소유자들이 거기서 발생하는 모든 생산 수익을 독차지했기 때문이다. D. Koh, R. Santaeulàlia-Llopis and Y. Zheng, 『노동지분의 감소와 지식재산권 상품 자본*Labor Share Decline and Intellectual Property Products Capital*』, mimeo, 29 February 2016.

26 D. Power, G. Epstein and M. Abrena, 「1960~2000년 OECD 국가의 불로소득 증가 추세Trends in the Rentier Income Share in OECD Countries, 1960-2000」, Political Economy Research Institute Work Paper 58A(Amherst: University of Massachusetts, 2003).

27 같은 문서, 〈그림 IV. 1-1〉.

28 E. Goldberg, E. Wibbels and E. Mvukiyehe, 「특이사례에서 얻은 교훈: 미국의 민주주의, 개발, 자원의 저주Lessons from strange cases: Democracy, development, and the resource curse in the US states」, *Comparative Political Studies*, 41, (2008): 477~514.

29 A. Jayadev and G. Epstein, 「OECD 국가들의 임대수익의 상관성The Correlates of Rentier Returns in OECD Countries」, Political Economy Research Institute Work Paper 58A(Amherst: University of Massachusetts, 2007).

30 G. Krippner, 『금융화란 무엇인가?*What is Financialization?*』(Department of Sociology, University of Wisconsin, 2005), mimeo.

31 C. Roxburgh et al., 『글로벌 자본시장: 새로운 시대로 진입*Global Capital Markets: Entering a New Era*』(New York: McKinsey Global Institute, 2009), p. 9.

32 금융혁신이 폰지금융으로 이끈다는 가설은 민스키와 관련이 있다. H. P. Minsky, 『불안정한 경제를 안정시키기*Stabilizing an Unstable Economy*』(New Haven, CT: Yale University Press, 1986).

33 B. Milanović, 『가진 자와 못 가진 자*The Haves and the Have-Nots*』(New York: Basic Books, 2011).

34 R. Fuentes-Nieva, 「역사상 가장 부자는 누구인가? 알고 나면 놀랄지도 모른다Who is the richest man in history? The answer might surprise you」, Oxfamblogs.org, 2015.

35 Atkinson, 2015, 앞의 책, p. 182.

36 A. B. Krueger, 『위대한 개츠비 곡선의 위대한 효용성*The Great Utility of the Great Gatsby Curve*』(2015); R. Chetty, N. Hendren, P. Kline, E. Saez and N. Turner, 「미국은 여전히 기회의 땅인가? 최근 세대 간 이동성 추세Is the United States still a land of opportunity? Recent trends in intergenerational mobility」, *American Economic Review, Papers and Proceedings 2014*, 104 (5): 141~7.

37 Standing, 2011, op. cit.; G. Standing, 『프레카리아트 헌장: 귀화 외국인에서 시민으로*A Precariat Charter: From Denizens to Citizens*』(London: Bloomsbury, 2014).

38 M. Bitler and H. Hoynes, 「경제 사이클과 대불황이 끼치는 불균등한 영향: 소득분배 전반에 드러난 효과Heterogeneity in the impact of economic cycles and the Great Recession: Effects within and across the income distribution」, *American Economic Review, Papers and Proceedings 2015*, 105 (5): 154~60.

39 L. Michel, J. Bernstein and S. Allegretti, 『일하는 미국의 상황 2006/2007년*The State of Working America 2006/2007*』(New York: Cornell University Press, 2007).

40 E. Brynjolfsson and A. McAfee, 『제2차 기계 시대*The Second Machine Age*』(New York: W. Norton, 2014).

41 T. Krebs and M. Scheffel, 「독일 노동시장 개혁에 대한 거시적 평가Macroeconomic evaluation of labour market reform in Germany」, *IMF Economic Review*, 2013.

42 L. Elliott, 「미미한 투자와 저숙련 이주 때문에 가로막힌 영국의 임금 상승UK wage growth stifled by tepid investment and low-skilled migration」, *The Guardian*, 23 September 2015.

43 「면세 회복The tax-free recovery」, *The Economist*, 20 September 2014, p. 33.

44 A. J. Cherlin, 『노동의 실연: 미국 노동 계급 가정의 성쇠*Labor's Love Lost: The Rise and Fall of the Working-Class Family in America*』(New York: Russell Sage, 2015), p. 61.

45 J. Furman and P. Orszag, 「불로소득이 불평등 증가에 기여한 역할에 대한 기업 차원의 관점A Firm-Level Perspective on the Role of Rents in the Rise in Inequality」, '정의 사회' 100주년 기념식에서 조지프 스티글리츠에 경의를 표하며 제출된 논문, Columbia University, 16 October 2015.

46 『이코노미스트』의 분석에서 따르면, 그들이 살펴본 미국의 900개 경제 부문 가운데 3분의 2가 1997년과 2012년 사이에 더욱 집중화되었다고 한다. 그 잡지는 지배기업들이 경쟁시장이라면 '정상'이었을 경우를 초과한 '예외적 수익'(1년에 3,000억 달러), 즉 GDP의 1.7퍼센트에 해당하는 수익을 올렸다고 평가했다. 「지나치게 많다Too much of a good thing」, *The Economist*, 26 March 2016.

47 J. Furman, 『포용적 성장을 위한 글로벌 교훈*Global Lessons for Inclusive Growth*』(Washington DC: US Council of Economic Advisers, 2014).

48 D. Corbae and P. D'Erasmo, 『금융산업 역학의 양적 모델*A Quantitative Model of Banking Industry Dynamics*』, mimeo, March 2013.

49 예컨대 영국 연립정부의 자유민주당 출신 관료 크리스 헌Chris Huhne과 빈스 케이블Vince Cable, C. Huhne, 「암울하지만 맞다Gloomy, but right」, *Prospect*, October 2015, pp. 72~4에 인용.

50 M. Wolf, 「헬리콥터 투하가 멀지 않았을 수 있다Helicopter drops might not be far away」, *Financial Times*, 23 February 2016.

51 Standing, 2014, 앞의 책.

52 J. Tanndal and D. Waldenstrom, 『금융규제 완화는 최고 소득을 부양하는가? 금융 빅뱅에서 확인된 증거*Does Financial Deregulation Boost Top Incomes? Evidence from the Big Bang*』, Centre for Economic Policy Research, DP11094, February 2016.

53 K. Cooper, 「신흥 시장 대출, 영국 은행을 위협하다Emerging market loans threaten British banks」, *Sunday Times*, 4 October 2015, p. 2.

54 A. Haldane, 「급진적 처방A radical prescription」, *Prospect*, October 2015, pp. 36~8.

55 J. Kay, 『다른 사람의 돈: 우주의 지배자냐, 민중의 종이냐?*Other People's Money: Masters of the Universe or Servants of the People?*』(London: Profile Books, 2015); W. Hutton, 『우리는 어떻게 좋아질 수 있을까*How Good We Can Be*』(London: Little, Brown, 2015).

56 「또 다른 적자The other deficit」, *The Economist*, 17 October 2015, p. 38.

57 R. Gordon, 『미국 성장의 성쇠*The Rise and Fall of American Growth*』(Princeton: Princeton University Press, 2016).

2장 불로소득 자본주의의 형성

1 D. McClintick, 「하버드는 어떻게 러시아를 잃었나How Harvard lost Russia」, *Institutional Investor*, 27 February 2006.

2 「정실 자본주의의 새 시대The new age of crony capitalism」, *The Economist*, 15 March 2014, pp. 9, 53~4; 「잔치가 끝나간다The party winds down」, *The Economist*, 7 May 2016, pp. 46~8.

3 M. Lupu, K. Mayer, J. Tait and A. J. Trippe (eds), 『오늘날 특허정보 검색의 문제 *Current Challenges in Patent Information Retrieval*』(Heidelberg: Springer-Verlag, 2011), p. v.

4 1813년 8월 13일 아이작 맥퍼슨Isaac McPherson에게 보낸 편지. "공공재는 다른 사람이 그것을 소비하거나 사용하는 데 영향을 주지 않으면서 누구나 소비하거나 사용할 수 있는 것입니다."

5 「효용성에 대한 의문A question of utility」, *The Economist*, 8 August 2015.

6 M. Mazzucato, 『기업 국가: 공공 부문과 민간 부문을 나누는 것이 신화임을 폭로하다*The Entrepreneurial State: Debunking Public vs Private Sector Myths*』(London: Anthem Press, 2013).

7 M. Boldrin and D. Levine, 『지식재산권 반대*Against Intellectual Property*』(Cambridge: Cambridge University Press, 2008).

8 OECD, 『지식재산권의 경제적 영향에 대한 조사: 1장—종합보고서*Enquiries into Intellectual Property's Economic Impact: Chapter 1—Synthesis Report*』, DSTI/ICCP(2014)17/CHAP1/FINAL, August 2015.

9 Boldrin and Levine, 2008, 앞의 책.

10 J. De Ruyck, 「정보제공자와 과학 이용의 올바른 균형 찾기Finding the right balance between IP and access to science」, Intellectual Property Watch, 3 August 2015.

11 Boldrin and Levine, 2008, op. cit.

12 For instance, A. Johns, 『저작권 침해: 구텐베르크에서 게이츠에 이르기까지 지식재산권 전쟁*Piracy: The Intellectual Property Wars from Gutenberg to Gates*』(Chicago: University of Chicago Press, 2010).

13 M. Boldrin and D. Levine, 「특허 반대 사례The Case Against Patents」, Federal Reserve Bank of St Louis Working Paper 2012-035A, 2012, p. 7.

14 「좀비 특허Zombie patents」, *The Economist*, 21 June 2014, p. 70.

15 예컨대 K. Lybecker, 「없어야 할 난제: TPP 협상에서 의약품 특허의 역할The sticking point that shouldn't be: The role of pharmaceutical patents in the TPP negotiations」, IP Watchdog, 3 August 2015.

16 「실패의 대가The price of failure」, *The Economist*, 29 November 2014.

17 J. Stiglitz, 「우리의 보건을 팔아치우지 마라Don't trade away our health」, *International New York Times*, 31 January 2015.

18 Boldrin and Levine, 2008, 앞의 책.

19 D. Baker, 『사회적 안보 위기보다 더 큰 것: 처방약의 무분별한 소비Bigger than the Social Security Crisis: Wasteful Spending on Prescription Drugs』(Washington DC: CEPR, 2005).

20 G. Velásquez, 『특허 부여와 터무니없이 비싼 '생명 구제' 약The Grant of Patents and the Exorbitant Cost of 'Lifesaving'Drugs』, South Views No. 121, 12 November 2015.

21 J. Parker, 『토착화된 혁신은 여전히 신개발정책의 주요 특징이다Indigenous Innovation Remains Key Feature of New Development Policies』, US China Business Council, 12 November 2013.

22 A. Schotter and M. Teagarden, 「중국의 지식재산권 보호Protecting intellectual property in China」, *MIT Sloan Management Review*, 17 June 2014.

23 E. Roth, J. Seong and J. Woetzel, 「중국의 혁신 강도 추정Gauging the strength of Chinese Innovation」, *McKinsey Quarterly*, October 2015; E. Tse, 『중국의 파괴자: 알리바바, 샤오미, 텐센트 같은 기업들은 어떻게 사업의 법칙을 바꾸고 있는가China's Disruptors: How Alibaba, Xiaomi, Tencent and Other Companies Are Changing the Rules of Business』(London: Portfolio Penguin, 2015).

24 Thomson Reuters, 『중국의 혁신지수: 특허와 중국 혁신의 세계화 추세China's IQ (Innovation Quotient): Trends in Patenting and the Globalization of Chinese Innovation』(Thomson Reuters, 2014).

25 WIPO, 『2015년 세계 지식재산권 보고서: 혁신과 경제성장을 통해 나아가라World Intellectual Property Report 2015: Break through Innovation and Economic Growth』(Geneva: World Intellectual Property Organization, 2015).

26 J. Band and J. Gerafi, 『저작권 집약 산업의 수익성Profitability of Copyright-Intensive Industries』, Policybandwidth, 2013.

27 L. Menand, 「음유가수의 저작권 다툼Crooner in rights spat」, *New Yorker*, 20 October 2014.

28 P. Baldwin, 『저작권 전쟁: 대서양을 가로지르는 300년 전투The Copyright Wars: Three Centuries of Trans-Atlantic Battle』(Princeton: Princeton University Press, 2014.)

29 「학계는 사람들이 무상으로 그들의 연구를 읽기를 바란다Academics want you to read their work for free」, *The Atlantic*, 26 January 2016.

30 「문화 공유지를 독점하지 마라Do not enclose the cultural commons」, *Financial Times*, 19 April 2009.

31 WIPO, 『세계 지식재산권 보고서: 브랜드—글로벌 시장의 명성과 이미지World Intellectual Property Report: Brands—Reputation and Image in the Global Market Place』 (Geneva: World Intellectual Property Organization, 2013).

32 『브랜드지 선정 2015년 100대 글로벌 브랜드BrandZ Top 100 Most Valuable Global Brands 2015』(Millward Brown, 2015).

33 이안 매클루어는 무형자산이 미국의 기업가치에서 차지하는 비율이 1975년 이래로 20퍼센트에서 80퍼센트로 급증했다고 주장한다. I. McClure, 『레몬을 위한 특허 시장에서 특허를 위한 시장으로: 지식재산권의 자산으로의 발전 벤치마킹하기From a Patent Market for Lemons to a Marketplace for Patents: Benchmarking Intellectual Property in its Evolution to Asset Class Status』, mimeo, May 2015.

34 K. Tienhaara, 「"탐욕의 법칙"에 저항하기Resisting the "law of greed"」, greenagenda.org.au, September 2015.

35 「자유교역: 지역 간 게임Free exchange: Game of zones」, *The Economist*, 21 March 2015, p. 65.

36 C. Shepard, 「소득 불평등 상황을 더욱 악화시킬 미국의 비밀 무역협정The secret US trade agreement that will make income inequality worse」, care2.com, 15 February 2015.

37 D. Autor, D. Dorn and G. Hansen, 「무역과 기술 문제 해결하기: 역내 노동시장에서 확인된 증거Untangling trade and technology: Evidence from local labour markets」, *Economic Journal*, 125 (584), 2015: 621~46.

38 「무역장관은 TPP 협상과 관련해서 의사들의 말에 귀 기울여야 한다Trade minister must listen to medical specialists on TPP」, Scoop.co.nz, 15 July 2015.

39 J. Capaldo, 「범대서양 무역과 투자 동반자 관계: 유럽의 분열, 실업, 불안정The Trans-Atlantic Trade and Investment Partnership: European Disintegration, Unemployment and Instability」, Global Development and Environment Institute Working Paper 14-03, October 2014; J. K. Sundaram, 「범태평양 동반자 관계로 치를 대가: 일자리 상실, 더 낮은 소득, 불평등 증가Some Real Costs of the Trans-Pacific Partnership: Lost Jobs, Lower Incomes, Rising Inequality」, GDAE Policy Brief 16-01(Global Development and Environment Institute, Tufts University, February 2016).

40 *The Economist*, 21 March 2015, 앞서 언급한 기사.

41 E. Morozov, 「기업이 정책을 만들면 무슨 일이 일어날까?What happens when policy is made by corporations?」, *The Observer*, 12 July 2015, p. 29. 그는 미국의 경제 이익을 대변하는 신자유주의 집단 진보정책연구소Progressive Policy Institute와 구글·HP·IBM·오라클 같은 미국 기술업체들이 기부금을 내는 브뤼셀의 리스본위원회 Lisbon Council가 작성한 한 보고서를 인용했다. 리스본위원회의 공동 설립자이자 전이사는 유럽연합 집행위원회의 유럽정책전략센터를 책임졌다. 두 기관은 대표적으로 불로소득을 추구하는 미국 기업들을 위해 유럽연합이 데이터보호법을 개선하도록 로비활동을 펼쳤다.

42 D. Novy, 「데이비드 캐머런을 주목하라: 유언비어 유포자들이 TTIP를 옭죄는 것을 막을 시간Attention David Cameron: Time to stop the scaremongers from strangling TTIP」, theconversation.com, 5 October 2014.

43 Tienhaara, 2015, 앞서 언급한 기사; Corporate Europe Observatory et al., 「좀비 ISDS」, February 2016.

44 D. Quijones, 「스페인, 소중히 여기는 무역협약의 시음 대가로 값비싼 비용을 치르다Spain gets bitter costly foretaste of its beloved trade pacts」, Wolf Street, 13 August 2015.

45 A. G. Arauz, 『에콰도르의 국제 투자 중재 경험Ecuador's Experience with International Investment Arbitration』(Geneva: South Centre Investment Policy Brief No. 5, August 2015).

46 「비밀협상에 대한 두려움 가운데 강력히 촉구된 무역협상 중단Halt to trade talks urged amid fears over secret talks」, *The Guardian*, 5 May 2015, p. 22.

47 Autor, Dorn and Hansen, 2015, 앞서 언급된 기사.

48 Novy, 2014, 앞서 언급된 기사.

49 F. Lavopa, 『위기, 응급조치, ISDS 제도의 실패: 아르헨티나 경우Crisis, Emergency Measures and the Failure of the ISDS System: The Case of Argentina』, South Centre Investment Policy Brief No. 2, July 2015.

50 Tienhaara, 2015, 앞서 언급된 기사.

51 C. Provost and M. Kennard, 「기업이 국가를 대상으로 소송하게 만드는 이해하
기 힘든 사법제도The obscure legal system that lets corporations sue countries」, *The
Guardian*, 10 June 2015.

52 P. Mason, 『탈자본주의: 미래 지침서*Postcapitalism: A Guide to Our Future*』(London:
Allen Lane, 2015).

53 G. Alperovitz, 「기술 유산 분배Distributing our technological inheritance」,
Technology Review, 97 (7), 1994: 30~36; G. Alperovitz, 「마크 저커버그는 진
정 그 모든 돈을 받을 자격이 있는가?Does Mark Zuckerberg really deserve all that
money?」, AlterNet, 9 March 2012.

54 G. Van Harten, M. C. Porterfield and K. P. Gallagher, 『무역과 투자 협정들에 담긴
투자 조항: 개혁의 필요성*Investment Provisions in Trade and Investment Treaties: The
Need for Reform*』, Global Economic Governance Initiative Policy Brief 5(Boston
University, September 2015).

3장 국가보조금이라는 전염병

1 ILO, 『청년 고용 문제 해결하기: 가능한 조치와 정책 고려사항 개요*Tackling youth
employment challenges: An overview of possible actions and policy considerations*』
(Geneva: ILO, 2011).

2 대기업에 수습기간 보조금을 부과하려는 영국 정부의 계획 또한 도덕적 해이를 불러
온다. 기업들은 수습교육 기관에 대금을 지불하는 바우처를 받아 그것을 정부에 제출
하고 돈을 받을 것이다. 기업 로비단체와 노조단체는 기업들이 바우처를 사용하기 위
해 기존의 교육제도를 '수습교육'으로 이름만 바꿔 달 우려가 있다고 경고했다.

3 S. Evenett and J. Fritz, 『방해하기: 해외무역 왜곡은 어떻게 최빈국의 수출주도성장
을 지연시켰는가*Throwing Sand in the Wheels: How Foreign Trade Distortions Slowed
LDC Export-Led Growth*』(Centre for Economic Policy Research, 2015).

4 영국의 자본이득세율은 자산 매각으로 1만 1,100파운드 넘는 이익에 부과되는데, 고
율 납세자의 경우 28퍼센트에서 20퍼센트로, 기본세율 납세자의 경우 18퍼센트에서
10퍼센트로 낮아짐으로써 2016년 정부 재정이 줄어들었다. 이 변화로 이익을 얻는
사람은 극소수의 거부들일 것이다.

5 J. Ungoed-Thomas, 「6대 기업, 법인세 한 푼도 안 내Zero tax bill for big six」, *Sunday
Times*, 31 January 2016, p. 1.

6 S. Bowers, 「주요 재무전문가, 영국 조세정책은 각료가 아니라 기업이 주도한다고 말하다UK tax policy dictated by companies not ministers says leading Treasury expert」, *The Guardian*, 28 June 2015.

7 다국적 기업 조세개혁을 위한 독립위원회 소속 호세 안토니오 오캄포José Antonio Ocampo, V. Houlder, 「"구시대적" 글로벌기업 조세체계 개혁 촉구Call to reform "outdated" global corporate tax regime」, *Financial Times*, 5 October 2015에서 인용.

8 M. Sumption and K. Hooper, 『여권과 시민권 팔기: 국제적 활황을 맞은 투자이민의 정책적 과제Selling Visas and Citizenship: Policy Questions from the Global Boom in Investor Immigration』(Migration Policy Institute, October 2014).

9 J. Tyson, 「이탈리아 조세지출 개혁: 무엇을, 왜, 어떻게Reforming Tax Expenditures in Italy: What, Why, and How?」, IMF Working Paper 14/7, January 2014.

10 W. Quigley, 「부자와 기업을 위한 복지 사례 10가지Ten examples of welfare for the rich and corporations」, billquigley.wordpress.com, 13 January 2014.

11 L. Story, 「기업들이 조세 처리 방안을 찾으면 정부는 비싼 값을 치른다As companies seek tax deals, governments pay high price」, *New York Times*, 1 December 2012.

12 A. Young, 「절세: 2014년 세금회피를 통해 역외 자금도피처에 약 900억 달러를 빼돌린 최정상 기업들 가운데 애플, 화이자 포함Tax dodge: Apple, Pfizer among top companies that added nearly $90B to their offshore cash hoards through tax inversion in 2014」, *International Business Times*, 4 March 2015.

13 J. Doukas, 「유럽중앙은행의 양적 완화 프로그램의 의도치 않은 결과가 유럽의 경제회복에 걸림돌이 될 수 있을 것이다Unintended consequences of the ECB's quantitative easing programme could undermine Europe's recovery」, Europpblog, 22 June 2015.

14 Quigley, 2014, 앞서 언급된 기사.

15 T. deHaven, 『연방 예산의 기업 복지Corporate Welfare in the Federal Budget』, Cato Institute, Policy Analysis No. 703, 25 July 2012.

16 R. Wood, 「미국 세법에서 정말 어리석은 20가지 사실20 really stupid things in the US tax code」, *Forbes*, 16 December 2014.

17 K. Barnham, 『시급한 답변: 태양에너지 혁명의 사용자 지침서The Burning Answer: A User's Guide to the Solar Revolution』(London: Weidenfeld & Nicolson, 2014).

18 K. Farnsworth, 「영국 기업 복지 상황: 민간기업에 대한 공적 자금 제공The British Corporate Welfare State: Public Provision for Private Businesses」, SPERI Paper No. 24(University of Sheffield, 2015).

19 J. Ferguson, 「세금 인상에 대비하라Prepare for tax hikes」, *MoneyWeek*, 11 March

2015.

20 M. L. Crandall-Hollick, 『근로소득세 공제EITC: 경제적 분석*The Earned Income Tax Credit (EITC): An Economic Analysis*』(Washington DC: Congressional Research Service, 1 February 2016).

21 *New Zealand Herald*, 26 August 2015.

22 A. Darling, 「내가 리즈 켄달을 노동당 지도자로 미는 이유Why I'm backing Liz Kendall for Labour leader」, *The Observer*, 19 July 2015, p. 25.

23 R. Paul, 『세액공제와 임금 간 상호관계 조사*Investigating the Relationship Between Tax Credits and Wages Offered by Employers*』, Civitas, February 2016.

24 「국민으로부터, 국민을 위해From the people, for the people」, *The Economist*, 9 May 2015. 2016년 P2P 온라인 대출의 열기가 식고 있는 조짐들이 보였다. 미국 재무부는 더 철저한 감시를 촉구하는 백서를 발표했다.

25 L. Browning, 「너무 커서 세금을 부과할 수 없다: 해결책은 은행 세금 탕감이다Too big to tax: Settlements are tax write-offs for banks」, *Newsweek*, 27 October 2014.

26 G. Claeys, Z. Darvas., A. Leandro and T. Walsh, 『통화확대정책이 불평등에 끼친 영향*The effects of ultra-loose monetary policies on inequality*』, Bruegel Policy Contribution, Issue 2015/09, June 2015.

27 M. Beraja, A. Fuster, E. Hurst and J. Vavra, 「지역 이질성과 통화정책Regional heterogeneity and monetary policy」, Brookings Institution Working Paper, 2015; Claeys 외, 2015, op. cit.

28 F. Giugliano, 「부자 나라들은 저환율의 영향력에 의문을 표시한다Rich economies question faith in power of lower exchange rates」, *Financial Times*, 8 March 2015에서 인용.

29 R. Reich, 「골드만삭스는 그리스 부채 위기로부터 어떻게 이익을 챙겼나How Goldman Sachs profited from the Greek debt crisis」, *The Nation*, 15 July 2015; W. Cohen and R. Reich, 「논쟁: 골드만삭스는 그리스 부채 위기에 아무 책임도 없는 가?Debate: Is Goldman Sachs partly to blame for Greece's debt crisis?」, *The Nation*, 3 August 2015.

30 D. Gayle, 「외국 범죄자들은 수십억 파운드를 세탁하기 위해 런던주택시장을 이용한다Foreign criminals use London housing market to launder billions of pounds」, *The Guardian*, 26 July 2015. 2016년 정부는 영국 부동산에 투자하고 있는 10만 개 역외 기업들의 실제 소유주들의 명부를 만들 계획임을 발표했다.

31 H. Osborne, 「임대주택 세대: 주택사다리 40대 미만에 무너져 내리기 시작하

다Generation Rent: The housing ladder starts to collapse for the under 40s」, *The Guardian*, 22 July 2015, pp. 1~2.

32 D. Pegg, 「2012~13년 민간지주들에게 140억 파운드의 세금감면Private landlords given £14bn tax breaks in 2012-13」, *The Guardian*, 27 May 2015.

33 M. Rognlie, 『순자본 부분의 증감 해독하기Deciphering the fall and rise in the net capital share』, Brookings Papers on Economic Activity, March 2015.

4장 부채의 재앙

1 「끝나지 않는 이야기The never-ending story」, *The Economist*, 20 November 2015, p. 13.

2 C. Reinhart and K. Rogoff, 「부채의 시기에서의 성장Growth in a Time of Debt」, NBER Working Paper No. 15639(Cambridge, MA: National Bureau of Economic Research, 2010).

3 T. Herndon, M. Ash and R. Pollin, 『높은 국가채무는 끊임없이 경제성장을 질식시키는가? 라인하르트와 로고프에 대한 비판Does high public debt consistently stifle economic growth? A critique of Reinhart and Rogoff』(Amherst: Political Economy Research Institute, University of Massachusetts, 2013).

4 A. Pescatori, D. Sandri and J. Simon, 「부채와 성장: 마법의 문턱이 있는가?Debt and Growth: Is There a Magic Threshold?」, IMF Working Paper WP/14/34, February 2014.

5 예컨대 D. Igan, D. Leigh, J. Simon and P. Topalova, 「가계부채 처리 방안Dealing with household debt」, in S. Claessens, M. Ayhen Kose, L. Laeven and F. Valencia (eds), 『금융위기: 원인, 결과, 정책 반응Financial Crises: Causes, Consequences, and Policy Responses』(Washington DC: IMF, 2014); A. Mian and A. Sufi, 『가계부채: 그들은 어떻게 대불황을 야기했는가, 우리는 어떻게 그것이 다시 일어나는 것을 막을 수 있는가House of Debt: How They (and You) Caused the Great Recession, and How We Can Prevent It Happening Again』(Chicago: University of Chicago Press, 2014).

6 M. Lazzarato, 『채무자 만들기: 신자유주의 조건에 관한 에세이The Making of the Indebted Man: An Essay on the Neoliberal Condition』(Los Angeles: Semiotext, 2012). 이와 관련해서 D. Graeber, 『부채: 최초 5,000년Debt: The First 5,000 Years』(New York: Melville House, 2011) 참조.

7 A. Ross, 『부채국가와 부채 거부 사례*Creditocracy and the Case for Debt Refusal*』(New York: OR Books, 2014).

8 Richard Dobbs, cited in R. Atkins, 「산더미 같은 부채가 또 다른 위기에 대한 두려움에 불을 붙이다Debt mountains spark fears of another crisis」, *Financial Times*, 5 February 2015.

9 A. Turner, 『부채와 악마 사이: 돈, 신용, 고착된 글로벌 금융*Between Debt and the Devil: Money, Credit and Fixing Global Finance*』(Princeton: Princeton University Press, 2015).

10 「주택만큼 안전한As safe as houses」, *The Economist*, 31 January 2015.

11 L. Buttiglione, P. R. Lane, L. Reichlin and V. Reinhart, 「부채 감축: 무슨 부채 감축?Deleveraging: What Deleveraging?」, Geneva Report on the World Economy 16(Geneva: International Centre for Monetary and Banking Studies, 2014).

12 백악관과 다우닝 10번가의 넛지팀[국민들이 자연스럽게 국가 정책 방향을 따르도록 유도하기 위한 작업을 하는 정부 산하조직]과 연계된 영향력 있는 행동경제학자들이 도덕적으로 부적절한 대응 방안을 제시했다. 국민들이 지나치게 많은 돈을 빌리는 것을 금지하는 것이다. 한 열성지지자가 언급한 것처럼, "빅딜이 무엇인가? 국민들이 돈을 빌려 스스로를 해치지 못하게 하자. 우리가 운전할 때 안전벨트를 매는 것처럼 말이다." D. Ariely, 『예상대로 비이성적인: 결정권한이 있는 보이지 않는 세력*Predictably Irrational: The Hidden Forces that Shape our Decisions*』(New York: Harper Collins, 2008). 이것은 임시방편이고 주관적이며 비용이 많이 들고 명백한 자유침해가 될 것이다.

13 Cited in W. K. Tabb, 『우리 시대 자본주의의 재건*The Restructuring of Capitalism in Our Time*』(New York: Columbia University Press, 2012), pp. 39~40.

14 D. Gibbons and L. Vaid, 『적자 상태의 영국: 임시보고서*Britain in the Red: Provisional Report*』, Centre for Responsible Credit, September 2015.

15 A. Traub, 『불신: 고용신용도 조사는 어떻게 자격이 되는 노동자들을 계속해서 놀게 만드는가*Discredited: How Employment Credit Checks Keep Qualified Workers Out of a Job*』(New York: Demos, 2012).

16 J. Kollewe, 「런던에서 처음으로 집을 사는 사람은 1년에 7만 7,000파운드를 벌어야 한다First-time buyers need to earn £77,000 a year to live in London」, *The Guardian*, 4 May 2015.

17 M. Taylor, 「주택문제는 가장 긴급하고 복잡한 국정과제다. 그러나 우리는 마비 상태다Housing is the nation's most urgent and complex challenge. Yet we're paralysed」, *The*

Observer, 16 August 2015.

18 「집을 지으면 사람들이 임차할 것이다Build it and they will rent」, *The Economist*, 19 September 2015, p. 30.

19 D. Gibbons and L. Vaid, 앞의 책.

20 P. N. da Costa, 「거대은행들과 백악관은 가난한 사람들에게 바가지를 씌우기 위해 협력하고 있다Big banks and the White House are teaming up to fleece poor people」, *Foreign Policy*, 23 February 2016.

21 M. Arnold, 「금융 너머로: 기존 대출업체, P2P 대출 플랫폼업체의 담보대출 도전에 직면Beyond banking: Lenders face mortgages challenge from P2Ps」, *Financial Times*, 13 November 2015. 2016년 5월, 라플랑셰는 갑자기 회사를 떠났다. 2014년 상장 이후 주가가 계속 하락했다.

22 A. Palin, 「질의응답: 학자금대출 상환Q&A: Student loan repayments」, *Financial Times*, 19 June 2015.

23 W. Hutton, 「늘어나는 학자금 부채는 한 세대 전체를 불공정한 상황에 밀어 넣고 있다Growing student debt is entrenching unfairness for a whole generation」, *The Observer*, 9 August 2015.

24 C. Crawford and W. Jin, 『대출원금 회수 시기? 학자금 부채와 대출 상환: 2012년 개혁은 졸업생들에게 무엇을 의미하는가?Payback Time? Student Debt and Loan Repayments: What Will the 2012 Reforms Mean for Graduates?』(London: Institute for Fiscal Studies, 2014).

25 「학자금대출을 다 갚으려면 졸업하고 50대까지 가야Graduates paying off student loans into their 50s—IFS/Sutton Trust」, Press Release, Sutton Trust, 10 April 2014.

26 A. Williams, 「빚에 쪼들린 학생들은 파티에 쓸 돈이 거의 없다Hard-up students spend less on partying」, *Financial Times*, 11 March 2016.

27 A. Andriotis, 「대학생들을 위한 부채 탕감은 그들에게 돈을 빌려준 시장을 화나게 한다Debt relief for students snarls market for their loans」, *Wall Street Journal*, 23 September 2015.

28 J. Rothstein and C. E. Rouse, 「대학 졸업 후 제한된 삶: 학자금대출과 초기 직업 선택Constrained After College: Student Loans and Early Career Occupational Choices」, NBER Working Paper No. 13117, National Bureau of Economic Research, May 2007

29 B. W. Ambrose, L. Cordell and S. Ma, 『학자금대출 부채가 중소기업 설립에 미치는 영향The Impact of Student Loan Debt on Small Business Formation』, Federal Reserve

Bank of Philadelphia, July 2015.

30 H. Warrell, 「생활비 상승으로 학생들은 임금을 받는 직장에 더 많이 취직한다Students take on more paid employment as living costs rise」, *Financial Times*, 10 August 2015.

31 L. Bachelor, 「평면 TV, 세련된 인테리어 (……) 주당 300파운드 임차료Flatscreen TVs, chic interiors … and rents of up to £300 a week」, *The Observer*, 16 August 2015, pp. 8~9.

32 J. Farrell and D. Hellier, 「130억 파운드 상당의 노던록 담보대출 채권, 미국 투자사에 팔려Northern Rock mortgages worth £13 billion sold to US investment firm」, *The Guardian*, 14 November 2015, p. 42.

33 북아일랜드 의회와 관련된 여러 혐의 가운데 이것은 널리 보도되었다. 예컨대 「칸티용: 서버러스와 노던록 간 거래Cantillon: Cerberus and the Northern Rock deal」, *Irish Times*, 14 November 2015.

34 Human Rights Watch, 「미국: 법원 자동 판결로 기업이 가난한 사람들을 대상으로 소송 남발US: Courts rubber stamp corporate suits against poor」, Press Release, 21 January 2016.

35 C. Reinhart and K. Rogoff, 『지금은 다르다: 금융계의 바보짓 800년This Time is Different: Eight Centuries of Financial Folly』(Princeton: Princeton University Press, 2011).

36 예컨대 S. Mullainathan and E. Shafir, 『희소성: 너무 적어서 귀중한 이유Scarcity: Why having too little means so much』(London: Allen Lane, 2013) 참조. 회복력에 대한 일반적인 처치에 대해서는 N. N. Taleb, 『단단해지기: 이해하기 어려운 세상에서 사는 법Anti-Fragile: How to live in a world we don't understand』(London: Allen Lane, 2012) 참조.

5장 약탈된 공유지

1 예컨대 P. Kilby, 『숲 카메라: 애시다운의 초상화Forest Camera: A Portrait of Ashdown』(Poundgate: Sweethaws Press, 1998), edited by R. Bowlby 참조.

2 P. Linebaugh, 『마그나카르타 선언The Magna Carta Manifesto』(Berkley: University of California Press, 2008), p. 79.

3 I. Illich, 「침묵은 공유지다Silence is a Commons」, 아사히 심포지엄 "침묵과 인간—컴

퓨터 관리 사회Science and Man—The computer-managed society", Tokyo, 21 March 1982.

4 「정실 자본주의의 새로운 시대The new age of crony capitalism」, *The Economist*, 15 March 2014.

5 World Bank, 『변화하는 국부론: 새천년의 지속 가능한 개발 평가하기*The Changing Wealth of Nations: Measuring Sustainable Development in the New Millennium*』 (Washington DC: World Bank, 2011), p. 9.

6 마그나카르타는 학교에서 가르치는 것처럼 1215년이 아니라 1217년에 삼림헌장과 함께 세상에 나왔다. 삼림헌장의 일부 조항은 1215년 자유헌장에서 가져왔다. 이 자유헌장은 나중에 마그나카르타로 개명되었다.

7 Linebaugh, 2008, 앞의 책, p. 230.

8 E. Gosden, 「수압파쇄 굴착기는 정부 계획 아래 국립공원을 둘러쌀 수 있었다Fracking rigs could surround national parks under Government plans」, *Daily Telegraph*, 11 July 2015.

9 E. Marrington, 「국가가 국립공원을 보호해? 무슨 허튼소리를(……)National protections for national parks? What a load of potash...」, Campaign to Protect Rural England, 24 July 2015.

10 R. Graham, 「영국의 물—공공 대 민간Water in the UK—public versus private」, Open Democracy, 19 December 2014.

11 N. Flynn, 『공공 부문 관리*Public Sector Management*』(London: Sage, 6th edition, 2012).

12 G. Monbiot, 「강물과 빗물에 가격을 매기는 것은 우리 모두의 권위를 떨어뜨린다Putting a price on the rivers and rain diminishes us all」, *The Guardian*, 7 August 2012.

13 A. D. Guerry et al., 「자연자본과 생태계서비스 의사결정: 약속에서 실천까지Natural capital and ecosystem services informing decisions: From promise to practice」, *PNAS— Proceedings of the National Academy of Sciences*, 112 (24), 2015: 7748~55.

14 C. Mayer, 『인위적 자본 회계*Unnatural Capital Accounting*』, mimeo, 15 December 2013, p. 3.

15 P. Barkham, 「"나무경제학" 소개: 가로수는 도시를 어떻게 살릴 수 있나Introducing "treeconomics": How street trees can save our cities」, *The Guardian*, 15 August 2015.

16 J. Vasagar, 「영국 도시의 공공부지가 민간의 손에 넘어가다Public spaces in Britain's cities fall into private hands」, *The Guardian*, 11 June 2012.

17 예컨대 A. Minton, 「2015년 우리 도시에 바라는 것: 진정으로 공적인 공공부지What I want from our cities in 2015: Public spaces that are truly public」, *The Guardian*, 30 December 2014 참조.

18 K. Allen, 「투기적 투자자들이 나인엘름 지구 개발에서 빠져나갈 출구를 찾고 있다 Speculative investors head for the exit in Nine Elms development」, *Financial Times*, 10 July 2015.

19 P. Stevens, 「BIG, 배터시발전소에서 말레이시아 광장 설계도 공개BIG reveals design for Malaysia Square at Battersea Power Station」, design-boom, 1 December 2014.

20 S. Sassen, 「누가 우리 도시를 소유하고 있는가―그리고 이 도시 인수는 왜 우리 모두를 걱정에 빠뜨리는가Who owns our cities―and why this urban takeover should concern us all」, *The Guardian*, 24 November 2015.

21 Vasagar, 2012, 앞서 언급된 기사.

22 Vasagar, 2012, 같은 기사.

23 Standing, 2014, 앞의 책.

24 D. Boffey, 「토리당의 구매권 계획은 임대주택 대량매각을 위협한다Tory right-to-buy plan threatens mass selloff of council homes」, *The Observer*, 28 June 2015.

25 R. Booth, 「런던 시민들은 외국 구매자들을 위한 "안전금고"로 지어진 주택들을 살 기회를 놓치다Londoners miss out as homes built as "safe deposit boxes" for foreign buyers」, *The Guardian*, 30 December 2014.

26 O. Wright, 「정부는 개발업체들에 팔린 공공부지 위에 세워진 주택 수가 몇 채인지 모른다The government has no idea how many houses have been built on publicly owned land that has been sold to developers」, *The Independent*, 24 September 2015, p. 14.

27 R. Mendick, L. Donnelly and A. Kirk, 「PFI 병원, 매년 20억 파운드의 국민건강보험 비용처리The PFI hospitals costing NHS £2bn every year」, *Daily Telegraph*, 18 July 2015.

28 J. Owen, 「PFI의 막대한 손실로 영국 정부에 2,220억 파운드 채무 안겨Crippling PFI deals leave Britain £222bn in debt」, *Independent on Sunday*, 12 April 2015.

29 The Private Finance Initiative Watchdog, 「PFI 기금 지원받는 공립학교와 병원을 소유할 기업들을 만나라Meet the investment firms that own your PFI-funded public schools and hospitals」, pfeyeblog, 18 February 2015.

30 Youssef El-Gingihy, 『NHS를 해체하는 간단한 10단계 방법How to Dismantle the NHS in 10 Easy Steps』(Hampshire: Zero Books, 2015).

31 N. Kochan and J. Armitage, 「NHS를 제공하는 기업들이 1년에 10억 파운드 비용으로 운영할 수 있었던 것은 사기였다Companies supplying NHS could cost £1bn a year in fraud」, *The Independent*, 24 September 2015, p. 49.

32 J. Harris, 「우리는 지금 가장 민주적인 대중교통 수단인 버스를 무시하고 있다We're ignoring the crisis of our most democratic public transport: buses」, *The Guardian*, 24 August 2015.

33 Harris, 같은 기사.

34 O. Bowcott, 「수석 재판관, 소송비가 마그나카르타 원칙을 위태롭게 한다고 말하다 Court fees jeopardise Magna Carta principles, says lord chief justice」, *The Guardian*, 8 October 2015.

35 P. Toynbee, 「국립미술관 파업이 합법적이라면 그들을 지지하라Support the National Gallery strikes while they're still legal」, *The Guardian*, 11 August 2015 인용.

36 P. Mason, 「새로운 생활방식 환영Welcome to a new way of living」, *Guardian Review*, 18 July 2015, p. 3.

37 D. Boffey and W. Mansell, 「아카데미 체인의 "자문" 수수료 때문에 학교 프로그램에 대한 감사Academy chain's fees for "consultants" put schools programme under scrutiny」, *The Guardian*, 24 October 2015.

38 W. Mansell, 「프리스쿨 임차료로 매년 46만 8,000파운드를 투자회사에 지불하는 납세자들Taxpayers to pay investment firm annual £468,000 rent for free school」, *The Guardian*, 11 August 2015, p. 35.

39 Standing, 2009, 앞의 책.

6장 노동중개인: 압박받는 프레카리아트

1 G. Standing, 「제3의 시간: 프레카리아트의 딜레마Tertiary time: The precariat's dilemma」, *Public Culture*, 25 (1), 2013: 5~27.

2 J. Manyika, S. Lund, K. Robinson, J. Valentino and R. Dobbs, 『디지털 시대의 재능과 기회 연결하기Connecting Talent with Opportunity in the Digital Age』(New York: McKinsey Global Institute, June 2015).

3 C. Christensen, 『혁신가의 딜레마: 사업하는 방식을 바꿀 획기적인 책The Innovator's Dilemma: The Revolutionary Book That Will Change the Way You Do Business』(Boston: Harvard Business Review Press, 1997).

4 C. Christensen, M. Raynor and R. McDonald, 「무엇이 파괴적 혁신인가?What is disruptive innovation?」, *Harvard Business Review*, 2015.

5 M. Harris, 「우버: 세계 최대의 승차 공유 회사는 왜 운전사가 없는가Uber: Why the world's biggest ride-sharing company has no drivers」, *The Guardian*, 16 November 2015.

6 S. Jackman, 「크라우드소싱은 일본의 노동 잠재성을 풀 열쇠를 쥐고 있을지도 모른 다Crowdsourcing may hold key to unlocking Japan's working potential」, *Japan News*, 2 January 2015.

7 Cited in S. O'Connor, 「인간 클라우드: 일의 신세계The human cloud: A new world of work」, *Financial Times*, 8 October 2015.

8 Associated Press, 「직무를 수행할 자리를 임시직 노동자들로 점점 바꾸고 있는 미국 기업들US companies increasingly turning to temporary workers to fill positions」, Fox News, 8 July 2013.

9 *The Economist*, 13 June 2015, p. 57에서 인용.

10 B. Solomon, 「폭로: 우버의 재무 상태는 거대성장을 보여주지만 손실은 그보다 훨씬 더 크다Leaked: Uber's financials show huge growth, even bigger losses」, *Forbes*, 12 January 2016.

11 당연히도 일부 운전자들은 시스템을 악용하는 방법을 알아냈다. 우버는 일부 운전자들이 스마트폰 10대로 피크타임 동안 동시에 모두 거짓 예약을 받는다는 사실을 발견했다.

12 「크라우드소싱은 임금 기반 고용을 사라지게 할 것인가?Will crowdsourcing put an end to wage-based employment?」, L'Atelier, 29 September 2015에서 인용.

13 *Financial Times*, 20 June 2015.

14 Freelancers Union and Elance-oDesk, 『미국의 프리랜서: 새로운 노동력에 대한 국가 조사Freelancing in America: A National Survey of the New Workforce』, 2015.

15 L. Katz and A. Krueger, 「대체근로 배치의 증가와 '긱'경제The Rise of Alternative Work Arrangements and the 'Gig' Economy」, draft paper cited in R. Wile, 「하버드 이코노미스트: 미국의 순 일자리 증가는 2005년 이래로 임시직gig을 늘리는 것이었 다Harvard economist: All net U.S. job growth since 2005 has been in contracting gigs」, Fusion, 29 March 2016.

16 *Financial Times*, 22 September 2015.

17 2015년 6월, 캘리포니아 노동위원장은 우버가 가격, 팁, 운전자 등급, 자동차 종류를 정하기 때문에 고용주라고 판정했다. 우버는 항소했고 정식 판결이 2016년 6월에 내

려질 예정이었다. 그러나 2016년 4월, 우버는 특정한 양보안을 제시하는 조건으로 운전자들이 독립된 계약자 신분을 유지하는 것으로 당사자 간 합의를 보았다. 영국 고용심판원의 판결도 2016년에 예정되었다[1심에 이어 2017년 11월 2심에서도 우버 운전자의 노동권을 인정하는 판결이 났다].

18 S. Harris and A. Krueger, 「21세기 일을 위한 노동법 현대화 제안: "독립노동자"A Proposal for Modernizing Labor Laws for Twenty-First-Century Work: The "Independent Worker"」, *The Hamilton Project Discussion Paper* 2015-10, Brookings, December 2015.

19 S. Madden, 「홈조이는 왜 실패했나 (……) 맞춤형 경제의 미래Why Homejoy failed … and the future of the on-demand economy」, tech-crunch.com, 31 July 2015.

20 J. Hullinger, 「우버와 우버 운전자에 대해 알지 못하는 16가지16 things you might not know about Uber and its drivers」, mentalfloss.com, 19 January 2016. 우버는 승차 요구를 충분히 수용하지 않는다고 해서 '활동 정지'를 내리지 않는다는 2016년 4월 합의에 동의했다.

21 C. Garling, 「태스크래빗 사냥하기Hunting task rabbits」, Medium.com, 2 December 2014에서 인용.

22 우버는 2016년 4월 합의의 일부로서 '마음대로' 운전자 활동 정지를 내리지 않고 이의 제기 절차를 도입하기로 했지만, 이것이 어떻게 시행될지는 아직 두고 봐야 한다.

23 J. Dzieza, 「점수 매기기 게임: 우버 같은 업체가 우리를 어떻게 끔찍한 상사로 바꾸었나The rating game: How Uber and its peers turned us into horrible bosses」, *The Verge*, 28 October 2015.

24 D. Streitfeld, 「뉴욕 주는 에어비앤비 숙박업체들이 대부분 불법이라고 주장Airbnb listings mostly illegal, New York State contends」, *New York Times*, 15 October 2014.

25 T. Wadhwa, 「맞춤형 경제, 화이트칼라층으로 이동: 변호사-기업가의 등장On-demand economy goes white collar: The rise of the lawyer-entrepreneur」, *Forbes*, 26 October 2015.

26 A. Kittur 외, 「크라우드워크의 미래The Future of Crowd Work」, paper presented at the 10th ACM Conference on Computer Supported Cooperative Work, OSCW, 2013.

27 R. LaPlante and S. Silberman, 「미래 크라우드워크 시장을 위한 설계 메모Design notes for a future crowd work market」, medium.com, 2015.

28 Cited in M. Z. Marvit, 「크라우드워커는 디지털 기계 안에서 어떻게 유령이 되었나How crowdworkers became the ghosts in the digital machine」, *The Nation*,

5 February 2014.

29 A. Wood and B. Burchell, 「0시간 고용: 자본주의의 새로운 시간성Zero hours employment: A new temporality of capitalism?」, CritCom, 16 September 2015.

30 Standing, 2009, op. cit.

31 R. Susskind and D. Susskind, 『직업의 미래: 기술은 어떻게 전문가의 일을 바꾸었나The Future of the Professions: How Technology Will Transform the Work of Human Experts』(Oxford: Oxford University Press, 2015).

32 E. Cadman, 「고용주들은 프리랜서를 찾아 '긱' 경제의 문을 두드린다Employers tap 'gig' economy in search of freelancers」, Financial Times, 15 September 2015.

33 H. Ekbia and B. Nardi, 「역중개: 기술은 어떻게 환자와 작업자들을 대상화하는가Inverse instrumentality: How technologies objectify patients and players」, in P. Leonardi 외, 『물질성과 조직하기Materiality and Organising』(Oxford: Oxford University Press, 2012), p. 157.

34 Cited in H. Ekbia and B. Nardi, 「헤테로메이션과 그것의 (불)만족: 인간과 기계 사이의 보이지 않는 분업Heteromation and its (dis)contents: The invisible division of labour between humans and machines」, First Monday, 19 (6), June 2014.

35 S. Butler, 「고용주들은 각종 혜택, 시간, 보수를 줄이는 방식으로 최저생활임금마저 환수해간다Employers claw back living wage in cuts to perks, hours and pay」, The Guardian, 16 April 2016.

36 Standing, 2014, 앞의 책.

37 예컨대 J. Matthews, 「공유경제 붐은 곧 사라질 것이다The sharing economy boom is about to bust」, Time, 27 June 2014.

38 L. Weber and R. E. Silverman, 「맞춤형 노동자: "우리는 로봇이 아니다"On-demand workers: "We are not robots"」, Wall Street Journal, 27 January 2015.

39 L. Mishel, 「우버는 노동의 미래가 아니다Uber is not the future of work」, The Atlantic, 15 November 2015.

40 J. V. Hall and A. B. Krueger, 「미국 우버 운전자 노동시장에 대한 분석An Analysis of the Labor Market for Uber's Driver-Partners in the United States」, Working Paper 587, Princeton University, Industrial Relations Section, 2015.

41 우버는 2016년 4월 합의에서 운전자 '단체'를 '활성화하고 인정하기'로 동의했다. 시애틀 시는 독립계약자들이 노조를 만들 수 있는 권한을 인정하는 법안을 통과시켰다.

7장 민주주의의 부패

1 E. Goldberg, E. Wibbels and E. Mvukiyehe, 「특이사례에서 얻은 교훈: 미국의 민주주의, 개발, 자원의 저주Lessons from Strange Cases: Democracy, Development, and the Resource Curse in the US States」, *Comparative Political Studies*, 41, 2008: 477~514.

2 J. Nichols and R. W. McChesney, 『달러주의*Dollarocracy*』(New York: Nation Books, 2014).

3 M. Ross, 「석유는 민주주의를 저지하는가?Does oil hinder democracy?」, *World Politics*, 53 (3), 2001: 325~61.

4 칼 폴라니의 딸에게 직접 들은 이야기가 하나 있다. 서로 반대편 입장에서 1945년 이후 사상에 큰 영향을 끼친 하이에크와 폴라니는 1930년에 비엔나에 있는 같은 연구소에 고용되었다. 두 사람은 아침마다 서로 마주치면 공손하게 "좋은 아침입니다"라고 인사를 나누고 지나쳤다고 한다.

5 M. Fourcade, 「글로벌 직업의 구성: 경제학의 초국가적 정체성화 과정The construction of a global profession: The transnationalization of economics」, *American Journal of Sociology*, 112 (1), 2006: 181.

6 J. Weeks, 『1퍼센트의 경제학: 주류 경제학은 어떻게 부자들에게 복무하고 현실을 모호하게 만들고 정책을 왜곡하는가*Economics of the 1%: How Mainstream Economics Serves the Rich, Obscures Reality and Distorts Policy*』(London: Anthem Press, 2014).

7 G. Readfearn, 「기후과학을 부정하는 책은 모두 보수적 싱크탱크와 연결되어 있음을 연구는 밝힌다Research reveals almost all climate science denial books linked to conservative think tanks」, Desmog, 20 March 2013.

8 빈 라덴의 가족 또한 사우디 왕가와 친분이 깊다. 오사마 빈 라덴의 이복형제 샤피크 빈 라덴은 9·11 공격 때 칼라일의 연례 투자자 총회에 '귀빈'으로 참석했다가 나중에 사우디 왕가와 같은 비행기를 타고 떠났다.

9 「디스토포레이션의 등장Rise of the distorporation」, *The Economist*, 26 October 2013.

10 A. Giddens, 『제3의 길: 사회민주주의의 부활*The Third Way: The Renewal of Social Democracy*』(Cambridge: Polity Press, 1998).

11 S. Johnson and J. Kwak, 『13명의 은행장: 월스트리트 인수와 이후 금융붕괴*13 Bankers: The Wall Street Takeover and the Next Financial Meltdown*』(New York: Pantheon, 2010).

12 A. B. Atkinson and A. Brandolini, 「중산층의 일체화에 관해On the Identification of the Middle Class」, Working Paper 2011-217, Society for the Study of Economic Inequality, 2011 ; R. Bigot, P. Croutte, J. Muller and G. Osier, 「유럽의 중산층: LIS 데이터 자료The Middle Classes in Europe: Evidence from the LIS data」, LIS Working Paper Series No. 580, Luxembourg Income Study, 2012.

13 M. M. Funke, M. Schularick and C. Trebesch, 「극단으로 달리기: 1870~2014년 금융위기 이후 정치Going to Extremes: Politics after Financial Crises, 1870-2014」, CEPR Discussion Paper No. 10884, Centre for Economic Policy Research, 2015.

14 A. Mian, A. Sufi and F. Trebbi, 「금융위기 이후의 정치적 한계Political constraints in the aftermath of financial crises」, VoxEU.org, 21 February 2012.

15 John Curtice, cited in O. Jones, 「예의 바른 토리당이 목소리를 높일 때Time for decent Tories to speak up」, *The Guardian*, 3 December 2015, p. 41.

16 J. Thomas, 『1,000만 명의 실종 유권자10 Million Missing Voters』(London: Smith Institute, November 2015).

17 「영국의 실종 유권자Britain's missing voters」, Hope Not Hate, 9 September 2015. 등록 포기의 한 이유는 유권자 등록이 배심원이 될 수 있는 자격을 결정한다는 사실이다. 또 다른 이유는 선거 전에 유권자 등록이 다 끝나야 한다는 사실이다. 누군가가 시사 현안들과 관련된 논쟁으로 그 문제에 관심을 가질 때면, 이미 유권자 등록 시기를 놓친 시점이기 때문이다.

18 머독 가문의 특별한 대우를 받는 루퍼트 머독의 아들 제임스는 가문의 영국 신문들에 대한 책임을 맡고 있었을 때, 휴대폰 해킹 사건이 터지자 스카이 위성 텔레비전 회장의 자리에서 물러날 수밖에 없었다. 영국 방송통신규제기관인 오프콤Ofcom이 작성한 2012년 보고서에 따르면, 그의 행동은 "아무래도 최고경영자와 회장으로서 해야 할 처신에 못 미쳤다"고 결론지었다. 2016년 초, 그는 다시 스카이 회장에 선임되었다.

19 J. Mayer, 『다크머니: 극우파의 득세 뒤에 있는 억만장자들의 숨겨진 역사Dark Money: The hidden history of the billionaires behind the rise of the radical right』(New York: Doubleday, 2015).

20 D. Boffey, 「매력적인 토리당 모금행사를 계획하도록 돕고 있는 갑부The super-rich helping to plan a glamorous Tory fundraiser」, *The Observer*, 7 February 2015.

21 「귀족은 이제 그만!Not more Lords!」, Electoral Reform Society press release, 8 August 2014.

22 M. Taibbi, 「거대한 미국 거품기The great American bubble machine」, *Rolling Stone*, Issue 1082, 9 July 2009.

23 『대통령 5인 보고서: 유럽의 경제통화동맹 완성하기The Five Presidents' Report: Completing Europe's Economic and Monetary Union』(Brussels: European Commission, June 2015).

24 M. Taibbi, 앞서 언급된 기사.

25 T. Braithwaite, G. Chon and H. Sender, 「금융: 뉴욕 연방준비제도이사회의 소방 활동Banking: Firefighting at the NY Fed」, Financial Times, 4 December 2014.

26 M. Skapinker, 「산학협력 방안How to run a school-business partnership」, Financial Times, 4 December 2007.

27 D. Lippman, D. Samuelsohn and I. Arnsdorf, 「실수와 과장, 거짓말로 일관한 트럼프의 한 주Trump's week of errors, exaggerations and flat-out falsehoods」, Politico, 13 March 2016.

28 「워싱턴의 소원 비는 우물The Washington wishing-well」, The Economist, 13 June 2015.

29 M. R. Mizruchi, 『미국 기업 엘리트의 파괴 현상The Fracturing of the American Corporate Elite』(Boston: Harvard University Press, 2013).

30 E. Eichelberger, 「시티그룹이 긴급구제를 받을 수 있도록 어떻게 법안을 작성하는 지 보라See how Citigroup wrote a bill so it could get a bailout」, Mother Jones, 24 May 2013.

31 L. Drutman, 『미국의 기업이 로비하고 있다: 기업은 어떻게 정치화되고 정치는 어떻게 기업화되는가The Business of America is Lobbying: How Corporations Became Politicized and Politics Became Corporate』(Oxford: Oxford University Press, 2015).

32 I. Traynor 외, 「3만 명의 로비스트와 법안 개표: 브뤼셀은 기업의 영향력 아래 있는 가?30,000 lobbyists and counting: Is Brussels under corporate sway?」, The Guardian, 8 May 2014.

33 C. Dowler, 「위탁업체들, 캐피타 인력 계약에서 탈출Trusts exodus from Capita HR contract」, Health Service Journal, 18 June 2014; B. Clover, 「세 위탁업체, 캐피타와 계약 종료Three trusts end Capita HR contracts」, Health Service Journal, 30 September 2014.

34 P. Gallagher, 「사이먼 스티븐스는 진정 NHS를 운영할 적임자인가?Is Simon Stevens really the right person to run the NHS?」, The Independent, 24 October 2013.

35 C. Molloy, 「밀번, NHS와 영국의 '회전문'Milburn, the NHS and Britain's 'revolving door'」, Open Democracy, May 2013.

36 R. Mason, 「앤드류 랜슬리, NHS와 분쟁에 휘말린 제약사들을 자문하는 직책 맡

다Andrew Lansley takes post advising drugs firm involved in dispute with NHS」, *The Guardian*, 16 November 2015.

37 H. Watt and R. Prince, 「앤드류 랜슬리, 민간 의료업체로부터 자금을 지원받다Andrew Lansley bankrolled by private healthcare provider」, *Daily Telegraph*, 14 January 2010.

38 J. Lutz, 「이 6개 기업이 미국 미디어업계의 90퍼센트를 지배한다These six corporations control 90% of the media in America」, Business Insider, 14 June 2012.

39 A. Jackson and J. Martinson, 「오스본, BBC 수신료 협상 중에 머독을 두 차례 만났다Osborne met Murdoch twice in run-up to BBC licence fee deal」, *The Guardian*, 19 December 2015, p. 8.

40 M. Margan, 「아홉 명의 자녀가 딸리고 한 달에 5,000파운드의 수당을 받는 아프가니스탄 부부가 오스트리아에 도착한 뒤 무료 체외수정 처치를 요구했다(부인의 나이는 44세다)」, MailOnline, 22 April 2016.

41 A. Perkins, 『복지 특성: 국가보조금은 어떻게 인성에 영향을 미치나*The Welfare Trait: How State Benefits Affect Personality*』(London: Palgrave Macmillan, 2015).

8장 사분오열된 프레카리아트의 반란

1 S. Sierakowski, 「정당들에 보내는 공개서한: 새로운 반체제 인사들이 등장할 때Open letter to the Parties: Time for the Neo-Dissidents」, *Dissent Magazine*, Spring 2013.

2 그런 인사 가운데 최근 인물로 마테오 렌치를 들 수 있다. 2016년 이탈리아 사회민주당 출신 총리로 당선된 그는 종업원 해고를 더 쉽게 하고 기업보조금을 더 많이 제공하고 기업의 세금을 깎아주고 사회적 지출을 삭감했다. 진행 중인 사회적 파업은 예측 가능한 속도로 그의 지지기반을 무너뜨리고 있다.

3 Standing, 2014, 앞의 책.

4 그들 가운데는 활동가, 지식재산권변호사협회, 비정부기구뿐 아니라 영국 정부 산하 위원회의 『지식재산권 고워스 리뷰*Gowers Review of Intellectual Property*』(HMSO, 2006)가 있다.

5 Standing, 2009, 앞의 책.

6 S. O'Connor, 「영국 기업들, 최저생활임금의 허점을 찾다UK companies look for loopholes around living wage」, *Financial Times*, 30 March 2016.

7 J. Kotkin, 「최저임금 15달러는 미국 노동자에게 주는 꼴찌상이다A $15 minimum

wage is a booby prize for American workers」, *Forbes*, 5 April 2016.

8 Standing, 2009, 앞의 책.

9 일본의 경우, 회사 종업원이 특허를 발명했을 때 받는 보상은 법원에 맡겨지곤 했다. 2001년 가장 대표적 사례로 한 종업원이 2억 달러를 상금으로 받았다(나중에 80만 달러로 깎였다). 그는 에너지 절감 광원을 발명하는 데 기여한 대가로 노벨상을 받기에 이르렀다. 기업들이 자기네 연구소에서 나온 모든 발명품에 대해 그것을 개발한 종업원에게 '합리적 보상'을 약속하는 계약서를 작성할 수 있게 하는 법 개정이 이루어졌다. 그 노벨수상자는 그 법이 미국으로 인재의 대량탈출을 야기할 것이라고 주장하며 공세를 취했다. 역설적이게도 그곳은 그가 구제도 아래서 간 곳이었다.

10 「노르웨이 우울증Norwegian blues」, *The Economist*, 10 October 2015, p. 68.

11 C. Wedmore, 『미래를 펀딩하기: 국부펀드는 어떻게 미래 세대에게 이익을 주는가 *Funding the Future: How Sovereign Wealth Funds Benefit Future Generations*』(London: Intergenerational Foundation, November 2013).

12 G. Alperovitz and T. M. Hanna, 「미국식 사회주의Socialism, American Style」, *New York Times*, 23 July 2015.

13 J. R. Blasi, D. I. Kruse and R. B. Freeman, 『국민의 몫: 21세기 불평등 줄이기 *The Citizen's Share: Reducing Inequality in the 21st Century*』(New Haven, CT: Yale University Press, 2015).

14 BIEN은 2년마다 국제회의를 연다. 2014년 회의는 몬트리올에서 열렸다. 2016년에는 서울에서 개최되었다. 회원 가입은 모두에게 열려 있다. www.basicincome.org 참조.

15 이들의 주장에 대해 좀더 자세히 알려면 Standing, 2014, 앞의 책, Article 25, pp. 306~37 참조.

16 T. Paine, 『토머스 페인의 정치 논문집*The Political Writings of Thomas Paine, Vol. II*』 (New York: Solomon King, 1830), p. 422.

17 Standing, 「기본소득의 해방적 가치가 그것의 금전적 가치보다 높은 이유Why basic income's emancipatory value exceeds its monetary value」, *Basic Income Studies*, 10 (2), 2015: 193~223.

18 주요 헤지펀드 거물 레이 달리오도 똑같은 방식으로 주장했다. R. Wigglesworth, 「레이 달리오, 지평선 상의 헬리콥터 머니라고 말하다Helicopter money on the horizon, says Ray Dalio」, *Financial Times*, 18 February 2016. 예상할 수 있듯이, 골드만삭스의 한 고위직은 오히려 그 생각에 반대했다. F. Garzarelli, 「중앙은행이 헬리콥터 머니보다 더 안전한 방법을 가지고 있다Central banks have safer options than a helicopter drop」, *Financial Times*, 27 April 2016.

19 M. Blyth and E. Lonergan, 「(돈을) 덜 찍고 더 많이 넘겨줘라: 중앙은행이 국민들에게 돈을 직접 줘야 하는 이유Print less but transfer more: Why central banks should give money directly to the people」, *Foreign Affairs*, September/October 2014.

20 아나톨 칼레츠키Anatole Kaletsky 같은 다른 경제학자들도 이 점을 지적했다. 제레미 코빈이 말하는 국민을 위한 양적 완화도 이것과 맥을 같이한다. 비록 그는 공공기반시설을 위해 돈을 쓰는 것을 더 선호하지만, 그것은 직접 분배하는 것만큼의 효과를 보이지는 못할 것이다.

21 J. Sutter, 「기본소득을 위한 주장The argument for a basic income」, CNN Opinion, 10 March 2015.

22 S. Davala, R. Jhabvala, S. K. Mehta and G. Standing, 『기본소득: 인도의 혁신 정책*Basic Income: A Transformative Policy for India*』(London and New Delhi: Bloomsbury, 2015).

23 Atkinson, 2015, 앞의 책, p. 219.

[ㄱ]

옮긴이 | 김병순

전문번역가로 활동하며 주로 사회과학, 인문교양 분야의 책을 우리말로 옮기고 있다. 『빈곤자본』, 『21세기 시민혁명』, 『세계문제와 자본주의 문화』, 『양심 경제』, 『자본주의의 기원과 서양의 발흥』, 『왜 가난한 사람들은 부자를 위해 투표하는가』, 『성장의 한계』, 『탐욕의 종말』, 『월드체인징』(공역), 『그라민은행 이야기』, 『경제인류학으로 본 세계 무역의 역사』, 『인간의 얼굴을 한 시장경제, 공정무역』, 『제자 간디, 스승으로 죽다』, 『인재 쇼크』, 『선을 위한 힘』, 『귀환』, 『젓가락』, 『커피, 만인을 위한 철학』, 『달팽이 안단테』, 『과학자의 관찰 노트』, 『디데이』, 『산티아고, 거룩한 바보들의 길』, 『여우처럼 걸어라』, 『사회·법체계로 본 근대과학사』, 『생명은 끝이 없는 길을 간다』 등 다수의 책을 번역했다.

불로소득 자본주의 — 부패한 자본은 어떻게 민주주의를 파괴하는가

2019년 4월 5일 초판 1쇄 발행
2019년 5월 7일 초판 2쇄 발행

지은이 | 가이 스탠딩
옮긴이 | 김병순
펴낸곳 | 여문책
펴낸이 | 소은주
등록 | 제406-251002014000042호
주소 | (10911) 경기도 파주시 운정역길 116-3, 101-401호
전화 | (070) 8808-0750
팩스 | (031) 946-0750
전자우편 | yeomoonchaek@gmail.com
페이스북 | www.facebook.com/yeomoonchaek

ISBN 979-11-87700-29-6 (93300)

이 도서의 국립중앙도서관 출판시도서목록(cip)은 e-CIP 홈페이지(http://www.nl.go.kr/ecip)에서 이용하실 수 있습니다(CIP 제어번호: 2019010529).

여문책은 잘 익은 가을벼처럼 속이 알찬 책을 만듭니다.